Neue
Kleine Bibliothek 246

Winfried Wolf

abgrundtief + bodenlos

Stuttgart 21 und
sein absehbares Scheitern

PapyRossa Verlag

Gewidmet den Aktivistinnen und Aktivisten gegen Stuttgart 21
als einer Bewegung für das Recht auf Stadt, für Demokratie und
Urbanität und für den aufrechten Gang:
»Oben bleiben!«

Gewidmet im Besonderen den Menschen,
die bis zur Veröffentlichung dieses Buches
sieben Jahre lang Tag und Nacht
die Mahnwache gegen Stuttgart 21
am Leben erhielten.

© 2017 by PapyRossa Verlags GmbH & Co. KG, Köln
Luxemburger Str. 202, 50937 Köln
Tel.:   +49 (0) 221 – 44 85 45
Fax: +49 (0) 221 – 44 43 05
E-Mail: mail@papyrossa.de
Internet: www.papyrossa.de

Umschlag: Verlag, unter Verwendung
              eines Fotos von picture alliance / dpa
Druck: CPI – Clausen & Bosse, Leck

Die Deutsche Nationalbibliothek verzeichnet diese Publikation in
der Deutschen Nationalbibliografie; detaillierte bibliografische
Daten sind im Internet über http://dnb.d-nb.de abrufbar

ISBN 978-3-89438-638-2

Inhalt

Volker Lösch

Stuttgart brennt – immer noch

Vorwort

Am 18. April 1994, kurz nachdem die Deutsche Bahn AG gegründet wurde, wird das Unglücksprojekt »Stuttgart 21« erstmalig der Öffentlichkeit vorgestellt. Es ist eine Zeit, in der sich städtische Politik rasant wandelt. Statt Kommunen ihre lokale Organisation des Wohlfahrtsstaates weiter betreiben zu lassen, wird ihnen durch Steuerreformen, das Aufladen neuer sozialpolitischer Aufgaben und Spardiktate plötzlich der finanzielle Spielraum genommen. Die somit erzeugte kommunale Finanzkrise kann in der Folge nur durch die Praxis der unternehmerisch tätigen Stadt kompensiert werden.

Das ökonomische Denken hält Einzug in die Stadtregierungen, und relativ widerspruchslos wird hingenommen, dass Städte nun so etwas wie Wettbewerbseinheiten sein sollen, die mit anderen konkurrieren müssen. Überleben kann nur die Stadt, die ihre Politikbereiche nicht den sozialen Anforderungen, sondern der Steigerung und Verbesserung ihrer Wettbewerbsfähigkeit zuordnet. Die Übertragung von Marktmechanismen auf die Lenkung kommunaler Prozesse lässt die Städte nun wie Konzerne agieren. Ab sofort hat sich Stadtpolitik neoliberaler Rationalität, Globalisierungs- und Wettbewerbsanforderungen zu fügen und verfolgt nicht mehr die vordringliche Aufgabe, auf Anforderungen, Nöte und Wünsche der Bürgerinnen und Bürger einzugehen.

»Stuttgart 21« bietet perfekte Voraussetzungen für diese Zeit: ein Bau- und Immobilienprojekt, dem es nie um die Verbesserung des

Bahnverkehrs, die Steigerung der Leistungsfähigkeit des Bahnhofs oder die Optimierung der Lebensumstände der Menschen in Stuttgart gegangen ist. Es dient dem persönlichen Gewinn von Wenigen auf Kosten von Vielen, hält her für eine angebliche Wirtschaftssteigerung und begünstigt einseitig Konzerne und die Autolobby.

Lange fällt das fast niemandem auf. Wir befinden uns in der Mitte der Neunziger. Ganz Deutschland ist vom Neoliberalismus besetzt... ganz Deutschland? Nein! Eine von unbeugsamen Schwaben bevölkerte Stadt hört nicht auf, dem Eindringling Widerstand zu leisten!

Die Geschichte der vier Aufrechten, die die erste Montagsdemonstration bestritten haben, ist legendär. Was daraus erwächst, kann man nun, mehr als 375 Montagsdemos später, präzise und ausführlich beschreiben. Richtig nachvollziehen kann man es wahrscheinlich nur, wenn man die intensivste Zeit, die Jahre 2010 und 2011, persönlich miterlebt hat.

Überall in der Stadt brodelt es. Der kollektive Unmut ist mit Händen zu greifen. Als pure Machtdemonstration, also völlig überflüssig, soll der Nordflügel des Bonatz-Baus abgerissen werden. Ich breche eine Reise in den Norden ab und sehe gerade noch, wie die Abrissbagger ihr Zerstörungswerk verrichten. Die ohnmächtige Wut der Umstehenden erlangt ihren Höhepunkt nach den brutalen Polizeiübergriffen im Park, als noch mitten in der Nacht die ersten Bäume gefällt werden. Wie viele andere bleibe ich trotz von Wasserwerfern durchnässter Kleidung vor Ort. Und womit wenige gerechnet haben: Der Widerstand wird nun erst recht entfacht. Ich stehe bei der Demo nach dem »schwarzen Donnerstag« vor mehr als 100.000 Menschen auf der Rednertribüne. Eine unglaubliche Solidarität und Mobilisierungsenergie erfasst große Teile der Stadt und ihre Menschen. Alle wirken plötzlich wacher, kommunikativer, streitlustiger und engagierter als sonst – man begegnet sich im Alltag aufgeschlossener und anders. Wir erfinden den »Schwabenstreich«, ein Lärmritual, welches viele Monate lang jeden Abend den Stuttgarter Kessel zum Vibrieren bringt. Die sonst etwas schläfrige Metropole pulsiert, sie atmet neu und stemmt sich mit aller Kraft gegen den übermächtigen Feind: Massendemos, Bürgerchöre, Feste, Mahnwachen, Zeitungsgründungen, Blockaden, Theater- und Musikveranstaltungen, Diskussionen und Allianzen über alle Parteigrenzen hinweg lassen die Stadt über sich hinauswachsen. Stuttgart brennt – für das Recht auf Stadt und ein besseres Leben für alle!

Aber warum ist dieser Protest so intensiv, so konsequent, so konstant in seiner Vehemenz? Zunächst einmal, weil sich außergewöhnlich viele mit den zerstörerischen Inhalten des Neoliberalismus, mit den Lügen der Projektbetreiber, mit den falschen Versprechungen der Politikerinnen und Politiker auch theoretisch befassen. Manche Demo wirkt wie ein Proseminar, Tausende hören auch kompliziertesten Sachverhalten aufmerksam zu. Es entsteht so etwas wie ein kollektiver Sachverstand, der weit spezialisierter und differenzierter ist, als der der meisten Projektbefürworter. Und dann sind da noch die sprichwörtliche schwäbische Sturheit und der unbedingte Glaube an den Erfolg. Nichts spricht dagegen, dass ein offensichtlich destruktives, sinnloses und korruptes Projekt von der Mehrheit der Bevölkerung gekippt werden kann.

Die frustrierende Zeit neoliberaler Stadtzerstörung der Neunziger scheint in Stuttgart ihr Ende zu finden: zu viele stehen persönlich dafür ein, ihre Stadt dem Ausverkauf nicht preisgeben zu wollen. Stuttgart hat sich radikal politisiert und erlebt im Frühjahr 2011 einen historischen Machtwechsel in der Landesregierung: die Zeit scheint endgültig eine andere zu sein.

Aber dann werden von uns zu viele Fehler auf einmal gemacht. Schlichtung, Stresstest, Volksabstimmung: Den Machteliten gelingt es, die noch unerfahrene Bewegung zu täuschen, zu verunsichern und zu spalten. Mit tatkräftiger Unterstützung aus Berlin und dem nicht erwarteten politischen Opportunismus der GRÜNEN in der neuen Landesregierung wird der Bewegung fast der Boden entzogen. Viele wenden sich frustriert ab – und überlassen einem harten Kern das Dranbleiben und Weitermachen.

Heute, 2017, muss man konstatieren: Die Hartnäckigkeit hat sich gelohnt. Es häufen sich wieder die Anzeichen, dass »Stuttgart 21« höchstens als Bauruine in die Geschichte eingehen wird. Und das wäre nicht nur dem Baugrund mit Anhydrit oder neuen Kostensteigerungen zu verdanken: Hauptsächlich sind es die engagierten Menschen des Widerstands, an deren versammelter Kompetenz, faszinierender Unterschiedlichkeit, radikaler Beseeltheit – an deren vielfältigen Aktionen und Interventionen man nicht vorbeikommt. Ich bin mir hundertprozentig sicher – und war es von Anfang an – dass wir diesen Irrsinn beenden werden, ob in diesem Jahr oder später: Wir sind zu viele, unsere Argumente sind zu stark, und wir werden den längeren Atem haben.

Dieses Buch erzählt als erstes die gesamte Geschichte des beeindruckenden Widerstands gegen »S 21«. Kein anderer als Winfried Wolf wäre geeigneter, es zu schreiben: als ausgewiesener Verkehrsexperte, als konstanter Begleiter von Anfang an, als hervorragender Kenner der Materie, als begeisternder Redner und charismatischer Freund vieler in dieser wunderbaren Bewegung weiß er alles, was von Relevanz ist. Natürlich haben ihm viele beim Zusammentragen der Details geholfen, aber es ist auch hier wie oft bei uns: immer wieder übernimmt eine oder einer die Verantwortung und bringt dann unter Einbezug der anderen Großartiges zustande.

Der Widerstand gegen »S 21« ist in seiner Dimension und Bedeutung in der Geschichte der Bundesrepublik einmalig. Er wird brennen, bis er sein Ziel erreicht hat. Und darüber hinaus:

Das Ende von »Stuttgart 21« wird der Anfang eines besseren Lebens sein. Für alle.

Und dann für immer: oben bleiben!

I.
»Großprojekte laufen
nun mal aus dem Ruder«

Oder: Das Alleinstellungsmerkmal von Stuttgart 21

Ausgerechnet der als hochseriös geltende Bundesrechnungshof in Bonn soll zur Einschätzung gelangt sein, dass das Verkehrsprojekt Stuttgart 21 zwischen neun und zehn Milliarden Euro kosten könnte. [...] Schon werden Vergleiche mit der Hamburger Elbphilharmonie gezogen.
Rüdiger Soldt, Frankfurter Allgemeine Zeitung vom 24. September 2016

Es ist nicht die Bahn gewesen, die sich diesen Luxusbahnhof ausgedacht hat.
Manfred Leger, Geschäftsführer der Bahn-Projektgesellschaft Stuttgart – Ulm[1]

Es steht an der S-Bahn / An der Brücke aus Stahl,
An Mauern und Wänden / Es steht überall – lesen wir:
DER BAHNHOF BLEIBT OBEN – / Deswegen sind wir hier!
Wer kämpft, kann verlieren / Wer nicht kämpft, hat schon verloren.
Doch um unterzugeh'n, / Wurden wir nicht geboren.
Jedes Ding hat zwei Seiten / Es gibt keine Wahl.
Verreck oder wehr dich / Kopf oder Zahl.
Song von Bernd Köhler und ewo2; viele Dutzend Mal in Stuttgart vorgetragen

Als am 11. Januar 2017 die neue Hamburger Elbphilharmonie mit großem Pomp den Konzertbetrieb aufnahm, machte das Projekt seinem Namen einige Ehre: vorherrschend war *Harmonie*. Beim Eröffnungskonzert, so der Bericht bei *Spiegel online*, »schien die Musik-Sonne,

---

1   Konstantin Schwarz, Stuttgart 21: Projektchef spricht von »Luxusbahnhof«, 16. November 2016, in: www.stuttgarter-zeitung.de [abgerufen am 21.2.2017]

völlig egal, dass draußen über dem Hafen das übliche Schmuddel-
wetter regierte.«[2] Alle Print- und elektronischen Medien berichteten
von dem Event. Für ARD-Tagesschau und ZDF-heute war es eine
Top-Meldung. Das Auslaufmodell Gauck hielt eine »launige Rede«,
in der es hieß, man habe bei »Elphi«, dem »Juwel der Kulturnation
Deutschland«, ja »einiges verbaut«.[3]

Was man wohl so sagen kann. Tatsächlich wurden die Netto-
baukosten ursprünglich – im Jahr 2005 – auf 186 Millionen Euro
geschätzt; das erste konkrete Kostenangebot lag bei 241 Millionen
Euro. Am Ende kostet die Elbphilharmonie die Steuerzahler 789
Millionen Euro, die Gesamtkosten liegen sogar bei 866 Millionen
Euro. Gerundet und gemittelt kam es zu einer Vervierfachung der
Kosten.[4]

Als Bauzeit wurden zunächst fünf Jahre veranschlagt; am Ende
waren es neun, wobei der Bau ein knappes Jahr ruhte. Die reale Bauzeit betrug fast acht Jahre oder damit gut das Eineinhalbfache der ursprünglich vorgesehenen Bauzeit. Ein Untersuchungsausschuss zur
Elbphilharmonie stellte fest: »Die wesentliche Ursache [für die Kostensteigerung des Projekts; W.W.] war die verfrühte Ausschreibung,
die unvollständige Planung, eine Ausschreibung, die wesentliche Lücken hatte, und die natürlich damit auch Tür und Tor öffnete für Nach-
tragsforderungen.«[5] Eine Bilanz, bei der man sich fragt: Wurde denn
überhaupt etwas richtig gemacht?

Doch all das war im Januar 2017 vergessen. Es ging auch eher
nicht um teure Kunst, sondern um ein für die hanseatische Wirtschaft

---

2   Spiegel online vom 12. Januar 2017; www.spiegel.de/kultur/musik/elbphil-
     harmonie-eroeffnung-freu-dich-hamburg-a-1129611.html   [abgerufen   am
     23.1.2017]

3   Stuttgarter Nachrichten vom 11. Januar 2017.

4   Nimmt man die größte Spanne (186 zu 866 Millionen Euro), dann gab es
     eine Kostensteigerung auf das 4,7-fache; unterstellt man die kleinste Dif-
     ferenz (241 zu 789 Millionen Euro), so wurde »nur« das 3,3-fache des ur-
     sprünglich Veranschlagten »verbaut«. Siehe auch unten die Tabelle.

5   Bericht des Parlamentarischen Untersuchungsausschusses ›Elbphilharmo-
     nie‹, Drucksache 20/11500.

preiswertes sponsoring by arts: »Die Erwartung ist«, so brachte es das *Handelsblatt* trefflich auf den Punkt, »dass die Elbphilharmonie den Wirtschaftsstandort Hamburg weltweit bekannter macht.«[6]

* * *

Als am 21. Januar 2017 bekanntgegeben wurde, dass der neue Berliner Flughafen BER nicht, wie bisher öffentlich kundgetan, im Jahr 2017, sondern frühestens 2018 den Betrieb aufnehmen würde, glaubte man bundesweit ein Gähnen hören zu können. 2011 gab es einen ersten Termin für die Inbetriebnahme. Die nunmehr im Januar 2017 bekannt gemachte Verschiebung ist die sechste binnen sechs Jahren und damit eine Art Running Gag. Allerdings schaffte es die Meldung in alle größeren Tageszeitungen und in die Berichterstattung der elektronischen Medien. Die *Berliner Zeitung* entdeckte bezeichnendes Beiwerk: »Vor der Kulisse naiver Malerei versuchte der Sonderausschuss [des Brandenburger Landtags zum Hauptstadtflughafen; W. W.] Erklärungen für die jüngsten Pannen zu finden.« Und diese Erklärungen sind durchaus originell. So geht es aktuell um rund tausend Türen im Terminal, die »nicht funktionieren«. Das Problem, so der damalige und vorletzte Flughafen-Chef Karsten Mühlenfeld, bestehe darin, dass »Türen möglicherweise mit Gewalt geöffnet wurden [...] Handwerker sind manchmal gewalttätig.«[7] Etwas seltsam mutet da an, dass es vor drei Jahren, unter Hartmut Mehdorn als vorvorletztem BER-Chef, ebenfalls »die Türen« waren, die sich nicht steuern ließen.[8] Der im

---

6   Christoph Kapalschinski, »Tritt auf die Euphoriebremse«, in: Handelsblatt vom 8. Januar 2017. Vorschlag: Nach Vollendung der neunten Elbvertiefung in der Elbphilharmonie die Darbietung von Georg Friedrich Händels »Wassermusik«, beim zweiten Satz anstelle des »Allegro« ein »Presto« zur Belebung der Hafen-Profite.

7   Peter Neumann, »Flughafen: BER darf auch im Frühjahr 2018 nicht starten.« in: Berliner Zeitung vom 23. Januar 2017.

8   Klaus Kurpjuweit und Thorsten Metzner schrieben damals: »Ein klein wenig sind die Arbeiten vorangekommen. Inzwischen lassen sich von den 5.000 Türen immerhin rund die Hälfte steuern.« Der Tagesspiegel vom 16. August 2013.

März 2017 installierte neue BER-Chef Lütke Daldrup wollte sich nach seiner Ernennung beim Termin lieber nicht festlegen und äußerte nur »Natürlich ist 2018 das Ziel.«[9] Was heißt: Es dürfte 2019 werden. Allerdings tat die BER-Flughafengesellschaft zum gleichen Zeitpunkt kund, der Airport sei Ende Februar »zu 87 Prozent vollendet« gewesen; im Januar habe »die Quote noch bei 82 Prozent« gelegen.[10] So gesehen müsste der BER Mitte 2018 ein 150prozentiger sein.

Die harten Fakten sehen aus wie folgt: Die im Frühjahr 2017 absehbare Zeitplanung als realistisch unterstellt, wird die Bauzeit für den BER-Airport am Ende bei gut 12 Jahren liegen. Ursprünglich sollten es fünf Jahre sein. Allerdings ruhten auch beim Berliner Airport die Bauarbeiten mehr als ein Jahr. Am Ende wird sich die reale Bauzeit im Abgleich mit der ursprünglich geplanten mehr als verdoppelt haben.

Als Kosten wurden ursprünglich 1,7 Milliarden Euro veranschlagt. Im Frühjahr 2017 wird mit Gesamtkosten in Höhe von 6,5 Milliarden Euro gerechnet. Es könnten sicher auch sieben Milliarden werden. Es kommt demnach zu einer Verteuerung auf rund das Vierfache. Damit übertrumpft das Berliner Großprojekt hinsichtlich der Negativrekorde Bauzeitverlängerung und Kostensteigerung den Hamburger Konkurrenten nochmals.[11]

***

---

9   Frankfurter Allgemeine Zeitung vom 18. März 2017.

10   Börsen-Zeitung vom 21. März 2017.

11   Im Frühjahr 2017 kann nicht mehr komplett ausgeschlossen werden, dass der BER eine Bauruine bleibt. Politisch möglich würde dies, wenn der Volksentscheid zum Offenhalten von Tegel ein positives Ergebnis hat. Der Risiko-Manager Peter Hess äußerte im März 2017: »Meine persönliche Meinung ist: Der BER ist technisch eigentlich nicht mehr zu retten […] Das bedeutet den Abriss wenn nicht im physischen Sinn, so im organisatorischen Sinn. Lassen wir die Bundestagswahl [am 24. September 2017; W. W.] mal vorbeigehen, dann kommt der große Knall.« In: Forum vom 24. März 2017. Ein solches Ergebnis würde den in diesem Buch analysierten Charakter von Großprojekten im aktuellen Kapitalismus unterstreichen (siehe Kapitel VI) und signalisieren, dass Vergleichbares auch im Fall Stuttgart 21 stattfinden kann.

Als im Herbst 2016 neue Gutachten dokumentierten, dass die Inbetriebnahme von Stuttgart 21 erst 2022 oder gar erst 2023 stattfinden
könnte und dass der Bundesrechnungshof von einer drastischen Steigerung der Baukosten ausgeht, nahmen der Vorstand und der Aufsichtsrat der Deutschen Bahn AG dies ohne größere Aufgeregtheiten
zur Kenntnis.

Dabei wurden auch hier höchst originelle Gründe für die Verschiebung der Inbetriebnahme und die Kostensteigerungen angeführt.
Nach dem unter Artenschutz stehenden Juchtenkäfer, der in der Kommunikation des Bahnkonzerns in den Jahren 2013 und 2014 als Grund
für die Probleme beim Großprojekt ins Feld geführt wurde, wird derzeit »die Umsiedlung geschützter Eidechsen auf dem S 21-Areal«, die
Zeit und »rund 40 Millionen Euro kosten« würde, als besonders problematisch bezeichnet.[12] »Eidechsen«, so Manfred Leger, Chef der DB
Projektgesellschaft Stuttgart – Ulm, »können alles ändern«; es gebe zu
viele von ihnen, es gebe »tausende – und wir wissen nicht, wohin mit
denen.«[13]

Bleibt es bei den aktuellen und halb-offiziellen Zeitplänen so läge
die Bauzeit für das Projekt Stuttgart 21 am Ende bei gut zwölf Jahren;
vorgesehen war ursprünglich eine Bauzeit von fünf Jahren. Das ent-
spräche bereits rund dem Zweieinhalbfachen der ursprünglich ver-
anschlagten Bauzeit.

Als Kosten für Stuttgart 21 wurden ursprünglich 2,46 Milliarden
Euro genannt. Offiziell geht die Deutsche Bahn AG Anfang 2017 noch
von 6,5 Milliarden Euro Baukosten aus. Berücksichtigt man die Mehrkosten, die der Bundesrechnungshof in seinen Prüfberichten aus dem
Jahr 2016 aufführt, dann liegen die Projektkosten am Ende bei 10 Milliarden Euro. Damit ist davon auszugehen, dass die Kosten für Stuttgart 21 mehr als das Vervierfache der ursprünglich kommunizierten
Baukosten betragen werden.

---

12   Thomas Wüpper, Viele offene Fragen beim Großprojekt, in: Stuttgarter
     Nachrichten vom 14. September 2016.
13   Zitiert bei Max Hägler und Josef Kelnberger, Tiefenentspannt, in: Süddeut-
     sche Zeitung vom 9. März 2016.

Damit liegt das Stuttgarter Großprojekt bei der Kostensteigerung leicht über dem Niveau des Berliner Flughafen-Projekts.

Da schließlich auch die *Gesamtkosten* von Stuttgart 21 beim Zwölffachen derjenigen der Elbphilharmonie und auch deutlich höher als diejenigen des BER liegen, gebührt Stuttgart 21 unter den drei skandalträchtigsten Großprojekten in Deutschland in allen drei Kategorien der Siegerkranz im Negativ-Wettbewerb.

Und das ist noch nicht alles. Im Fall Stuttgart 21 gibt es zusätzlich ein Alleinstellungsmerkmal: Während in Hamburg und in Berlin die immensen Kosten für die jeweiligen Projekte mit einem *Mehrwert bei der Leistung* verbunden sind, kommt es mit Stuttgart 21 zu einem *Abbau von Leistung*.

Dieser wichtige, qualitative Aspekt verdient es, verdeutlicht zu werden: Mit der Inbetriebnahme der Elbphilharmonie gibt es in Hamburg ein Plus an Kulturangeboten – einmal ganz abgesehen davon, um welche Art Kultur es sich handelt, und unabhängig von der Problematik, wie viele Menschen es sich leisten können, die Elbphilharmonie-Kultur zu konsumieren.

Vergleichbares gilt für das Berliner Großprojekt: Mit der Inbetriebnahme des Berliner Großflughafens wird die Zahl der in Berlin registrierten Fluggäste weiter wachsen. Der BER kann nach aktueller Planung so viele Fluggäste bewältigen wie derzeit auf den Airports Tegel und Schönefeld zusammen abgefertigt werden. Dies gilt ganz unabhängig von der Tatsache, dass der neue Flughafen BER – aufgrund einer grotesk verfehlten Verkehrspolitik[14] – nach der Fertigstellung bereits zu klein sein wird für das insgesamt erwartete Aufkommen

---

14   Fast die Hälfte der auf den Berliner Airports registrierten Flüge sind Inlandsflüge bzw. Auslandsflüge im Bereich unter 700 Kilometern. Das heißt, die entsprechenden Fahrten könnten ideal auf die Schiene verlagert werden, zumal es in diesem Entfernungsbereich bei einer Bemessung der Fahrtzeiten von Stadtmitte zu Stadtmitte keine relevanten Zeitersparnisse im Flugverkehr gibt. Wenn der Flugverkehr weiter boomt und der Schienenpersonenfernverkehr stagniert, dann liegt dies an einer verfehlten Verkehrspolitik, bei der sich unter anderem die Ticketpreise im Schienenverkehr in den letzten 15 Jahren um gut 40 Prozent erhöhten und die Flugtickets sich deutlich verbilligten.

an Flugverkehrs-Fahrgästen und dass – beispielsweise im Zusammenhang mit dem anstehenden Volksentscheid zur Offenhaltung von Tegel – längst darüber nachgedacht wird, einen der bestehenden Flughäfen doch weiter zu betreiben bzw. umgehend nach der Inbetriebnahme des BER eine Erweiterung desselben in Angriff zu nehmen.

Ganz anders sieht es bei Stuttgart 21 aus. Bei diesem Projekt spricht erstens alles dafür, dass es nie fertigerstellt wird (was in diesem Buch zu belegen sein wird). Zweitens und vor allem handelt es sich um ein Projekt, das mit einem *Abbau der Schienenkapazitäten* verbunden ist. In dem in Bau befindlichen Tiefbahnhof Stuttgart 21 würden in der entscheidenden Stunde mit der höchsten Belastung, in der Rushhour, rund ein Drittel weniger Bahnfahrgäste ankommen und abfahren können als im derzeit bestehenden Kopfbahnhof.

Und das ist ein *Novum* in der Geschichte deutscher Großprojekte. Für Stuttgart 21 gilt: Es gibt erstens die genannte Rekordbausumme. Es gibt zweitens die erwähnte Rekordsteigerung bei den Baukosten. Drittens gibt es einen Rekord bei der Verlängerung der Bauzeit.

Vor allem aber gilt: In Stuttgart werden zehn und mehr Milliarden Euro für ein Projekt ausgegeben, mit dem die bestehende Kapazität des sehr gut funktionierenden Schienenknotens Stuttgart drastisch verkleinert wird. Die folgende Tabelle dokumentiert diese Vergleiche.

Handelt es sich damit bei Stuttgart 21 um einen »Schwabenstreich«? Das wäre dann, laut Wikipedia, »eine törichte, alberne Handlungsweise«, wobei, so die Definition, »die Schwaben lange Zeit die Zielscheibe des Spottes anderer deutscher Stämme wegen der ihnen nachgesagten Unbeholfenheit« gewesen seien.

Inhaltlich ist dem durchaus zuzustimmen: Den Bau von Stuttgart 21 zu betreiben, ist »töricht und albern«. Auch ist interessant, dass diejenigen, die das Projekt im April 1994 erstmals vorgestellt hatten – mit Heinz Dürr an der Bahnspitze, mit Matthias Wissmann als Bundesverkehrsminister, mit Erwin Teufel als Ministerpräsident des Landes Baden-Württemberg und mit Manfred Rommel als Stuttgarter Oberbürgermeister – alle Schwaben waren. Und MP Erwin Teufel hatte, eigentlich recht unsensibel, auf diese Schwaben-Dominanz als

Tab. 1: Vergleich dreier Großprojekte: Elbphilharmonie, Flughafen Berlin (BER) und S 21

Grunddaten		Elbphilharmonie in Hamburg	Flughafen in Berlin (BER)	Tiefbahnhof S 21 in Stuttgart
Bauzeit	geplant	5 Jahre	5 Jahre	5 Jahre
	real	8 Jahre	11 Jahre	12 Jahre bis ∞
Steigerung um das		1,6-Fache	2,2-Fache	2,5-Fache bis
Kosten	geplant	186-241 Mio. Euro	1,7 Mrd. Euro	2,46 Mrd. Euro
	real	789-866 Mio. Euro	6,5 Mrd. Euro	mehr als 10 Mrd. Euro
Steigerung um das		3,3- bis 4,7-Fache	3,8-Fache	mehr als das 4-Fache
Kapazitäts-entwicklung		zusätzliche 2100 Theaterplätze im großen und zusätzliche 550 Plätze im kleinen Saal	zusätzliche 27 Mio. Fluggäste im Jahr	30 % weniger Zugankünfte in der Stunde mit der höchsten Nachfrage (7 – 8 Uhr)

Plus-Punkt für Stuttgart 21 ausdrücklich hingewiesen. (Siehe Kapitel IV) Doch anders als bei vielen anderen zerstörerischer Bauprojekten gibt es in Stuttgart seit einem Jahrzehnt einen nachhaltigen, kulturvollen und einmaligen Widerstand gegen dieses Projekt – getragen von Tausenden Schwäbinnen und Schwaben mit tatkräftiger Unterstützung aus dem Ausland, also zum Beispiel aus Baden. (Siehe Kapitel VII)

Die drei aufgeführten Großprojekte stehen alle in einer – wenn auch zufälligen und unterschiedlich ausgeprägten – Verbindung mit Chefs bzw. Ex-Chefs der Deutschen Bahn AG. 2012 debattierten der damalige Bundesverkehrsminister Peter Ramsauer und der damalige Bahnchef Rüdiger Grube mit dem *Welt*-Journalisten Nikolaus Doll über deutsche Großprojekte im Allgemeinen und über »Baupannen zu Lande (Elbphilharmonie, Stuttgart 21), zu Wasser (JadeWeserPort) und in der Luft (Hauptstadtflughafen)« im Besonderen. Grube fand die Pauschalität der Vorwürfe, alle Großprojekte würden irgendwie floppen, unfair und beharrte darauf, dass »die Bahn derzeit im ganzen

Land Tausende Infrastrukturprojekte (baut), und die meisten sind im Zeit- und Kostenplan.« Ramsauer behauptete: »Wir haben viel aus dem Ringen um Stuttgart 21 gelernt.« Grube sah damals die Schuld für den Abgleich zwischen den ursprünglichen Kostenkalkulationen und den letztendlich zutreffenden Kosten, wie diese in der Öffentlichkeit wahrgenommen würden, eher beim einfachen Volk. Er argumentierte dabei wie folgt: »Das Problem ist, dass es zu Beginn solcher Großvorhaben Kostenschätzungen gibt, die Zahlen gehen dann raus und setzen sich in den Köpfen der Menschen fest. Aber dann kommen Feinkalkulationen, [...] die Bürgereinwände, technische Herausforderungen, Umplanungen und so weiter. Und am Ende stimmt die Rechnung nicht mehr. Nur – die anfängliche Zahl geistert weiter durchs Land.«

Der hartnäckige Journalist Nikolas Doll wollte das so nicht stehen lassen. Er stellte die nachvollziehbare Frage: »Warum setzt man die Kosten dann nicht gleich höher an?« Worauf Ramsauer die kreuzehrliche, fatale Antwort gab: »Wenn man alle Risiken und Eventualitäten von Beginn an einrechnen würde, dann wird hier nicht mehr gebaut, dann haben wir Stillstand. Das kann sich Deutschland nicht leisten.«

Nochmals Doll: »Dann wäre Stuttgart 21 also nie gebaut worden. Am Ende wird es doch noch teurer als derzeit angenommen.« Worauf Grube indirekt bejahte und kühl ergänzte: »Niemand von uns stellt sich heute hin und sagt, 2020 werden dann genau 4,34 Milliarden Euro abgerechnet, das wäre doch unprofessionell.«[15]

Bei der Eröffnung der Elbphilharmonie am 11. Januar 2017 wurde dann in so gut wie allen Medien süffisant berichtet, dass auch die

---

15　Nikolaus Doll, »Die spektakulären Pannen deutscher Großprojekte«, Interview mit Verkehrsminister Peter Ramsauer und Bahnchef Rüdiger Grube in: welt.de vom 10. Juni 2012 [abgerufen am 24.1.2017]. Grube nennt hier noch die Zahl des zu diesem Zeitpunkt fest vereinbarten S 21-»Kostendeckels«. Fünf Monate später gestand die Bahn selbst ein, dass die Kosten um zwei Milliarden höher und bei 6,5 Milliarden Euro liegen. In diesem Interview deutete der Bahnchef mit den Worten, man rechne »am Ende« nicht exakt so ab, wie damals aktuell vorgegeben, sein Wissen um die neuen Erhöhungen der Projektkosten an.

»Starköchin Cornelia Poletto *zusammen mit ihrem Mann, dem Bahnchef Rüdiger Grube*« eingetroffen sei.«[16] Grube, der damals nur noch drei Wochen Bahnchef-Amtszeit vor sich hatte, hatte kurz zuvor, im Kreis altgedienter Bahnprofis, gesagt, er persönlich hätte Stuttgart 21 »nicht erfunden« und er »hätte es auch nicht gemacht«.[17]

Dieses Statement löste heftigste Kritik aus. Zu recht. Schließlich war Grube bei Stuttgart 21 von Anfang an ein echter Scharfmacher. Wenn sich der Mann bereits vor seinem Abgang vom Gleisacker von diesem Projekt distanzierte, dann ist dies schlicht unlauter. Auf dem Höhepunkt der Stuttgart 21-Auseinandersetzung, Ende 2010, trat der ehrbare Kaufmann Grube aus Hamburg für eine im Rückblick erstaunliche Härte und Kompromisslosigkeit ein. Im Kreis von Freunden erklärte er: »Das Ding muss jetzt durchgezogen werden. Und ich ziehe das durch.« Er fügte hinzu, er werde dem Vermittler Heiner Geißler »keinen großen Spielraum lassen: Wenn wir in Stuttgart nur einen Millimeter nachgeben, dann fliegen uns in Deutschland alle Infrastrukturprojekte um die Ohren.«[18]

Und wer war es, der einen »sicheren Eröffnungstermin« für den neuen Berliner Großflughafen »im Jahr 2017« verkündet hatte? Richtig! Dies war Hartmut Mehdorn. Der Mann war von 1999 bis 2009 Chef der Deutschen Bahn AG. Er erwies sich in dieser Position als entschiedener Promoter von Stuttgart 21 und als fanatischer Einpeitscher für einen Bahn-Börsengang. Im April 2009 musste Mehdorn seinen Hut nehmen, weil ihm die flächendeckende Bespitzelung der Bahnbeschäftigten und vieler Bahnkritiker nachgewiesen werden konnte.

Im Zeitraum März 2013 bis Frühjahr 2015 war Mehdorn Chef des künftigen Hauptstadtflughafens BER. Und ähnlich wie er das Projekt Stuttgart 21 und den Bahnbörsengang voran geprügelt hatte, setzte er auf eine Gewalttour beim Berliner Großflughafen: Er veranlasste flä-

---

16   Hamburger Abendblatt vom 11. Januar 2017. Hervorgehoben von W. W.

17   Spiegel.de vom 25. November 2011 [abgerufen am 25.1.2017].

18   Zitiert bei: Andreas Schmidt, Der Herrenabend als Heimspiel für den Bahn-Chef, in: Hamburger Abendblatt vom 15. November 2010.

chendeckende Kündigungen beim teilweise durchaus fachkundigen alten Top-Personal. Gleichzeitig vertrat er provokativ undemokratische Positionen. Als 2014 in Brandenburg ein Volksbegehren zum Nachtflugverbot zunächst erfolgreich war, konterte Flughafenchef Mehdorn: »Es ist doch gar keine Frage, dass wir als Hauptstadt uns endlich an internationale Standards gewöhnen müssen. Es gibt für Hauptstädte auf dieser Welt überhaupt keine Restriktionen, was Flüge angeht.«[19]

Die Desaster um die Elbphilharmonie, den Hauptstadtflughafen und das Projekt Stuttgart 21 veranlassten Hans Zippert von der »Welt« in seiner Rubrik »Zippert zappt« dazu, einen Blick über den nationalen Tellerrand und nach Österreich zu werfen. Immerhin sei dort der ÖBB-Bahnchef Kanzler geworden. Ob es Vergleichbares nicht auch in Deutschland geben könne – ein Ex-Bahnchef als Neo-Bundeskanzler? Zippert argumentierte wie folgt: »Wer einen derartig unübersichtlichen und unberechenbaren Konzern wie die Bahn halbwegs lenken kann, dürfte eigentlich mit dem Unternehmen Deutschland keine Schwierigkeiten haben. Ein Bahnchef weiß, wann […] das Land Gute-Laune-Tickets braucht. Er weiß, dass hier nicht jeder das Recht auf einen bequemen Sitzplatz hat und dass die Wagenreihung sich jederzeit ändern kann.« Zippert sieht bei der Frage einer Kanzlerkandidatur eine Art Zugriffsrecht beim amtierenden Bahnchef. Er argumentierte dabei wie folgt: »Falls Grube doch nicht antreten will, könnte man es mit Hartmut Mehdorn probieren, der gerade nicht ausgelastet ist. Für Mehdorn spricht, dass er in einer Zeit, in der viele Menschen Angst vor offenen Grenzen haben, den Hauptstadtflughafen vor einer Öffnung bewahrt hat.«[20]

Geht es nur darum, dass Stuttgart 21 noch teurer kommt als der Berliner Großflughafen, von der Elbphilharmonie ganz zu schweigen? Geht es lediglich darum, dass die Kostensteigerung und die Bauzeit-

---

19 Claudia von Laak / Axel Fleming, Das Scheitern des Hartmut Mehdorn, in: Deutschlandfunk vom 7. März 2014. www.deutschlandfunk.de/berliner-blughafen-ber-das-scheitern [abgerufen am 25. 1. 1017]

20 Hans Zippert, Zippert zappt, in: Die Welt vom 12. Mai 2016.

verlängerung von S 21 jeweils diejenigen, die es bei der Elbphilharmonie gab beziehungsweise beim BER noch gibt, übersteigen? Sind das in dieser Wirtschaftsordnung nicht höchst ordinäre Vorgänge – länger bauen, mehr verlangen, mehr profitieren? Selbst das Argument, mit Stuttgart 21 würde Bestehendes zerstört und Kapazität abgebaut, kann damit abgetan werden, dass in einer Wirtschaftsordnung, in der Rüstung und Kriege, also Zerstörung im deutlich größerem Maßstab, ein Geschäft sind, das doch nichts Besonderes sei.[21] Im Übrigen, so die weiteren Argumente der Abwiegler und Relativierer, sei doch vor Ort auch eine gewisse Beruhigung eingetreten: An der Spitze der Landesregierung und an der Spitze der Landeshauptstadt stünden grüne Politiker und ehemalige Gegner von Stuttgart 21, die jedoch inzwischen die Hälse gewendet und bei dem Großen Spiel in dieser kapitalen Gesellschaft mitspielen würden. Diese Beruhigung der Gemüter würde ja auch durch die Montagsdemonstrationen belegt: Tausend oder zweitausend Menschen je Demo sei ja wohl nicht weltbewegend – zumal im Vergleich zu den Zehntausenden, die in den Jahren 2010/2011 jeweils am ersten Wochentag in Stuttgart auf der Straße anzutreffen gewesen seien.

Natürlich ist einiges von dem, was in dieser Publikation bei dem Großprojekt Stuttgart dokumentiert wird, nicht einmalig, sondern charakteristisch für eine Wirtschaftsordnung, die die kurzfristige Gewinnerzielung für Einzelne (Personen oder Unternehmen) über das volkswirtschaftliche oder gar gesamtgesellschaftliche Ganze stellt. Einiges allerdings ist besonders und einmalig. Und in der *Summe* ergibt sich durchaus eine Besonderheit. Stuttgart 21 ist in seinen Dimensionen der Irrationalität, der Zerstörung *und* des anhaltenden Widerstands exemplarisch und höchst lehrreich.

---

21   Während der Arbeit an diesem Buch beendeten Klaus Gietinger und ich unsere mehr als zweijährige Arbeit am Buch »Der Seelentröster. Wie Christopher Clark die Deutschen von der Schuld am Ersten Weltkrieg erlöst« (Stuttgart 2017), in dem es auch um dieses Thema der Zerstörung durch Krieg als eine dem Kapital innewohnende Grundtendenz geht.

II.
Die S21-Machbarkeitsstudie von 1995 und der Stand der Wissenschaft 2017

Was hier geschieht, geht über einen Bahnhof weit hinaus. Irgendwann wird es vielleicht in den Büchern stehen, dass hier in Stuttgart ein Wendepunkt begonnen hat. Die Demokratie bedarf dessen, was hier geschieht.
Georg Schramm, Kabarettist, Rede auf der 50. Montagsdemonstration, 25. Oktober 2010

Der Fortschritt steht hier! [...] Hier stehen [...] die Streiter für Geschichte, Erinnerung und Zukunft! [...] Die Menschen, die sich das Motto von Gustav Heinemann zu eigen gemacht haben: Unruhe ist die erste Bürgerpflicht! Da können wir es nicht dabei bewenden lassen, alle 5 Jahre unsere Stimmen abzugeben – dafür gibt's weder Pfand noch Garderobenmarken. Deshalb müssen wir vor und nach und zwischen den Wahlen mit unseren Stimmen etwas Vernünftiges machen, und sei es nur, immer und immer wieder laut zu sein: Wessen Stadt? Wessen Geld? Wessen Welt?
Peter Grohmann, 352. Montagsdemonstration vom 2. Januar 2017

Begeben wir uns an den Ausgangspunkt von Stuttgart 21, an den Zeitpunkt, als die Menschen in Stuttgart von dem Großprojekt erstmals erfuhren. Am 18. April 1994, dreieinhalb Monate nach Gründung der Deutschen Bahn AG, wurde Stuttgart 21 erstmals öffentlich vorgestellt. Nur zehn Monate später, Anfang 1995, lag die von der Deutschen Bahn AG, dem Bund, dem Land Baden-Württemberg und der Stadt Stuttgart in Auftrag gegebene Machbarkeitsstudie für Stuttgart 21 vor, einschließlich eines »digitalen räumlichen Modells« und einer »Videopräsentation«. Diese Machbarkeitsstudie kann als Gründungsurkunde von Stuttgart 21 bezeichnet werden; auf dieser Grundlage

wurde das Großprojekt beschlossen: Am 7. November 1995, keine
20 Monate nach der ersten Präsentation und nur ein halbes Jahr nach
Erklärung der »Machbarkeit«, wurde die Rahmenvereinbarung für
Stuttgart 21 unterzeichnet. In diesem Dokument verpflichten sich die
Deutsche Bahn AG, das Land Baden-Württemberg, die Stadt Stuttgart und die Bundesregierung unter Bezugnahme auf diese Studie,
das Projekt Stuttgart 21 gemeinsam zu realisieren und es gemeinsam
zu finanzieren.

Die Machbarkeitsstudie ist geprägt vom Geist jener Zeit – fünf
Jahre nach der Wende. Plan und Staat gelten als vorgestrig. Markt
und Profit als allein zukunftsträchtig. Angesagt ist ein abstrakter Be-
griff von Fortschritt. Und so lautet der erste Satz in dem Dokument:
»Privatinitiative, Innovation und Fortschritt zählen zu den wichtigsten
Grundlagen unserer Wirtschafts- und Gesellschaftsordnung.«[22]

Einigermaßen absurd ist hier bereits der Bezug auf die »Privatinitiative«. Eine solche im ökonomischen und finanziellen Sinn gab es
und gibt es bei dem Großprojekt nirgendwo; kein privater Unternehmer war je bereit, für Stuttgart 21 auch nur mit einer DM oder einem
Euro ins Risiko zu gehen. Wobei in der Machbarkeitsstudie durchaus
postuliert wurde, dass »alle Möglichkeiten der Beteiligung privater Investoren ausgelotet werden (müssen).«[23] Tatsächlich fand ein solches
»Ausloten« nie statt; die Promotoren wussten um die Vergeblichkeit
solcher Bemühungen. Das gesamte Projekt Stuttgart 21 wird mit öffentlichen Geldern beziehungsweise mit Geldern der in Staatsbesitz
befindlichen Deutschen Bahn AG finanziert. Dennoch profitieren davon natürlich Private. Allerdings komplett risikofrei.

»Innovation und Fortschritt« bezieht sich dann vor allem auf die
als notwendig erachtete Preisgabe des Kopfbahnhofs und auf den
Bau eines unterirdischen Durchgangsbahnhofs. Die Konzeption eines
Kopfbahnhofs wird in diesem Gründungsdokument generell als ver-
altet präsentiert. In der Studie wird darauf verwiesen, dass »die Forderung nach einem Durchgangsbahnhof anstelle des heutigen Kopf-

---

22   Stuttgart 21 – Machbarkeitsstudie, Januar 1995, S. 1.
23   Ebenda.

bahnhofs im Herzen der Stadt [...] nicht neu« sei, dass sie »bis in die 30er Jahre zurückreicht.«

Richtig – und hier bewusst nicht ausgesprochen – ist, dass die Pläne zur Auflassung des bestehenden Kopfbahnhofs und zur Verlegung des Hauptbahnhofs an das Südende des Rosensteinparks zuerst im nationalsozialistischen Staat ausgearbeitet und in Anlehnung an vergleichbare Pläne für andere deutsche Großstädte, insbesondere für Berlin, verfolgt wurden.[24] Für das Stuttgarter Projekt gab es sogar eine erste Studie, die 1940, ein Jahr nach Beginn des NS-Kriegs, ausgearbeitet und dann mit dem Vermerk »nur für den Dienstgebrauch« archiviert wurde.[25]

Dem NS-Regime und dem damaligen Stuttgarter NSDAP-Oberbürgermeister Karl Strölin ging es bei diesem Vorhaben darum, die Stadt für die Volksmotorisierung aufnahmebereit und für große Aufmärsche geeignet umzubauen – eine Konzeption, wie sie von dem Generalbauinspektor und späteren Reichsminister für Rüstung und Munition, Albert Speer, vor allem für Berlin mit der Auflassung, also der Aufgabe, mehrerer Kopfbahnhöfe und mit der Verbannung der Eisenbahn aus dem Zentrum der Stadt entwickelt worden war.[26]

---

24   Siehe Wolfgang Christian Schneider, Hitlers wunderschöne Hauptstadt des Schwabenlandes. Nationalsozialistische Stadtplanung, Bauten und Bauvorhaben in Stuttgart, in: Demokratie und Arbeitergeschichte, Jahrbuch 2, herausgegeben von der Franz Mehring Gesellschaft Stuttgart, Stuttgart 1982, S. 74 und 91.

25   Bei Frank Brettschneider/Wolfgang Schuster (Hrsg.), Stuttgart 21. Ein Großprojekt zwischen Protest und Akzeptanz, Wiesbaden 2013, S. 30, findet sich dafür der folgende Hinweis: »Siehe Karte vom 11. Juli 1940: Generelle Studie über eine Möglichkeit der Verlegung des Hauptbahnhofs Stuttgart nach dem Rosenstein. Nur für den Dienstgebrauch. Städtisches Tiefbauamt, Zimmer des Amtsvorstands. Stuttgart, den 11.7.1940.« Das Vorhaben wurde nach diesen Angaben und derselben Quelle dann 1948 nochmals geprüft und dabei erneut unter Verschluss gehalten.

26   In Berlin, der neuen »Hauptstadt Germania«, sollten alle damals noch bestehenden fünf Kopfbahnhöfe (Anhalter, Görlitzer, Lehrter, Potsdamer und Stettiner Bahnhof) aufgelassen und durch zwei Durchgangsbahnhöfe (einen »Nordbahnhof« in der Nähe des S-Bahnhofs Wedding und einen »Südbahnhof« am S-Bahnhof Papestraße) ersetzt werden. Zwischen diesen

Auf diesen Zusammenhang wurde in der Machbarkeitsstudie aus naheliegenden Gründen inhaltlich nicht eingegangenen, aber dann mit der Formulierung »… reicht bis in die 30er Jahre zurück« doch unzweideutig verwiesen. Das Argument, es gehe bei Stuttgart 21 um die Umsetzung der Konzeption einer autogerechten Stadt, tauchte dann im Rahmen der Proteste gegen Stuttgart 21 wieder auf.

Die Verfasser der Machbarkeitsstudie bemühten sich, eisenbahnverkehrstechnische immanente Argumente gegen die Konzeption Kopfbahnhof im Allgemeinen und gegen den bestehenden Kopfbahnhof in Stuttgart im Besonderen ins Feld zu führen. So ist dort doch tatsächlich die Rede vom notwendigen Lokwechsel, den es bei den Kopfbahnhöfen geben würde. Dabei wurden Lokwechsel in einem Kopfbahnhof wenige Jahre später durch den Einsatz der Wendezüge völlig obsolet[27]. Die Verfasser der Machbarkeitsstudie wussten dies auch schon im Jahr 1995, da es diese Technik damals bereits seit vielen Jahren gab und ihr genereller Einsatz absehbar war. Dennoch heißt es in der Studie: »Während im Durchgangsbahnhof von einem Zug ein Bahnhofskopf nur ein Mal belegt wird, verdoppelt sich dies beim Kopfbahnhof zwangsläufig. Durch die erforderlichen Lokwechsel werden sogar vier Fahrten pro Zug notwendig.«

Nun war den S 21-Promotern damals bewusst, dass sich das Thema »Lokwechsel« noch vor einem S 21-Baubeginn bald erledigt haben würde. So wurde in der Studie eine allgemeine Kritik an der Konzeption des Kopfbahnhofs entwickelt. Dort heißt es: »Vor allem bei Verspätungen ist der Kopfbahnhof [Stuttgart; W. W.] schnell überlastet, da sich die

---

beiden Bahnhöfen sollte es eine unterirdische Schienenverbindung geben. Siehe: Winfried Wolf, Berlin – Weltstadt ohne Auto? Eine Verkehrsgeschichte 1848-2015, Köln 1994, S. 75 f.

27 Wendezüge sind Züge, bei denen bei einem Fahrtrichtungswechsel das Triebfahrzeug (die Lokomotive oder der Triebwagen) nicht umgesetzt werden muss. Entweder es befindet sich an beiden Zugenden ein Triebfahrzeug (»Sandwich«), und beide können vom jeweils vorderen Triebfahrzeug aus gesteuert werden, oder es befindet sich an einem Zugende ein Triebfahrzeug und am anderen Ende ein Steuerwagen, mit dem das Triebfahrzeug ferngesteuert werden kann. Der Zug wird dann in der einen Richtung mit dem Steuerwagen voraus geschoben.

meisten Strecken im Ein- und Ausfahrbereich kreuzen und ›Überholmanöver‹ der schnellen Züge schwierig sind. [...] Der Platzverbrauch für
den Kopfbahnhof ist immens, da die Zahl der Gleise ungefähr doppelt
so hoch ist wie bei einem Durchgangsbahnhof. Auch im Ein- und Ausfahrbereich wird viel innerstädtischer Platz benötigt. [...] Kurzum, der
Betrieb ist im Kopfbahnhof sehr viel aufwendiger, der Platzverbrauch
größer und die Zeitverluste für die schnellen ICE-Züge [sind] zu groß«[28]

Was das »Kreuzen im Ein- und Ausfahrbereich« betrifft, so konnte diese Argumentation höchstens Laien überzeugen, gibt es doch im
Gleisvorfeld des Stuttgarter Kopfbahnhofs klug durchdachte Überwer-
fungsbauten, sodass das Kreuzen der Strecken in der Regel problemlos
(und damit auch – die sachunkundige Formulierung sei hier zitiert –
»Überholmanöver der schnellen Züge«) stattfinden können. Verblüffend, wenn nicht grotesk ist dann der Umstand, dass die Machbarkeitsstudie von prominenten Eisenbahnfachleuten wie Prof. Gerhard
Heimerl, Prof. Werner Rothengatter und Prof. Wulf Schwanhäußer als
»Beteiligte« an der Studie[29] mitgetragen wurde. Sie alle wussten es beziehungsweise wissen es besser.

Dabei sahen sich diese Herrschaften damals, Mitte der 1990er Jahre, bereits mit einer fachkundigen Antwort konfrontiert. Nur wenige
Monate nach Erscheinen der Machbarkeitsstudie schrieb der Bahnex-
perte Felix Berschin: Die S 21-Macher und die Machbarkeitsstudie hätten es »bestens verstanden, den Kopfbahnhof als wenig leistungsfähig
und unmodern hinzustellen. Doch die Zahlen sprechen eine andere
Sprache. Stuttgart ist heute der pünktlichste Knotenbahnhof im gesamten DB-Netz.« Es werde ignoriert, dass in Stuttgart »in den Hauptrich-
tungen Mannheim – Ulm und umgekehrt in beide Richtungen ohne
gegenseitige Behinderungen gefahren werden kann, was zum Beispiel
im [...] Kopfbahnhof Frankfurt Main nicht möglich« sei.[30]

---

28   Stuttgart 21 – Machbarkeitsstudie, Januar 1995, S. 12

29   Als solche ausgewiesen auf Seite 39 des Dokuments.

30   Felix Berschin, Optimierter Kopfbahnhof mit integriertem Taktverkehr, in:
     Winfried Wolf, Stuttgart 21 – Hauptbahnhof im Untergrund?, Köln 1996
     (2. Auflage), S. 97.

Die hohe Leistungsfähigkeit des Kopfbahnhofs ist im Übrigen auch für die Fußwege gegeben. In der Machbarkeitsstudie ist an mehreren Stellen von »kürzesten Fußwegen«, die es mit Stuttgart 21 geben würde, die Rede. Und auch noch 2010 in der Schlichtung konnte der Bahnvorstand Volker Kefer unwidersprochen wie folgt argumentieren: »Ich fahre ja pro Jahr bis zu 10.000 Kilometer mit der Bahn, und deshalb weiß ich sehr genau, wie lästig es ist, wenn man an einem Kopfbahnhof aussteigen will und erst ganz nach vorn laufen muss, um am nächsten Bahnsteig wieder ganz nach hinten laufen zu müssen.«[31] Damit wird suggeriert, ein Kopfbahnhof habe lange Fußwege. Bereits im Jahr 1996 widerlegte der bereits zitierte Felix Berschin diese Mär. Er schrieb: »Der Stuttgarter Hauptbahnhof bietet eine Fußgängerunterführung und hat damit auch in der Bahnsteigmitte kurze Umsteigewege.«[32] Im Übrigen zeichnet sich ein Kopfbahnhof vor allem dadurch aus, dass alle Wege zwischen den Gleisen an den Gleisenden ebenerdig und Treppen oder Rolltreppen dafür nicht notwendig sind. Es handelt sich hier um einen qualitativen Vorteil und Komfortgewinn.

Bei der in der Machbarkeitsstudie vorgetragenen Behauptung, der Kopfbahnhof benötige »viel innerstädtischen Platz«, wird völlig außer Acht gelassen, dass ein Kopfbahnhof generell den Charme hat, die Eisenbahn bis an den Stadtkern heranzuführen, ohne die Stadt in der Folge zu durchschneiden. Diese kluge, die Umwelt schonende und Urbanität wahrende Konzeption führte dazu, dass es auch heute noch in Europa mehr als fünfzig große Kopfbahnhöfe in mehr als zwei Dutzend großen Städten gibt – so in Madrid, in Paris (hier sind es gleich sechs Kopfbahnhöfe), in Marseille, Mailand, Bologna, Florenz und Neapel, in London (auch in dieser Metropole gibt es ein halbes Dutzend Kopfbahnhöfe) und in Zürich, und schließlich auch in Leipzig, Frankfurt/M., Wiesbaden, Kiel und in Lindau. Alle diese Kopfbahnhöfe haben bis heute Bestand.

---

31   Schlichtungsrunde vom 22. Oktober 2010, hier zitiert bei: Oben bleiben! Die Antwort auf Heiner Geißler, Volker Lösch / Gangolf Stocker / Sabine Leidig / Winfried Wolf (Herausgeber), Köln 2011, S. 17.

32   Schlichtung vom 22.10.2010, nach: ebenda; im Folgenden zitiert mit »Oben bleiben!«.

Projekte zur Auflassung von Kopfbahnhöfen und zu deren Umwandlung in Durchgangsbahnhöfe (oder zu deren Ersatz mit Durchgangsbahnhöfen an anderer Stelle) wurden vielfach aufgegeben. So in den Fällen Frankfurt/M. (»Frankfurt 21«), München (»München 21«) und Lindau. »Stuttgart 21« ist hier durchaus ein Solitär; vor Ort in Stuttgart wird auch – zu Recht! – kritisiert, dass die Tunnelfetischisten und Kopfbahnhof-Kritiker in Stuttgart ein Exempel statuieren wollen, nachdem sie andernorts derart kläglich gescheitert sind.

Außer Acht gelassen wird in der Machbarkeitsstudie und in allen vergleichbaren Debatten zu dem Thema auch der kulturelle Aspekt und der urbane Charakter, der mit einem Kopfbahnhof verbunden ist. Dies wurde von Wolfgang Schivelbusch ausgesprochen einleuchtend und wie folgt beschrieben: »Der Kopfbahnhof wirkt dergestalt wie eine Schleuse. Seine Funktion ist, zwei sehr verschiedene Arten von Verkehr und Verkehrsraum miteinander zu vermitteln, den Verkehrsraum der Stadt und den der Eisenbahn. Auf der einen Seite ist er, in seinem klassizistischen steinernen Empfangsgebäude, Teil der Stadt, auf der anderen Seite, in der Eisenkonstruktion der Bahnhalle, ganz und gar Funktion des ›industriellen‹ Bereichs der Eisenbahn.«[33]

Die zitierte Behauptung der Autoren der Machbarkeitsstudie, ein Kopfbahnhof würde zu »Zeitverlusten« führen, war in Stuttgart durchaus bereits einmal intensiv erörtert – und in diesem Zusammenhang widerlegt – worden. Und zwar im Jahr 1907. Im »Entwurf eines Gesetzes betreffend den Umbau des Hauptbahnhofs Stuttgart« vom 19. Februar 1907 hieß es: »Wenn ein Nachteil der Kopfbahnanlage darin erblickt werden will, dass die führende Lokomotive eingesperrt bleibt, bis der Zug den Bahnhof verlassen hat, dass sich die Spitze des Zugs in sein Ende verwandelt [...], so ist demgegenüber zu bemerken, dass diese Umstände in Stuttgart bis jetzt zu Anständen [= Umständen, Problemen; W. W.] nicht geführt [...] haben. [...] Der Schnellzugverkehr würde durch die Herstellung eines Durchgangsbahnhofs in

---

33 Wolfgang Schivelbusch, Geschichte der Eisenbahnreise. Zur Industrialisierung von Raum und Zeit im 19. Jahrhundert, München und Wien 1977, S. 154.

Stuttgart keine Beschleunigung erfahren, selbst wenn man von dem Lokomotivwechsel absehen könnte. Einfahren mit verminderter Geschwindigkeit ist nicht nur bei der Kopfstation, sondern auch beim Durchgangsbahnhof nötig. Der Aufenthalt der Züge auf dem Bahnhof Stuttgart ist weniger durch den Lokomotivwechsel [...] als durch andere Umstände veranlasst. Für das Ein- und Aussteigen der zahlreich Reisenden, das Aus- und Einladen von Postsendungen, von Gepäck- und Expressgut [...] ist ein Zeitaufwand von nicht unter fünf Minuten nötig (nur der Orientexpress [...] fährt nach vier Minuten weiter), während für das Wechseln der Lokomotiven zwei bis drei Minuten genügen.«[34]

So verhielt sich das in der guten alten und angeblich so langsamen Dampfeisenbahnzeit vor ziemlich genau 110 Jahren. Und so sahen auch die Fahrpläne aus: Fernbahnzüge hatten im Stuttgarter Kopfbahnhof mal vier Minuten (Orient-Express), mal fünf und öfter sechs Minuten Aufenthalt. Wenn nun in den Fahrplänen, die für den Tiefbahnhof Stuttgart 21 zugrunde gelegt werden, deutlich kürzere Aufenthalte vorgesehen sind, so haben diese rein gar nichts mit Unterschieden zwischen Durchgangsbahnhof und Kopfbahnhof zu tun. Es geht dann immer ausschließlich um die Unterstellung, die Zeit für den Ein- und Ausstieg könne von damals drei bis vier[35] und inzwischen meist drei Minuten auf dann zwei Minuten oder gar nur noch eine Minute reduziert werden. So heißt es in der Machbarkeitsstudie: »Dabei wird in Stuttgart Hauptbahnhof [gemeint ist der S 21-Tiefbahnhof; W.W.] eine Aufenthaltszeit [der Züge; W.W.] von zwei Minuten angestrebt.«[36] Das heißt, man wollte und will für den Ein- und Ausstieg

---

34 Entwurf eines Gesetzes betreffend den Umbau des Hauptbahnhofs Stuttgart und weitere Eisenbahn-Neu- und Erweiterungsbauten zwischen Ludwigsburg und Plochingen, Württembergische Zweite Kammer, Beilage 29, ausgegeben den 21. Februar 1907; Staatsarchiv Stuttgart, S. 8. (Dieses historische Dokument wurde von Eberhard Happe ausfindig und von Egon Hopfenzitz dem Autor zugänglich gemacht.)

35 Rund eine Minute ist für das Öffnen und Schließen der Türen und die Prüfprozeduren vor der Abfahrt zu veranschlagen.

36 A. a. O., S. 22.

maximal eine Minute Zeit einräumen. »Privatinitiative« meint dann offensichtlich, die Fahrgäste müssen in Windeseile den Zug verlassen bzw. in denselben einsteigen. Und »Innovation und technischer Fortschritt« übersetzt sich als Antithese zur schwäbischen Philosophie »no net hudle«, was in den gesamtdeutschen Sprachgebrauch mit »keine Hektik« übernommen wurde.

Der wesentliche Unterschied, den es zwischen dem bestehenden Kopfbahnhof Stuttgart und dem Projekt Stuttgart 21 gibt, besteht ausschließlich darin, dass die Züge das eine Mal oberirdisch und das andere Mal, mit S 21, unterirdisch, im Tunnel, verkehren. Was wiederum andere Fragen der Reisekultur aufwirft: Wie angenehm und werbewirksam ist es, wenn eine Stadt bereits in Tunnellage angefahren wird, in der der Bahnhof im Untergrund liegt, und aus der man wieder in Tunnellage herausfährt?

Drei einzelne Aspekte fallen beim neuen Lesen der Machbarkeitsstudie ins Auge. Der Charakter des Projekts als Immobilien-Deal. Die – damit zusammenhängende – Behauptung, S 21 koste die Menschen in Stadt und Region so gut wie gar nichts. Und die erstaunlichen Aussagen zum Bonatz-Bau.

S 21 als Immobilien-Deal | Die Machbarkeitsstudie geht ausführlich darauf ein, dass mit dem Tiefbahnhof, mit der Aufgabe des Gleisfelds, der Führung so gut wie aller Bahnlinien in Tunnellage und »der Verlegung des Wartungsbahnhofs und der Güterabfertigung nach Kornwestheim« im »innerstädtischen Bereich bebaubare Flächen mit ausgezeichneter Standortqualität entstehen.« Dabei böten sich vor allem »für international und national bedeutende Unternehmen wie Institutionen ein Potential hochwertiger Standorte«. Gleisanlagen werden als »störend« und neue Bebauung als belebend empfunden: »Das Projekt Stuttgart 21 bietet die Chance, städtebauliche Barrieren«, gemeint sind hier die Bahnanlagen, »am topographisch sensiblen Stuttgarter Kesselausgang zu beseitigen […] und die Vernetzung von Siedlungsgebieten und Grünzügen zu verbessern.«[37]

---

37   Machbarkeitsstudie S. 7; vorausgegangenes Zitat dort S. 6.

Dass es sich genau umgekehrt verhält und eine Bebauung die Klimabilanz im Talkessel verschlechtert, wird nicht angesprochen.[38] Damals war den S21-Promotern zweifelsohne bereits bekannt, dass ein großer Teil der Flächen, die angeblich mit Stuttgart21 frei werden, in Wirklichkeit auch ohne das Tiefbahnhof-Projekt und im Fall einer Optimierung des Kopfbahnhofs frei würden. Entsprechend vorbeugend heißt es in der Studie:»Zu beachten ist, dass die Bodenwerte der betreffenden Grundstücke nur durch das Projekt Stuttgart21 und die damit zusammenhängenden Maßnahmen der großflächigen Stadtentwicklung diejenigen Dimensionen erreichen, die zur Projektfinanzierung erforderlich werden. Ohne Stuttgart21 wären die entsprechenden Grundstücksflächen nur einen Bruchteil [!] wert.« An dieser Stelle taucht im übrigen der Verweis auf, der indirekt Bezug auf die Zielsetzungen»der 30er Jahre« nimmt, indem es im Zusammenhang mit der Forderung, alle derzeitigen Bahnareale müssten freigeräumt werden, heißt, Stuttgart21 diene auch»der Erschließung für den Individualverkehr«.

Die Studie bilanziert das Thema Immobilien und Stuttgart21 wie folgt:»Im Klartext bedeutet dies: Würden einzelne Flächen auch ohne Stuttgart21 frei, könnte man damit nur einen Bruchteil der Erlöse pro Quadratmeter erzielen, die im Fall der Gesamtentwicklung möglich werden.«

Das war zweifellos maßlos übertrieben. Inzwischen sind viele Flächen im Bahnumfeld bereits veräußert und teilweise bebaut. Und die Bodenpreise, die zu zahlen waren und sind, sind sehr hoch – auch ohne Fertigstellung von Stuttgart21 und ohne Freiwerden der gesamten Flächen.

---

38   Nach einer von der Stadt Stuttgart in Auftrag gegebenen Klimastudie kühlen sich die Flächen des Gleisvorfelds bei Nacht stark ab und tragen so dazu bei, die Temperaturen im Talkessel in Grenzen zu halten. In einer klaren Sommernacht aufgenommene Infrarotaufnahmen der Stuttgarter City dokumentieren die positive Klimawirkung der unversiegelten Gleisflächen und auf der anderen Seite die negative Wirkung aller überbauter Flächen im Talkessel. Siehe Gerhard Pfeifer, »Bessere Ökobilanz bei Kopfbahnhof21«, in: Kopfbahnhof21 – die Alternative zu Stuttgart21, herausgegeben vom BUND und VCD, März 2006, S. 20f.

Interessant ist, dass zum gleichen Zeitpunkt, als die Machbarkeitsstudie veröffentlicht wurde und noch vor dem Beschluss der Rahmenvereinbarung, die Stadt Stuttgart bereits auf der weltweit größten Immobilienmesse, der MIPIM (Marché International des Professionnels de l'immobilier), die Flächen der Gleisanlagen den internationalen Grundstücksinvestoren zum Kauf anbot. Im Mai 1995 war dazu in der *Stuttgarter Zeitung* zu lesen: »Das Bayreuth der Makler heißt Cannes. Dort treffen sich alljährlich die Großen der Branche zur MIPIM, der weltweit bedeutendsten Immobilienmesse. Über die MIPIM 1995 war zu lesen, dass ›die große Zahl der Vertreter internationaler Metropolen besondere Beachtung‹ gefunden habe. [...] Seit zwei Jahren bietet auch Stuttgart seine Gewerbeflächen an der Côte d´Azur feil. Heuer reisten die Schwaben mit einem Modell von ›Stuttgart 21‹ an. Die Papphochhäuser auf dem Bahnareal und der Plexiglasentwurf für einen neuen Tunnelbahnhof im Märklin-Format sicherten den Stuttgarter Werbern höchste Aufmerksamkeit. ›Das war für uns ein Renner‹, sagt Dieter Rentschler von der Abteilung Wirtschaftsförderung im Rathaus, ›das hat die Leute an unseren Stand gelockt‹. In der Berichterstattung über die Messe wird das Jahrhundertprojekt mitten im Stadtzentrum in einem Atemzug mit dem Wiederaufbau von Beirut und der Sanierung Ostberlins genannt.«[39]

Kosten von Stuttgart 21 | Immer wieder wird heute geschrieben, die ursprünglichen Kosten von Stuttgart 21 seien damals auf gut 4 bzw. knapp 5 Milliarden DM berechnet worden. Das trifft auf den ersten Blick zu. Die Machbarkeitsstudie enthält eine detaillierte Auflistung aller zu erwartenden Kosten für die Bahnhöfe (S 21-Tiefbahnhof und Filderbahnhof Flughafen), für einen neuen Wartungsbahnhof in Untertürkheim, für die fast ausschließlich in Tunnellage verlaufenden Fahrwege, für »Signal-, Telekommunikations- und Starkstromtechnik« und für den »Rückbau«. In der Summe werden dafür reine Baukosten in Höhe von 4.180 Millionen DM genannt. Zuzüglich 15 Prozent Planungskos-

---

39   Armin Käfer, »Im Tunnelfieber«, in: WIFO Nr. 2/1995 vom 15. Mai 1995 (Beilage zur Stuttgarter Zeitung).

ten waren es dann auf das Milliönchen genau 4.807 Millionen DM oder 4,8 Milliarden DM; umgerechnet rund 2,45 Milliarden Euro.

Doch zu den realen Kosten für die Gesellschaft heißt es dann in der Studie: »Finanziert werden sollen diese Investitionen aus der Grundstücksverwertung, durch Einnahmen aus erhöhtem Fahrgastaufkommen und verbesserten Betriebsabläufen sowie aus dem Bundesverkehrswegeplan und aus Mitteln des Gemeindeverkehrsfinanzierungsgesetzes.«[40] Nach dieser Darstellung hätten das Land, die Landeshauptstadt und die Steuern zahlenden Bürgerinnen und Bürger so gut wie gar nichts zahlen müssen. An anderer Stelle wird vorgerechnet, dass der Verkauf von durch S21 freiwerdendem Gelände »trotz eines Abschlags von 30 Prozent 2,120 Milliarden DM« bringen würde; der Bodenwert an sich wurde insgesamt mit 3,029 Milliarden Mark beziffert. Das lässt den Eindruck entstehen, als sei Stuttgart21 ein gewaltiger Goldesel. Das erwies sich als falsch. Das Gegenteil ist wahr. Den Beleg dafür gibt es sogar in der Machbarkeitsstudie selbst.[41]

Bonatz-Bau bleibt erhalten | An mehreren Stellen in der Machbarkeitsstudie wird Bezug genommen auf das historische Bahnhofsgebäude, den nach seinem Hauptarchitekten Paul Bonatz bezeich-

---

40　Machbarkeitsstudie, S. 5.

41　Im Kontrast zur zitierten Schönfärberei enthält die Machbarkeitsstudie auf Seite 37 einen mit »Prüfung der Finanzierbarkeit [von Stuttgart21] durch die Wirtschaftsprüfer« überschriebenen kurzen Text, ein Testat für das Großprojekt. Dort heißt es: »Nach Prüfung dieser Daten kommt die Wirtschaftsprüfungsgesellschaft C&L Treuarbeit Deutsche Revision auf einen Kapitalwert einschließlich Zinsen von rund 90 Millionen DM zum 1.1.1995. Das bedeutet, dass die Wirtschaftlichkeit unter den gegebenen Prämissen gerade noch gegeben ist – eine sogenannte ›schwarze Null‹. Betrachtet man die Ausgaben und Einnahmen einschließlich Zinsen pro Jahr, so kommt man auf einen Amortisationszeitpunkt knapp 30 Jahre nach Baubeginn. Eine deutliche Verbesserung dieses Ergebnisses im Rahmen der weiteren Bearbeitung von Stuttgart21 wird angestrebt.« Bedenkt man, dass seither die Kosten für das Projekt förmlich explodierten, dann ergibt sich auf Basis dieses Gründungsdokuments von Stuttgart21 und dem dort enthaltenen offiziellen Testat, dass Stuttgart21 gerade auf Basis der Angaben in der Machbarkeitsstudie grandios unwirtschaftlich ist.

neten Bonatzbau.[42] »Der als Baudenkmal anerkannte Bonatzbau soll auch künftig seine heutige Funktion als Kundendienstzentrum der Bahn und als Zugangsbauwerk zur Fernbahn mit Zugangswegen vom Arnulf-Klett-Platz/Klettpassage durch Große und Kleine Schalterhalle und Mittelzugang sowie vom Kurt-Georg-Kiesinger-Platz (Nordzugang) behalten. Im Seitenflügel des Bonatzbaus an der Cannstatter Straße soll ein weiterer Eingang entstehen, der Südzugang, mit den künftig kürzesten Wegen von der Straße zu den Bahnsteigen.«

Die Formulierungen sind eindeutig: Das gesamte Bahnhofsgebäude, »als Baudenkmal anerkannt«, soll erhalten bleiben – und zwar einschließlich seiner beiden Flügelbauten. Da die Aushebung des Trogs für den Tiefbahnhof einschließlich der neuen, tief liegenden Gleisanlagen bautechnisch nicht – oder nicht ausreichend kostengünstig – zu bewältigen wäre, wenn der Südflügel stehen bliebe, sollte dieser laut Machbarkeitsstudie zunächst abgebrochen werden. Für den Zeitraum »drei Jahre nach Baubeginn« heißt es dann: »Die Rohbauarbeiten im Schlossgarten und *der Wiederaufbau des Südflügels* des Bonatzbaus werden abgeschlossen.« Generell, so steht dort, gelte für den »Endzustand«, acht Jahre nach Baubeginn: »Alle abgebrochenen Gebäude wurden wieder hergestellt.«[43] Das heißt: Das in der Öffentlichkeit mit der Machbarkeitsstudie gezeichnete Bild von Stuttgart 21 lautete: Es kostet so gut wie nichts und das historische Gebäude Bonatzbau, Wahrzeichen von Stuttgart, bleibt in Gänze erhalten. Vergleicht man dies mit den Realitäten von 2017, dann kann dies nur kommentiert werden mit *abgrundtief + bodenlos.*

Seit der Veröffentlichung der Machbarkeitsstudie haben die S21-Befürworter keine grundlegenden Studien zum Gesamtprojekt mehr vorgelegt. Was es gab, war eine Kontroverse um die Kapazität des Tiefbahnhofs im Vergleich zum bestehenden Kopfbahnhof, worauf im

---

42 Die Reduktion auf Paul Bonatz ist irreführend. Weitgehend gleichberechtigt als Architekt beteiligt war Friedrich Eugen Scholer, der Freund und Lehrer von P. Bonatz. Siehe dazu ausführlich das wunderbare Buch von Matthias Roser, Der Stuttgarter Hauptbahnhof. Vom Denkmal zum Mahnmal, Stuttgart 2010, S. 17f.

43 Machbarkeitsstudie, S. 31.

Folgenden in Kapitel III und in Kapitel VIII eingegangen wird. Die Kritikerinnen und Kritiker von Stuttgart 21 legten seither mehr als ein Dutzend Studien und Gutachten zum Projekt als Ganzem, zu Teilbereichen von Stuttgart 21 und zur Alternative – als »Kopfbahnhof 21« bezeichnet – vor. Auf all diese Dokumente kann hier nicht eingegangen werden. Darzustellen ist hier jedoch der aktuelle Stand der Auseinandersetzung auf Basis der neuen wissenschaftlichen Studien.

Hier gab es in jüngerer Zeit eine grundlegend neue Situation. Im Zeitraum von Dezember 2015 bis Herbst 2016 wurden von vier höchst unterschiedlichen Verfassern sechs Gutachten vorgelegt, die das Großprojekt Stuttgart 21 neu auf den Prüfstand stellen. Es handelt sich um zwei Gutachten der Beratungsgesellschaft Vieregg-Rössler in München, um zwei »Prüfberichte« des Bundesrechnungshofs, um eine Studie des Aktionskomitees gegen Stuttgart 21 zum »Umstieg 21« und um ein Gutachten der Beratungsgesellschaften KPMG und Ernst Basler + Partner AG. Alle diese Gutachten haben – teilweise unbeabsichtigt – die Gemeinsamkeit, dass auf Basis der mit ihnen gelieferten Fakten, Zahlen und Argumente das Projekt Stuttgart 21 grundsätzlich in Frage gestellt wird.

Vieregg-Rössler | Diese in München ansässige Gesellschaft für »innovative Verkehrsberatung« hatte sich in den vergangenen fünfzehn Jahren mit fundierter Kritik an Bahngroßprojekten einen Namen gemacht und dabei oft eng mit der Grünen Partei und den Umweltverbänden zusammengearbeitet. Sie hatte bereits 2008 im Auftrag der Fraktion Bündnis 90 / Die Grünen im Gemeinderat der Stadt Stuttgart und des Bundes für Umwelt und Naturschutz, Landesverband Baden-Württemberg eine Studie zu den absehbaren Kosten von Stuttgart 21 vorgelegt und dabei – so das berechtigte Eigenlob – »die später von der DB AG eingestandene Kostenprognose aus dem Jahr 2012 von 6,8 bis 6,9 Mrd. EUR schon drei Jahre früher vorweggenommen.«[44]

---

44 Zitiert aus: Vieregg-Rössler GmbH, Ermittlung der Ausstiegskosten für das Projekt Stuttgart 21 zum Stand Ende Januar 2016, München 10. Februar 2016, S. 3.

Im Dezember 2015 präsentierte Vieregg-Rössler eine Aktualisierung der 2008er Studie, nunmehr im Auftrag des Aktionsbündnisses gegen Stuttgart 21. Ergebnis: »Die neue Kostenprognose beläuft sich nun auf 9,8 Mrd EUR.«[45] Im Februar 2016 legte dieselbe Verkehrsberatungsgesellschaft eine weitere Untersuchung zu den »Ausstiegskosten für das Projekt Stuttgart 21« vor. Ergebnis: Ein Weiterbau von Stuttgart 21 käme 7,9 Milliarden Euro teurer als ein Ausstieg bei gleichzeitiger Sanierung der alten, bestehenden Bahnanlagen. Im Fall der Realisierung des anspruchsvollen Projekts eines optimierten Kopfbahnhofs (»K 21«; siehe unten »Umstieg 21«) läge die Ersparnis immer noch bei 5,9 Milliarden Euro.

Umstieg 21 | Im Juli 2016 präsentierte die Arbeitsgruppe Umstieg des Aktionsbündnisses gegen Stuttgart 21, namentlich Norbert Bongartz, Peter Dübbers, Klaus Gebhard und Werner Sauerborn, die Studie »Umstieg 21 – Stuttgart 21 umnutzen: Auswege aus der Sackgasse«. In ihr wird dargelegt, dass dann, wenn »die Kosten-Nutzen-Bilanz des Projekts [S 21] negativ (ist), die bisher getätigten Arbeiten kein vernünftiges Argument für ein ›weiter so‹ sein können«. Die Arbeit setzt an den Berechnungen von Vieregg-Rössler an und untersetzt diese mit konkreten Vorschlägen, wie große Teile der bisherigen S 21-Arbeiten genutzt und umgenutzt werden können, um einen optimierten Kopfbahnhof, unter anderem ergänzt um einen Fernbus-Tiefbahnhof, zu erhalten. (Siehe im Detail in Kapitel VIII) Die Kostenersparnis gegenüber einem S 21-Weiterbau liegt dort auf dem Niveau wie bei Vieregg-Rössler im Februar 2016 berechnet.[46]

Bundesrechnungshof-Berichte zu Stuttgart 21 | Im September 2016 übermittelte der Bundesrechnungshof zwei Prüfberichte zum Groß-

---

45   Ebenda.

46   Umstieg 21 – Stuttgart 21 umnutzen: Auswege aus der Sackgasse, Herausgeber Arbeitsgruppe Umstieg 21 des Aktionsbündnisses gegen Stuttgart 21, Redaktion Dr. Norbert Bongartz (Architekturhistoriker), Peter Dübbers (Dipl. Ing. und Freier Architekt), Klaus Gebhard (Dipl. Ing.) und Dr. Werner Sauerborn (Geschäftsführer Aktionsbündnis), Stuttgart Juni 2016.

projekt Stuttgart 21 an den Vorsitzenden des Haushaltsausschusses des Deutschen Bundestages bzw. an den Vorsitzenden des Bundesfinanzierungsgremiums des Deutschen Bundestages. Der erstgenannte Bericht befasst sich allgemein mit der »Realisierung des Großprojektes Stuttgart 21«. Er dokumentiert, dass das Projekt nicht »eigenwirtschaftlich« ist. Das »haushaltsrelevante Engagement des Bundes« betrage »mindestens 1.650 Millionen Euro«, weswegen es falsch sei, Stuttgart 21 als »eigenwirtschaftliches Projekt der DB AG«, als ausschließliche Angelegenheit des Bahnkonzerns, auszugeben.

Der Bericht argumentiert weiter, dass die Kontrolle über Bundesmittel, die die Deutsche Bahn AG im Rahmen der Erstattung von allgemeinen Kosten für Instandhaltung und Neuinvestitionen im Schienennetz erhält, unzureichend sei und dass auf diesem Weg eine Querfinanzierung von S 21 stattfinden könne. Dieser erste BRH-Bericht stellt in eher allgemeiner Form in Frage, inwieweit »die Gesamtfinanzierung des aus Bundesmitteln geförderten Projektes« S 21 gesichert sei.

Der zweite BRH-Bericht befasst sich dann so gut wie ausschließlich mit den S 21-Finanzen. Obgleich dabei aus formalen Gründen festgestellt wird, es sei »nicht die Absicht des Bundesrechnungshofs, für das Projekt Stuttgart 21 konkrete Kosten zu berechnen«, listet dieser Bericht eine Reihe von Positionen auf, die bei den von der Deutschen Bahn AG genannten Gesamtkosten des Projekts bislang nicht berücksichtigt worden sind. Addiert man die vom Rechnungshof aufgeführten Positionen zu den bislang eingestandenen Gesamtkosten von 6,5 Milliarden Euro hinzu, so »nähern sich die Kosten offensichtlich eher der 10-Milliarden-Euro Marke«, wie Hans-Martin Tillack im *Stern* bilanzierte.[47] Der Bundesrechnungshof geht des Weiteren davon aus, dass der S 21-Tiefbahnhof »frühestens im Jahr 2023 in Betrieb genommen« werden könne.

Die beiden Bundesrechnungshof-Prüfberichte sind vertraulich; derjenige zu den S 21-Kosten ging nur in elffacher Ausfertigung an

47   Hans-Martin Tillack, Stuttgart 21 wird viel teurer, in: Stern.de vom 21. September 2016 [abgerufen am 21.9.2016].

den Bundestag und war dort in der Geheimschutzstelle des Deutschen Bundestags hinterlegt. Die Inhalte der Gutachten wurden jedoch auf unterschiedliche Weise bekannt und in den großen Medien kommuniziert. Sie werden in den Kreisen von Befürwortern und Gegnern des Großprojekts breit debattiert.

KPMG-Gutachten | Die Wirtschaftsprüfungsgesellschaft KPMG AG und die Ernst Basler + Partner AG wurden im Mai 2016 vom Aufsichtsrat der Deutschen Bahn AG beauftragt, ein Gutachten zur »Termin- und Kostensituation – Projekt Stuttgart 21« vorzulegen. Diese Studie wurde im Oktober 2016 dem Aufsichtsrat erstmals präsentiert und sollte Thema auf Sitzungen des Aufsichtsrats im Oktober 2016, im Dezember 2016 und im Januar 2017 sein. Allerdings wurde die inhaltliche Befassung mit dem Dokument immer wieder von der Tagesordnung abgesetzt. Auch auf dem AR-Treffen im März 2017 wurde das Thema nicht besprochen, vordergründig da »anderes Wichtiges«, so die Neuwahl eines Vorstandsvorsitzenden der DB AG, im Zentrum stand. Vor dem Hintergrund, dass in Stuttgart am Großprojekt weitergebaut und damit Millionen Euro buchstäblich in den Sand gesetzt werden, ein unverantwortlicher Umgang. Denn die Deutsche Bahn AG sah sich mit der KPMG-Studie zwar hinsichtlich der eigenen Terminvorgaben und Kostenberechnungen für Stuttgart 21 bestätigt. Und die Medien, die teilweise Einsicht nehmen konnten, formulierten zunächst Vergleichbares; so hieß es z. B. in der *Südwest Presse* und in der *Süddeutschen Zeitung*, »das Papier (bestätigt) im Großen und Ganzen die Kalkulationen der Bahn; KPMG geht von 6,3 bis 6,7 Milliarden Euro für Stuttgart 21 aus.«[48]

Im November 2016 gelangte auch dieser Bericht ans Licht der Öffentlichkeit. Es erwies sich als zutreffend, dass der genannte Gesamtkostenbetrag in der KPMG-Studie mehrmals bestätigt wird, wobei die Einschränkungen, die dabei vorgetragen werden, derart umfassend sind, dass auch diese Aussage hinterfragt werden muss. Die Besonder-

---

48 Südwest Presse vom 8. Oktober 2016; gestützt auf einen ähnlichen Bericht in der Süddeutschen Zeitung.

heit des KPMG-Gutachtens betrifft jedoch ein anderes Gebiet: Diese Studie enthält äußerst weitreichende Feststellungen hinsichtlich der Risiken, die beim S 21-Projekt aufgrund der Beschaffenheit des (Anhydrit- bzw. »Gipskeuper-«) Untergrunds, durch den größere Teile der Tunnelbauten getrieben werden müssen, gegeben sind. Als fatal muss bezeichnet werden, dass die Journalisten einiger »Qualitätsmedien«, die zuvor Einblick in die KPMG-Studie nehmen konnten, über diesen Aspekt des Gutachtens nicht informiert haben. Eine löbliche Ausnahme bildet dabei Thomas Wüpper mit Beiträgen in unterschiedlichen Zeitungen.[49] Auf das Thema Anhydrit und die KPMG-Studie wird ausführlich in den Kapiteln III und VIII eingegangen.

Ein erhebliches Problem in der aktuellen Debatte über das S 21-Projekt ist darin zu sehen, dass die drei zuletzt genannten Gutachten – die beiden Prüfberichte des Bundesrechnungshofs und das KPMG-Gutachten – mit unterschiedlichen Begründungen als »geheim«, »vertraulich« bzw. »streng vertraulich« klassifiziert werden. Im KPMG-Papier heißt es, die entsprechenden »Arbeitsergebnisse« dürften nur bei Vorliegen einer »ausdrücklichen, schriftlichen Zustimmung« seitens KMPG und Ernst Basler + Partner an Dritte weitergegeben werden, wobei jener Dritte wiederum vorab schriftlich kundgetan haben müsse, seinerseits diese »Arbeitsergebnisse vertraulich zu behandeln«. Die Bundesrechnungshof-Berichte verweisen auf die Verschwiegenheitspflicht nach Aktiengesetz § 395 im Fall von Aufsichtsräten, die den Eigentümer Bund vertreten.

Diese Hinweise müssen und sollen bedrohlich wirken. Sie sind moralisch verwerflich, politisch verfehlt und juristisch letzten Endes nicht haltbar. Wichtig ist vor allem der Abschreckungseffekt mit dem Resultat, dass in der Öffentlichkeit aus den Berichten, wenn überhaupt, nur mit Versatzstücken zitiert wird und dass die dort getätigten, gegenüber dem Großprojekt S 21 vorgetragenen äußerst kritischen Aussagen nicht das ihnen eigentlich zukommende Gewicht erhalten.

---

49 Siehe z. B. Thomas Wüpper, Rechnungshof warnt vor Tunnelrisiken, in: Stuttgarter Zeitung vom 4. Dezember 2016. Ausführlich zum KPMG-Gutachten siehe Winfried Wolf, Das Auftragsgutachten, in: Lunapark 21, Winter 2016/17, S 62 ff.

Eine besondere Bedeutung kommt dabei den Berichten des Bundesrechnungshofs zu. Diese hoch angesehene Institution hat die Funktion einer im Grundgesetz in Artikel 114 verankerten, unabhängigen, selbständigen und weisungsfreien externen Finanzkontrolle des Bundes. Im Unterschied beispielsweise zum Umweltbundesamt oder zum Eisenbahn-Bundesamt ist der Bundesrechnungshof nicht der Bundesregierung unterstellt. Auch die Legislative, das Parlament, kann ihm keine Weisungen erteilen. Dem BRH sind alle von ihm verlangten Unterlagen, insoweit sie Steuermittel des Bundes betreffen, vorzulegen.

Seit der Gründung der Deutschen Bahn AG im Jahr 1994 versuchten die jeweiligen Bahnchefs immer wieder, die Zuständigkeit des Bundesrechnungshofs zur Kontrolle der Finanzen des Bahnkonzerns in Frage zu stellen, indem auf die Eigenständigkeit der DB als Aktiengesellschaft verwiesen wurde. Der Bundesrechnungshof argumentierte in diesem Konflikt, dass der Deutschen Bahn AG über unterschiedliche Kanäle jährlich mehr als zehn Milliarden Euro an Steuergeldern des Bundes zufließen und dass er verpflichtet ist, die korrekte Verwendung dieser Mittel zu überprüfen und entsprechend Bericht zu erstatten. Im Fokus des BRH stehen dabei immer wieder die Mittel, die der Bahnkonzern für die Instandhaltung des Schienennetzes bzw. für Neuinvestitionen in demselben erhält. Die Antworten der Spitze der DB sind dabei immer pauschal und unqualifiziert. Als der BRH beispielsweise im Jahr 2007 vorrechnete, die Bahn habe im Zeitraum 2001 bis 2005 »insgesamt knapp 1,5 Milliarden Euro zu wenig für die Instandhaltung der Gleise, Weichen, Brücken und Signale« investiert, konterte der damalige Bahnchef Mehdorn, der Bundesrechnungshof wolle auf diese Weise doch nur den Bahnbörsengang torpedieren.[50] Beim Projekt Stuttgart 21 war der BRH bis einschließlich 2016 bereits ein Dutzend Mal mit Prüfberichten in Erscheinung getreten.[51] Unter anderem hatte er bereits im Oktober 2008 vorgerechnet, dass

---

50   Tagesspiegel vom 27. Januar 2007.

51   Siehe Thomas Wüpper, Rechnungshof prüft 21-Finanzströme, in: Stuttgarter Zeitung vom 7. Juli 2016.

die tatsächlichen S 21-Kosten nicht bei den damals behaupteten
4,526 Milliarden Euro, sondern »deutlich über 5,3 Milliarden Euro
liegen werden.«[52] Das wurde seitens Bahn und Bundesregierung damals souverän ignoriert. Auch 2016 präsentierten sich der Bundesverkehrsminister, Alexander Dobrindt, und der damalige Vorstandsvorsitzende der Deutschen Bahn AG, Rüdiger Grube, als Naive, die
die BRH-Bahnwelt nicht verstehen. Er, Grube, sei »gespannt auf den
Inhalt des Gutachtens, das er nach mehrmaligem Nachfragen noch
nicht bekommen habe«; im Übrigen sei »der Bundesrechnungshof
nie hier an der Baustelle« gewesen, er habe auch »nie mit uns über
die Daten gesprochen.« Er, Dobrindt, sehe »die Bahn in der Haupt-
verantwortung«. Stuttgart 21 sei »ein eigenwirtschaftliches Projekt der
Bahn«.[53]

Grube und Dobrindt sagten damit schlicht die Unwahrheit. Das
Besondere am neuen BRH-Bericht besteht ja gerade darin, dass in
diesem vorgerechnet wird, dass der tatsächliche Anteil des Bundes
an den S 21-Kosten bereits heute bei mehr als 1,6 Milliarden Euro
liegt und das gesamte Projekt am Ende Teil der »Schienenwege des
Bundes« ist (siehe dazu Kapitel III). Des Ex-Bahnchefs Grube Reaktionen sind besonders absurd, da im BRH-Bericht und an anderer
Stelle[54] dokumentiert wird, wie mehrere Vorfassungen des Berichts

---

52 Bericht des Bundesrechnungshofs nach § 88 Absatz 2 BHO an den Haus-
    haltsausschuss des Deutschen Bundestags vom 30. Oktober 2008.

53 Zitate nach: Grube kritisiert Prüfer; Bericht der swr-Landesschau. www.swr.
    de/landesschau-aktuell/bw/bericht-des-bundesrechnungshofs-zu-S 21-gru-
    be-kritisiert-pruefer/-/id=1622/did=18147188/nid=1622/1w2jdn9/ [abge-
    rufen am 26.1.2017]

54 An 20. Januar 2016 erhielt der Stuttgarter S 21-Gegner Nico Nissen, der
    beim BRH nach dem ausstehenden S 21-Bericht nachgefragt hatte, eine
    ausführliche Antwort dieser Behörde, unterzeichnet von Ministerialrätin
    Francisca Schmitz. Darin wurde bekannt gemacht, dass der BRH »seit dem
    Jahr 2013« – und damit seit der damals neuen, eingestandenen S 21-Kosten-
    steigerung auf 6,5 Milliarden Euro – an einem weiteren S 21-Bericht arbei-
    tet. Dort heißt es, man habe »im Dezember 2014« eine erste Fassung des
    Berichts »der DB AG zur Stellungnahme« übermittelt. Im »Februar 2015«
    habe die DB AG ihrerseits geantwortet, worauf der BRH die Stellungnah-
    me der DB AG und die entsprechende »Prüfmitteilung des BRH im Juli

der Bahnspitze vorgelegt und von dieser kommentiert wurden und dass der Bundesrechnungshof seinerseits die Kommentierungen der DB AG beantwortet hatte. Es geht hier schlicht und einfach um Spielchen, mit denen die Öffentlichkeit systematisch getäuscht und die berechtigte Kritik an S 21 aus den öffentlichen Debatten herausgehalten wird. Macht man angesichts des verwirrenden Debatten-Getümmels einen Schritt zurück und überdenkt, dass die Deutsche Bahn AG sich zu 100 Prozent im Eigentum des Bundes befindet, dass sie nach Grundgesetz Artikel 87e anders als jede andere Aktiengesellschaft daran gebunden ist, sich am »Allgemeinwohl« zu orientieren, und dass Stuttgart 21 ein für die Öffentlichkeit gedachter Bahnhof und ein Projekt der Schienenwege des Bundes ist, dann liegt auf der Hand, dass der Bundesrechnungshof dieses Großprojekt prüfen kann, dass seine Kritik der Öffentlichkeit zugänglich gemacht werden muss und dass diese Kritik die höchste Aufmerksamkeit verdient.

Und wie lässt sich rechtfertigen, dass KPMG und Ernst Basler + Partner erklären, das von ihnen erstellte Gutachten sei »streng vertraulich« und dürfe nicht öffentlich gemacht werden? Das Gutachten wurde im Auftrag des Aufsichtsrats der Deutschen Bahn AG erstellt, dessen Aufgabe es ist, im Interesse des Eigentümers – der öffentlichen Hand – ein Controlling bei diesem größten deutschen Infrastrukturprojekt zu gewährleisten. Die beste Form der Kontrolle eines öffentlichen Unternehmens sind die Öffentlichkeit und die offene Diskussion in dieser Öffentlichkeit. Nirgendwo im Gutachten lassen sich Fakten,

---

2015 [...] den zuständigen Bundesministerien« (für Verkehr bzw. für Finanzen) übermittelt habe. Die Letztgenannten hätten »um Fristverlängerung« gebeten. Erst »am 28. Dezember 2015« hätten die Ministerien – nochmals »verspätet« – geantwortet, ihrerseits erneut mit einer umfänglichen Gegendarstellung. Der BRH dokumentierte mit dieser ungewöhnlich ausführlichen Antwort, wie massiv seitens DB AG und Bundesregierung versucht wurde, den BRH-Prüfbericht zu Stuttgart 21 hinauszuzögern. Bedenkt man, dass es im Frühjahr 2014 einen Wechsel an der BRH-Spitze gab und dass seither in der Person von Kay Scheller ein Mann an der Spitze dieser Behörde steht, der in den Jahren 2005 bis 2014 als Fraktionsdirektor für die CDU-Bundestagsfraktion aktiv war, dann muss man den Hut ziehen und anerkennen, dass die Behörde zumindest beim Thema S 21 bislang ihre Unabhängigkeit gewahrt hat.

Zahlen oder Beschreibungen usw. finden, die ein Geheimhaltungsinteresse begründen könnten. Oder, anders formuliert: Wenn in dem Gutachten steht, dass sich der »Bauherr«, ein in öffentlicher Hand befindliches Unternehmen, bewusst sein müsse, »dass bei jedem Tunnel im Anhydrit inhärent ein im Ingenieursbau unüblich großes Risiko für die Betriebstauglichkeit besteht«[55], dann kann Geheimhaltung in diesem Fall nur gleichgesetzt werden mit Verantwortungslosigkeit und Untreue gegenüber dem letztendlichen Eigentümer, dem Bund bzw. der Bevölkerung. Schließlich tragen diese am Ende die Folgen für das »unüblich große Risiko für die Betriebstauglichkeit« des Tiefbahnhofs. Die Deutsche Bahn AG ist hinsichtlich der Funktion als Schieneninfrastrukturunternehmen Monopolist; es gibt keine Konkurrenz und kein mit Stuttgart 21 konkurrierendes Projekt. Auch von daher ergibt Geheimhaltung keinen Sinn. Im Übrigen wird die Angelegenheit dann in Gänze absurd, wenn der damalige Bahnchef Grube erklärte, sich durch das KPMG-Gutachten bestätigt zu sehen, aber gleichzeitig das Gutachten als geheime Kommandosache behandelte. Wobei dieses Verhalten der Spitze des Bahnkonzerns dann nicht absurd ist, wenn in dem Gutachten eben ganz anderes als das Behauptete zu lesen ist. Was in Kapitel III im Detail zu beweisen sein wird.

Im Grunde laufen Strategie und Taktik der Stuttgart 21-Betreiber seit einem Vierteljahrhundert darauf hinaus, die Bevölkerung hinters Licht zu führen, zu überrumpeln, demokratische Kontrollen zu umgehen und auch immer wieder mit offenen Lügen zu arbeiten. Am Beginn des Großprojekts wurde diese Methode bereits in aller Deutlichkeit praktiziert. Der erste Chef der Deutschen Bahn AG, Heinz Dürr, erklärte, es habe sich im Fall der Präsentation von Stuttgart 21 um eine »überfallartige Aktion« gehandelt. Ziel sei es gewesen, dass die Gegner »keine Chance« gehabt hätten, »das Projekt zu zerreden«.[56]

---

55 Überprüfung des Berichtes zur aktuellen Termin- und Kostensituation –
    Projekt Stuttgart 21«, Aufsichtsrat Deutsche Bahn AG, streng vertraulich,
    KPMG Wirtschaftsprüfungsgesellschaft (und) Ernst Basler und Partner AG,
    ohne Ort, Oktober 2016, S. 17.

56 Josef Schunder, Mit einem Überfall begann Stuttgart 21, in: Stuttgarter
    Nachrichten vom 21. November 2011.

Wobei Heinz Dürr das ironisch und gewissermaßen im Vorbeigehen sagte; bisher hat niemand diese Aussage einer genaueren Würdigung unterzogen. Denn selbst wenn die Deutsche Bahn AG und andere beteiligten Projektbetreiber all ihre Kräfte im Geheimen gebündelt hätten: Es war rein technisch unmöglich, ein solches Projekt in der beschriebenen Konkretion binnen eines Jahres – ab dem Zeitpunkt der Gründung der Deutschen Bahn AG und bis zur Präsentation der Machbarkeitsstudie – aus der Taufe zu heben. Leute vom Fach veranschlagen für einen solchen Prozess mehrere Jahre.

Und so war es auch. Als ich im Rahmen dieser Veröffentlichung nochmals die Stuttgart 21-Machbarkeitsstudie las, stieß ich auf einen Anhang zu diesem Dokument, der überschrieben ist mit »Arbeitskreis Wasserwirtschaft (AWW) – Statement zur Machbarkeitsstudie Stuttgart 21 – Mineralwasserproblematik«. Einmal abgesehen davon, dass in diesem siebenseitigen Text ausgesprochen interessante Dinge stehen in Bezug auf Anhydrit und Schutz der Mineralwasserquellen, findet sich dort auch die folgende Passage: »Zu den hiermit aufgeworfenen Fragen hinsichtlich des Schutzes der Heil- und Mineralquellen [...] hat der Arbeitskreis Wasserwirtschaft (AWW) die seit 1991 laufenden Vorarbeiten aufgegriffen und behandelt.«[57]

Das heißt im Klartext: Es gab seit 1991 »Vorarbeiten« für Stuttgart 21. Zufällig trat Heinz Dürr sein Amt als Bundesbahnchef am 1. Januar 1991 an. Das heißt, im Staatskonzern Bundesbahn wurde in mindestens den letzten Jahren seiner Existenz insgeheim, verdeckt vor der Öffentlichkeit, die Planung für Stuttgart 21 betrieben.

---

57 Projekt Stuttgart 21 – Machbarkeitsstudie, Januar 1995, Anhang (AWW), S. 1. In dem Anhang heißt es auch: »Der AWW setzt sich aus Vertretern der DB AG und ihren Planungsbüros, der Landeshauptstadt Stuttgart, des Geologischen Landesamtes BW und der Wasserwirtschaftsverwaltung BW unter dem Vorsitz des Landesgutachters Wasserwirtschaft zusammen.« Das heißt, dass in dem Arbeitskreis führende Vertreter von Bahn, Stadt und Bundesland zusammensaßen. Die Bezeichnung, im AWW seien »Vertreter der DB AG« gesessen, ist insofern interessant und im Grunde falsch, als es die DB AG erst ab Anfang 1994 gab und es, da es den AWW laut eigenen Angaben »seit 1991« gab, zuvor offensichtlich Vertreter der Deutschen Bundesbahn im AWW aktiv waren.

Der damals neue Bundesbahnchef Heinz Dürr, der Eigentümer der
Dürr AG, einer der größten Autozulieferer der Welt, ist, wechselte
Anfang 1991 an die Bundesbahnspitze und gab damit zugleich seine
Positionen als Mitglied im Vorstand der Daimler-Benz AG und als
Vorstandsvorsitzender von AEG auf. Er verzichtete damit großzügig
auf einen erheblichen Teil seiner bisherigen individuellen Einkom-
men, um sich offensichtlich höheren Aufgaben zu widmen.[58]

---

58   Die Position des Vorstandsvorsitzenden der Bundesbahn wurde 1991 mit
      rund 350.000 DM vergütet. 1994, mit Gründung der DB AG, waren es
      umgerechnet 300.000 Euro. 2016 waren es 2,45 Millionen Euro.

III.
Die Gründe, warum Stuttgart 21 nicht zustande kommt

Gleisneigung, Kapazitätsabbau, Anhydrit und Kosten – bestätigt durch die neuen Gutachten

> Wenn der Gipskeuper quillt, tut er das 100 bis 150 Jahre lang, es gibt keinen Stopp.
> *Dr. Jakob Sierig, Geologe, Tübingen, 2016*[59]

> Ich habe immer gesagt, eine Sollbruchstelle in den Verträgen wäre erreicht, wenn die Kosten 4,526 Milliarden Euro übersteigen.
> *Ex-Bahnchef Rüdiger Grube, 2011*[60]

> Auf Basis einer Risikoabschätzung ist alle 4,5 bis 5,5 Jahre mit einem gravierenden Schadeneintritt zu rechnen
> *Dipl. Ing. Sven Andersen, Düsseldorf, Gutachten zur Gleisneigung im S 21-Bahnhof*[61]

In den letzten Jahren und auch noch während der Bauarbeiten für Stuttgart 21, kamen immer neue Probleme zum Vorschein, die einer schlussendlichen Realisierung des Großprojektes im Wege stehen. Hierzu zählen der immer noch unzureichend geklärte Brandschutz

---

59   Nach: Stuttgarter Zeitung vom 13. Dezember 2016.

60   In: Süddeutsche Zeitung vom 19. November 2011.

61   Dipl-Ing. Sven Andersen, Gutachten über die Beurteilung der überhöhten Gleisneigung beim Bahnhofsprojekt Stuttgart 21 unter Berücksichtigung der Anforderungen aus der EBO und dem bisherigen Verfahrensablauf, im Auftrag von BUND Baden-Württemberg und VDC Baden-Württemberg, Düsseldorf 4. Oktober 2014. Siehe: http://archiv.vcd-bw.de/presse/2014/21-2014/20141004_Gutachten_gleisneigung_S 21_mA.pdf

im Tiefbahnhof, die Gefährdung der wertvollen Mineralwasserquellen durch S 21-Bauarbeiten in geringem Abstand zu den Schutzschich-
ten und die erheblichen, negativen Auswirkungen von Stuttgart 21
auf den S-Bahn-Verkehr. Auf diese breite Palette von Risiken kann in
dieser Publikation nicht eingegangen werden. Die Bewegung gegen
Stuttgart 21 hat über die Jahre hinweg immer wieder neue solcher Probleme identifiziert, »alte« Risiken neu konkretisiert und dies hundertfach dokumentiert, beispielsweise auf der vorbildlichen Website www.
bei-abriss-aufstand.de.

Im Folgenden konzentrieren wir uns auf vier wesentliche Problemfelder, von denen jedes einzelne eine Inbetriebnahme von Stuttgart 21 verhindern kann und die in ihrer Gesamtheit und aufgrund
ihrer Wechselwirkung eine Fertigstellung des Tiefbahnhofs – gleichgültig, zu welchem Zeitpunkt – als unmöglich erscheinen lassen. Zwei
dieser Problemfelder (Kosten und Anhydrit) wurden in den in Kapitel II vorgestellten neuen Gutachten neu konkretisiert, die beiden
anderen Problemfelder (Bahnhof mit Gefälle und Rückbau der Kapazität des Schienenknotens) wurden in diesen neuen Gutachten indirekt aufgegriffen und hinsichtlich ihrer absehbaren Wirkungsweise
bestätigt.

1.
**Stuttgart 21 ist aus Gründen der Sicherheit nicht realisierbar. An-
stelle eines Hauptbahnhofs soll es eine »Haupthaltestelle« im
Untergrund mit einem für Bahnhöfe unzulässigen Gefälle geben.**
Das Thema Gleisneigung im S 21-Tiefbahnhof tauchte 2010 in der
von Heiner Geißler moderierten Stuttgart 21-Schlichtung für die
Öffentlichkeit nur am Rande auf; der TV-Sender Phoenix, der die
Schlichtungsdebatten in großen Teilen übertrug, hatte bei diesem
Thema am fraglichen späteren Nachmittag des 20. November 2010
die Übertragung bedauerlicherweise eingestellt. Eberhard Happe,
ehemals Dezernent für Zugförderung bei der Bundesbahndirektion
Hamburg, später in dieser Aufgabe bei der DB AG aktiv und seit
1997 im Ruhestand, war an diesem Tag als Sachverständiger geladen.
Er führte aus, dass die Gleise des geplanten unterirdischen Bahnhofs

eine Längsneigung aufweisen, die mit 15,1 Promille sechs Mal größer
ist als in dem Standard-Regelwerk des Eisenbahnwesens, der Eisen-
bahn-Bau- und Betriebsordnung (EBO), als Maximalwert vereinbart.[62] Das Eisenbahn-Bundesamt hatte, auf den Antrag der DB AG
hin, für diese extreme Abweichung von der Norm eine – wie noch
gezeigt wird: faktisch vorläufige – Sondergenehmigung erteilt. Damit,
so Happe, gefährde die Genehmigungsbehörde »nicht nur fahrlässig,
sondern vorsätzlich Leben und körperliche Unversehrtheit von Menschen.«[63]

Heiner Geißler war offensichtlich in den Schlichtungsverhandlun-
gen auf das Thema Gleisgefälle unzureichend vorbereitet – wie dieser
Aspekt ja für die Öffentlichkeit und für die Kritiker von S 21 überhaupt lange Zeit Neuland war. Nach Happes Kurzvortrag hakte Geißler irritiert nach und argumentierte, dass es doch andere Bahnhöfe mit
vergleichbarem Gleisgefälle gebe. Happe antwortete: »Nein, es gibt
sie nicht. Es gibt sie in ganz Europa nicht. Selbst in der mit vielen Ber-
gen ausgestatteten Schweiz gibt es sie nicht. Bahnhöfe in der Schweiz
sind eben angelegt.«[64] Hinzuzufügen ist, dass unter Betriebspraktikern
selbst die 2,5 Promille-Obergrenze als zu hoch angesehen wird. So
gilt beispielsweise in China, einem Land, in dem das Eisenbahnnetz
in großem Maßstab ausgebaut wird, gewissermaßen »zero tolerance«:
Bahnhofsgleise dürfen *keinerlei* Gefälle aufweisen.

---

62   § 7 der EBO: »Die Längsneigung von Bahnhofsgleisen, ausgenommen Ran-
      giergleise und solche Bahnhofsgleise, in denen Güterzüge durch Schwer-
      kraft aufgelöst oder gebildet werden, soll bei Neubauten 2,5 Promille nicht
      überschreiten.« Die Begriffe »soll« und »sollen« bedeuten nach DIN 820,
      Teil 23, einen »Grundsatz« und werden umschrieben mit »es ist grundsätz-
      lich…« oder »es ist in der Regel…«

63   Eberhard Happe, »S1,5 = Schrägbahnhof mit 1,5 Prozent Gefälle«, in: Vol-
      ker Lösch / Gangolf Stocker / Sabine Leidig und Winfried Wolf (Hrg), Oben
      bleiben! Die Antwort auf Heiner Geißler, Köln 2011, S. 78. (Folgend zitiert
      mit: »Die Antwort auf Heiner Geißler…«).

64   Schlichtungsgespräch zu Stuttgart 21, 20. November 2010, Protokoll S. 193;
      www.schlichtung-S21.de/fileadmin/schlichtungS21/Redaktion/pdf/101120/
      2010-11-20_Wortprotokoll.pdf. Die gesamte Debatte zum Thema Gleisnei-
      gung dort Seite 179 ff.

Die Überschreitung eines sicherheitsrelevanten Grenzwerts für Bahnhofsgleise um mehr als 600 Prozent mag skurril erscheinen. Dabei hat der Vorgang Grund und Methode.

Der *Grund*: Selbstverständlich würden die S 21-Planer den Tiefbahnhof gerne mit einer Gleislage bauen, die der EBO-Vorschrift Rechnung trüge. Doch dort, wo der Tiefbahnhof entstehen soll, liegen bereits unterirdische Schienenwege: diejenigen der S-Bahn *unterhalb* der S 21-Bahnhofsgleise und – an anderer Stelle – diejenigen der U-Bahn *oberhalb* der S 21-Gleise. Dies und die Lage der Mineralwasserschichten zwangen objektiv zu Bahnhofsgleisen mit dem beschriebenem Längsgefälle.

Die *Methode:* Dass die S 21-Betreiber das Großprojekt auch als Schrägbahnhof mit dieser krassen Verletzung einer grundlegenden Bestimmung zur Eisenbahnsicherheit bauen wollen, demonstriert: Es geht nicht um sinnvolle Verkehrs- und Bahnpolitik; S 21 verfolgt »höhere Ziele«. (Siehe Kapitel V und VI) In der Schlichtungsdebatte zu diesem Thema gab es einen interessanten Wortwechsel. Der Landesvorsitzende des VCD, Klaus Arnoldi, äußerte: »Wir akzeptieren es [gemeint das Gleisgefälle; W.W.] nicht, weil es eine sechsfache Abweichung von der Norm ist.« Worauf der Bahnvorstand Volker Kefer konterte: »Herr Arnoldi, das ist doch trivial. Es gibt keinen Unterschied, ob Sie eine zweifache, dreifache oder sechsfache Abweichung haben.«[65]

Das war eigentlich ein Stück aus dem Tollhaus, weil die Größe der Abweichung selbstverständlich »einen Unterschied« macht. Das war zugleich eine freche, auf Einschüchterung abzielende Replik. Kefer ist kein Eisenbahner, doch er verfügt aufgrund seiner Ausbildung und Berufspraxis über ein Grundverständnis von Physik.[66] Selbst bei einem Gefälle um den Richtwert von 2,5 Promille erreichen ungebremste Züge nach einer Minute das Fußgängertempo von 3,7 km/h und ha-

---

65   A.a.O., S. 37.

66   Kefer hat Maschinenbau und Elektrotechnik studiert. Bevor er 2006 zur Deutschen Bahn AG kam, war er mehrere Jahre in leitender Funktion bei der Bahnsparte von Siemens tätig.

ben dann rund 30 Meter zurückgelegt. Christian Wüst beschrieb im *Spiegel*, was bei S 21 droht: »Bei 15 Promille wie in Stuttgart 21 hingegen hat ein Zug nach dieser Zeit schon Tempo 30 überschritten und 250 Meter zurückgelegt, mehr als die Hälfte der gesamten Bahnsteiglänge.«[67]

Und es sind nicht nur theoretische Berechnungen, die das Gefahrenpotential eines solchen Gleisgefälles unterstreichen. Die *betriebliche Praxis* verdeutlicht die damit verbundenen Gefahren. Im Sommer 2015 antwortete die Bundesregierung auf eine Kleine Anfrage, die die Bundestagsabgeordnete Sabine Leidig für die Fraktion DIE LINKE zum Thema »Wegrollvorgänge« in Bahnhöfen eingereicht hatte.[68] Danach wurden seit 2003 bundesweit 29 Wegrollvorgänge in Bahnhöfen dokumentiert. Allein 22 von ihnen entfallen auf den Kölner Hauptbahnhof. Dort haben, aufgrund der Topographie am Rheinufer, einige Gleise ein Gefälle zwischen 3,7 und 6,8 Promille. Was deutlich über dem EBO-Maximalwert und zugleich jedoch erheblich unter dem für den S 21-Tiefbahnhof vorgesehenen Wert

---

67 Christian Wüst, Kunststück am Hang, in: Der Spiegel 3/2015. Wüst hatte bereits in Spiegel 45/2010 unter der Überschrift »Schiefe Bahn« über diesen fatalen S 21-Aspekt berichtet. Er zitierte das EBA, wonach es in dem Tiefbahnhof »Hinweisschilder« geben würde, auf denen auf die besondere Problematik des Gleisgefälles verwiesen würde, und stellte dann die rhetorische Frage: »Was soll auf solchen Schildern stehen? Etwa ›Vorsicht, dieser Bahnhof entspricht nicht der Bauordnung! Kinderwagen können von selbst losrollen und Züge sich ohne Vorwarnung in Bewegung setzen. Der Bahnvorstand‹?«

68 Bundestagsdrucksache 18/552 vom 15. Juli 2015. Indem von den 29 dokumentierten Wegrollvorgänge auf deutschen Bahnhöfen allein 23 auf den Kölner Hauptbahnhof entfallen und die Kölner unfreiwilligen Zugbewegungen ausschließlich für den Zeitraum 2010 bis Anfang 2015 berichtet wurden (frühere Wegrollvorgänge im Kölner Hauptbahnhof wurden nicht dokumentiert bzw. die Bundesregierung teilte mit, dazu keine Unterlagen zu haben), wird deutlich, dass es wesentlich mehr solcher gefährlichen Vorkommnisse auch bei nur geringer Gleisneigung geben muss. So wurde beispielsweise sogar ein Wegrollvorgang für den neuen Berliner Hauptbahnhof und ein solcher für den Hamburger Hauptbahnhof registriert. In beiden Bahnhöfen liegt das Gefälle deutlich unter dem offiziellen Grenzwert von 2,5 Promille.

liegt.[69] Wobei 21 der Kölner Wegrollvorgänge auf Gleisen stattfan-
den, die »nur« ein Gefälle von 3,7 Promille aufweisen. Nur ein solcher
Vorgang ist für Gleis 3 mit dem 6,8-Promille-Gefälle registriert.[70] Zwar
kam es bislang in Köln bei den Vorkommnissen mit selbständig sich
bewegenden Zügen zu keinen Unfällen mit Personenschaden. Doch
ohne Zweifel handelt es sich um gefährliche Vorgänge, die mit Gefahren für die Gesundheit der Reisenden verbunden sein können.

Und wie kamen diese Wegrollvorgänge zustande? Antwort der
Bundesregierung: »Ursächlich für das Wegrollen waren stets nicht
ausreichend gebremste Fahrzeuge.«[71] Das heißt, es ging jeweils um
menschliche Fehler, die schlicht und einfach normal und zu erwarten
sind, Fehler, die durch sinnvolle Technik – in diesem Fall Gleise in
ebener Lage – ausgeschlossen werden müssen. In Stuttgart wird mit
dem Tiefbahnhof aber unterstellt, es würde solche menschlichen
Fehler nicht mehr geben. Ausgerechnet in einem Bahnhof, in dem
viele Fernverkehrszüge verkehren, auch solche aus dem Ausland,
auch solche mit Triebfahrzeugführern, die das erste Mal im Führer-
stand auf dem S 21-Bahnhof Station machen – möglicherweise eben
auch »mit nicht ausreichend gebremstem Fahrzeug«.

Festzuhalten ist: Wenn es in Köln auf Gleisen mit einem Gefälle
von 3,7 Promille diese große Zahl von Wegrollvorgängen gibt, dann
wird es in einem S 21-Bahnhof mit einer vier Mal größeren Gleis-

---

69   Selbst innerhalb des engen Zeitraums 2010 bis Anfang 2015 scheint die
     Registrierung der Wegrollvorgänge in Köln lückenhaft zu sein. So wurden
     für das Jahr 2013 zehn solcher Vorgänge registriert. 2014 war es noch fünf.
     2011 soll es dann nur einen solchen Vorgang und 2012 nur zwei davon ge-
     geben haben. Vieles spricht dafür, dass die Dunkelziffer mit nicht erfassten
     Wegrollvorgängen groß ist.

70   Die Erklärung für diese zunächst verwirrende Aufteilung der Wegrollvor-
     gänge könnte wie folgt lauten: Es sind primär die Fernverkehrszüge, bei
     denen es zu den gefährlichen Wegrollvorgängen kommt. Auf den Gleisen
     2 und 3 mit dem nochmals höheren Gleisgefälle, auf denen überwiegend
     Nah- und Regionalverkehr stattfindet, kommt es in deutlich geringerem
     Umfang zu solchen Vorgängen, da sich hier vor allem Lokführer mit loka-
     len Kenntnissen im Führerstand befinden.

71   Bundestagsdrucksache 18/552 vom 15. Juli 2015.

neigung deutlich mehr Züge geben, die sich selbständig machen. Wobei es sich dann – siehe oben die Verweise auf die Physik – vor allem auch wesentlich gefährlichere Wegrollvorgänge sein werden. Christian Wüst beschrieb im *Spiegel* mögliche Szenarien: »Ein Zug mit offenen Türen rollt annähernd im Mopedtempo aus dem Bahnhof. Panische Passagiere, etwa kleine Kinder, versuchen noch abzuspringen, weil ihre Eltern bereits ausgestiegen sind und ratlos auf dem Bahnsteig stehen.« Sven Andersen, pensionierter Direktor der Bahn, äußerte, dieser Schrägbahnhof sei »ein betrieblicher Albtraum. [...] Für alle Eisenbahningenieure muss klar sein, dass ein neuer Großstadtbahnhof in dieser Neigung nicht genehmigt werden darf.«[72]

Doch er erhielt eine erste Genehmigung. Bereits um diese formal zu ermöglichen, wurde der zukünftige Stuttgarter »S 21-Gleiskörper in Tieflage« vom »Bahnhof« in eine »Haltestelle« umdefiniert. Diese Haupthaltestelle darf dann laut Eisenbahn-Bundesamt in dem genannten Gefälle liegen, wenn bestimmte Bedingungen erfüllt sind: Züge dürfen dort nicht abgestellt werden. Es sind nur kurze Stopps erlaubt. Und die Züge dürfen die Fahrtrichtung nicht wechseln (dafür wäre eine Bremsprobe vorgeschrieben, ein Öffnen und Schließen der Bremse, was am 15-Promille-Hang zu gefährlich wäre).

Christian Wüst fasste die absurde Sondersituation, in der sich der zukünftige Hauptbahnhof der Landeshauptstadt, der dann zumindest im Bahner-Fachsprech eigentlich nicht als »Bahnhof« bezeichnet werden kann, befindet, wie folgt zusammen: »So wird Stuttgart 21 ein infrastrukturelles Experiment ohne Beispiel sein: der Hauptbahnhof einer Großstadt, in dem massenhaft Verbindungen beginnen oder enden, auf dem aber kein Zug wenden darf. Jede Express- oder Bummelbahn, die in Stuttgart endet, wird nach der Ankunft zu einem Rangierbahnhof weiterfahren und dort in der sicheren Ebene wenden und wieder zum Bahnsteig zurückzuckeln, um Passagiere für die Rückfahrt aufzunehmen – ein immenser Aufwand, nur weil dieser

---

72   Zitiert in: Spiegel 3/2015. Dort auch das vorausgegangene Zitat des Artikel-Autors Christian Wüst.

Tiefbahnhof ein Schiefbahnhof ist.« Oder eben eine Haupthaltestelle.[73]

Dabei ist die Genehmigung für Stuttgart 21 eine *vorläufige*. Sie kann
durchaus noch in Frage gestellt werden. Das Eisenbahn-Bundesamt
sieht die erteilte Sondergenehmigung als eine »erste Genehmigung«
an. Eine endgültige Genehmigung ist daran geknüpft, dass die Deutsche Bahn AG im Tiefbahnhof »notwendige Vorkehrungen zur Ge-
währleistung der gleichen Sicherheit« trifft. Dies stellte sich in dieser
Klarheit allerdings erst sechs Jahre nach Baubeginn heraus, als am
16. März 2016 im Verkehrsausschuss des Bundestags das Thema in
einer Anhörung diskutiert wurde. Dort im Verkehrsausschuss äußerte der Präsident des Eisenbahn-Bundesamtes, Gerald Hörster: »Wir
werden im Rahmen der Inbetriebnahme – dann kommt nämlich die
zweite Genehmigung für das Projekt – prüfen, ob alle Maßnahmen
zusammen – bauliche wie betriebliche und auch alle sonstigen technischen Maßnahmen, die noch denkbar sind – zu der erforderlichen
Sicherheit führen. […] Aber diese vertiefte Planung liegt uns als Eisenbahn-Bundesamt bisher noch nicht vor.«[74]

Das aber heißt: Es gibt keine endgültige Betriebsgenehmigung für
den Schrägbahnhof als solchen. Und genau so steht es im zweiten Bericht des Bundesrechnungshofs, demjenigen, der – auch deshalb? – als

---

73 Christian Wüst, a. a. O. Ein Bahnhof mit einem solchen Gefälle kann auch
    nach europäischem Recht zu einem Problem werden. Allerdings wurde
    2014 für die EU eine neue Verordnung (Bezeichnung: (EU) 1299/2014 vom
    18. November 2014) über »die technische Spezifikation für die Interopera-
    bilität des Teilsystems ›Infrastruktur‹ des Eisenbahnsystems in der Europäi-
    schen Union« verabschiedet. Diese wirkt »wie für S 21 bestellt«, segnet sie
    doch zumindest zunächst den krassen Sonderfall »Stuttgart 21« implizit ab.
    In dieser neuen Verordnung heißt es: »In neuen Gleisen, in denen regelmä-
    ßig Fahrzeuge angehängt und abgekuppelt werden, darf die Längsneigung
    2,5 Promille nicht überschreiten.« Die Formulierung »Bahnhöfe« wird hier
    bewusst vermieden, wobei Bahnhöfe dadurch definiert werden, dass dort
    »regelmäßig Fahrzeuge angehängt und abgehängt« werden können. Da in
    der S 21-Haupthaltestelle keine »Fahrzeuge angehängt und abgekuppelt«
    werden, entfällt dann auch hier die 2,5 Promille-Maximalgrenze.

74 Protokoll der 61. Sitzung des Verkehrsausschusses vom 16. März 2016,
    S. 16.

besonders vertraulich eingestuft wurde. Dort heißt es: »So bleibt bisher offen, ob es gelingen wird, für die planfestgestellten erheblichen Längs- und Querneigungen der Gleise und Bahnsteige im neuen Tiefbahnhof eine Betriebsgenehmigung zu erhalten. Hohe Sicherheitsauflagen oder Einschränkungen des Zugbetriebs könnten für eine weitere Verschärfung der Wirtschaftlichkeit des Projekts sorgen.«[75]

Der Vorgang an sich ist haarsträubend: Die oberste Behörde der Bundesrepublik Deutschland, die für die Kontrolle des Einsatzes von Steuergeldern verantwortlich ist, urteilt über das größte Infrastrukturprojekt, das im Land jemals mit Steuergelder finanziert wurde. Sie stellt fest, es könne nicht ausgeschlossen werden, dass der Tiefbahnhof am Ende *keine Betriebsgenehmigung erhält.* Die entscheidende Aufsichtsbehörde für den Eisenbahnbetrieb, das Eisenbahn-Bundesamt, das eine Betriebsgenehmigung zu erteilen hat, bestätigte diese Sicht: Es gibt keine endgültige Betriebsgenehmigung. Erst nach Fertigstellung des Tiefbahnhofs stellt sich die Frage, ob der »Vorhabenträger«, die Deutsche Bahn AG, konkrete Maßnahmen baulicher und betriebliche Art nennen und für alle dort verkehrenden Züge realisieren kann, die die »gleiche Sicherheit« wie im Fall eines Bahnhofs mit maximal 2,5 Promille Gefälle gewährleisten. Auf dieser Basis wird das Eisenbahn-Bundesamt dann prüfen, ob die »zweite Genehmigung« erteilt werden kann und damit, ob das Großprojekt überhaupt in Betrieb gehen darf. Wobei es höchst fraglich ist, dass es solche Maßnahmen zur Herstellung der »gleichen Sicherheit« geben kann. Bahnvorstand Kefer hat in der Schlichtung verdeutlicht, dass er schlicht darauf setzt, dass es zumindest im S 21-Tiefbahnhof nicht zu menschlichem Versagen kommt und alle Lokführer dort verantwortungsbewusst handeln. Und er musste diese unrealistische Vorstellung vertreten, weil es eine solche »gleiche Sicherheit« nicht geben kann.[76]

---

75 Bericht an das Bundesfinanzierungsgremium des Bundesrechnungshofs vom 8. September 2016, S. 16.

76 Kefer dort: »Herr Happe, [...] Sie sagen, [...] dass man hier dem Lokführer Verantwortung aufbürdet. Dem möchte ich entgegnen, dass dieses zur Grundphilosophie des Zugverkehrs gehört. Denn sonst hätten wir einen automatischen Betrieb. Wir haben in vielen Teilen einen unterstützten Be-

All das heißt: Man will in Stuttgart gegebenenfalls noch acht oder auch zehn Jahre lang weiterbauen, dabei gegebenenfalls zehn und mehr Milliarden Euro, zu einem großen Teil öffentliche Mittel, verbauen und bei all dem riskieren, dass diese gewaltige Summe buchstäblich in den Sand – oder sollte man sagen: in die Gipskeuper-Grube – gesetzt wird. Wird am Ende dennoch eine Betriebsgenehmigung erteilt, so nimmt man bewusst das Risiko von schweren Unfällen mit Personenschäden im Tiefbahnhof in Kauf – mit einer weitgehend berechenbaren Schadenseintrittsgefahr »alle 4,5 bis 5,5 Jahre«, wie dies im Gutachten von Dipl. Ing. Sven Andersen berechnet wurde.[77]

2.
Stuttgart 21 ist nicht realisierbar, weil es sich bei dem Projekt nicht um eine Investition, sondern um eine De-Investition handelt. Anstelle einer größeren Leistungsfähigkeit gibt es einen drastischen Kapazitätsabbau
Das Großprojekt Stuttgart 21 wurde in der Öffentlichkeit von vornherein als ein Vorhaben zur Vergrößerung der Leistungsfähigkeit des Stuttgarter Kopfbahnhofs und zum Ausbau der Kapazität des Stuttgarter »Schienenknotens« präsentiert. Wie auch sonst? Hätte man Stuttgart 21 als das vorgestellt, was es im Kern ist, ein Schienenverkehrseinschränkungs-Projekt, so hätte man dafür keine Mehrheiten, ja nicht einmal eine nennenswerte Unterstützung gefunden.

Gut eineinhalb Jahrzehnte lang, im Zeitraum von 1994 bis 2010, konnte die Deutsche Bahn AG in der breiteren Öffentlichkeit den Eindruck aufrechterhalten, Stuttgart 21 bringe einen Kapazitätsausbau. Die Bundesregierung war sogar so frech, in einen Antrag zur Förderung von S 21 mit EU-Geldern hineinzuschreiben, dass der neue

---

trieb. [...] Das bedeutet, dass der Lokführer in jedem Fall und immer eine Verantwortung für den Zug trägt. Insofern ist die Argumentation, dass der Lokführer hier in der Verantwortung steht, eine, die meines Erachtens ins Leere greift.« Schlichtungsgespräch zu Stuttgart 21, 20. November 2010, Protokoll S. 188.

77 Dipl-Ing. Sven Andersen, Gutachten über die Beurteilung der überhöhten Gleisneigung beim Bahnhofsprojekt Stuttgart 21 ..., a. a. O.

Bahnhof die *doppelte* Leistungsfähigkeit des bisherigen Kopfbahnhofs habe. Der ehemalige Stuttgarter Oberbürgermeister Manfred Rommel äußerte, der zukünftige unterirdische Durchgangsbahnhof »hat dann im Gegensatz zu dem Gleiswirrarr [!] des jetzigen Kopfbahnhofs deutliche Vorteile. Vor allem die etwa doppelte Leistungsfähigkeit.« Dieses Zitat wurde im Übrigen von der Stuttgart 21-Projektgesellschaft im Frühjahr 2014 nochmals hervorgekramt und prominent präsentiert.[78]

Und der ehemalige Bahnchef Rüdiger Grube, der Dutzende Termine in Stuttgart zur Lobpreisung von S 21 wahrnahm, begründete seine Begeisterung für dieses Projekt immer wieder mit dessen Leistungsfähigkeit: »Stuttgart 21 wird der modernste Bahnhof Deutschlands, ja Europas werden! [...] Stuttgart wird damit an das transeuropäische Netz angeschlossen. Die Stadt kommt aus ihrem Verkehrsschatten heraus. Die Reisezeiten werden damit wesentlich kürzer. [...] S 21 ist ein einmaliges Geschenk an die Stadt Stuttgart.«[79]

In Wirklichkeit wird mit Stuttgart 21 die tatsächliche Kapazität des bestehenden Kopfbahnhofs um gut 30 Prozent reduziert.[80]

---

78 Rommel zitiert in: Bezug – Das Projektmagazin, April 2014. Das Interview enthält keinerlei Auslassungszeichen. Tatsächlich wurde ein ganzer Absatz unkommentiert wegelassen, in dem Rommel fordert, »den Schildbürgern in Stuttgart keine neue Heimat [zu] geben.« Die S 21-Macher fürchteten offensichtlich, dass dieser Satz heute ganz anders gelesen werden könnte, als Rommel ihn damals gemeint hat.

79 Zitiert bei: Arno Luik, Geheime Akten und Fakten – Ab in die Grube, in: Volker Lösch, Gangolf Stocker, Sabine Leidig, Winfried Wolf (Hg.), Stuttgart 21. Oder: Wem gehört die Stadt, Köln 2011, S. 67. (Folgend zitiert als: »Wem gehört die Stadt...«).

80 In der Beschreibung des Bahnhofs, wie sie der EU präsentiert wurde, wurde außerdem angegeben, alle acht Bahnsteigkanten des S 21-Tiefbahnhofs wären aus allen Richtungen in alle Richtungen befahrbar. Tatsächlich sind nach dem Gleisplan jeweils nur maximal fünf Bahnsteigkanten von jedem Zulaufgleis erreichbar. Beide Angaben wurden in der Bewilligung der Europäischen Kommission als »Bedingung« der Förderung aufgenommen. (Siehe: EU-Kommission, »Aus- und Neubaustrecke Stuttgart-Wendlingen einschl. Stuttgart 21« vom 12.12.2008, DE-17200-P – TEN-V). Faktisch liegt hier der Tatbestand des Subventionsbetrugs vor.

Zum Thema Leistungsabbau durch S 21 sind in den letzten Jahren hunderte Seiten mit verkehrswissenschaftlichen Beiträgen veröffentlicht worden. Die besten Analysen hierzu erstellte Christoph Engelhardt in Form vieler akribischer Arbeiten.[81] Damit soll hier nicht gewetteifert und die Leserschaft nicht mit allzu sehr ins Detail gehenden Formulierungen bombardiert werden. Im Folgenden wird dieser Abbau auf drei Ebenen verdeutlicht: hinsichtlich der konkreten baulichen Veränderungen, hinsichtlich der Definition von maximaler Kapazität und hinsichtlich des Potentials des bestehenden Kopfbahnhofs. In Kapitel VIII wird der für die öffentliche Debatte so wichtige Aspekt »Kapazitätsabbau« nochmals aufgegriffen, indem die Infrastruktur bestehender Bahnhöfe miteinander verglichen wird.

Bauliche Maßnahmen | Der noch bestehende Kopfbahnhof in Stuttgart verfügt über 16 Bahngleise. Der geplante Tiefbahnhof wird noch acht Gleise mit Bahnsteigen haben. Eine Erweiterung auf neun oder gar zehn Gleise, wie im Rahmen der Schlichtung im Jahr 2010 diskutiert, wurde von der DB AG abgelehnt. Im Tiefbahnhoftrog, wie er inzwischen ausgehoben wurde, sind nur acht Gleise vorgesehen. Spätere Erweiterungsmaßnahmen scheiden aus technischen Gründen aus.[82] Damit wird der Tiefbahnhof eine Verringerung der Gleiszahl

---

81   Siehe vor allem die Veröffentlichungen von Christoph Engelhardt auf dem Portal WikiReal.org. Siehe auch: Christoph Engelhardt, Der vielfach belegte Kapazitätsabbau durch Stuttgart 21, in: Christoph Engelhardt, Egon Hopfenzitz, Sabine Leidig, Volker Lösch, Walter Sittler und Winfried Wolf (Hg.), Empört Euch – weiter! Neue Argumente gegen Stuttgart 21, Köln 2013, S. 74 ff.

82   Bereits 1995 schrieb Felix Berschin: »Man hatte festgestellt, dass bei einer Querlage des neuen Bahnhofs acht vollwertige Gleise mit 420 Meter Länge zugleich das baulich zu verwirklichende Maximum darstellen. Vom Wagenburgtunnel im Osten und dem schmalen Durchfahrtsfenster über der S-Bahn in Höhe der Südwest LB sowie dem 90-Grad-Bogen bei der Zufahrt im Westen wird der neue Bahnhof in der Entwicklungslänge eingeengt. Bereits ein neuntes und ein zehntes Gleis [...] wären in der nutzbaren Länge beschränkt und durch ihre Seitenlage nicht mehr vollwertig an die Zu- und Abfahrtswege anbindbar.« Wiedergegeben in: Winfried Wolf, Stuttgart 21, Hauptbahnhof im Untergrund, 2. erweiterte Auflage 1996, S. 92.

um knapp 53 Prozent bringen. Im vorangehenden Kapitel wurde bereits mit einem ausführlichen, eisenbahntechnischen Zitat aus dem Jahr 1907 dargelegt, dass die Zeitvorteile eines Durchgangsbahnhofs gegenüber einem Kopfbahnhof ausgesprochen gering sind. Dies gilt auch für heute und moderne Züge. Im Fall Stuttgart führt der zukünftige Wegfall des Fahrtrichtungswechsels, den der Durchgangsbahnhof gegenüber dem Kopfbahnhofs mit sich bringt, im Vergleich zu einem optimierten Kopfbahnhof nur zu der relativ geringen Verkürzung der Gleisbelegungszeiten am Bahnsteig von rund einer halben Minute. Umgekehrt bedeutet dies, dass jedes Kopfbahnhofsgleis grundsätzlich lediglich um 30 Sekunden länger belegt ist als ein Gleis im Durchgangsbahnhof. Karlheinz Rößler: »Wenn die mögliche minimale Zugfolgezeit im Durchgangsbahnhof bei fünf Minuten liegt, dann beträgt sie beim Kopfbahnhof ca. fünfeinhalb Minuten. Jedes Gleis im Durchgangsbahnhof ist somit nur rund 10 Prozent leistungsfähiger als jedes Gleis im Kopfbahnhof. Um in der Spitzenstunde die gleiche Kapazität wie der heutige Kopfbahnhof zu erreichen, müsste der Durchgangsbahnhof logischerweise 14 bis 15 Gleise statt der bisher geplanten acht haben.«[83] Dies wird auch dann deutlich, wenn wir andere Bahnhöfe und deren Gleiskapazität mit dem geplanten S 21-Bahnhof vergleichen, und dabei zum Ergebnis gelangen, dass dieser hinsichtlich der Kapazität auf dem Niveau dessen von Bietigheim-Bissingen liegt. (Siehe Kapitel VIII)

Bereits die baulichen Maßnahmen machen deutlich: Bei Stuttgart 21 handelt sich um einen Abbau von Kapazitäten.

Die Definition der maximalen Kapazität eines Bahnhofs | Die Befürworter von Stuttgart 21 behaupten immer wieder, dass in einem S 21-Bahnhof zwischen 30 und 50 Prozent mehr Züge verkehren könnten als im bestehenden Kopfbahnhof. Der wesentliche Fehler, der dieser Behauptung zu Grunde liegt, ist die falsche Definition für eine maximale Bahnhofskapazität. So wird bei den entsprechenden Fahrplänen davon ausgegangen, dass eine maximale Zahl von Zügen

---

83   Karlheinz Rößler, a. a. O., S. 73.

im gesamten Tagesverlauf im S 21-Bahnhof ein- und ausfahren. Dabei wird eine Kapazitätsdefinition verfolgt, die derjenigen im Fall einer Schule ähnelt, in der die Schülerinnen und Schüler im Dreischichtbetrieb über den gesamten Tag hinweg, bei Tag und Nacht, unterrichtet werden. Dann lässt sich theoretisch die Kapazität einer Schule, die bei normalen Unterrichtszeiten bei sagen wir 500 Schülerinnen und Schülern liegt, auf theoretisch bis zu 1500 steigern. Das ist jedoch offensichtlich eine absurde Vorstellung. Entscheidend für die Bemessung einer Bahnhofskapazität ist das Maximum der Züge, das in der Stunde mit der größten Nachfrage, in der Rushhour, in der Regel die 60 Minuten zwischen 7 und 8 Uhr, oder in den zwei Stunden mit der höchsten Belastung, gewöhnlich der Zeitraum zwischen 6 und 8 oder 7 und 9 Uhr, bewältigt werden können.

Die falsche Definition einer Bahnhofskapazität, es lässt sich auch sagen: diese Manipulation bei der Berechnung der Leistungsfähigkeit des Stuttgarter Hauptbahnhofs, konnte man bereits vor zwei Jahrzehnten beobachten.[84] 1996 schrieb Felix Berschin über die ersten S 21-Fahrpläne: »Stuttgart 21 wirbt mit Zuwächsen von [...] 80 Prozent im Nahverkehr. Doch die 80 Prozent beziehen sich auf den *ganzen Tag*. In der Hauptverkehrszeit (6 bis 8 Uhr) ist kein einziger Zug mehr drin. Ganz im Gegenteil würden entfallen: ein Zug von Pforzheim nach Ludwigsburg, ein Zug von Aalen nach Schorndorf, zwei Züge von Geislingen nach Göppingen [...] Damit leistet Stuttgart 21 keinerlei Beitrag zur Bereitstellung eines besseren Angebots in der Verkehrsspitze, obwohl gerade hier schon heute die größten Engpässe liegen.«[85]

In diesem Zusammenhang wird oft der sogenannte Stresstest erwähnt, der 2011 als Teil einer Folgeveranstaltung der »Geißler-

---

84   »Manipulation« deshalb, weil es fachlich unstrittig ist und auch ausdrücklich im Planfeststellungsbeschluss zu Stuttgart 21 (hier zu PFA 1.1; S. 150) wie auch im Finanzierungsvertrag des Projekts vom 30. März 2009 (Anlage 3.2a; Anhang 1.1 S. 5, Punkt 1.3.3) festgehalten ist, dass für die Bemessung der Infrastruktur die Spitzenstunde »maßgeblich« ist.

85   Felix Berschin, in: Wolf, Stuttgart 21 – Hauptbahnhof im Untergrund, a. a. O., S. 96.

Schlichtung« stattfand. In diesem – per Computerfahrplan durchge-
führten – Stresstest wurden 49 Züge in der Spitzenstunde als zu leisten
dargestellt; der damalige Kopfbahnhof hatte 37 Züge in der Stunde
mit der höchsten Belastung. Auf dem Papier bzw. in der Simulation
gab es also eine Leistungssteigerung gegenüber dem Ist-Zustand um
30 Prozent. Der Stresstest wurde von dem Schweizer Unternehmen
SMA, das bis dahin einen guten Leumund hatte, auditiert, das heißt,
als fahrbar und fehlerfrei eingestuft.

Inzwischen wurde – erneut maßgeblich von Christoph Engelhardt
– dokumentiert, dass dieser Stresstest eine Vielzahl völlig unrealis-
tischer Bedingungen enthielt – u. a. waren Haltezeiten zu kurz und
Pünktlichkeiten zu hoch angesetzt, Verspätungen wurden auf unkriti-
sche Weise gekappt. Dem Auditor SMA wurden ebenfalls Fehler und
Inkonsequenz nachgewiesen. Verblüffend sind dabei vor allem zwei
Dinge:

Erstens stellte sich erst im Jahr 2012 heraus, dass die für die Planfeststellung von Stuttgart 21 maßgebliche Studie, erstellt von Prof.
Wulf Schwanhäußer im Jahr 1997, für den S 21-Tiefbahnhof in der
Stunde mit der größten Belastung als absolute Leistungsgrenze die
Zahl von »32,8 Züge« errechnete.[86] Das sind bereits 14 Prozent weniger als im Fall der aktuellen Leistung des bestehenden Kopfbahnhofs; und es sind wesentlich weniger als ein optimierter Kopfbahnhof
leisten kann (dazu siehe unten). Die Berechnung von Schwanhäußer
deckt sich weitgehend mit den grundsätzlichen Erwägungen, die wir
weiter oben im Rahmen der Beschreibung der baulichen Veränderungen beschrieben haben. Sie wird auch untersetzt mit der Tatsache,
dass die Fußgängeranlagen im S 21-Bahnhof auf maximal 32 Züge in
der Stunde mit der höchsten Belastung ausgelegt sind.[87]

---

86 Wulf Schwanhäuser, Stuttgart 21 – Ergänzende betriebliche Untersuchun-
    gen, Teil 3, Leistungsverhalten und Bemessung des geplanten Stuttgarter
    Hauptbahnhofs und seiner Zulaufstrecken, Verkehrswissenschaftliches In-
    stitut der RWTH Aachen, 20. Juli 1997, S. 58; zitiert bei: Christoph Engel-
    hardt, in: Neue Argumente, a. a. O., S. 74 f.

87 Die DB AG hatte Personenstromanalysen als Grundlage der »Dimensio-
    nierung der Fußgängeranlagen« erstellen lassen. Hierzu legte Christoph

Zweitens war das zitierte Schweizer Unternehmen SMA nur knapp drei Jahre zuvor vom Land Baden-Württemberg, vertreten durch die Nahverkehrsgesellschaft Baden-Württemberg, beauftragt worden waren, »Fahrplankonsequenzen und -möglichkeiten von Stuttgart 21« in einer Studie zu errechnen. Das Ergebnis der 60-seitigen Arbeit fiel für S 21 vernichtend aus. Danach würden mit S 21 in einem bislang störungsfreien Verkehrssystem »Engpässe« entstehen; festgestellt wurden »Konflikte zwischen Hauptbahnhof und Flughafen mit dem Regionalverkehr«. Das Ganze sei »nicht kompatibel mit den angenommenen Fernverkehrszügen in Stuttgart«. Es komme sogar zu »Fahrtzeitverlängerungen«. Generell, so damals die Gutachter aus Zürich, entstünde mit Stuttgart 21 ein »hohes Stabilitätsrisiko«. Diese Studie wurde ausdrücklich als »vertraulich« klassifiziert und sollte bahnintern bleiben. Der *Stern* gelangte in den Besitz derselben. Arno Luik veröffentlichte wesentliche Teile der SMA-Untersuchung in dem Hamburger Magazin. SMA widersprach mit keinem Wort ... um dann im Rahmen des Stresstestes jedoch die dargestellte, völlig andere Sicht auf S 21 abzusegnen. Des Rätsels Lösung: Ein sehr großer Teil der Aufträge, die SMA erhält, stammt von der Deutschen Bahn AG. Arno Luik schrieb damals zusammenfassend: »Im Klartext: S 21

Engelhardt von der Faktencheck-Plattform WikiReal.org am 27. Februar 2013 für die Fraktion »SÖS und LINKE.« im Stuttgarter Gemeinderat eine kritische Analyse vor (http://goo.gl/BMZ8sG). Demnach verringert sich auch bei den ausdrücklich nur auf die Reisenden aus 32 Zügen pro Stunde ausgelegten Fußgängeranlagen die Kapazität erheblich. (Siehe: »Zweifel an den Fluchtwegen«, stuttgarter-zeitung.de vom 1. März 2013). Ein neueres Gutachten der Firma PTV AG für das Ministerium für Verkehr und Infrastruktur Baden-Württemberg (MVI) kommt zwar zum Schluss, die Ergebnisse der früheren Personenstromanalyse seien »auf der sicheren Seite«. Das neue Gutachten hatte jedoch ausdrücklich nicht die Eingangsparameter der Untersuchungen geprüft, aufgrund derer die Ergebnisse wesentlich geschönt wurden. Nach Korrektur dieser teils regelwidrigen Prämissen erfüllt Stuttgart 21 selbst bei der untersuchten, gegenüber den geplanten Betriebsprogrammen reduzierten Belastung, nicht die Minimalanforderungen an den Bewegungskomfort. Das Projekt stellt somit auch einen Rückbau der Kapazität der Fußgängeranlagen des Stuttgarter Hauptbahnhofs dar. (www.wikireal.org/wiki/Stuttgart_21/Personenzugänge)

schafft statt eines ›neuen Herzens in Europa‹ einen Herzinfarkt«.[88]
(Zum Stresstest siehe auch Kapitel VII).

Das Potential des bestehenden Kopfbahnhofs | Die Behauptungen, Stuttgart 21 würde zu einer Kapazitätssteigerung im Vergleich mit dem bestehenden Kopfbahnhof führen, bezog sich absurderweise immer nur auf den jeweils aktuellen Fahrplan im Stuttgarter Kopfbahnhof. Dabei wurde niemals die *frühere* Leistung des Kopfbahnhofs als Vergleichsmaßstab herangezogen. Es wurde damit nie geprüft, welches Potential dieser Kopfbahnhof hat.

Es war Andreas Kleber, der mit seinem immensen Archivmaterial bereits 1995 verdeutlichte, dass der Stuttgarter Kopfbahnhof in früheren Jahren unvergleichlich größere Leistungen erbracht hatte. Die Zahl der Zugbewegungen an Werktagen (ohne Sonderzüge) lag laut den entsprechenden Fahrplänen 1938 bei 362, 1961 bei 663, 1971 bei 672 und 1978 bei 619. Sie fiel dann bis zum Jahr 1988 auf 228 Zugbewegungen zurück.[89] Die letztgenannte Zahl trifft im Wesentlichen auch für den heutigen Kopfbahnhof zu. Der Rückgang der real abverlangten Leistung wird damit erklärt, dass Mitte der 1970er Jahre als Reaktion auf die enorme Auslastung des Kopfbahnhofs der S-Bahn-Tunnel unter dem Bahnhof hindurch gebaut wurde. Dieser nahm 1975 den Betrieb auf. Die große Zahl der »Vorortzüge« im Kopfbahnhof selbst entfiel, beziehungsweise es fahren diese seither als S-Bahnen unter dem Bahnhof durch. Seitdem ist der Stuttgarter Hauptbahnhof im Grunde längst eine kluge *Kombination von Kopfbahnhof und Durchgangsbahnhof.*

Das heißt aber auch, dass es im bestehenden Kopfbahnhof erhebliche Potentiale der Leistungssteigerung gibt. In der Schlichtung

---

88 Arno Luik, Geheime Akten und Fakten, in: V. Lösch, G. Stocker, S. Leidig, W. Wolf, Stuttgart 21, Wem gehört die Stadt, S. 61. Der Arno-Luik-Text erschien ursprünglich in: Stern 28/2010,

89 Andreas Kleber in: Winfried Wolf, Stuttgart 21, Hauptbahnhof im Untergrund, a. a. O., S. 41. (Der Beitrag von A. Kleber fand sich bereits in der 1995er – der ersten – Auflage dieses Buchs; in der Regel wird hier die 2., erweiterte Ausgabe zitiert, da sich nur in dieser die des Öfteren angeführte Berschin-Analyse zu S 21 findet).

wurde dies von Bundesbahn-Oberrat a.D. Egon Hopfenzitz deutlich gemacht. Dieser hat 46 Dienstjahre bei der Bundesbahn und DB AG verbracht; in den Jahren 1981 bis 1994 war er Leiter des Stuttgarter Hauptbahnhofs. Einen besseren Kenner der Materie und dieses spezifischen großen Bahnhofs kann es nicht geben. Er stellte dar, dass zu diesem Zeitpunkt (2010) im Stuttgarter Kopfbahnhof in der »Stunde 7« (in der Zeit von 7 bis 8 Uhr) bereits 47 Züge verkehrten. Und dass dann, wenn man die Standzeiten der Züge so verkürzen würde, wie sie bei einem S 21-Fahrplan vorgesehen sind, man »in der Stunde 7 auf 51 Züge« kommen würde.[90] Die Aussagen von Egon Hopfenzitz wurden später durch detaillierte Berechnungen der Verkehrsberatungsgesellschaft Vieregg-Rössler bestätigt und konkretisiert[91].

All das heißt: Die Kapazität von Stuttgart 21 ist nicht nur geringer als das, was im aktuellen Kopfbahnhof geleistet wird. Sie ist vor allem drastisch – um mindestens 30 Prozent – geringer als das, was im bestehenden Kopfbahnhof in der Vergangenheit geleistet wurde bzw. als das, was in der Zukunft von einem optimierten Kopfbahnhof geleistet werden könnte. Heiner Geißler musste in der Schlichtung dem Vortrag von Egon Hopfenzitz Referenz erweisen. Und so zauberte er ein weißes Kaninchen aus dem Hut: »Die Bahn muss jetzt den Nachweis führen, dass [im S 21-Tiefbahnhof; W.W.] ein Fahrplan mit 30 Prozent Leistungszuwachs in der Spitzenstunde mit guter Betriebsqualität möglich ist.«[92] Wobei hier bereits der Bezugspunkt für den 30-prozentigen Leistungszuwachs fehlte. Im Stresstest wurde dann der Ist-Zustand und nicht die in vergangenen Zeiten dokumentierte Kopfbahnhofsleistung als Bezugspunkt gewählt.

***

---

90   Egon Hopfenzitz in: Wem gehört die Stadt, S. 144 f.

91   Der Kopfbahnhof hat, wie von Vieregg-Rössler ermittelt und vom Verkehrsministerium (MVI) bzw. der Nahverkehrsgesellschaft des Landes (NVBW) bestätigt, eine Kapazität von rund 50 Zügen pro Stunde (»Kopfbahnhof könnte heute schon mehr Züge abwickeln als S 21«, mvi.baden-wuerttemberg.de vom 22.11.2011). Stuttgart 21 reduziert also die Kapazität um rund ein Drittel.

92   Zitiert in: Die Antwort auf Heiner Geißler, a.a.O., S. 22.

Gelegentlich sind aufschlussreiche Aussagen Beteiligter überzeugender als differenzierte Berechnungen und Fahrplan-Dokumentationen. Hier seien zur Abrundung dieses Thema drei angeführt.

Zitat 1: 1996, kurz nach der ersten Präsentation des Vorhabens, äußerte sich der damalige Bahn-Chef Heinz Dürr auf die Frage, warum S21 nötig sei und ob überhaupt ein solcher Tiefbahnhof erforderlich sein würde, wie folgt: »Ja, notwendig, können wir sagen, isch's eigentlich gar nicht. Nur, es isch eine Weiterentwicklung, es isch ein Fortschritt, dass wir eben Gleisanlagen, die für den Reisenden nicht mehr erforderlich sind, aufgeben und die den Städten zur Verfügung stellen, um hier, äh, Entwicklungen für die Stadt zu machen.«[93] Dürr meinte mit dem Begriff »Entwicklungen« die Eindeutschung des Wortes »development«. Er begriff damals durchaus richtig das gesamte S21-Projekt als ein Immobiliengeschäft.

Zitat 2: Der heutige baden-württembergische Verkehrsminister Winfried Hermann war bis zu seinem Antritt als Verkehrsminister im Frühjahr 2010 viele Jahre lang ein engagierter Kritiker von S21. Er bilanzierte die S21-Kapazitäten noch im Jahr 2010 wie folgt: »Wir [als Grüne; W.W.] haben [...] sehr schnell festgestellt, dass Stuttgart21 entscheidende Nachteile hat [...] Übrigens haben wir damals nicht mit einem achtgleisigen Durchgangsbahnhof kalkuliert. Am Anfang waren in der Diskussion zwölf Gleise. Dann hieß es: zu teuer. Dann waren es zehn Gleise: zu teuer. Jetzt ist man bei acht Gleisen. Wohlgemerkt: Am Anfang haben auch die Betreiber des Konzepts gesagt, das geht ja unmöglich, dass ich einen Kopfbahnhof mit 16 Gleisen auf

---

93 Interview vom 15. September 1996 im damaligen SWF1. Zitiert u.a. nach: Die Antwort auf Heiner Geißler, a.a.O., S. 23. Das deckt sich in Gänze mit einem Vortrag eines Vertreters der Deutschen Bahn AG im Juli 1995. Utz Rockenbauch schrieb darüber 1995 im Rahmen eines Berichtes über mehrere Veranstaltungen zu S21 in Stuttgart: »Auf dem vierten Abend zum Thema Verkehr stellte der Vertreter der Bahn AG klar, dass es keiner Tunnellösung bedürfe, um die Leistungsfähigkeit der jetzigen Bahnhofsanlage zu verbessern. Ihn als alten Eisenbahner schmerze besonders der Verlust der Torfunktion des Bahnhofs, der offenen Einfahrt nach Stuttgart. Aber die Besteller wollten es so...« Utz Rockenbauch, in: Winfried Wolf, Stuttgart21 – Hauptbahnhof im Untergrund, a.a.O., S. 69.

acht Stehgleisen abwickle. Wo ich ja nicht mit acht Gleisen raus und
rein fahre, sondern wir fahren ja durch eine Röhre rein und mit einer
(Röhre) raus, Nord-Süd und dann noch Ost-West. [...] Deswegen ist
der Engpass nicht nur der Bahnhof mit seinen acht Gleisen, sondern
vor allem die Zufahrtstrecken sind die Engpässe. Das haben wir sehr
früh herausgearbeitet und seitdem arbeite ich daran, mache ich Öffentlichkeitsarbeit.«[94]

Zitat 3: 2011 brachte die grün-rote Landesregierung einen Gesetzesentwurf in den Stuttgarter Landtag ein, mit dem der Volksentscheid über das Großprojekt ermöglicht werden sollte. In diesem Gesetzentwurf heißt es auf Seite 6: »Für das ursprüngliche Versprechen,
das Projekt Stuttgart 21 führe zu einer deutlichen Leistungssteigerung
im Bahnverkehr, ist die Deutsche Bahn AG den Nachweis schuldig
geblieben. Im Gegenteil: durch die geringe Gleiszahl sind Einschränkungen in der Betriebsqualität zu erwarten. [...] Andererseits hat sich
während des laufenden Umbaus des Gleisvorfeldes mit zahlreichen
Gleissperrungen erwiesen, dass der bestehende Kopfbahnhof über erhebliche Kapazitätsreserven und eine hohe Flexibilität verfügt. Der
Kopfbahnhof besitzt über die aktuelle Zugzahl hinaus noch Kapazitätsreserven [...] im Umfang bis zu 49 Zügen, bei einer Modernisierung auch darüber hinaus.«[95]

Das heißt: Die damaligen Regierungsparteien Bündnis 90 / Die
Grünen und die SPD dokumentierten im direkten Vorfeld der Volksabstimmung selbst, dass sie Kenntnis von der Tatsache hatten: Stuttgart 21 bringt einen *Abbau* der bestehenden Schienenkapazität in der
Landeshauptstadt mit sich.

Nun haben aber alle Mitglieder der Landesregierung einen Eid
abgelegt, wonach sie ihre »Kraft dem Wohle des Volkes widmen, seinen Nutzen mehren, Schaden von ihm wenden [...] und Recht wah-

---

94   Rede Winfried Hermann vom 4. Februar 2011. Siehe: https://winneher-
      mann.de/2010/wp-content/uploads/2011/02/11-02-05_Rede_von_Win-
      ne_Hermann_Heidenheim.pdf [Abgerufen am 21. März 2017]

95   Gesetzentwurf zur Kündigung der Finanzierungsverträge zum Bahnprojekt
      Stuttgart 21 vom 7. Juli 2011, abgestimmt und abgelehnt am 28. September
      2011. Drucksache Landtag Baden-Württemberg DS 15/528.

ren und verteidigen« müssen.[96] Darüber hinaus muss nach § 11 des
Allgemeinen Eisenbahn-Gesetzes (AEG) eine »mehr als geringfügige«
Kapazitätsverringerung eines Bahnhofs bzw. eines Schienenknotens
beantragt und vom Eisenbahn-Bundesamt genehmigt werden. Einen
solchen Antrag gab es nicht. Ein derart großer Abbau einer Schienenkapazität stellt offensichtlich einen »Schaden für das Volk« dar. Und
er ist gesetzeswidrig. Bei Stuttgart 21 handelt es sich um einen gigantischen Schwarzbau.

3.
**Stuttgart 21 ist nicht realisierbar, weil der Bau vieler Tunnel
durch Gipskeuper (Anhydrit) verläuft. Damit sind nicht be-
rechenbare Risiken, die zusätzliche viele Hunderte Millionen
Euro verschlingen können, verbunden. Dieser Aspekt wurde in
dem Gutachten, das für den Aufsichtsrat der Deutschen Bahn
AG erstellt wurde, dokumentiert.**

Das Thema Anhydrit, umgangssprachlich meist als »Gipskeuper«
bezeichnet, spielte in den Debatten zu Stuttgart 21 von Anfang an
eine wichtige Rolle, auch wenn das Thema bei den S 21-Gegnern oft
unterschätzt wurde.[97] In dem Buch *Wem gehört die Stadt* war 2010 zu
lesen. »Die Bahnspitze hat dem Thema Beherrschbarkeit des Bau-
grundes in Stuttgart bisher kein größeres Interesse gewidmet. Gefragt, ob er Kenntnis habe von einer alarmierenden Studie zu diesem
Aspekt von S 21, antwortete Bahnchef Rüdiger Grube: Das Gutachten sei der Bahn ›keineswegs unbekannt‹. Es sei auch ›Bestandteil
der Ausschreibungsunterlagen.‹ Der Bieter sei ›verpflichtet, die Erkenntnisse des Gutachtens zu berücksichtigen‹. Es darf aber stark
bezweifelt werden, dass die beteiligten Unternehmen Kenntnis des

---

96   Auszug aus Artikel 48 der Verfassung des Bundeslandes Baden-Württem-
     berg,

97   In dem recht umfangreichen Sammelband, den Wolfgang Schorlau zum
     Thema Stuttgart 21 im Jahr 2010 veröffentlichte, findet sich unter den fast
     40 einzelnen Beiträgen kein einziger zum Thema Anhydrit und Boden-
     beschaffenheit in Stuttgarts Untergrund. Siehe Wolfgang Schorlau (Hg),
     Stuttgart 21 – Die Argumente, a. a. O.

geologischen Gutachtens haben, das die Fachleute des Ingenieurs-
büros Smoltczyk und Partner im Jahr 2003 erstellten. [...] Würden
die Erkenntnisse der Studie ›berücksichtigt‹, könnte im Grunde mit
dem Bau von Stuttgart 21 nicht begonnen werden. Die Bilanz des
Gutachtens in der Zusammenfassung von Arno Luik: ›Der Baugrund
von Stuttgart 21 ist unkalkulierbar. Überall gibt es Mergelboden mit
hohen Gipsanteilen. Dieses Material ist leicht wasserlöslich. Wird
es feucht, können Hohlräume entstehen, sich Krater bilden.‹ [...]
Gleichzeitig kann sich der Boden anheben, wenn Gipskeuperschich-
ten (Anhydrit) mit Wasser in Berührung kommen, und zu Mineral-
gips werden.«[98]

In den vergangenen sechs Jahren wurde das Thema Anhydrit
zwar immer wieder im Rahmen der Kampagne gegen Stuttgart 21 angesprochen. Doch es ist wie so oft: Man wird irgendwann müde, immer wieder dieselben Argumente vorzutragen, zumal die Gegenseite
sich tot stellt und fortwährend behauptet: »Die Tunnelbauarbeiten
gehen zügig voran«, das gelte auch für Tunnelabschnitte im Anhydrit-Bereich. Noch im März 2016 hatte ein Journalist der *Süddeutschen
Zeitung* einen »Ortstermin im [Stuttgarter; W. W.] Untergrund«. Diese
größte deutsche Tageszeitung – Teil der Südwestdeutschen Medien-
Holding, auf die als Bestandteil der S 21-Lobby noch eingegangen
wird – widmete dem Event die komplette, viel gelesene »Seite drei«
und überschrieb den Report mit »Tiefenentspannt«. Porträtiert wurde Manfred Leger, der oberste Tunnelbauer der Deutschen Bahn AG
beim Stuttgart 21-Projekt. Die Worte »Anhydrit« oder »Gipskeuper«
tauchen in dem gesamten Artikel erst gar nicht auf. Am Ende des
Artikels heißt es: »Nur zweierlei macht Leger ratlos. Erstens: die
Beamten in der Genehmigungsbehörde [...] Zweitens: Eidechsen.

---

98 Winfried Wolf, in: Wem gehört die Stadt, S. 18 ff. Zitiert wurde dabei ein
    Beitrag von Arno Luik, der im Stern (35/2010) erschienen war. Annette
    Kiefer schrieb zu demselben Thema bereits Anfang 2010 im *Handelsblatt*
    (22.1.2010): »Das Problem: Das Volumen von Gips ist rund 60 Prozent grö-
    ßer als das von Gipskeuper – der Boden quillt also auf wie ein Hefeteig.
    Dadurch können oberirdische Schäden entstehen, wenn sich der Boden
    langsam, aber unaufhaltsam anhebt.«

›Diese können alles ändern.‹«[99] Worüber bereits in Kapitel I berichtet wurde.

Doch anstelle der Eidechsen könnte am Ende die Anhydrit-Bodenbeschaffenheit »alles ändern«. Dies wird ausgerechnet in dem Dokument von KPMG und Ernst Basler angedeutet. Rund zehn Seiten des rund 100 Seiten starken Gesamttextes widmen sich dem Aspekt Anhydrit. Ausdrücklich schreiben KPMG und Basler, das Risiko, das mit dem Untergrund verbunden sei, werde seitens der DB AG deutlich »unterbewertet«. Obgleich es eigentlich ein Muss sei, dass es bei den Tunnelbauarbeiten im Anhydrit-Bereich »keinen Wasserzutritt« gibt, habe man »bei einer Begehung am 17. August 2016« eben dies festgestellt: »Wasserzutritte«. Im Dokument heißt es: »Die Erfahrung zeigt, dass ›Tunnelbau ohne Wasser‹ nicht möglich ist«. Insofern halte man es »nicht für realistisch, dass das Quellen des Anhydrit mit absoluter Sicherheit vollständig vermieden werden kann«.[100] Komme es dann zu »Anhebungen von mehr als 10 Zentimetern«, dann müsse der entsprechende Tunnel »neu gebaut« werden. Ein entsprechendes »Ereignis« könne »vom Zeitpunkt des Ausbruchs« (der ersten Tunnelbohrungen) »bis hin zur kommerziellen Inbetriebnahme eintreten«. Wobei das KPMG-Team hinzufügt: »Spätere Zeitpunkte werden nicht betrachtet.«[101] Was also *nach* einer Inbetriebnahme der S 21-Bauten im S 21-Tunnel, der durch Anhydrit führt, passieren kann, interessiert KPMG und Basler offiziell nicht mehr.

Allerdings ist dann an anderer Stelle in dem KPMG-Gutachten zu lesen, es gebe »*keine* bautechnische Lösung, welche eine risikofreie Nutzung [der S 21-Tunnelbauten; W. W.] über Jahrzehnte […] zuverlässig sicherstellen kann. […] Der Bauherr muss sich bewusst sein, dass bei jedem Tunnel im Anhydrit inhärent ein im Ingenieurbau un-

---

99   Max Hägler, Josef Kelnberger, Tiefenentspannt, in: Süddeutsche Zeitung vom 9. März 2016.

100 KPMG und Ernst Basler + Partner, Überprüfung des Berichtes zur aktuellen Termin- und Kostensituation – Projekt Stuttgart 21, Aufsichtsrat Deutsche Bahn AG, Berlin, streng vertraulich, ohne Ort, Oktober 2016, S. 46 [in Zukunft zitiert als »KPMG-Gutachten«].

101 KPMG-Gutachten, S. 49.

üblich großes Risiko für die Bautauglichkeit besteht.« Es könne sogar dazu kommen, dass sich »Tunnelröhren als Ganzes [...] anheben«. Insofern erachte man »die diesbezügliche Problemerfassung« (also die Darstellungen des Auftraggebers des Gutachtens) »als nicht ausreichend«.[102]

Man darf mit Fug und Recht davon ausgehen, dass es Passagen wie diese waren, die einzelnen Aufsichtsräten der Deutschen Bahn AG oder auch dem Aufsichtsratsvorsitzenden Felcht schwer im Magen lagen, was dann im Herbst 2016 und im Winter 2016/17 drei Mal zu der angeführten Absetzung des Tagesordnungspunktes »Stuttgart 21« bei den jeweiligen Aufsichtsratstreffen führte.

Nachdem das KPMG-Gutachten durchgesickert war, legte der Diplom-Geologe Ralf Laternser eine ergänzende Bewertung des Gutachtens vor. Er stellt dabei zusammenfassend dreierlei fest: Erstens, dass das Gutachten in Sachen Anhydrit-Gefahren »insgesamt sehr fachkundig« verfasst worden sei. Zweitens, dass sich aus diesem Gutachten bereits »rechnerisch eine maximale Wahrscheinlichkeit von 32 Prozent eines extremen Schadensereignisses mit über 10 Zentimetern Sohlanhebung, welche nach KPMG den Bahnbetrieb nicht mehr gewährleisten würde«, ergibt. Dass jedoch drittens im KPMG-Gutachten »die Bewertung und die Berechnung von Risiken und den möglichen Folgen bei der geplanten Vielzahl an Tunnelbauwerken im Anhydrit führenden Gipskeuper [...] deutlich zu optimistisch« sei.[103]

---

102 KPMG-Gutachten Seiten 52 und S. 17. Es handelt sich, wie erwähnt, um eine Auftragsarbeit, bezahlt von der DB AG. Insofern verwundert es nicht, wenn dann auch wieder abgewiegelt wird. So stellen KPMG/Basler zwar fest, es könne auch an der Oberfläche zu Erdbewegungen kommen, was weitere »Gebäudesanierungen« erforderlich machen würde. Doch diese seien »auskunftsgemäß« durch Versicherungen der Deutschen Bahn AG »abgedeckt«. Es entstünden hier keine gesonderten, im S 21-Kostenplan zu veranschlagenden Kosten. Tenor: Die Welt um uns herum mag einstürzen und gegebenenfalls der Killesberg ins Tal rutschen, doch die DB AG ist gegen derlei Unbill gut versichert.

103 Ralf Laternser, Stellungnahme zum Gutachten von KPMG und Ernst Basler + Partner zum Sachverhalt Anhydrit vom 30. November 2016 (Manuskript).

Wie fahrlässig an das Großprojekt Stuttgart 21 hinsichtlich der Gipskeuper-Problematik herangegangen wurde, wird aus dem Folgenden deutlich. In den vergangenen 50 Jahren seien, so Laternser, nur »zwölf Tunnelkilometer für Verkehrswege im Anhydrit führenden Gipskeuper belegt«. In *allen* Fällen waren nach der Inbetriebnahme Sanierungsarbeiten erforderlich. Nun werden beim S 21-Projekt gleich 16 Kilometer Tunnelstrecken durch Anhydrit führenden Gipskeuper gebohrt, mehr als in einem halben Jahrhundert.

Wie dramatisch Tunnelbauten im Anhydrit sich entwickeln können, zeigen die folgenden drei Beispiele: der Engelbergtunnel für den Straßenverkehr (bei Leonberg, in der Nähe von Stuttgart; 1999 in Betrieb genommen), der Chienberg-Tunnel, ebenfalls ein Straßenverkehrstunnel (in der Nähe von Sissach in der Schweiz; Inbetriebnahme 2006) und der Adler-Eisenbahntunnel (in der Nähe von Basel; ebenfalls in der Schweiz; fertiggestellt 2001). Alle drei Bauwerke weisen erhebliche Quellungsschäden auf. An mangelhafter Ausführung dürfte es nicht liegen – sie wurden teilweise von Baufirmen gebaut, die auch bei S 21 gut im Geschäft sind. Wenn die S 21-Betreiber behaupten, man habe das Bohren von Tunneln im Anhydrit »im Griff«, so wiederholt sich hier ein Vorgang, der in der *Basler Zeitung* wie folgt beschrieben wurde: »Bei jedem neuen Juradurchstich warnen die Geologen vor dem Gipskeuper, während die Ingenieure erklären, inzwischen habe man das Problem im Griff. Das war auch beim 5,3 Kilometer langen Adlertunnel so.«[104] Der erst 15 Jahre alte Adler-Tunnel musste bereits aufwendig saniert werden. Beim Chienberg-Tunnel gab es im ersten Jahrzehnt des Betriebs eine große und eine weniger große Sanierungsmaßnahme. Die dadurch erforderlichen Zusatzkosten lagen bislang bei einem Drittel der gesamten ursprünglichen Tunnelbaukosten.[105] Der Engelbergtunnel musste seit 1999 bereits

---

104 Basler Zeitung vom 13. Oktober 2010.

105 Basler Zeitung vom 23. Oktober 2012. Dort heißt es ergänzend: »Die Kosten für den baulichen Zusatzunterhalt wegen des Gipskeupers waren für die ersten fünf Jahre auf bis zu 580.000 Franken pro Jahr prognostiziert worden. Laut Angaben der Baudirektion konnten sie aber auf ungefähr 300.000 Franken gesenkt werden.« Hervorgehoben von W. W.

vier Mal saniert werden. Im Herbst 2016 schrieb eine Lokalzeitung:
»Die Arbeiten am Engelberg-Autobahntunnel können sich bis 2020
hinziehen.«[106]

Ende 2016 berichtete ZDF-heute über die neuen S 21-Probleme
beim Tunnelbau im Anhydrit. Die Sendung zitierte dabei auch aus-
führlich aus dem KPMG-Gutachten.[107] Jetzt war das Thema Stuttgart 21 wieder in entscheidenden Medien präsent. Die Deutsche Bahn
AG musste nun reagieren. Tatsächlich finden sich in der März-2017-
Ausgabe der Publikation *Bezug – Das Projektmagazin*, das von der
S 21-Lobbyorganisation »Bahnprojekt Stuttgart – Ulm e.V.« herausgegeben wird (siehe Kapitel V), sechs volle Seiten, auf denen das Thema
Anhydrit im S 21-Tunnelbau behandelt wird. Allerdings erfolgt dies in
Form eines Porträts des Bauingenieurs Walter Wittke und dessen Fir-
ma W. Wittke Beratende Ingenieure für Grundbau und Felsbau GmbH
(WBI). WBI ist maßgeblich bei S 21 engagiert; das Unternehmen ist
also in erheblichem Maß in das Großprojekt organisatorisch einge-
bunden und profitiert finanziell von diesem. Erstmals wird in diesem
Text zugegeben, dass das KPMG-Gutachten für Stuttgart 21 ein Problem darstellt. Dort heißt es: »Die vermeintlich unberechenbaren Gefahren und deren kostspielige Folgen […] sind für den renommierten
Wissenschaftler [Walter Wittke; W. W.] hinlänglich bekannte Risiken,
die sich durch die Wahl der richtigen Methoden erheblich minimieren
lassen.« Womit bereits gesagt wird, dass die Risiken weiter bestehen –
sie werden ja nur »minimiert«. Weiter im Text dort: »Das hat Wittke
jüngst auch auf einer Sondersitzung des S 21-Lenkungskreises noch
einmal dargelegt, zu der das Land und die Stadt Stuttgart Anfang Februar [2017; W. W.] als Projektpartner geladen hatten, um mögliche
Probleme beim Tunnelbau im Anhydrit zu klären. Hintergrund war
nicht zuletzt ein Gutachten, das von der Beratungsgesellschaft KPMG
für den Aufsichtsrat der Bahn gemeinsam mit dem Büro Ernst Basler

---

106   Leonberger Kreiszeitung vom 4. Oktober 2016.

107   Sendung vom 16. Dezember 2016. www.heute.de/bahnaufsichtsrat-zu-tun-
      nelbau-stuttgart-21-wird-laenger-teurer-komplizierter-46096286.html [ab-
      gerufen am 31. Januar 2017]

und Partner erstellt worden war und vor Risiken in der Bauphase und beim Betrieb der Tunnel warnte.«[108]

Grotesk bei dem Ganzen ist jedoch: In dem Magazin wird im Folgenden nur dargestellt, dass Walter Wittke, dessen Sohn Martin Wittke und das Familienunternehmen WBI alles im Griff hätten. Beschrieben wird, mit welchen speziellen Methoden man hier arbeite: »Teile des Verfahrens ist, Polyurethan und Acrylatgele in kleine Spalten und Klüfte im Gestein zu pressen« – um Wasserzutritte auszuschließen. Auf einer Veranstaltung, die die Fraktionsgemeinschaft SÖS LINKE plus am 6. März 2017 zu diesem Thema durchführte, ging der als Experte geladene Diplom-Geologe Dr. Jakob Sierig genau auf diese »neue Methode« ein. In einem Veranstaltungsbericht heißt es dazu: »Dort werde Epoxidharz eingespritzt. Die Frage sei, wie vollständig das abdichte. Zusätzlich sei unklar, was passiere, wenn mit hohem Druck in das Gestein eingespritzt wird. ›Entstehen dann wieder neue Klüfte?‹«[109] Schließlich ist zu fragen, wie lange die eingespritzten Kunststoffe haltbar sind, wann sie porös werden und erodieren und sich dann erst recht Spalten und Risse ergeben.

In dem zitierten Bericht aus dem Bahnprojekt-Werbemagazin wird kein einziges Wort, geschweige denn eine Passage, aus dem KPMG/Basler-Gutachten zitiert. Ja, dieses Gutachten – nochmals: erstellt im Auftrag des Aufsichtsrats der Deutschen Bahn AG – gilt weiterhin als vertraulich und für die Öffentlichkeit nicht existent. Im Magazin-Text heißt es beispielsweise, zu den »Sicherheitsmaßnahmen« zähle »allen voran der strikte Verzicht auf Wasser«. Doch im der Leserschaft des Magazins verheimlichten KPMG-Basler-Gutachten heißt es, wie bereits knapp zitiert, ausdrücklich: »Gemäß Aussagen der PSU [DB Projekt Stuttgart – Ulm GmbH; W.W.] und ihrer Experten [gemeint vor allem Walter Wittke und Martin Wittke bzw. WBI; W.W.] seien die Tunnel in der Bauphase ›absolut trocken‹. Bei einem Augenschein

---

108 Bezug. Das Projektmagazin, März 2017, S. 8 f.

109 Bericht der Fraktionsgemeinschaft SÖS Die Linke plus, Experten erklären die Risiken durch den Tunnelbau von S 21, Veranstaltung vom 6. März 2017 im Rathaus Stuttgart, Manuskript.

im Tunnel Bad Cannstatt am 17. August 2016 wurden allerdings von
KPMG/EBP Wassereintritte festgestellt. Das bedeutet, dass Quellvorgänge im Anhydrit auftreten können.«[110] Das ist eigentlich Klartext
– es *können*, jedenfalls in diesem Tunnelabschnitt, *Quellvorgänge auftreten.* Das KPMG-Basler-Gutachten weist auch darauf hin, dass man
bei S 21 inmitten des Tunnelbaus im Anhydrit-Bereich (im Bereich
Feuerbach und Bad Cannstatt) das ursprünglich vorgesehene Bauverfahren (»Verfahren nachgiebige Sohle«) aufgrund eines neuen Gutachtens zum Engelbergtunnel inmitten der S 21-Bauphase änderte und
ein neues Bauverfahren (»Widerstandsprinzip«) wählte, das nunmehr
»neuer Stand von Wissenschaft und Technik« sei. Wobei allein dieser
Schwenk im Tunnelbau »Mehrkosten und damit einen Gegensteuerungsbedarf in Höhe von 144 Millionen Euro verursacht« habe.[111]

Und dann steht im KPMG-Basler-Gutachten der folgende höchst
aufschlussreiche Satz: »Zudem halten wir die ausschließliche Ab-
stützung auf einen einzigen Experten für die Beurteilung der höchst
komplexen Anhydrit-Problematik für diskussionswürdig.«[112] Dies zielt
direkt auf Walter Wittke und die WBI, die höflicherweise namentlich
nicht erwähnt werden. KPMG und Ernst Basler + Partner, die für
diese Studie ihr Geld von der Deutschen Bahn AG erhalten, hängen
sich hier weit aus dem Fenster. Deutlicher kann man vor diesem Hintergrund kaum vor nicht beherrschbaren Risiken warnen.

Die Deutsche Bahn allerdings agiert bei diesem Thema ähnlich,
wie beim Startschuss für Stuttgart 21 1994 und 1995. Die tatsächlichen
Probleme werden verschwiegen, verschleiert und vertuscht.[113] Das

---

110   KPMG-Gutachten, a.a.O., S. 16.

111   Ebenda, S. 41.

112   Ebenda, S. 52. Weiter heißt es dort im direkten Anschluss: »Ein für diesen
      Sachverhalt einberufener und von der PSU ausgewählter Beirat, zusam-
      mengesetzt aus mehreren internationalen Experten, hätte für ein derartiges
      Vorhaben eine breitere Basis bilden können.«

113   Im in Kapitel III kurz zitierten Anhang zur 1995er Machbarkeitsstudie,
      verfasst vom »Arbeitskreis Wasserwirtschaft (AWW)«, finden sich bereits
      wichtige Hinweise auf die Problematik Anhydrit. So heißt es dort: »Die
      Verbindungstunnel zwischen Hauptbahnhof und Untertürkheim verlau-

entscheidende Gutachten wird unter Verschluss gehalten. Die Deutsche Bahn AG und die in diesem Bereich besonders verantwortlichen Herren Volker Kefer, (Ex-Bahnvorstand), Rüdiger Grube (Ex-Bahnchef) und Georg Brunnhuber (Vorsitzender des Vereins Bahnprojekt Stuttgart–Ulm) verschweigen hier die Wahrheit und polemisieren gegen Autoren bzw. Texte, die das Publikum nicht kennen lernen darf. Auch der Aspekt Anhydrit ist für die öffentliche Debatte derart zentral, dass darauf im Schlusskapitel nochmals eingegangen wird – mit einem Vergleich zwischen den Vorgängen in Staufen im Breisgau und dem, was der S 21-Stadt Stuttgart droht.

4.
Stuttgart 21 ist nicht realisierbar, weil die Kosten für das Projekt zehn Milliarden Euro deutlich übersteigen. Stuttgart 21 ist ein Fass ohne Boden.

Stuttgart 21 wurde, wie weiter oben bereits erwähnt, 1995 als ein Projekt vorgestellt, das so gut wie nichts kosten sollte. In jüngerer Zeit war es dann der damalige Bahnchef Grube, der den billigen Jakob gab

---

fen bereichsweise im ausgelaugten und bereichsweise im unausgelaugten Gipskeuper, der tieferliegende Tunnel sogar im Lettenkeuper.« (Punkt 2.4.) Weiter: »Durch den Tunnel in Richtung Untertürkheim wird voraussichtlich zwischen Nesenbachtal und Gablenberg der Lettenkeuper in einer Sattelstruktur angeschnitten. Druck, Mineralisierungsgrad und Gasführung des Grundwassers in diesem Bereich sind nicht bekannt. Starke Zutritte von hochkonzentriertem, gasreichem Mineralwasser mit Auswirkungen auf die Heilquellen können deshalb nicht ausgeschlossen werden.« (Punkt 3.6.) In Punkt 4.3. unter »Vorläufige Beurteilung« wird nochmals ausdrücklich darauf verwiesen, dass die »Tunnelstrecken zwischen Hauptbahnhof und Untertürkheim [...] im Bereich der Tunnelquerung, in dem der Lettenkeuper in einer Sattelstruktur angeschnitten wird [...], als kritisch eingestuft« werden müsse. Interessant erscheint in diesem Anhang auch der folgende Hinweis: »Durch die geplante Grundwasserabsenkung während der Bauzeit kehrt sich im Absenkungsbereich die vertikale Fließrichtung um. Dies führt zu einem Aufstieg von Grundwasser aus tieferen Schichten, dessen Intensität in Abhängigkeit vom Maß der Absenkung ein Mehrfaches der natürlichen Versickerung ausmacht.« (Punkt 3.3.) Von all diesen warnenden Hinweisen findet sich in der eigentlichen Machbarkeitsstudie kein Wort. In dieser tauchen die Worte »Anhydrit« oder »Gipskeuper« erst gar nicht auf.

und 2010 das Projekt als eine eierlegende Wollmilchsau präsentierte:
»S 21 ist ein einmaliges Geschenk an die Stadt Stuttgart. Wir bezahlen.
Der Bund gibt Geld, die Stadt, die Region geben Geld. Dazu gibt es
noch europäische Gelder«.[114] Dass der »Verkauf« von Bahngelände
schließlich einen Verkauf an die Stadt Stuttgart darstellte und dass die
Stadt Stuttgart aus dem eigenen Steuersäckel den ersten gewaltigen
Betrag an öffentlichen Zuschüssen für S 21 zu stemmen hatte, ging
dabei weitgehend unter.

Seit der Projektverkündung 1994 und bis Anfang 2016 gab es *drei*
große Sprünge bei den Projektkosten.

Stufe 1 – Sprung auf 4,5 Milliarden Euro | Am 2. April 2009
wurde der Finanzierungsvertrag abgeschlossen. Damals wurden die
Baukosten mit 3,076 Mrd. Euro angegeben und ein scheinbar großzügig bemessener »Risikopuffer« in Höhe von 1,45 Milliarden Euro
beschlossen. Insgesamt ergab das den berühmt-berüchtigten »Kostendeckel« in Höhe von 4,526 Milliarden Euro. Gegenüber den bisherigen behaupteten Gesamtkosten von rund 2,5 Milliarden Euro war
dies eine Steigerung um 2 Milliarden Euro oder um 80 Prozent.

Interessanterweise ließ der nur einen Monat nach Abschluss des
Finanzierungsvertrags neu ins Amt berufene damalige Bahnchef Rüdiger Grube die Projektkosten nachrechnen. Das kurzzeitige Ergebnis
lautete: Die Kosten lagen plötzlich bei 4,979 Milliarden Euro. Klar
war, dass das »wording« dann lauten könnte »5 Milliarden Euro oder
mehr«, was das Projekt in der Öffentlichkeit in eine Schräglage gebracht hätte. Doch Grube nutzte seine Chance für einen Ausstieg und
Neubeginn nicht. Im Gegenteil: Er ließ ein Team um Bahnvorstand
Volker Kefer zusammenstellen. Dieses entdeckte dann »Einsparpoten-
tiale« in Höhe von 891,9 Millionen Euro (unter anderem gibt es dünnere Tunnelwände). So konnte man erneut die »4,5 Milliarden Euro
Kostendeckel« verkünden.

---

114   Zitiert bei: Arno Luik, Geheime Akten und Fakten – Ab in die Grube, in:
       Volker Lösch, Gangolf Stocker, Sabine Leidig, Winfried Wolf (Hg.), Stutt-
       gart 21. Oder: Wem gehört die Stadt, Köln 2011, S. 67.

Auch als der Projektleiter Hany Azer im März 2010 sein – strikt bahninternes – Papier »121 Risiken« vorlegte, ignorierten Rüdiger Grube, Volker Kefer und der übrige Bahnvorstand diese Dokumentation, die massive neue Kostensteigerungen implizierte und kaum zu bewältigende ingenieurstechnische Probleme beschrieb. Doch statt des Ausstiegs bei Stuttgart 21 gab es den erzwungenen Ausstieg von Hany Azer.[115]

Erneut blieb es beim »Kostendeckel von 4,5 Milliarden Euro«. Bei der Volksabstimmung im November 2011 wurde öffentlich dieser »Kostendeckel« als fest vereinbart und unumstößlich präsentiert.

Stufe 2 – Sprung auf 6,5 Milliarden Euro | Am 12. Dezember 2012 kam es zum Offenbarungseid. Der damalige Bahnchef Rüdiger Grube und der für Stuttgart 21 verantwortliche damalige Vorstand Volker Kefer verkündeten, es gebe eine »Kalkulationsdifferenz« in Höhe von 1,1 Milliarden Euro; zusätzlich müssten 1,2 Milliarden Euro für »weitere Risiken« bereitgestellt werden. Insgesamt stiegen damit die S 21-Projektkosten auf 6,526 Milliarden Euro.

Dieser Kostensprung entwickelte sich zu einer hochdramatischen Hängepartie. Das gesamte Projekt stand ein Vierteljahr buchstäblich auf der Kippe. Die Zustimmung des Bahnaufsichtsrats zur drastischen Kostenerhöhung war zunächst nicht sicher, zumal die S 21-Projektpartner, das Land Baden-Württemberg und die Stadt Stuttgart, darauf beharrten, keinen weiteren Beitrag zur Mitfinanzierung der zusätzlichen Kosten leisten zu wollen. Es gelang jedoch durch intensive Beeinflussung der Aufsichtsratsmitglieder im Vorfeld der Sitzung des Kontrollgremiums am 5. März 2013 dessen Zustimmung zur neuen, gewaltigen Kostensteigerung und zugleich das Ja zum Weiterbau von S 21 zu erhalten. Ein einziges Mitglied des Aufsichtsrats, Mario Reiß, Mitglied der Gewerkschaft Deutscher Lokomotivführer (GDL), verweigerte die Zustimmung. Die GDL begründete diese Position auch

---

115 Das Papier wurde ausführlich vorgestellt von Arno Luik in: Stern vom 5. April 2011. Es wurde im Detail ausgewertet von den Ingenieuren 22 – siehe Website http://ingenieure22.de/cms/index.php/70-121-risiken-von-Stuttgart 21

und forderte den Aufsichtsrat auf, der Erhöhung des Finanzierungs-
rahmens nicht zuzustimmen. »Ein Ende mit Schrecken wäre besser
als ein Schrecken ohne Ende.« So hieß es damals in der Erklärung
der GDL.[116] Doch es blieb bei dieser einen Gegenstimme. Die Vertreter der Arbeitgeberseite und alle übrigen Vertreter der Arbeitneh-
merbank, weitgehend alle Mitglieder der Eisenbahn- und Verkehrs-
gewerkschaft EVG, stimmten der massiven Anhebung der Kosten
zu. Zuvor hatte sich das Aktionsbündnis an den EVG-Vorsitzenden
Alexander Kirchner mit der Bitte gewandt, der Erhöhung nicht zuzustimmen. Doch auch Kirchner, der stellvertretender Vorsitzender des
Bahnaufsichtsrats ist, stimmte für den Weiterbau.

Seit dem 5. März 2013 galt damit als neuer »Finanzrahmen« 6,526
Milliarden Euro. Dass im Übrigen die Beträge beim Milliarden-Betrag
immer auf drei Stellen hinter dem Komma und damit millionengenau
»errechnet« werden, ist einerseits lächerlich, aber andererseits Teil der
Inszenierung: Auf diese Weise soll der Öffentlichkeit vorgegaukelt
werden, dass es ein echt professionelles Projekt-Controlling gäbe. Die
Kostensprünge zeigen: Das Gegenteil ist der Fall.

Der zweite Kostensprung 2 bedeutete erneut eine Steigerung um
rund zwei Milliarden Euro, nun jedoch – aufgrund des erreichten höheren Niveaus – »nur« um 44 Prozent.

**Stufe 3 – Sprung auf rund 10 Milliarden und Sprung ins Un-
gewisse** | Im Sommer 2016 wurde bekannt, dass der im März 2013
beschlossene Finanzrahmen bereits ausgeschöpft ist. Die Bahnspitze
sprach von einem »Gegensteuerungsbedarf« in Höhe von 524 Millionen Euro. Eine Bauzeitverzögerung von zwei Jahren galt zu diesem
Zeitpunkt als absehbar. Der Bundesrechnungshof präsentierte Anfang
2016 zunächst intern – gegenüber der Bahnspitze und der Bundesregierung – einen neuen Prüfbericht, aus dem hervorgeht, dass Stuttgart 21 zehn und mehr Milliarden Euro kosten kann. Kurz darauf, im
Juni 2016, verkündete Volker Kefer völlig überraschend sein Ausscheiden aus dem Bahnkonzern bis Ende 2016. Kefer ist der für Stutt-

---

116   In: GDL-Magazin VORAUS, April 2013, S. 4 f.

gart 21 seit dem Jahr 2010 verantwortliche Bahnvorstand. Er hatte mit Abstand das meiste Fachwissen zu dem S 21-Projekt. Die *Frankfurter Allgemeine Zeitung* schrieb bereits zu diesem Zeitpunkt, der Weggang Kefers sei »gravierend für Stuttgart 21«.[117]

Im Oktober 2016 legten dann KMPG und Basler + Partner das bereits mehrfach zitierte Gutachten vor, in dem die neuen Anhydrit-Risiken beschrieben werden.[118] Wie unten noch gezeigt wird, lassen sich auch aus diesem Gutachten Stuttgart 21-Gesamtkosten von zehn und mehr Milliarden Euro errechnen.

Auch wenn diese jüngste Kostensteigerung beim Abschluss des Manuskripts für dieses Buch noch nicht offiziell eingestanden wurde, so lässt sich bereits feststellen: Es geht um eine weitere Kostensteigerung in einer Höhe von 3,5 bis 4 Milliarden Euro, was prozentual gegenüber der »Stufe 2« einem weiteren Plus von gut 50 Prozent entspricht. *Der jüngste Kostensprung ist damit prozentual und in absoluten Zahlen der bislang größte.*

Um abzuschätzen, ob die erneute Steigerung der Stuttgart 21-Gesamtkosten auf mehr als zehn Milliarden Euro realistisch ist, werden im Folgenden die drei neuen – vertraulichen und streng vertraulichen – Dokumente, die beiden Prüfberichte des Bundesrechnungshofs und das KPMG-Gutachten, hinsichtlich ihrer Aussagen zu den Stuttgart 21-Projekt-Kosten untersucht.

Der BRH hatte seinen Bericht in zwei Bestandteile aufgeteilt. In einen ersten, der – außer an die Bundesregierung und das Bundesverkehrsministerium – an den Bundestag und hier nur an den Haus-

---

117   Frankfurter Allgemeine Zeitung vom 23. Juni 2016.

118   Obgleich dieses Gutachten im Wesentlichen vor Kefers Erklärung, aus dem Konzern ausscheiden zu wollen, erstellt wurde, findet sich in der langen Liste mit Namen von Personen, die von den KPMG-Leuten zum Projekt S 21 aus den Reihen von Leuten der Deutsche Bahn AG befragt wurden, der Name Volker Kefer nicht. Das ist ausgesprochen erstaunlich, zumal Kefer bis Ende 2016 für das gesamte Projekt der verantwortliche Vorstand war. Offensichtlich ging Kefer bereits zu diesem Zeitpunkt beim Thema Stuttgart 21 auf Tauchstation, möglicherweise auch, um möglichst wenig Angriffsfläche im Fall einer Anklage wegen Untreue zu bieten (siehe Anhang »Strafanzeige«).

haltsausschuss ging. Und einen zweiten, der – ebenfalls außer an die Bundesregierung und an das Bundesverkehrsministerium – nur an das Bundesfinanzierungsgremium, ein Unterausschuss des Haushaltsausschusses, ging.

Bereits im ersten BRH-Bericht geht es um die S 21-Kosten. Detailliert wird in diesem Dokument vorgerechnet, dass der Bund bei der S 21-Finanzierung nicht nur mit dem vielfach zitierten Betrag in Höhe von 563,8 Millionen Euro beteiligt ist, sondern dass auch aus anderen Töpfen, die aus Bundesmitteln gespeist werden, erhebliche Summen für Stuttgart 21 abgezweigt werden.[119] Insgesamt wird seitens des BRH ein »unmittelbares und mittelbares Engagement« des Bundes bei Stuttgart 21 in Höhe von 2,215 Milliarden Euro errechnet.[120]

Dieser erste BRH-Bericht widmet sich ausführlich den Bundesmitteln für die Schieneninfrastruktur, die in dem Sammeltopf mit der Bezeichnung »Leistungs- und Finanzierungsvereinbarung« – kurz LuFV – zusammengefasst sind. Dabei legt der BRH dar, dass dieser gewaltige Topf von jährlich rund 4 Milliarden Euro fast komplett unter Kontrolle der Deutschen Bahn AG steht. Die Ausgaben, die damit im Schienennetz getätigt werden, würden seitens des Bundes nicht wirksam kontrolliert. Laut BRH hat »die Bahn aus unternehmerischen Gründen ein starkes Interesse, Mehrausgaben [bei S 21]

---

119 Der BRH verweist hier auch darauf, dass die 700 Millionen Euro, die die Bahn durch den Grundstücksverkauf an die Stadt Stuttgart einnahm, eigentlich – im Normalfall – dem Bund hätten zufließen müssen; dass es sich hier um einen »haushaltsrelevanten Einnahmeverzicht« handele, der zumindest immer mit – als Teil der Bundesfinanzierung für Stuttgart 21 – zu nennen sei.

120 BRH-Bericht, S. 15. Im Einzelnen: Aufgeführt werden seitens des BRH als direkte Zuwendungen aus dem Bundeshaushalt 1.229,4 Millionen Euro (aufgeschlüsselt nach 563,8 Millionen Baukostenzuschüsse + 497 Millionen Euro offiziell genehmigte und zugesagte Bundesmittel aus der »Leistungs- und Finanzierungsvereinbarung LuFV«) + 168 Millionen Euro aus dem Gemeindeverkehrsfinanzierungsgesetz-Bundesprogramm). Hinzu kommen 286 Millionen Euro »Zuweisungen an Baden-Württemberg (Steuermindereinnahmen)«, womit die genannten Regionalisierungsmittel angesprochen sind. Oben drauf kommen sodann die erwähnten »über 700 Millionen Euro« »Verzicht auf Einnahmen aus Grundstücksverkäufen«.

möglichst nicht mit eigenen Mitteln zu finanzieren.« Die »Kontroll-defizite« bei der LuFV würden »Anreize bieten«, die »Mehrkosten des Projekts Stuttgart 21 über die pauschalen Bundeszuschüsse der LuFV zu finanzieren«.

Faktisch erklärt der BRH damit, es bestehe der *begründete Verdacht*, dass es eine solche heimliche, unzulässige Kofinanzierung von Stuttgart 21 längst gibt. Damit aber würden, so weiter der Bundesrechnungshof, »LuFV-Mittel für Ersatzinvestitionen im Bestandsnetz der Schienenwege des Bundes fehlen.« Dies wiederum müsste eigentlich den baden-württembergischen Verkehrsminister interessieren und die Verkehrsminister der übrigen Bundesländer auf die Palme bringen.

Der BRH widerspricht der vielfach vorgetragenen Behauptung, Stuttgart 21 sei keine Bundesangelegenheit. Er verweist darauf, dass der Bund »Alleinaktionär« und »alleiniger Eigentümer« der DB AG sei. Der Bundesrechnungshof hebt vor allem hervor, dass Stuttgart 21, wenn der Tiefbahnhof jemals In Betrieb genommen sein würde, entsprechend Grundgesetz Artikel 87e »Teil der Schienenwege des Bundes« sei. Damit aber habe die Art und Weise, wie in Stuttgart gebaut werde, unmittelbare Auswirkungen auf den Bund selbst.

Im *zweiten* BRH-Bericht werden die Kosten von Stuttgart 21 im Detail unter die Lupe genommen. Die Prüfer aus Bonn listen acht Positionen auf, die im bisherigen »GWU«, dem »Gesamtwertumfang« von Stuttgart 21, nicht berücksichtigt wurden.[121] Insgesamt er-

---

121 Es sind, hier zusammenfassend dargestellt, auf Seite 6 ff. dieses zweiten BRH-Berichtes, die folgenden Positionen oder »Mehrkosten-Pakete«: (1) 600 Millionen Euro für »Nachtragsrisiken«, (2) 130 Millionen Euro für falsch ermittelte Einsparungen für dünnere Tunnelwände, (3) 300 Millionen Euro Mehrkosten aufgrund der zweijährigen Zeitverzögerung (den die DB AG selbst eingesteht), (4) 524 Millionen Euro, die die DB AG als »eingesparte Gegensteuerung« ausgab, was der BRH jedoch als nicht realistisch anerkennt, (5) 400 bis 500 Millionen Euro Kostenrisiken für Baulogistik, Anforderungen aus den Schlichtungsergebnissen und dem Filderdialog und zu niedrig angesetzten Preissteigerungen, (6) 200 Millionen Euro bei »Einsparungen« beim Neubau des Abstellbahnhofs Untertürkheim und dem Standard der Signaltechnik ETCS, die der BRH jeweils als »nicht realisierbar« bezeichnet. Darüber hinaus, so der BRH, seien die folgenden Positionen »in den Konzern verlagert« worden: (7) eine Milliarde Euro Herstellungskos-

geben sich auf Basis dieses BRH-Berichts Projektkosten in Höhe von 9,6 Milliarden Euro.

Nachdem in den Medien auch aus diesem Bericht zitiert wurde, kritisierte die Deutsche Bahn *einzelne* vom BRH aufgelistete Positionen mit Mehrkosten. Insbesondere, so deren Argumentation, dürften Bauzeitzinsen, also Fremdkapitalkosten, die während der Bauzeit anfallen, nicht als Teil der S21-Kosten berechnet werden. Bislang seien solche Bauzeitzinsen »in keinem Bahnprojekt im GWU erfasst« worden. Darauf antwortete der BRH durchaus überzeugend.[122] Doch selbst ohne Einrechnung der Position Bauzeitzinsen belaufen sich die Stuttgart21-Kosten dann auf knapp 9 Milliarden Euro. Entscheidend ist, dass alles für einen *neuen* Sprung bei den Gesamtkosten für S21 (beim »Gesamtwertumfang«) spricht.

Wobei selbst bei einer Berücksichtigung des BRH-Berichts wichtige Kostensteigerungen unzureichend erfasst bleiben. So werden in diesem zweiten BRH-Bericht zwar »Nachtragsrisiken im sogenannten unausgelaugten Gipskeuper«[123] erwähnt. Dies bezieht sich jedoch ausschließlich auf die bisher von der DB AG ins Auge gefassten Einsparungen u. a. durch den Bau der Tunnel mit kleinerem Querschnitt. Sehr viel spricht jedoch dafür, dass die Kosten und Risiken für den Tunnelbau im Anhydrit deutlich höher zu veranschlagen sind, als bislang erfolgt. Dies wird u. a. deutlich, wenn wir uns nochmals das KPMG-Gutachten hinsichtlich der Stuttgart21-Gesamtkosten anschauen und dabei mit bedenken, dass der BRH das KPMG-Basler-Gutachten nicht kennen konnte, als er seine Prüfberichte verfasste.

---

ten durch Bauzeitzinsen, (8) knapp 500 Millionen Euro für Einnahmeverzicht für die Überlassung bahneigener Grundstücke, für bisher nicht erfasste Rückbaukosten im Gleisvorfeld und für Verzugszinsen für die verspätete Freimachung der an die Stadt Stuttgart zu übergebenden Bauflächen.

122   Es sei »zu berücksichtigen, dass andere Infrastrukturprojekte der DB AG üblicherweise der Bund finanziert, so dass bei der DB keine oder nur geringe Bauzeitzinsen anfallen. Der GWU 2013 hatte den Anspruch, die Gesamtkosten von Stuttgart21 abzubilden. Dazu gehören die nach den Rechnungslegungsvorschriften zu aktivierenden Herstellungskosten, folglich auch die Bauzeitzinsen.« (BRH-Bericht II, S. 11).

123   BRH-Bericht II, Seite 8.

Das KPMG-Basler-Gutachten wird, wie erwähnt, in der Öffentlichkeit vielfach als ein Dokument präsentiert, das die Position der Deutschen Bahn AG in Sachen S 21 unterstütze. Und alle diejenigen, die sich damit zufrieden geben, dass in diesem Gutachten an drei unterschiedlichen Stellen als »Gesamtkosten« für Stuttgart 21 »rund 6,3 bis 6,7 Mrd. Euro« genannt werden, dürften sich in Sicherheit wiegen.[124]

Irritieren sollte bereits, dass die KPMG-Prüfer keine Kostenschätzung für das Risiko vornehmen, dass auch nach eigenem Bekunden Stuttgart 21 möglicherweise erst »im Dezember 2024« – drei Jahre später als offiziell geplant – in Betrieb gehen könnte.[125] Bereits für diesen Tatbestand wären einige Hundert Millionen Euro Mehrkosten einzurechnen. Nimmt man den damaligen Bahnchef Grube beim Wort, so kostet eine spätere Inbetriebnahme 672 Millionen Euro je Jahr, im Fall von drei Jahren demnach 2,016 Milliarden Euro. Die 300 Millionen Euro, die der BRH als Kosten für die spätere Inbetriebnahme anrechnet, sind ein den DB-AG-Oberen deutlich entgegenkommender Betrag.[126]

So eindeutig im KPMG-Dokument die Angaben zu den Gesamtkosten und zum Zeitpunkt der Fertigstellung von Stuttgart 21 auf den ersten Blick zu sein scheinen, so diffus wird das Bild, wenn man den Text genauer liest. Dutzendfach wird eingestreut, was die Gutachter für

---

124 KPMG-Gutachten, Seiten 13, 131 und 138.

125 Beim Thema Inbetriebnahme-Termin (»IBN«) heißt es: »Insofern sehen wir als frühestmöglichen IBN-Termin S 21 den Fahrplanwechsel im Dezember 2022«. Dies gelte jedoch nur »unter der Voraussetzung, dass die Gegensteuerungsmaßnahmen […] greifen […] dass die zusätzlichen von uns identifizierten Risiken nicht eintreten und dass keine zusätzlichen Verzögerungen […] eintreten…« Das heißt im Klartext: Verzögerungen treten nicht ein, wenn Verzögerungen nicht eintreten. Genau so steht es da: »Von KPMG/EBP wurden zusätzliche Terminrisiken aufgezeigt, welche […] zu weiteren Verzögerungen führen könnten.« (S. 138)

126 Rüdiger Grube hatte sich vehement gegen einen Baustopp nach der Schlichtung und bis zum »Stresstest« gewandt. Er begründete dies öffentlich damit, dass »jeder Monat Verzögerung die Bahn 56 Millionen Euro und weitere 33 Millionen Euro Verzugszinsen an die Stadt Stuttgart« kosten würde. In der obigen Rechnung sind nur die 56 Millionen Euro pro Monat berücksichtigt. Nach: Die Zeit vom 10. Juni 2011.

ihre binnen vier Monaten erstellte Studie *nicht* zur Verfügung hatten,
wo sie *nicht* Einsicht nehmen konnten: Sie konnten keinen »Finanzierungsvertrag« einsehen (S. 28). Hinsichtlich einer »Zusammenstellung
der Gegensteuerungsmaßnahmen« der Bahn (um doch noch näher an
den ursprünglichen Termin der Fertigerstellung zu gelangen) heißt es,
diese »liegt uns nicht vor«; sie befinde sich laut Bahn »noch im Ideen-
Stadium« (S. 58), weshalb man hier auch »keine abschließende Würdigung vornehmen« könne. Sodann lagen dem Team KPMG-Basler
alle Daten nur auf elektronischer Basis vor; eine Einsicht in Originale
sei »nicht möglich« gewesen.

Aus all diesen Gründen habe man »auf die Einholung einer Voll-
ständigkeitserklärung verzichtet« (S. 38). Eingestreut in den Gesamt-
text gibt es auch Feststellungen, die den bereits zitierten Aussagen dia-
metral widersprechen. So heißt es in dem Dokument einigermaßen
überraschend: »Insgesamt kann nicht ausgeschlossen werden, dass
der Finanzierungsrahmen aufgrund der beschriebenen Effekte *nicht
ausreichend* ist.«[127]

Ein ganzes Bündel von S21-Aspekten und Kostenfaktoren, die
für das Großprojekt wichtig sind, tauchen im Dokument des KPMG-
Basler-Teams erst gar nicht auf: Kein Wort findet sich zum Brandschutz im Tiefbahnhof; kein Wort zum Kapazitätsabbau. Das Gefälle
der Gleise im Tiefbahnhof wird nicht erwähnt. An einer Stelle ist die
Rede davon, die Bahn gehe davon aus, man könne die Verzögerungen beim S21-Bau durch »die Einführung einer zweiten Schicht« reduzieren und Schichtarbeit von 4 bis 14 und von 14 bis 24 Uhr ein-
führen. Dazu habe, so weiter laut Gutachten die DB AG gegenüber
KPMG, der »Auftragnehmer Züblin« erklärt, es fielen dafür »keine
zusätzlichen Kosten« an.[128] Das wirkt reichlich absurd. Eine deutliche
Steigerung des Arbeitseinsatzes mit deutlich teurerer Nachtarbeit, die
jedoch nichts kosten soll...[129]

---

127 KPMG-Gutachten, S. 131.

128 KPMG-Gutachten, S. 134.

129 Im Übrigen sind einzelne Positionen der gesamten S21-Kalkulation unhalt-
     bar – doch KPMG + Basler machen sich erst gar nicht die Mühe, diese Kos-

Auffallend ist vor allem, dass die enormen Risiken des Tunnelbaus im Anhydrit-Bereich, die das KPMG-Gutachten durchaus konkret und wortreich benennt, auch nicht ansatzweise im »Gesamtwertumfang« des Großprojekts Berücksichtigung finden. Das aber heißt: Die Mehrkosten, die der Bundesrechnungshof in seinen jüngsten zwei Prüfberichten auflistet, sind in Wirklichkeit nochmals deutlich größer.

Ein letztes Mal zurück zum zweiten BRH-Bericht. In diesem heißt es, der »Vorstandsvorsitzende der DB AG« habe an der »Sitzung des Bundesfinanzierungsgremiums am 9. Juni 2016« teilgenommen. Auf dieser wurde offensichtlich eine Vorfassung des brisanten BRH-Berichts diskutiert. Rüdiger Grube habe dort »die Zusage« erteilt, »über neue Risiken im Zusammenhang mit Stuttgart 21 in einer gesonderten Sitzung [des Bundesfinanzierungsgremiums] [zu] berichten«.[130]

Diese »gesonderte Sitzung« fand bis Anfang 2017 nicht statt. Seit dem 30. Januar 2017 ist Grube nicht mehr Chef der Deutschen Bahn AG. Tatsächlich musste sich nach einem Bericht von Thomas Wüpper in der *Stuttgarter Zeitung* vom 20. Juni 2017 der neue Bahnchef Richard Lutz dann am 22. Juni 2017 im Bundesfinanzierungsgremium den kritischen Fragen der Abgeordneten und der Vorsitzenden dieses Gremiums stellen. Inzwischen war ein Jahr vergangen, seit der Bundesrechnungshof seinen S 21-Bericht mit den weitreichenden Feststellungen vorgelegt hatte.

---

tenpositionen auf ihre Tragfähigkeit hin zu untersuchen. Vergleicht man beispielsweise die Kosten, die die Deutsche Bahn AG für die Tunnelbauten von S 21 zugrunde gelegt hat, mit denen, die sie bei der »Zweiten S-Bahn-Stammstrecke München« zugrunde legt, dann wird das deutlich. Vieregg-Rössler hat diesen Vergleich im Rahmen einer Präsentation im Stuttgarter Rathaus für die Fraktion SÖS-LINKE plus am 28. November 2016 vorgenommen. Danach liegen die Tunnelkosten beim Münchner Projekt pro Kubikmeter »Ausbruchsvolumen« bei 1850 bis 2250 Euro. Bei S 21 sollen es jedoch – erneut laut Deutsche Bahn AG – nur 750 bis 825 Euro sein. Vieregg-Rössler plädiert dafür, bei S 21 mindestens 1275 Euro (je Kubikmeter Ausbruchsvolumen) anzunehmen. Vieregg verweist darauf, dass es zwischen den beiden Projekten in München und Stuttgart viele Gemeinsamkeiten gibt und dass die Unterschiede (in München eine schwierigere Grundwassersituation) sich teilweise ausgleichen (in Stuttgart Anhydrit, den es in München nicht gibt).

130 BRH-Bericht II, S. 12.

Offensichtlich wurde der Bundesrechnungshof von unterschiedlicher Seite gedrängt, keinen Bericht zu den S21-Kosten zu verfassen
bzw. zumindest dann, wenn es einen solchen Bericht geben sollte,
keine konkreten Zahlen zu nennen. Der Bundesrechnungshof spricht
diese Thematik an, wenn es in dem zweiten Prüfbericht heißt. »Es ist
nicht die Absicht des Bundesrechnungshofes, für das Projekt Stuttgart 21 konkrete Kosten zu berechnen.« Es gehe in dem Bericht jedoch
darum, »Chancen und Risiken für die wesentlichen Projektbestand-
teile zu plausibilisieren.«[131]

Das ist natürlich unernst. Die vom BRH erwarteten Mehrkosten
für S21 werden ja benannt. Und dies durchaus in konkreter Form,
nach Millionen Euro im Fall der unterschiedlichen Positionen für die
zu erwartenden Mehrkosten. Es geht schlicht und einfach darum, dass
es keine konkrete zitierbare Zeile geben durfte, in der es heißt: »Stuttgart 21 wird zwischen 9,8 und 10,4 Milliarden Euro kosten«.

Schließlich gab es im Vorfeld der Abfassung der beiden Bundesrechnungshof-Berichte auch Forderungen dahingehend, der BRH
möge sich insgesamt aus dem Projekt Stuttgart 21 heraushalten. Der
Bundesrechnungshof tat dies nicht. Und er begründete im zweiten
Bericht ausdrücklich, warum er so handelte. Dort heißt es: »Angesichts des hohen öffentlichen und parlamentarischen Informationsbe-
dürfnisses und mit Blick auf die geplante Berichterstattung durch den
Vorstand der DB AG selbst, sieht er [der Bundesrechnungshof; W. W.]
eine Berichterstattung als erforderlich an. Dem Verschwiegenheitsge-
bot einerseits und dem Informationsgebot gegenüber dem Bundestag
andererseits trägt er dadurch Rechnung, dass er ausschließlich dem
Bundesfinanzierungsgremium berichtet, dessen Mitglieder gesetzlich
zur Verschwiegenheit verpflichtet sind.«[132]

***

---

131   BRH-Bericht II, S. 3.
132   Bericht an das Bundesfinanzierungsgremium nach §88 Absatz 2 BHO zum
      Projekt Stuttgart 21 der Deutschen Bahn AG, vom 8. September 2016, S. 13.
      Es gibt bei der anstehenden Thematik keinen Geheimhaltungsbedarf. In je-
      dem Fall gibt es ein überragendes Interesse, die öffentliche Debatte zu den

Es kann die kühne These aufgestellt werden, jeder einzelne der vier krassen Konstruktionsfehler sei für die S 21-Promotoren irgendwie überwindbar: Der Schrägbahnhof erhalte eine neue Sondergenehmigung. Der Kapazitätsabbau werde mit einem Dauernotfall-Fahrplan kompensiert. Anhydrit-Tunnel führten halt fünf oder zehn Jahre nach Inbetriebnahme zur Sperrung einzelner Tunnelbauten und zu weiteren, dann drastischen Einschränkungen des Fahrplans; doch das würde man dann eben als »Einwirken von Naturgewalten« verkaufen können (und darauf spekulieren, dass die Schiene dann längst qualitativ an Bedeutung verloren habe – siehe Kapitel VI). Und schließlich würden die ständig steigenden Kosten immer aufs Neue – und durchaus am Ende mit Marke 15 Milliarden Euro – durchgewunken, wobei die Mehrkosten zu einem erheblichen Teil vom (reichen) Land Baden-Württemberg getragen werden würden. (Siehe Kapitel VIII)

Doch es gibt *erhebliche Wechselwirkungen* zwischen diesen vier Hauptfehlern: Die Probleme des Tunnelbaus im Gipskeuper verursachen ebenso wie die Versuche, krasse Kapazitätsprobleme von S 21 auf den Fildern zu beheben, deutliche Mehrkosten. Die vielfachen Versuche, die Kosten nicht zu früh in die Höhe schießen zu lassen, führten wiederum zu absurden Einsparmaßnahmen wie dünneren Tunnelwänden, die den Tunnelbau um Anhydrit nochmals problematischer sein lassen. Die Bauzeitverlängerungen, die es notwendigerweise gibt, beeinflussen und beanspruchen ebenfalls den Kostenrahmen. Diese Wechselwirkungen sind in der Summe und Vielfalt nicht beherrschbar.

Und schließlich ist es möglich, dass diejenigen, die den Stuttgart 21-Bau irgendwann einmal einstellen müssen, dafür ein beson-

---

Themen Kosten von S 21 und Risiken bei dem Projekt zu ermöglichen und Schaden von der Allgemeinheit abzuwenden. §34 StGB Rechtfertigender Notstand hält hierzu fest: »Wer in einer gegenwärtigen, nicht anders abwendbaren Gefahr für [...] oder ein anderes Rechtsgut eine Tat begeht, um die Gefahr von sich oder einem anderen abzuwenden, handelt nicht rechtswidrig, wenn bei Abwägung der widerstreitenden Interessen [...] das geschützte Interesse das beeinträchtigte wesentlich überwiegt. Dies gilt jedoch nur, soweit die Tat ein angemessenes Mittel ist, die Gefahr abzuwenden.«

ders abseitiges Argument anführen werden. Es werden zwar nicht gerade die Eidechsen sein. Aber vielleicht eine spezifische juristische Auseinandersetzung.

Sicher ist nur: Stuttgart 21 kann nicht in der geplanten Weise zu Ende gebaut werden. Das Projekt wird scheitern.

IV.
Stuttgart 21, die Landesregierung von Baden-Württemberg und die Stadt Stuttgart

Einen Lernprozess gab es schon, der jedoch nur in die eine Richtung zielte, die man eigentlich auf zwei Buchstaben reduzieren konnte: PR. Wobei die Naiven unter den Politikern sagten: »Wir müssen das besser kommunizieren«, während die freimütigen Charaktere es so formulieren: Wenn den Leuten angesichts eines Kothaufens die braune Farbe nicht gefällt, muss man den Kot anders anmalen.
Heinrich Steinfest, S 21-Kriminalroman 2011[133]

Es gibt den sauberen Diesel. Den brauchen wir noch lange. Das ist der beste Verbrennungsmotor. [...] Ich bin wirklich ein Freund des Diesel. Ich habe mir gerade selbst einen zugelegt.
Winfried Kretschmann, Die Grünen, Ministerpräsident Baden-Württemberg, März und April 2017[134]

So umstritten das Projekt Stuttgart 21 von Anfang an war und weiterhin ist – es wurde seit 1994 von *allen* Regierungen in Baden-Württemberg und von *allen* Oberbürgermeistern der Landeshauptstadt Stuttgart mit getragen. Gleich welcher Parteizugehörigkeit.

Dabei gab es insbesondere bei den Landesregierungen eine außerordentliche, bundesweit einmalig-buntscheckige Mischung bei deren jeweiliger Zusammensetzung.

---

133 Heinrich Steinfest, Wo die Löwen weinen. Kriminalroman, Stuttgart 2011, S. 245.

134 Nach: Süddeutsche Zeitung vom 17. März 2017 und im Interview in der Stuttgarter Zeitung vom 9. April 2017.

Als das Großprojekt Stuttgart 21 Anfang der 1990er Jahre in den Hinterzimmern von Politik und Bundesbahn entwickelt wurde, regierte schwarz pur. In Baden-Württemberg herrschte eine CDU-Alleinregierung unter Ministerpräsident Erwin Teufel. Als 1994 Stuttgart 21 erstmals öffentlich vorgestellt wurde, regierte Schwarz-Rot: eine Große Koalition aus CDU und SPD – erneut unter einem Ministerpräsidenten Erwin Teufel. In dem langen Zeitraum 1996 bis 2010 galten dann bei der Landesregierung auch die Farben der Südweststaaten-Flagge: schwarz-gelb. Es gab gleich fünf verschiedene, aufeinander folgende Regierungskoalitionen aus CDU und FDP, zwei weitere unter dem Ministerpräsidenten Erwin Teufel (bis 2005), zwei unter Ministerpräsident Günther Oettinger (bis Februar 2010) und eine unter Ministerpräsident Stefan Mappus (bis Mai 2011).

Nun folgte Grün-Rot, eine Koalition aus Grünen und SPD mit dem ersten grünen Ministerpräsidenten der Republik, Winfried Kretschmann.[135] Schließlich herrscht seit Mai 2016 Grün-Schwarz, eine Landesregierung, getragen von einer Koalition aus Grünen und CDU, in dieser Form ebenfalls eine Uraufführung und erneut mit Winfried Kretschmann als Ministerpräsidenten und vor allem als Landesvater. Beinahe legendär ist, wie Kretschmann im April 2016 in einem Wahlkampfspot seine handwerkliche Begabung demonstrierte – in einer Schwaben-Werkstatt, einem »Schuppen«, ein Spielzeugauto aus Holz aussägend, um nach getanem Werk einen Dienstwagen schwäbischer Bauart zu besteigen.[136]

---

135 In dem Roman von Manfred Zach »Monrepos. Oder Die Kälte der Macht« (Tübingen 1996) wird das Machtgefüge in Baden-Württemberg in der Periode 1975 bis 1990 und insbesondere in der Ära Lothar Späth sehr gut und kaum verschlüsselt ausgebreitet. So enthüllend und auch visionär die Story geschrieben ist, an Grün-Rot oder gar Grün-Schwarz hatte der Autor dann doch nicht gedacht – allerdings an Rot-Grün: »Also doch das Schreckgespenst einer rot-grünen Koalition an die Wand malen? Specht (= MP Späth; W. W.) hatte dafür den genialen Begriff Tomatenkoalition gefunden: weiche Rote und unreife Grüne.« (S. 442). Die Liebe des MP Specht/Späth zur Elektronikbranche und seine Trips in die USA erinnern dann allerdings an MP Kretschmann. Siehe das Ende dieses Kapitels.

136 Siehe: www.youtube.com/watch?v=GWypaHSWcOA.

Die CDU war, mit Ausnahme der Leidenszeit 2011 bis 2016, durchgehend Regierungspartei und dabei immer engagiert dabei, das Monsterprojekt Stuttgart 21 voranzutreiben. Die SPD war 1994 Regierungspartei, als S 21 das erste Mal öffentlich vorgestellt wurde. Wobei beim öffentlichen Akt der Präsentation von Stuttgart 21 kein Sozialdemokrat anwesend war – anwesend sein durfte, muss es wohl heißen. Wobei es aus den Reihen der SPD keine Kritik am S 21-Projekt gab.

Interessant könnte es allerdings in der Zukunft werden. Leni Breymaier, SPD-Landeschefin seit 2016, und gelernte Gewerkschafterin, seit dem 11. März 2017 auch Spitzenkandidatin auf der Landesliste der SPD für den Bundestag, zukünftig also Bundestagsabgeordnete, könnte in der aktuellen Krise von Stuttgart 21 und vor dem Hintergrund einer in Opposition befindlichen Landespartei die Chance ergreifen und in der SPD – zusammen mit einer linken Generalsekretärin Luisa Boos – eine kritische Haltung zu dem Projekt durchsetzen. Persönlich war Breymaier in ihrer Zeit als Vorsitzende des baden-württembergischen Verdi-Bezirks gegenüber dem Großprojekt kritisch eingestellt.

Die FDP war selbstverständlich in all den Jahren des Mitregierens enthusiastische S 21-Unterstützerin. Und die Grünen begleiten, wie noch ausgeführt wird, seit dem 12. Mai 2011 Stuttgart 21 »kritisch und konstruktiv«. Ganz offensichtlich bestimmt das Sein das Bewusstsein.

So bunt die Zusammensetzung der jeweiligen Landesregierungen war, das Verkehrsressort befand sich im geschilderten Zeitraum 1990 bis 2011 immer in CDU-Hand[137]. Seit Mai 2011 ist der Landesverkehrsminister mit Winfried Hermann dann ein Grüner. Er erwies sich auch als geschmeidig genug, um bei dem Farbwechsel Grün-Rot zu Grün-Schwarz seinen Ressortposten zu verteidigen. Dabei wurde er in der Legislaturperiode 2010 bis 2016 von der Landes-CDU als Intimgegner gesehen und aggressiv attackiert. Es handelt sich um Veränderungen, die im März 2011, als die Grünen zum ersten Mal

---

137 Mit den Verkehrsministern Hermann Schauffler (1992-98), Ulrich Müller (1998-2004), Stefan Mappus (2004/2005), Heribert Rech (2005-2010; in diesem Zeitraum mit dem Innenministerium vereint) und Tanja Gönner (2010-2011).

stärkste Partei in Baden-Württemberg wurden, niemand für möglich gehalten hätte. Wobei klar ist, es ist nicht die Landes-CDU, die sich verändert hat. Hätte man beispielsweise Winfried Hermann damals eine Zukunft als Landesverkehrsminister in einem Kabinett vorhergesagt, in dem er gemeinsam mit einem CDU-Koalitionspartner das Projekt Stuttgart 21 betreibt, er hätte dies entrüstet von sich gewiesen.

Fast ließe sich in Abwandlung der fatalen Feststellung des deutschen Kaisers vom August 1914, wonach er keine Parteien, sondern nur noch Deutsche kenne, sagen: Die Baulobby kennt bei Stuttgart 21 keine Parteien, sondern nur noch S 21-Befürworter. Beim Startbeginn des Projekts hatte der damalige baden-württembergische Ministerpräsident Erwin Teufel eine Gemeinsamkeit in Sachen S 21-Politik nur innerhalb der CDU für möglich gehalten, ja, er setzte dabei sogar auf eine anscheinend schicksalsträchtige Dominanz des schwäbischen Stammes: »Wir haben jetzt eine einmalige Konstellation: an der Spitze des Bundesverkehrsministeriums ist ein Baden-Württemberger, ein Mann aus der Region Stuttgart [gemeint Matthias Wissmann; W.W.]. An der Spitze der Deutschen Bahn AG ist ein Stuttgarter, der Herr Präsident Dürr [...] Das ist *die Chance* für Baden-Württemberg, *die Chance* für die Landeshauptstadt Stuttgart, die wir auch nutzen müssen.«[138]

Als die Grünen in der Landtagswahl vom 12. Mai 2011 erstmals stärkste Partei und zugleich führende Regierungspartei wurden, wurden sie in starkem Maß von den Protesten gegen Stuttgart 21 getragen. Die Gegnerinnen und Gegner, aber auch die meisten Befürworter von S 21 und die dort engagierte Baulobby, erwarteten, dass eine grün dominierte Landesregierung das Projekt stoppen oder zumindest versuchen würde, es auszubremsen. Tatsächlich bestimmte in den ersten zwei Jahren, 2011/2012, das Verhältnis der grün-roten Landesregierung und insbesondere die Stellung der Grünen zu diesem Monsterprojekt die Landespolitik im Allgemeinen und die Verkehrspolitik im Besonderen.

---

138   Siehe den Film »Wie konnte es überhaupt soweit kommen?«, https://youtube/hchNGspgrkA

Dem versuchte der grüne Verkehrsminister Winfried Hermann im Jahr 2015 in einem 35-seitigen »Zwischenbericht« gerecht zu werden. Er bezeichnete in diesem Text Stuttgart 21 als einen »Konflikt«, der »die Bevölkerung des Landes und auch die grün-rote Landesregierung gespalten« habe. Dort heißt es: »Unterschiedliche Auffassungen über die Bedeutung von Großprojekten dieser Art, deren Beherrschbarkeit und über das richtige Konzept für den Schienenverkehr der Zukunft standen sich [in diesem ›Konflikt‹; W. W.] gegenüber.«[139] Das war allerdings eine bereits in der Substanz falsche Darstellung der Auseinandersetzung. Die »Beherrschbarkeit von Großprojekten« hatte bei Stuttgart 21 nie eine größere Rolle gespielt. In dieser Form war das Thema lediglich von dem ehemaligen Ministerpräsidenten Stefan Mappus und von dem »Schlichter« Heiner Geißler dargestellt worden. Mit einer solchen Formulierung werden die tatsächlichen Inhalte, um die es bei S 21 geht, verschleiert und wird alles auf die Ebene einer eher allgemeinen Debatte über »Großprojekte« und »Bürgerbeteiligung« usw. herunter gezoomt. Darauf wird zurückzukommen sein, wenn es um Herrn Ramsauers Großprojekte-Kommission geht. (Siehe Kapitel V)

Ohne im Folgenden auf die Substanz des Konfliktes einzugehen, heißt es dann im »Zwischenbericht« aus dem Ministerium von Winfried Hermann: »In der Volksabstimmung am 27. November 2011 hat sich die Bürgerschaft mit 58,9 Prozent der Stimmen […] politisch für die Fortsetzung des Projekts [S 21] ausgesprochen. Die Landesregierung unterstützt seitdem die Umsetzung von Stuttgart 21 in konstruktiv-kritischer Weise. […] Das Land betreffende Fragen […] werden so zügig wie möglich und so gründlich wie nötig bearbeitet. Chancen [von S 21], aber auch mögliche Probleme werden offen angesprochen…«

Nicht erwähnt wird die Tatsache, dass die Abstimmung in Stuttgart selbst – und es ging um ein konkretes Projekt für eine Stadt und nicht

---

139 Winfried Hermann und Gisela Splett, Für Menschen, Mobilität und Lebensqualität – Zwischenbilanz 2015 und Perspektiven, herausgegeben vom Ministerium für Verkehr und Infrastruktur, Stuttgart 2015. Im Folgenden zitiert als »Zwischenbericht«.

für das Bundesland – ein relativ knappes Ergebnis gezeitigt hatte[140]. Auch nicht angesprochen wird der Umstand, dass es bei der Abstimmung nicht um ein Ja oder Nein zu S 21 ging, sondern um ein Ja oder Nein zum Ausstieg des Landes aus dem Stuttgart 21-Finanzierungsvertrag. Einmal abgesehen davon, dass dies eine enorm verwirrende und manipulative Fragestellung war (wer mit »Nein« stimmte, stimmte gegen einen Ausstieg aus diesem Vertrag und damit indirekt für S 21), ist das Ergebnis auch anders zu bewerten: Es besagt nicht weniger, aber auch nicht mehr als: Zu *diesem Zeitpunkt* sagte eine Mehrheit, das Land möge *nicht aus dem Finanzierungsvertrag für Stuttgart 21 aussteigen.*

Nur lapidar gestreift wird in dem Dokument des Landesverkehrsministers die Tatsache, dass die S 21-Kosten sich zum Zeitpunkt, als diese Bilanz verfasst wurde, auch nach offiziellen Angaben bereits massiv erhöht hatten; dass der zum Zeitpunkt der Volksabstimmung als sakrosankt erklärte »Kostendeckel« gesprengt worden war. Zu diesem Thema heißt es in dem Text lediglich, dass »sich das Land nicht an weiteren Kosten des Projekts über den vertraglich geregelten Kostendeckel von 4,526 Mrd. Euro hinaus beteiligen wird.« Dass allein mit der massiven, bis zu diesem Zeitpunkt eingestandenen Kostensteigerung auf 6,526 Milliarden Euro *die entscheidende Grundlage für die Volksabstimmung* entfallen war, wird in der »Zwischenbilanz« nicht erwähnt.

Mit keinem Wort werden der sogenannte *Stresstest* mit seinen Manipulationen und der Schrägbahnhof mit der fehlenden Garantie für eine Betriebsgenehmigung angesprochen. Und vor allem wird mit keinem Wort der tatsächliche *Kapazitätsabbau*, zu dem es mit Stuttgart 21 kommt und den doch gerade Winfried Hermann immer herausgestellt hatte (siehe Kapitel III), erwähnt.

Ähnlich wie Ex-Bahnchef Grube bei seinem Amtsantritt bei S 21 hätte aussteigen können, hätten die Grünen als stärkste Partei und als diejenigen, die den Ministerpräsidenten und den Landesverkehrsminister stellen, das Projekt S 21 beenden oder – mit Rücksicht auf die

---

140 Die Wahlbeteiligung beim S 21-Volksentscheid lag mit 48,3 % hoch. Landesweit stimmten 58,8 % mit »Nein« zur Frage, ob das Land aus dem S 21-Finanzierungsvertrag aussteigen sollte. In Stuttgart selbst stimmten noch 52,9 % mit Nein und 47,1 % mit Ja.

SPD – es zumindest massiv ausbremsen können. Sie hätten darauf verweisen können, dass Stuttgart 21 mit EU-Geldern in Höhe von 114 Millionen Euro kofinanziert wird und dass die Vorgängerregierungen unter Teufel, Oettinger und Mappus, der Bund und die Bahn sich diese Gelder nur mit der wahrheitswidrigen Behauptung erschlichen haben, Stuttgart 21 brächte eine »verdoppelte Leistungsfähigkeit« des Bahnknotens. Dass hier also der *Tatbestand des Subventionsbetrugs* vorliegt. Doch nichts von alledem geschah.

Grün-Rot probt Scheindemokratie: »Filderdialog« und »Fildererörterung« 2012 – 2014

Im zitierten Zwischenbericht wird stattdessen konkretisiert, wie Grün-Rot bereits in den ersten Jahren die »konstruktiv-kritische« Umsetzung des Monsterprojekts gestaltete. Dort heißt es: »Unter maßgeblicher Mitwirkung von Verkehrsminister Hermann haben sich die Projektpartner im März 2015 auf ein Maßnahmenpaket zur Verbesserung der Leistungsfähigkeit [der S 21-Anbindung] im Flughafenbereich verständigt.«

Es handelt sich hier um eine erstaunliche, schönfärberische Darstellung des Sachverhalts. Denn auf den Fildern – im hier angesprochenen Flughafenbereich – erwies sich ein weiteres Mal, dass das Großprojekt S 21 in der Region Stuttgart zu ernsthaften Engpässen im Bahnverkehr führt.

Auch nach der Volksabstimmung gab es für die Linienführungen Ulm/Tübingen und Böblingen über den Flughafen noch keine planfeststellbare Lösung. Das Staatsministerium für Bürgerbeteiligung lud dann im Sommer 2012 zu einem »Filderdialog« ein. Ziel war es, eine von den Bürgern akzeptierte Lösung für die betrieblich besonders sensible Stelle von S 21 zu finden.

Schnell machte der Name »Dialüg« die Runde. Man hatte Erfahrungen aus der Schlichtung gesammelt und ahnte, wie bei solcher Gelegenheit Fakten uminterpretiert werden. So waren die Sitzungen vor Ort nicht ohne Grund von Demonstrationen begleitet.

Überraschenderweise stimmte am 6. Juli 2012 bei der letzten Dia-
logrunde im Atrium, Messe Stuttgart – Hannes Rockenbauch hatte
das Schauspiel bereits vorzeitig mit einer entsprechenden Erklärung
verlassen – eine deutliche Mehrheit der noch am Dialog Beteiligten
gegen das von der Bahn angebotene Konzept, die Gäubahn über den
Flughafen zu führen. Eine deutliche Mehrheit forderte den Erhalt der
Gäubahn auf der Panoramastrecke.[141] Das beeindruckte die S 21-Pro-
jektpartner kaum, hatte man sich doch die Deutungshoheit selbst vor-
behalten. In Umdrehung des Abstimmungsergebnisses wurde fortan
die unterlegene Variante – »Filderbahnhof plus« – als »Ergebnis des
Filderdialogs« bezeichnet. Der Begriff »Dialüg« hatte sich damit sehr
schnell schon bestätigt.

Gut zwei Jahre später, am 22. September 2014, traf man sich wieder auf den Fildern im Internationalen Congresscenter (ICS), Messe
Stuttgart, zur Erörterung des entsprechenden Planfeststellungsab-
schnitt 1.3. Die alte Antragstrasse war zur Genehmigung eingereicht
worden. Die Fahrplan-Qualität sei dabei »wirtschaftlich optimal«, so
habe man beim Stresstest auch darauf geachtet, dass alle Anschlüsse
im Land gehalten werden. Der auf Anfrage von S 21-Kritikern ein-
geblendete Stresstest Linienplan zeigte aber, dass es sich, freundlich
formuliert, um einen groben Irrtum handelte. Die Vertreter der Deutschen Bahn wurden im Verlauf der Erörterung von den S 21-Gegnern
erheblich in die Enge getrieben. Viele Fragen – die meisten davon
von Dr. Christoph Engelhardt fachkundig und akribisch vorgetragen
bzw. formuliert – blieben offen und sind bis heute nicht beantwortet.
Die DB erlebte eine peinliche Niederlage – ihr »DeBakel«.[142]

---

141   Nur 44 Teilnehmer stimmten für die S 21 Variante »Flughafenstraße unter
      der Flughafenstraße« mit zusätzlichem Mischverkehr auf der Strecke Rohr
      – Flughafen. 63 Teilnehmer sprachen für den Erhalt der Gäubahn auf der
      Panoramastrecke.   www.bahnprojekt-stuttgart-ulm.de/uploads/tx_smedia-
      mediathek/20120606_Grundlagen_fuer_den_Filder-Dialog_Erlaeuterun-
      gen.pdf).

142   Siehe   auch: www.pro-bahn-bw.de/ueber_uns/jahresbericht2014.php
      Stuttgart 21 / Filderabschnitt – Besonders die von der Stadt Leinfelden bei
      Dr. Steinborn von der TU Dresden in Auftrag gegebene Analyse zu den
      Auswirkungen von S 21 auf den Mischverkehr zeigte deutlich: Das Projekt

Der Filderdialog und die Erörterung der S 21-Fildertrasse hatten drei wesentliche Ergebnisse zur Folge: Erstens wurde damit Grün-Rot eng in die Umsetzung in einem besonders kritischen Bereich, auf den Fildern, einbezogen. Zweitens wurde erneut konkret demonstriert, wie im Wortsinn »verfahren« das S 21-Projekt ist und »Verbesserungen« immer darauf hinauslaufen, dass die mit ihm verbundenen massiven Verschlechterungen etwas gemildert werden. Drittens wurden S 21-Kosten auf diese Weise galant von der DB ausgelagert. Dazu heißt es in einem Bericht der *Südwest-Presse* im Zusammenhang mit den Ergebnissen der »Lenkungskreissitzung« zum »Verbesserungspaket Filder« vom November 2015: »Für das dritte Gleis zahlt die Bahn 30 Millionen und die Region 20 Millionen Euro. Das Land beteiligt sich nur indirekt, indem es ab 2025 mehr Zugverkehr bestellt. [...] Daneben zahlt das Land jedoch zehn Millionen Euro für die Rohrer Kurve und den Ausbau des Bahnhofs Vaihingen um einen dritten Bahnsteig.«[143]

---

ist gerade in diesem Bereich schlecht geplant. Die aufgedeckten Schwachstellen tat die DB als »inzwischen überholt« ab. Man habe in einem nach dem Stresstest erfolgten neuen Simulationslauf den S-Bahn Fahrplan verlangsamt. Dr. Steinborn beklagte daraufhin heftig, dass er trotz mehrfacher Anfragen bei der DB keinen aktuellen Fahrplan erhalten hatte. Später wurde zwar die Rohrer Kurve zweigleisig umgeplant und am Haltepunkt Flughafen ein drittes Gleis vorgesehen. Die Finanzierung ist dabei jedoch nicht ins S 21 Budget eingeplant; der Nachweis für eine betriebliche Fahrbarkeit bis heute nicht veröffentlicht. Völlig unklar bleibt, wie ein schneller IC vom Hauptbahnhof über die Zwangspunkte Flughafen, Mischbetrieb bis Rohr und dann ein weiterer Mischbetrieb bis Herrenberg bei Eingleisigkeit nach Horb bis Zürich fahren soll. Es gibt hier ohne Zwangspausen einfach keine freie Trasse. Bis heute werden die Probleme verdrängt. Das trifft auch zu auf den zusätzlichen S-Bahn Halt »Mittnachtstraße«, der in den bestehenden Fahrplan nicht integriert werden kann. Für kritische Analysen steht Herr Dr. Steinborn im Übrigen wohl nicht mehr zur Verfügung. Er wurde inzwischen zur DB Netz AG unter Vertrag genommen.

143 Südwest Presse vom 7. November 2015 (www.swp.de/ulm/nachrichten/ suedwestumschau). Im nächsten Satz heißt es dort: »Land und Bahn haben vereinbart, in die Vorentwurfsphase einzusteigen; sie soll im zweiten Halbjahr 2016 vorliegen.« Offensichtlich werden aus dieser weiteren Planung zusätzliche Mehrkosten resultieren – mit einem erneuten Druck auf das

Neubaustrecke Wendlingen–Ulm

Noch vor Baubeginn von S 21 wurde mit der Realisierung einer Neubaustrecke von Stuttgart über die Schwäbische Alb und nach Ulm,
offiziell als »Neubaustrecke (NBS) Wendlingen–Ulm bezeichnet, begonnen. Es handelt sich um eine Eisenbahn-Neubaustrecke zwischen
Wendlingen bei Stuttgart und Ulm für den Personenfern- und -regio-
nalverkehr. Die Neubaustrecke ist inzwischen offiziell neben Stuttgart 21 Teil des »Bahnprojekts Stuttgart–Ulm« Mehr als die Hälfte der
84,8 Kilometer langen Strecke verläuft in Tunneln. Die Strecke soll
den Hochgeschwindigkeits-Personenfernverkehr von der 1850 eröffneten Filstalbahn Stuttgart–Ulm übernehmen.

In dem zitierten »Zwischenbericht« aus dem grün geführten Lan-
desverkehrsministerium gibt es keinerlei Kritik an dieser Neubaustrecke über die Schwäbische Alb. Vielmehr heißt es dort lapidar: »*Das
Land finanziert die Neubaustrecke Stuttgart–Wendlingen–Ulm in Höhe von
950 Millionen Euro mit*«. Jetzt mag man davon ausgehen, dass im Frühjahr 2015 der Bau zu weit fortgeschritten war und die Neubaustrecke
nicht mehr gestoppt werden konnte. Es stünde einem grünen Verkehrsminister jedoch gut zu Gesicht, darauf hinzuweisen, dass hier
fast eine Milliarde Euro an *Landesmitteln* für ein Projekt ausgegeben
werden, das er vor den Landtagswahlen des Jahres 2011 selbst einmal zu Recht als unwirtschaftlich analysiert hatte. Es handelt sich um
eine Hochgeschwindigkeitstrasse, die mit vergleichbaren Verstößen
gegen den gesunden Menschenverstand verbunden ist, wie dies für
Stuttgart 21 beschrieben wurde. Die bestehende Verbindung Stuttgart–Ulm über Geislingen, offiziell als Filstalbahn oder Filsbahn bezeichnet, wird vielfach kritisiert, weil sie – eben mit der bereits erwähnten, berüchtigten »Geislinger Steige« – mit 22,5 Promille eine
erhebliche Steigung aufweisen würde. Nun hat die Neubaustrecke
jedoch Abschnitte mit bis zu 35 Promille Steigung. Ein Teil der ak-

---

Land, Teile davon zu übernehmen, wobei sicher darauf spekuliert wird,
dass eine dann neu zusammengesetzte Landesregierung hier entgegenkommender ist, zumal zuvor Grün-Rot ja die zitierte Öffnung selbst vorgenommen hat.

tuellen ICE-Flotte ist nicht in der Lage, diese Steigung zu meistern; traditionelle Güterzüge kommen für diese Verbindung – ebenfalls aufgrund der extremen Steigung – ohnehin nicht in Frage. Die Hälfte der 61 Kilometer langen Strecke verläuft in Tunnelbauten. Überall auf der Welt entscheidet man sich für teure Tunnelbauten, um Höhenunterschiede zu vermeiden oder zu reduzieren. Doch hier ist das Gegenteil der Fall: Während die Züge auf der bisherigen Filstalbahn lediglich bis auf eine Höhe von 582 Meter über dem Meeresspiegel klettern müssen, liegt bei der Neubaustrecke dieser Scheitel bei 746 Metern Höhe.[144] Der Energieverbrauch der Züge ist damit auf der Neubaustrecke trotz kürzerer Fahrzeit und kürzerer Strecke größer als auf der alten Stammstrecke. Sodann bringt die Fahrzeitverkürzung, die auf der Neubaustrecke erzielt wird, so gut wie keinen Fahrplanvorteil, da sie sich nicht in das Schema des anzustrebenden Integralen Taktfahrplans einfügt. Das einzige, das real stattfindet, ist, dass die Räume Ulm und Stuttgart enger miteinander verbunden werden. Was vor allem heißen wird, dass Kaufkraft von Ulm nach Stuttgart verlagert wird. Winfried Hermann, der einer Partei angehört, die auch mal das Thema Entschleunigung im Programm hatte, äußerte dann anlässlich einer Neubaustrecken-Tunnel-Feier auf der Schwäbischen Alb: »Die Menschen und die Wirtschaft profitieren am allermeisten von dieser extremen Beschleunigung.«[145]

Völlig absurd wird das Projekt Neubaustrecke Wendlingen – Ulm, wenn berücksichtigt wird, dass es im Zeitraum 1995 bis 2016 auf der gesamten Bahnstrecke Stuttgart – München aufgrund des miserablen Zustands der Infrastruktur zu einer *Fahrzeitverlängerung* von 23 Minuten kam. Die rund vier Milliarden Euro teure Neubaustrecke wird am Ende nur etwas mehr als diese Fahrzeitverlängerung wettmachen. Und mit den geschilderten Nachteilen und darüber hinaus mit enormen Zerstörungen von Landschaft und Umwelt verbunden sein.

---

144 Höhenunterschied Neubaustrecke Wendlingen – Ulm … http://wikireal.org/wiki/Stuttgart_21/Trassierung.

145 Grußwort von Winfried Hermann anlässlich des Durchschlags des Albaufstiegstunnels in der Nähe von Ulm, zitiert in: Bezug. Das Projektmagazin, März 2017, S. 20.

All dies sind urgrüne Themen. Winfried Hermann und teilweise auch Winfried Kretschmann konnten dazu vor dem Wahltag im Mai 2011 die Fakten im Schlaf vortragen. Zu all dem schweigen sie seit dem 12. Mai 2011 aus einem einzigen Grund: Die Herren befinden sich seit diesem Tag in bürgerlichem Amt und wunderlichen Würden.

Eine dieser Würden bestand darin, dass die Gattin des Minister-präsidenten, Gerlinde Kretschmann, Mitte 2014 die Patenschaft für einen Tunnelbau im Verlauf der Hochgeschwindigkeitsstrecke über die Schwäbische Alb übernahm. Dies geschah stellvertretend für die Heilige Barbara, die Schutzpatronin der Mineure; Frau Kretschmann: »Dass ich eine Heilige vertreten darf, finde ich sehr ehrenvoll.«[146] Kurz zuvor war Gerlinde Kretschmann bereits als Taufpatin für das neue Kriegsschiff mit dem Namen »Baden-Württemberg« aktiv ge-wesen, hier offensichtlich weder in Vertretung einer Heiligen noch einer Kriegsgöttin, objektiv zum Frommen eines Rüstungskonzerns wirkend.[147]

Doch zurück zu Winfried Kretschmann und zum Projekt Stutt-gart 21. In den ersten zwei Jahren nach dem Wahlerfolg der Grünen-Partei gab es noch Versuche zu einem Dialog zwischen den S 21-Geg-nern, von denen nicht wenige mit Kretschmann und Hermann ein freundschaftliches Verhältnis verband, und den neu Regierenden. Dies schlug sich auch in einem Briefwechsel nieder, den es im Zeitraum Dezember 2012 und Frühjahr 2013 zwischen Egon Hopfenzitz, Sabine Leidig, Volker Lösch und Walter Sittler auf der einen Seite und Win-fried Kretschmann, Winfried Hermann und Fritz Kuhn, dem grünen Stuttgarter OB, auf der anderen Seite gab. Das war die Periode, in der die S 21-Kosten von 4,5 auf 6,5 Milliarden Euro hochgeschnellt waren, der Aufsichtsrat der Deutschen Bahn ins Wanken geraten war und Angela Merkels Haussklave, Kanzleramtschef Roland Pofalla, einzelne Aufsichtsräte bekniete, mit »Ja zum Weiterbau« zu stimmen.

---

146   Nach: Die Welt vom 23. Juni 2014.

147   »Gelinde Kretschmann Taufpatin«, in: Stuttgarter Zeitung vom 12. De-zember 2013. Die Fregatte kostete die Steuerzahler 500 Millionen Euro; vier Fregatten für 2 Milliarden Euro wurden zwischen 2013 und 2015 bei ThyssenKruppMarineSystems gekauft.

Die S 21-Gegnerinnen und Gegner sahen damals zu Recht eine neue Chance für einen Ausstieg aus dem Projekt. Und diese Chance war real; die Landesregierung und der soeben neu ins Amt gewählte Fritz Kuhn hätten sie nur ergreifen müssen. Winfried Kretschmann gab sich auch ehrlich erschüttert, als er auf den ersten Brief unter anderem wie folgt antwortete: »Und so stelle auch ich mir die Frage: Können wir der Bahn nach den bisherigen und diesen neuesten [die Jahre 2012/2013 betreffenden; W. W.] Ereignissen zur Finanzierbarkeit des Projekts noch glauben? Müssen wir nicht vielmehr alle zwei Jahre mit neuen Kostenexplosionen oder gar dem Schlimmsten rechnen? Können wir eine Bauruine im Herzen Stuttgarts ausschließen? Das meine ich, wenn ich davon spreche, es gibt eine schwere Vertrauenskrise.«[148]

Doch Kretschmann verharrte in der Pose der abstrakten Empörung. Er griff auch nur das Thema der Kostensteigerung auf und betonte viele Male, das Land werde sich ja an den Mehrkosten nicht beteiligen. Das im Brief ausführlich dargelegte Thema des Kapazitätsabbaus, das das Quartett angeführt hatte und das einen echten Landesvater mindestens ebenso wie die Projektkosten hätte interessieren müssen – siehe den Verweis auf die Landesverfassung –, wurde von Kretschmann in seiner Antwort erst gar nicht erwähnt. Insbesondere versteifte Kretschmann sich in seiner Antwort immer wieder auf die Volksabstimmung, die nicht in Frage gestellt werde könne und dürfe. Damit aber widersprach er sich bzw. seiner eigenen Regierung. Denn diese hatte noch zwei Jahre zuvor in ihren Gesetzesentwurf »über die Ausübung von Kündigungsrechten bei [...] Stuttgart 21« hineingeschrieben: Bei Kostensteigerungen, die nicht »in vollem Umfang von der Deutschen Bahn AG finanziert« werden, sei »dem Land ein Fest-

148 Brief des baden-württembergischen Ministerpräsidenten Winfried Kretschmann vom 14. Januar 2013 an Walter Sittler, Egon Hopfenzitz, Volker Lösch und Sabine Leidig. Wiedergegeben in: Christoph Engelhardt, Egon Hopfenzitz, Sabine Leidig, Volker Lösch, Walter Sittler und Winfried Wolf (Hg.), Empört Euch – weiter! Neue Argumente gegen Stuttgart 21, Köln 2013, S. 23. In dieser Publikation findet sich der gesamte Briefwechsel mit der Landesregierung, dem OB Stuttgarts und ein Brief an die Kanzlerin Angela Merkel, der völlig unbeantwortet blieb.

halten an dem [S 21]-Vertrag nicht zumutbar und ein Kündigungsrecht nach § 60 Abs. 1 Satz 1 Landesverwaltungsverfahrensgesetz (LVwVfG) gegeben.« Und inzwischen war es soweit – die Deutsche Bahn AG verlangte seit Anfang 2013 von den Projektpartnern eine anteilige Kofinanzierung der neuen Mehrkosten. Dass sie damit ernst macht und dies sogar gerichtlich einzuklagen versucht, ja, dass sie Chancen hat, eine solche Kostenbeteiligung vor Gericht durchzusetzen, wird noch im Schlusskapitel zu behandeln sein.

Drei Jahre nach diesem historischen Briefwechsel hatte sich Winfried Kretschmann der CDU-Kanzlerin politisch so weit angenähert, dass diese ihn gerne als Nachfolger von Gauck im Amt des Bundespräsidenten gesehen hätte. Was dann nicht klappte, weil die CSU die Wende der Grünen noch nicht in Gänze begriffen hatte. Inzwischen ist Kretschmann in einer weiteren Legislaturperiode Ministerpräsident, nunmehr in einer grün-schwarzen Regierung. Diese schrieb in ihren Koalitionsvertrag zu Stuttgart 21 den Satz hinein: »Das Ergebnis der Volksabstimmung aus dem Jahr 2011 ist für uns bindend.«[149] Dieses Mantra ist nun besonders absurd. Keiner bestreitet, dass Volksabstimmungen nicht für immer und ewig Gültigkeit haben können. Im Nachbarland Schweiz wurden Volksabstimmungen zu ein und demselben Thema des Öfteren wiederholt – beispielsweise zum Ausstieg aus der Atomenergie. Teilweise, weil sich die Grundlagen für die Fragestellung änderten, teilweise, weil sich die Meinungen in der Bevölkerung veränderten; oft, weil beides der Fall war. Und inzwischen war klar, dass die entscheidende Grundlage für die 2011er Volksabstimmung ein weiteres Mal verletzt worden war: Die S 21-Kosten entwickelten sich bereits im Mai 2016 in Richtung 10 Milliarden Euro – sie lagen damit, das sei hier wiederholt, *bei dem Doppelten dessen, was 2011 als »Kostendeckel« garantiert* worden war.

Der neue Koalitionsvertrag ist 160 Seiten stark. Zum Thema Stuttgart 21 gibt es gerade mal 13 Zeilen. Das ist weniger als zum Thema »Hebammen stärken«. Während beim letztgenannten Thema eher heiße Luft ab- und die Hebammen weiter im Stich gelassen werden,

---

149   Koalitionsvertrag von Grünen und CDU vom Mai 2016, S. 112.

findet sich in dem knappen Absatz zu Stuttgart 21 ein harter, glasklarer Satz. Er lautet: »Das Land unterstützt die planmäßige und zügige Umsetzung des Projekts« Stuttgart 21.

Damit wurde auch auf der Ebene der Programmatik eine neue Situation erreicht. Die Grüne Partei, die sich mehr als ein Jahrzehnt lang als Anti-Stuttgart 21-Partei verstand und die bis Mai 2011 im Großen und Ganzen auch so agierte, die in der grün-roten Koalition argumentiert hatte, Stuttgart 21 »kritisch und konstruktiv (zu) begleiten«, hat mit dem neuen Koalitionsdokument im Wesentlichen die CDU-Position übernommen: Stuttgart 21 wird »planmäßig und zügig« umgesetzt.

Diese Kehrtwende hatte auch ganz praktische Auswirkungen. Der grüne Verkehrsminister tritt inzwischen offen als jemand auf, der Stuttgart 21 aktiv umsetzt und berechtigte Kritik verschweigt oder dieser demagogisch begegnet. Im November 2016 gab es ein bereits angeführtes Treffen des »Lenkungskreises für Stuttgart 21«, in dem sich die Projektpartner in lockerer Sitzungsfolge jeweils über den Fortgang des Großprojekts verständigen. An dem Treffen nahmen unter anderen Fritz Kuhn als Stuttgarter OB, Winfried Hermann als Landesverkehrsminister und Volker Kefer für die Deutsche Bahn AG teil. Für Kefer war das einer seiner letzten Auftritte in seiner Funktion als Infrastruktur-Bahnvorstand. Er hatte bereits im Juni 2016 erklärt, den Konzern und damit das sinkende Stuttgart 21-Schiff verlassen zu wollen. Hermann wusste also, dass er zusammen mit einem Zombie am Verhandlungstisch saß. Dennoch agierten die beiden Grünen-Parteipolitiker so, als gebe es eine Stuttgart 21-Kontinuität und als müssten jetzt sie den Job der S 21-Hardliner übernehmen. Hermann erklärte dort: »Die begonnene Zusammenarbeit mit den Projektpartner wollen wir auf alle Fälle fortsetzen.« Kefer konnte öffentlich das Folgende äußern – und dies wirkt heute wie eine Rückversicherung für den Fall späterer juristischer Auseinandersetzungen und einer möglichen Anklage wegen Untreue: »Über die Leistungsfähigkeit des Knotens herrscht hier im Lenkungskreis Einigkeit«. Selbst diese durch und durch unwahre Tatsachenbehauptung rief keinen Widerspruch hervor.

Zu diesem Zeitpunkt lagen bereits die beiden Gutachten des Bundesrechnungshofs zu Stuttgart 21 vor. Winfried Hermann war sich nicht zu schade, sich auf einer Pressekonferenz im Nachgang zu diesem Treffen öffentlich zu beschweren, das BRH-Papier habe man »sich mühselig übers Eck und halblegal beschaffen« müssen. Dabei kennt Hermann als ehemaliger Vorsitzender des Verkehrsausschusses des Bundestags das Verfahren aus dem ff und weiß, dass der Bundesrechnungshof nur an den Bundestag und in diesem Fall teilweise nur an das Bundesfinanzierungsgremium berichten durfte. Da die Grünen in all diesen Gremien ihre Vertreter haben, war es für ihn ein Einfaches, sich die entsprechenden Dokumente zu beschaffen.

Noch dramatischer aber waren die Kommentare des baden-württembergischen Verkehrsministers zu den BRH-Prüfberichten. Winfried Hermann argumentierte dabei wie folgt: »Es scheint aber, dass der Bundesrechnungshof nicht ganz auf der Höhe der Zeit ist, Dinge falsch berechnet oder Kosten reingerechnet hat, die nicht dazu gehören.« Im übrigen sei es »wahrscheinlicher, dass das Projekt in dem vom KPMG vorhergesagten Rahmen abgeschlossen« werde.[150] Einmal abgesehen davon, dass in dem KPMG-Gutachten, das Hermann selbstverständlich ebenfalls bereits kannte, ganz andere und höchst brisante Inhalte zu finden sind, ist es nachgerade peinlich, wenn ein grüner Landesverkehrsminister sich derart herablassend über die in der Verfassung verankerte Instanz Bundesrechnungshof äußert.

Tatsächlich erleben wir bei den Grünen im Südweststaat eine tiefgreifende Wende. Sie betrifft keineswegs ausschließlich Stuttgart 21. So wird im Koalitionsvertrag ein Hohes Lied auf die Autobranche angestimmt. Dort heißt es: »Baden-Württemberg ist als Automobilland geprägt durch eine innovative Fahrzeug- und Mobilitätsindustrie. Diese Erfolgsgeschichte wollen wir fortschreiben und ein neues Kapitel der Mobilität aufschlagen. […] Zusammen mit der Wirtschaft und der Wissenschaft« – die Gewerkschaften und die Beschäftigten werden nicht einmal erwähnt – »wollen wir zukunftsgerechte Mobilitätsmodelle entwickeln und im eigenen Land erproben und umset-

---

150   Zitiert jeweils nach: Stuttgarter Zeitung vom 7. November 2016.

zen.«[151] In den folgenden, ausufernden Koalitionsprogramm-Passagen wird vor allem die »Elektromobilität« propagiert, wobei darunter fast ausschließlich Pkw mit Elektroantrieb verstanden werden. Die Verneigung vor der Autobranche setzt sich dann fort mit der Feststellung »Wir begrüßen Fernbusangebote als Teil einer umweltfreundlichen und kostengünstigen Mobilität« und mit der Aussage »Wir werden die Untersuchungen zum Einsatz des Lang-Lkw konstruktiv begleiten. Für eine generelle Zulassung von Lang-Lkw im Regelbetrieb ist für uns Vorrausetzung, dass die Vorteile überwiegen.«[152] Man fragt unwillkürlich »Vorteile für wen?« Die Antwort wird im Text nicht gegeben, doch jeder in Baden-Württemberg kennt sie: Es geht um Vorteile für Daimler als dem weltweit größten Hersteller von Lkw und Bussen.

Das Hohe Lied auf die Autoindustrie findet in den Niederungen der Kommunalpolitik seine Bestätigung. Seit dem 7. Januar 2013 hat Stuttgart mit Fritz Kuhn einen grünen Oberbürgermeister. Auch er profitierte vom Protest gegen Stuttgart 21, wenn auch eher von den Ausläufern dieser Protestbewegung, insoweit es diese damals in der Grünen Partei noch gab. Er profitierte auch davon, dass Hannes Rockenbauch, der im Oktober 2012 im ersten Wahlgang 10,4 Prozent der Stimmen erhalten hatte, im entscheidenden zweiten Wahlgang auf eine Kandidatur verzichtete, auch um den CDU-Kandidaten zu verhindern. Inzwischen entwickelte sich Stuttgart zu einer Feinstaub-Hochburg; die Luftschadstoff-Grenzwerte, die seit 2010 Gültigkeit haben, werden regelmäßig, oft wochenlang überschritten. Den entscheidenden Beitrag dafür liefert der Straßenverkehr. OB Kuhn verkündete »Bei unserer Feinstaubproblematik unterstützen mich Firmen wie Daimler und Porsche.« Umgekehrt wird ein Schuh draus; Kuhn unterstützt die Autoindustrie, indem er keinerlei ernsthafte Maßnahmen gegen die miserable Luftqualität in der Landeshauptstadt ergreift – und voll auf »Elektro-Pkw-Mobilität« setzt. Dabei weiß OB Kuhn, dass auch heute gilt, was er am Tag nach seiner Amtseinführung sagte: »Ein Großteil des Feinstaubs entsteht durch Reifenabrieb und Brem-

---

151 Koalitionsvertrag a. a. O., S. 109 f.
152 A. a. O., S. 115; Zitat Fernbusse S. 114.

sen.« Inzwischen allerdings argumentiert der grüne OB, Fahrer von
Elektroautos würden einen »sanften Fahrstil« pflegen. Einmal abgesehen davon, dass das nicht zutrifft und führende Elektro-Pkw-Herstel-
ler wie Tesla bewusst auf den klassisch-aggressiv-männlichen Fahrstil
setzen, weswegen wiederum prominente Grüne Elektroautos attraktiv
finden,[153] bleibt auch in Zukunft die Zahl der real verkehrenden Elek-
tro-Pkw lächerlich gering. 2016 wurden trotz neu ausgelobter Prämie
für den Kauf eines Elektroautos weniger E-Pkw verkauft als im Jahr
zuvor. (Siehe auch Kapitel VIII)

Im grün-schwarzen Koalitionsvertrag wird für die Luftfahrtbranche Werbung gemacht. So heißt es dort: »Ein wettbewerbsfähiger
Luftverkehrsstandort ist Grundlage des weltweiten Außenhandels
sowie der Tourismuswirtschaft. […] Zu einer funktionierenden Infra-
struktur im Land gehört auch der Luftverkehr mit seinen Flugplätzen,
Regionalflugplätzen und Verkehrslandeplätzen.«[154] Insbesondere die
Erwähnung der »Regionalflugplätze« ist hier von Bedeutung. In den
vorausgegangenen Jahren hatte sich die Krise der baden-württember-
gischen Regionalairports in Karlsruhe und Friedrichshafen verschärft.
Es flossen weiterhin kommunale und Landessubventionen, um einen
Kollaps dieser unwirtschaftlichen Airports zu vermeiden. Doch im
Koalitionsvertrag wird festgehalten, dass man »in Einzelfällen […]
einmalige Investitionsmittel« für diese Airports, auf Deutsch: neue
Steuersubventionen, gewähren würde.

Dabei steht das Projekt Stuttgart 21 auch in einem engen Zusammenhang mit dem Flugverkehr. Das machte im Frühjahr 2017 der Geschäftsführer des Stuttgarter Flughafens, Georg Fundel, deutlich. Er
äußerte: »Zug und Flug sind keine Wettbewerber, sondern ergänzen
sich. Die Erschließung der Fläche von Baden-Württemberg über Stuttgart 21 wird eine ganz wichtige Zubringerfunktion für den Stuttgarter

---

153   Anton Hofreiter äußerte in einem Interview im Handelsblatt: »Ein Elektro-
      auto zu fahren macht deutlich mehr Spaß als Benziner oder Dieselautos
      – weil Sie zum Beispiel blitzschnell an der Ampel starten können, da lassen
      Sie einen Maserati stehen.« Hier zitiert nach Tom Adler, Montagsdemo-
      Rede vom 23. Januar 2017.

154   A. a. O., S. 116.

Flughafen haben. Wir versprechen uns von Stuttgart 21 und der Neubaustrecke nicht von ungefähr über eine Million zusätzliche Passagiere.«[155] Bei Stuttgart 21 stand immer im Zentrum, dass der Stuttgarter
Flughafen, der ja längst mit der S-Bahn erschlossen ist, auch noch an
den Hochgeschwindigkeitsverkehr angeschlossen wird. Womit bei
den ICE-Verbindungen, die auch am Stuttgarter Airport einen Halt
einlegen, die Minuten wieder verloren gehen, die zuvor mit Milliar-
den-Euro-Aufwand auf Hochgeschwindigkeitsabschnitten gewonnen
wurden.

Und sie wissen (noch), was sie tun: Kein Verkehrsmittel belastet
das Klima stärker als das Flugzeug. Die enorm angestiegenen Lärmemissionen und die damit verbundenen Belastungen und gesundheitlichen Schädigungen von Hunderttausenden Bürgerinnen und Bürgern kommen noch hinzu.

Winfried Kretschmann weilte im Sommer 2015 in den USA. Er
kam sichtlich beeindruckt zurück. In einem ausführlichen Interview
hat er die Entwicklung der Grünen Partei – jenseits von Stuttgart 21,
aber durchaus vor dem Hintergrund dieses Monsterprojekts – in einen
engen Zusammenhang mit dem aggressiven US-amerikanischen IT-
Kapital gebracht. Kretschmann formulierte: »Ich habe an der Universität Berkeley eine Rede gehalten. Hinterher sagte man mir, das
sei eine sehr amerikanische Rede gewesen. Warum? Wir Grünen verstehen etwas von neuen Geschäftsmodellen. Wir haben nämlich selbst
eines begründet. Wir haben eine neue Partei gegründet, sind hartnäckig am Ball geblieben, haben an eine Idee geglaubt, und heute bin
ich (!) grüner Ministerpräsident. Sich solche großen Ziele zu setzen,
nennen die: moon shooting. Das haben wir Grünen geschafft. Außerdem sind im Silicon Valley ohnehin alle grasgrün. Die interessieren
sich für den ökologischen Fußabdruck. Neben den neuen Rechenzen-
tren steht gleich der Solarpark.«[156]

155 In: Bezug. Das Projektmagazin, März 2017, S. 20.

156 »Wir haben Nachholbedarf«, Interview mit Winfried Kretschmann, in:
     Süddeutsche Zeitung vom 31. August 2015; Interviewer: Josef Kelnberger
     und Helmut Martin-Jung.

Als im März 2016 der langjährige baden-württembergische CDU-Ministerpräsidenten Lothar Späth starb, zog Johanna Henkel-Waidhofer in *Spiegel online* diese naheliegende Parallele zu Kretschmann und schrieb. »Wie Späth damals, so spricht Kretschmann heute vom besonderen Spirit in Kalifornien, von dem sich der prosperierende, sich immerwährend auf der Überholspur wähnende Südwesten einiges abschneiden könne. ›Wir haben Lothar Späth viel zu verdanken‹, sagte der Nachfolger bewegt, als die Nachricht von Späths Tod eintraf. Das gelte für die Grünen und erst recht für das Land.«[157]

---

157 Johanna Henkel-Waidhofer, Das Verdrängerle – zum Tod von Lothar Späth, in: spiegel online vom 18. März 2016, www.spiegel.de/politik/deutschland/lothar-spaeth-meister-des-verdraengens-a-1083112.html [abgerufen am 3.2.2017]

V.
Wer macht sowas?
Warum machen die das?
Und wie kriegen die das hin?

Sein oder Nichtsein, das ist die Frage.
2009 saß Hamlet in meiner Stuttgarter Inszenierung allein in einem
großen Becken Schlamm und versuchte vergeblich, die vielfältigen Verflechtungen der Aufsichtsrats- und Konzernchefposten in Deutschland
zu entwirren, um das Machtsystem seines Onkels Claudius zu verstehen.
Ob es von edlerm Geist ist / auszuhalten / Schleuder und Pfeil des
wütenden Geschicks – oder in Waffen / gegen eine See von Plagen /
enden im Aufstand.
Volker Lösch, Regisseur, Rede auf der Demonstration gegen S21 am 26.4.2014

Martin Herrenknecht ist der Typ Unternehmer, der die Entscheider
nicht unbedingt im Parlament heimsuchen muss. Dafür eignet sich
auch der Flieger. Sein Freund Mehdorn erzählt, der Martin sei bei jeder
Kanzlerreise mit ökonomischem Hintergrund dabei.
Josef-Otto Freudenreich, 2010[158]

Die Schlichtung galt als Sternstunde der Demokratie und erscheint nun
als Farce zur Akzeptanzbeschaffung. Stuttgart 21 ist baulich und finanziell ein Desaster. Wir werden weiter dagegen streiten, dass die Bahn
der Stadt für viel Geld eine Bahnhofsruine mit angeschlossenem Einkaufszentrum beschert.
Monika Lege, Verkehrsreferentin von Robin Wood, 15.2.2012

Die Beschreibungen dessen, was in Stuttgart im Rahmen des Monsterprojekts Stuttgart 21 passiert, klingen für die meisten Menschen, die
keine genaueren Kenntnisse von der Situation haben, schlicht aben-

---

158 Aus: Wolfgang Schorlau, Stuttgart 21 – Die Argumente, Köln 2010, S. 236.

teuerlich. Für sie erscheint es meist nicht nachvollziehbar, dass bei dem Großprojekt offensichtlich gegen Grundsätze rationalen Handels, der Wirtschaftlichkeit, ja der Physik und der Geologie verstoßen wird.

Und immer wieder wird die Frage gestellt: *Wer* trägt dafür die Verantwortung? Und: *Warum* wird hier so widersinnig verfahren? Was sind die *Motive und die Triebkräfte*?

Die Antwort darauf lautet zunächst ganz allgemein: Es geht um handfeste, materielle Interessen, die bei Stuttgart 21 wie bei anderen zerstörerischen Großprojekten durchgesetzt werden. Sie werden rücksichtslos durchgesetzt im Wortsinn, also ohne Rücksicht auf Kosten (insoweit es um die Gelder der Steuerzahlenden geht), ohne Rücksicht auf die elementaren Interessen der Bevölkerung (wie denen an einer guten Stadt- und Lebensqualität) und ohne Rücksicht auf die Sicherheit und Effizienz des Bahnverkehrs (was unter anderem mit dem Kapazitätsabbau und der extremen Gleisneigung im Tiefbahnhof dokumentiert wird).

Konkret lassen sich diejenigen Personen und Institutionen, die für diese rücksichtslose Interessenspolitik verantwortlich sind, auf drei Ebenen identifizieren: auf der Bundesebene, auf der Ebene des Landes Baden-Württemberg und der Stadt Stuttgart und auf der Ebene der Deutschen Bahn AG selbst.

1.
Die Lobbyarbeit der Betonmafia auf Bundesebene

Ende November 2013 tagte in Stuttgart die STUVA e.V.; ausgeschrieben klingt der eingetragene Verein so unterirdisch wie er ist: Es handelt sich um die »Studiengesellschaft für unterirdische Verkehrsanlagen – STUVA e.V.« Laut Vereinsregister muss ein Verein lediglich sieben Mitglieder haben; und die Bezeichnung »Verein« klingt auch eher nach Gartenlaube, Kaninchenzüchter oder auch »Pufferküsser«, also z. B. Liebhaber historischer Eisenbahnen. Doch hier geht es um andere Dimensionen: Anwesend bei der STUVA-Tagung waren 1.600 Menschen aus mehreren Ländern; überwiegend

Vereinsmitglieder oder Vertreter von solchen Mitgliedern (wie Verbände, Firmen usw.). Sie hatten sich im ICS, dem Internationalen Congress Center Stuttgart, versammelt. Die Landesregierung war mit dem Staatssekretär Ingo Rust, SPD, vertreten. Dieser begrüßte im Namen von Grün-Rot die illustre Runde; stolz verwies er darauf, dass das Unternehmen Herrenknecht, der weltweit führende Tunnelbauer mit dem Alleineigentümer Martin Herrenknecht, seinen Firmensitz ja in Baden-Württemberg habe.

Das am meisten beachtete Referat auf dieser Tagung hielt Volker Kefer, Infrastrukturvorstand der Deutschen Bahn AG und der Verantwortliche für die Projekte Stuttgart 21 und die Neubaustrecke Wendlingen – Ulm. Kurz zuvor, am 1. September 2013, waren beide Projekte auf der organisatorischen Ebene miteinander verschmolzen worden; sie werden seither in einer einzigen Projektgesellschaft mit der Bezeichnung DB Projekt Stuttgart – Ulm GmbH geführt. Auf diese Weise sollen die Zeitgewinne, die es mit der Neubaustrecke zwischen Stuttgart und Ulm gibt, teilweise dem Konto Stuttgart 21 gutgeschrieben und die Kritik an Stuttgart 21 selbst unterlaufen werden. In Wirklichkeit hat die Neubaustrecke nichts mit Stuttgart 21 zu tun; S 21 selbst bringt faktisch keinerlei Zeitgewinn. Bis Ende 2016 hieß es über den Zusammenhang zwischen Projektgesellschaft und Bahnkonzern auf der Projektwebsite: »Die Geschäftsführer der neuen Gesellschaft berichten direkt unmittelbar an den Vorstand Infrastruktur der Deutschen Bahn AG Dr. Volker Kefer.« Seit Anfang 2017 heißt es, berichtet werde an den Infrastrukturvorstand »Ronald Pofalla«.[159]

Zurück zur Stuttgarter STUVA-Tagung. Die Deutsche Bahn AG und ihr Vorstand Kefer fühlten sich damals als Herren der oberirdischen und insbesondere der unterirdischen Schienenwelten. Stuttgart 21 und die Tunnelbauorgie bei diesem Projekt und im Verlauf der Neubaustrecke Wendlingen – Ulm standen im Zentrum des Treffens der internationalen Tunnelbau-Freaks und zogen die Aufmerk-

---

159 Siehe: www.bahnprojekt-stuttgart-ulm.de/ueber-uns/db-projekt-stuttgart-ulm [abgerufen am 5.2.2017]

samkeit aller Anwesenden auf sich.[160] Kefer entwickelte in seinem
Vortrag die Theorie, wonach in Zukunft immer mehr Menschen in
Metropolen wohnen werden. Diese Leute seien vielfach zu einem
Metropolen-Hopping genötigt bzw. liebten es, sich von Großraum zu
Großraum in hoher Geschwindigkeit zu bewegen. Und weil die Leute
das so wollten, so Kefer weiter, setze die Bahn auf den Ausbau der
Hochgeschwindigkeitsstrecken und auf einen Ausbau der Knoten und
Bahnhöfe.

Kefer führte aus, dass das für diese Zielsetzungen »zugrunde lie-
gende Kernnetz des Fernverkehrs [...] zwar überwiegend positiv
ausfällt«, dass es jedoch »insbesondere im Südwesten der Bundesrepublik Deutschland deutlichen Nachholbedarf« gebe. Dass es also
gelte, »Lücken zu schließen«. Dabei sei »das Leistungsvermögen des
neuen Stuttgarter Bahnknotens [...] eindrucksvoll belegt«; es werde
hier mit Stuttgart 21 einen »Leistungszuwachs von mindestens 30 Prozent in der Spitzenstunde« geben.[161] Das war natürlich nicht nur viel
an Unwahrheit. Das war vor allem zynisch und frech. Ein Großteil
der im Saal Anwesenden dürfte sich für Details von Stuttgart 21 nicht
interessieren oder nicht ausreichende Kenntnis von Eisenbahnwissen-
schaft im Allgemeinen und Bahnhofskapazität im Besonderen haben.
Dennoch muss es unter den Anwesenden bei diesem STUVA-Treffen
mehrere Dutzend Leute, auch Prominente, Menschen vom Fach, gegeben haben, die sehr genau wissen, dass ein unterirdischer Durch-

---

160 »Every seat was taken in the large conference hall during the opening ses-
sion of STUVA2013 in Stuttgart when Volker Kefer, board member of
Deutsche Bahn, shared his experiences in developing Germany's flagship
infrastructure project: Stuttgart 21.« Nach: www.tunneltalk.com/Conferen-
ces-Nov2013-STUVA-focus-on-technical-developments.php [abgerufen am
11.2.2017]

161 Volker Kefer, Erfolgsfaktoren für große Infrastrukturprojekte – Erfahrungen der Deutschen Bahn aus dem Projekt Stuttgart – Ulm, Tagungsband
STUVA-Tagung 2013 in Stuttgart, herausgegeben von der STUVA e.V.
2014, S. 20. Auch hier vermied es Kefer, das Wort »Stuttgart 21« in den
Mund bzw. in den Titel aufzunehmen. Das ist ohne Zweifel bereits ein interessanter Erfolg der Bewegung gegen Stuttgart 21, dass diejenigen, die diese
»Marke« kreierten, sich scheuen, sie beim Namen zu nennen, da der Begriff
längst negativ besetzt ist.

gangsbahnhof mit acht Gleisen, der einen oberirdischen Kopfbahnhofs mit 16 Gleisen ersetzt, nie und nimmer die Leistung des alten
Kopfbahnhofs erbringen kann. Und dass die Behauptung, der neue
Tiefbahnhof bringe eine Leistungssteigerung von 30 Prozent »in der
Spitzenstunde« absurd und unglaubwürdig ist. Inzwischen würde
man diese Art freche Lügen als Präsentation von »alternative facts«
bezeichnen.

Zurück zum Vortrag von Volker Kefer. Dieser war damit in medias
res angelangt: Denn, so Kefer weiter, für diese neue Form die Urbanität vernetzender Hochgeschwindigkeitsstrecken benötige man *viele*
Tunnels. Also just das, was all die anwesenden 1600 Vereinsmitglieder
der »Studiengesellschaft für unterirdische Verkehrsanlagen« vereint.

Und Kefer rechnete vor: Ende 2012 gebe es im deutschen Schienennetz mit 34.000 km Betriebslänge 692 Tunnel mit einer Gesamtlänge von 492 Kilometern. In den nächsten zehn Jahren – »bis 2023«
– seien der Bau bzw. die Inbetriebnahme von Tunnelbauten mit 187
weiteren Tunnelkilometern vorgesehen – in Form von Ersatzbauten
und vor allem von Aus- und Neubauprojekten. All das zusammen
würde – allein für den erforderlichen Tunnelbau – einen Investitions-
aufwand von 24,2 Milliarden Euro erfordern.[162] Nicht erwähnt wurde
ein Subtext, der allen Anwesenden bewusst war: Es geht dabei so gut
wie ausschließlich um Steuergelder.

Hier muss man sich die Proportionen vor Augen halten, die Kefer
nur indirekt ansprach: In – zum damaligen Zeitpunkt – 178 Jahren
deutsche Eisenbahngeschichte wurden auf dem Gebiet der heutigen
Bundesrepublik Deutschland Tunnelbauten mit einer addierten Länge von knapp 500 Kilometern gebaut.[163] In den nächsten zehn Jahren
sollen – so Kefer – weitere 187 Kilometer oder knapp 40 Prozent hin-
zukommen. Und dies bei einem Schienenfernverkehr, dessen Anteil
im Fernverkehrssektor (Straße, Schiene und Binnenluftfahrt) deutlich

---

162 Ebenda, S. 18.

163 Die von Kefer referierte Zahl von 492 Tunnel mit einer Länge von 492 km
     traf für das Jahr 2012 zu. 2016 waren es bereits 708 Tunnel mit einer Ge-
     samtlänge von 537,7 Kilometern. Daten und Fakten 2016, Deutsche Bahn
     AG.

rückläufig ist. Vor dem Hintergrund eines seit der Bahnreform 1994 um 19 Prozent geschrumpften Netzes, das auch in Zukunft nach dem Willen des Bahnvorstands nicht ausgebaut werden soll und das Jahr für Jahr weiter reduziert wird. Selbst in der Amtszeit der Herren Grube und Kefer, zwischen 2009 und 2016, wurde das betriebene Netz um weitere 341 Kilometer und die Gleislänge sogar um 3.134 Kilometer gekappt.[164] Der Anteil der in Tunneln verlaufenden Kilometer stieg allein im Zeitraum 2001 bis 2016 um 45 Prozent.

Man fragt sich unwillkürlich: Haben sich in jüngerer Zeit vielleicht neue Mittelgebirge aufgetürmt? Hat sich die Endmoränenlandschaft neu sortiert? Muss die Eisenbahn in Deutschland sich veränderten geologischen Verhältnissen anpassen? Oder steigert sich Herr Kefer da in eine Urbanitätstheorie und Schienenwelt hinein, die irreal, nicht von dieser Welt ist?

Im Grunde erleben wir hier exemplarisch eine Entwicklung, die für den Kapitalismus typisch ist: In diesem Wirtschaftssystem gibt es eine ausgeklügelte Rationalität in Teilbereichen, kombiniert mit einer irrwitzigen Irrationalität hinsichtlich des Gesamten. Die Art und Weise, wie der Tunnelbau organisiert und durchgeführt wird, wie dies beispielsweise von der bereits erwähnten Tunnelbaufirma Herrenknecht demonstriert wird, ist hocheffizient; sie erfolgt mit modernster Technologie. Die Produkte des Hauses Herrenknecht sind im Übrigen auch »unschlagbare Exportschlager«: Keine große Firma dürfte eine größere Exportquote haben als Herrenknecht: 95 Prozent des Herrenknecht-Umsatzes von inzwischen fast 1,5 Milliarden Euro wird im Ausland realisiert.[165]

Doch die damit erstellten Tunnelbauten sind überwiegend fragwürdig. Selbst im Fall des viel gerühmten neuen Gotthard-Basistunnels –

---

164 Bei Amtsantritt von Grube und Kefer 2009 verfügte DB Netz über ein Schienennetz mit einer Betriebslänge von 33.721 km; Ende 2016 waren es 33.380 km. Die Gleislänge betrug 2009 63.914 km; Ende 2016 waren es noch 60.780 km. Nach: Jeweilige Ausgaben von Daten und Fakten; Deutsche Bahn AG.

165 Susanne Preuss, Tunnelbauer mit Nachdruck, in: Frankfurter Allgemeine Zeitung vom 5. August 2016.

Herrenknecht war bei dessen Bau engagiert – sind kritische Kommentare angebracht.[166] Viele neu projektierte Tunnel sind unnötig, stellen eine Verschwendung von Steuergeldern dar, so im Fall des Brenner-Basistunnels – auch hier ist Herrenknecht engagiert. Oft sind diese Projekte sogar schienenverkehrsbehindernd; in jedem Fall zerstören sie Orte und Landschaften – so im Fall der vielen Tunnel auf der Neubaustrecke Wendlingen – Ulm und im Fall der Stuttgart 21-Tunnel.[167]

---

166   Der Gotthard-Basistunnel hat gegenüber anderen Tunnelbauten (wie dem Brenner-Basistunnel) zweifellos einen Pluspunkt. Er ist wesentlich das Ergebnis eines Volksentscheids, der wiederum mit einer Verfassungsänderung verbunden war: In Zukunft soll es in der Schweiz pro Jahr maximal 650.000 Lkw im Transit (also alpenquerend) geben; ein großer Teil des bestehenden Lkw-Transitverkehrs soll auf die Schiene verlagert werden. Allerdings gilt es inzwischen als sicher, dass diese Ziele nicht erreicht werden. Der Lkw-Transit durch die Schweiz wurde in den vergangenen 15 Jahren derart gesteigert, dass es rein technisch nicht gelingen kann, diesen Verkehr auf die Schiene zu verlagern. Zwar kann möglicherweise die Obergrenze bei der Zahl der Lkw im Transit eingehalten werden, aber die Größe und das Gewicht dieser Lkw nahmen bereits in den vergangen Jahren erheblich zu – und damit auch die Umweltbelastungen. Die Erpressung der Schweiz durch die EU, den »freien Warentransport«, zu gewährleisten, ist allgegenwärtig.

167   Viele der neuen Tunnelbauten dienen in erster Linie dem stark wachsenden Güterverkehr. Dieser wiederum ist vor allem Produkt einer Globalisierung, bei der regionale Wirtschaftskreisläufe zerstört und globale »produziert« werden. Die »Transportintensität« aller Waren hat sich in den letzten 35 Jahren rund verdoppelt: In einem Produkt ein und derselben Qualität stecken heute doppelt so viele Transportkilometer wie vor dreißig Jahren – Kilometer, die auf Schienen, Straßen, per Schiff und z. Tl. in der Luft zurückgelegt werden. Es handelt sich also nicht primär darum, dass begehrte Güter, die am Ort ihres Konsums oder in der entsprechenden Region, nicht hergestellt werden könnten, zur Kundschaft gelangen. Vielmehr geht es darum, dass die Vielfalt von Branchen, die es z.B. in Europa früher gab, zerstört wird zugunsten der Konzentration solcher Wirtschaftszweige auf einzelne Orte in der Welt, an denen am preiswertesten produziert wird. Die Transportkosten fallen damit immer weniger ins Gewicht – weil alle Verkehrsarten massiv subventioniert werden, weil gigantische Airports, neu verbreitete Kanäle (Panama; Suez) entstehen, weil gigantische Tunnelbauten erstellt, Flüsse vertieft (Elbe) werden und immer größere Transportmittel (20.000-TEU-Containerschiffe, Gigaliner) unterwegs sind usw. Die realen Kosten dieser Transporte trägt die Allgemeinheit bzw. sie sind in der Zerstörung von Natur und Klimaerwärmung »enthalten«. Das jewei-

Gelegentlich wird die Philosophie dieser Projekte auch offen auf den Punkt gebracht, so wenn jüngst der Autor eines zweiseitigen Beitrags über den Brennerbasistunnel zum Schluss kam: »Letztlich wird man wohl erst nach der Fertigstellung wissen, ob die neue Tunnelröhre eine gute Idee war.«[168] Das ist just die Methode, wie sie beim Projekt Stuttgart 21 zur Anwendung kommt: Drauf los bauen und mal sehen, ob es passt, was daraus wird, wie Natur, Umwelt und Klima damit klarkommen.

Doch eine vergleichbare Unsicherheit gab es bei der STUVA-Tagung nicht. So irrational der dort von Kefer skizzierte zukünftige Tunnelbauwahn erscheint, die Projekte selbst sind real und in sich teilrational. Dieselbe STUVA e.V. veröffentlicht seit 1978 Jahr für Jahr eine Statistik zu den in Bau befindlichen und zukünftig geplanten Tunnelbauten auf (oder besser unter) deutschem Boden. Diese Statistiken werden in der deutsch-englischen Publikation des Vereins mit dem schlichten Titel »Tunnel« regelmäßig veröffentlicht. In der letzten, für

---

lige Produkt selbst – ein Smartphone, ein Bildschirm, Früchte, Gemüse, Blumen, Wein aus Übersee, ein Kleid von Primark usw. – hat einen absurd niedrigen Preis. Im Sinne von Nachhaltigkeit müsste eine erste verkehrspolitische Forderung darin bestehen, die Transportinflation massiv zu reduzieren – durch Auflagen und erhebliche Verteuerung der Transportkosten, was heißen würde, die realen Kosten in die Transportpreise zu integrieren. Dadurch würden regionale Wirtschaften gestärkt und wiederbelebt und Arbeitsplätze neu geschaffen werden. Siehe Winfried Wolf, Verkehr. Umwelt. Klima – Die Globalisierung des Tempowahns, Wien 2009, S. 272 ff. (zu Globalisierung und Transport), S. 257 ff. (zu Alpentransit) und S. 330 ff. (zu den tatsächlichen Transportkosten).

168 Robert Gast, Das große Bohren, in: Süddeutsche Zeitung vom 6. Februar 2016. Um nur einen Teilaspekt der zerstörerischen Tendenz, die mit dem Brenner-Basistunnel verbunden ist, mit einem Zitat aus diesem Artikel zu erwähnen: »Insgesamt werden bei dem Projekt etwa 17 Millionen Kubikmeter Schutt [gemeint ist Gestein und Erde usw.; W. W.] anfallen. Aufgehäuft ergäbe das sieben Cheops-Pyramiden. Die Planer wollen das Material so unauffällig wie möglich deponieren. Bei Steinach werden die Brocken in ein Seitental gekippt, am Ende wird dieses 70 Meter hoch gefüllt sein. Um die Deponie im Padastertal anlegen zu dürfen, musste die Planungsgesellschaft extra den Bach umleiten, der durch das Tal plätschert. Einen 1500 Meter langen Umleitungsstollen haben die Ingenieure dafür gebaut.«

dieses Buch verfügbaren Jahresbilanz 2015/16 wird festgehalten: Es gab zum Jahreswechsel 2015/16 in Bau befindliche Verkehrstunnel mit einer gesamten »Auffahrlänge« von 175,209 Kilometern Länge; davon entfielen allein auf die Eisenbahntunnelbauten (»Fernbahntunnel«) 121,117 km. Weitere 16,767 km entfielen auf U- und Stadtbahntunnel. Die zu diesem Zeitpunkt in Bau befindlichen Straßentunnel hatten nur eine Länge 37,325 km Länge.[169] Damit lag allein der Anteil der Fernbahntunnel an allen Verkehrstunneln bei 69,2 Prozent. Der Anteil aller Schienenverkehrstunnel (also Fernbahn- und U-Bahn und Stadtbahntunnel) lag bei 78 Prozent.[170]

Anders formuliert: Die zum Jahreswechsel 2015/16 in Bau befindlichen Straßentunnel machen nur einen Anteil von 22 Prozent aus – und dies, obgleich der Straßenverkehr am gesamten, für unseren Vergleich relevanten Verkehrsmarkt von Straße und Schiene addiert einen Anteil von weit mehr als 90 Prozent hat. Natürlich gilt es hier zu beachten, dass Schienenverkehre traditionell und technisch bedingt, verglichen mit dem Straßenverkehr, einen höheren Anteil an Tunneln aufweisen. Wir haben es jedoch mit einem weitgehend gleichbleibend großen Schienennetz – im längerfristigen Vergleich sogar mit einem schrumpfenden Netz – bei gleichzeitig wachsendem Tunnelbauten-Anteil zu tun, während das Straßennetz kontinuierlich weiter ausgebaut und verlängert wird und dort der Anteil der Tunnelbauten stagniert, teilweise sogar rückläufig ist.

In der STUVA-Statistik wird mehrfach hervorgehoben: »Der Schwerpunkt des innerstädtischen Bahntunnelbaus [...] liegt in Stuttgart. [...] Von den derzeit laufenden Baumaßnahmen (von insgesamt 121 km Fernbahntunnel) entfallen gut 46 km auf das Großprojekt ›Bahnknoten Stuttgart–Ulm‹ und ca. 58 km auf die NBS [Neubaustrecke; W. W.] Wendlingen–Ulm.«[171] Der Artikel erwähnt im Übrigen

---

169 Angaben nach: Martin Schäfer, STUVA e.V., Tunnelbau in Deutschland: Statistik 2015/2016, in: Tunnel 8/2016.

170 Nimmt man als Maßstab das »Ausbruchsvolumen« so ergeben sich interessanterweise weitgehend ähnliche Relationen.

171 Tunnel, a. a. O., S. 13. Hier werden die beiden Projekte sinnvollerweise noch getrennt aufgeführt.

noch die Tunnelbauten auf der Rheinbahn und innerhalb der Stadt Karlsruhe (Projekt »U-Strab«), um dann zu bilanzieren: »Schwerpunktmäßig finden derzeit *drei Viertel des bundesweiten Verkehrstunnel-Bauvolumens im Bundesland Baden-Württemberg* statt.«[172]

Die STUVA-Statistik enthält auch eine Darstellung der langfristigen Entwicklung der Tunnelbauten bei allen Verkehrsanlagen. Als Start der Betrachtung wird interessanterweise das Jahr 1995 gewählt; es handelt sich hier um das erste Jahr nach der Bahnreform. Endpunkt ist der Jahreswechsel 2015/16. Dargestellt werden der »Vergabeverlauf« des gesamten Volumens aller »Verkehrstunnel bezogen auf die Auffahrlänge«. Hier ergibt sich ein weitgehend stabiles Bild von rund 30 Kilometern pro Jahr neu vergebene Tunnelbauten (bei Verkehrsanlagen), wobei getrennt ausgewiesen werden (1) Fernbahntunnel, (2) U- und Stadtbahntunnelbauten und (3) Straßentunnel.[173] Feststellbar ist dabei ein deutlicher, langfristiger Rückgang des Anteils der Straßentunnel, ein eher niedriger und in jüngerer Zeit rückläufiger Anteil der U- und Stadtbahntunnel, was offensichtlich eine Folge der Krise der Kommunen ist, und ein *deutlicher Anstieg des Anteils der Fernbahntunnel.* Dabei gibt es einen extremen Ausschlag ab dem Jahr 2011: Das Volumen für Tunnelbauten schnellt ab diesem Jahr nach oben, ausschließlich bedingt durch die neuen Vergaben für Fernbahntunnelbauten, was wiederum zu mehr als 90 Prozent auf Stuttgart 21 und die Neubaustrecke über die Schwäbische Alb zurückzuführen ist.

Erwähnt wurde bereits die »Teilrationalität« beim Tunnelbau selbst. Die jüngste STUVA-Tunnelbaubilanz hält fest: »Damit stellen erstmalig in dieser Statistik [die in diesem Fall bis 1978 zurückreicht;

---

172 Ebenda, S. 14. Hervorgehoben von W. W.

173 Es gibt auch eine Definition, wie groß ein unterirdisches Bauwerk sein muss, um in den Genuss des Titels »Tunnel« zu kommen: »Erfasst werden nur solche Tunnel- und Kanalbauwerke, die einen begehbaren oder bekriechbaren Ausbruchsquerschnitt, das heißt einen lichten Mindestdurchmesser von 1.000 mm bzw. unter Einbeziehung der Rohrwandung mindestens einen Ausbruchsquerschnitt von etwa einem Quadratmeter aufweisen.« Ordnung muss sein! In: Tunnel 8/2016, S. 8.

W. W.] die maschinellen Vortriebe den überwiegenden Anteil am Bau-
volumen im Bereich Fernverkehr.« Bei der reinen Tunnelbautechnik
gab es ohne Zweifel enorme Fortschritte; zunehmend erledigen Ma-
schinen die beschwerliche und gefährliche Arbeit von Menschen. Die
Heilige Sankt Barbara bzw. ihre irdischen Stellvertreterinnen wie Frau
Gerlinde Kretschmann sind seltener als in früheren Zeiten als Tröste-
rinnen gefragt.

Ein letzter Blick auf die Tunnelbaustatistik. Diese liefert auch einen
Ausblick auf *zukünftige* Tunnelbauprojekte. In dieser Branche wird
der Spruch, man sehe Licht am Ende des Tunnels, eher als ein düs-
terer Blick auf ein Ende eines lukrativen Auftrags verstanden. Doch
für Nachschub ist gesorgt. Laut STUVA-Ausblick wird in Bälde der
Schwerpunkt, den bislang im Tunnelbau Stuttgart 21 und die Neubaustrecke über die Schwäbische Alb bilden, abgelöst durch den Tunnelbau in – oder unter – München. Darauf wird in Kapitel VI eingegangen.

**Reformkommission Bau von Großprojekten – Resultat des S 21-
Widerstands** | Im Mai 2013 wurde von Peter Ramsauer (CSU), dem
damaligen Chef des damaligen Bundesministeriums für Verkehr, Bau
und Stadtentwicklung (BMVBS), die »Reformkommission Bau von
Großprojekten« ins Leben gerufen. Wesentliches Ziel sollte dabei
sein, »die Akzeptanz von Großprojekten in der Bevölkerung (zu stärken)«. Deutlich wird in der *offiziellen* Beschreibung der Zielsetzungen
der Kommission, dass die Bewegung gegen Stuttgart 21 Geburtshelfe-
rin für die Kommission war. Laut Gründungsdokument wird die Frage aufgeworfen, inwieweit es bei »einer Reihe aktueller Projekte (z. B.
Stuttgart 21, Flughafen BER, Elbphilharmonie Hamburg) strukturelle
Defizite« gegeben habe, sodass die »Bürgerinnen und Bürger [...] die
Fähigkeit von Politik, Verwaltung und Wirtschaft, Großprojekte erfolgreich durchzuführen, (anzuweifeln).«[174] Es müsse bei Großprojekten
»mehr Transparenz gegenüber der Öffentlichkeit« geben. Wie im Fol-

---

174 Beschreibung auf der Website des Bundesverkehrsministeriums, abgerufen
     15. September 2013.

genden gezeigt wird, fand das Treiben dieser Kommission bislang viel zu wenig Beachtung.[175]

Gut zwei Jahre später, am 29. Juni 2015, beschlossen die Mitglieder dieser »Reformkommission« einen Katalog mit »Zehn Empfehlungen« für den zukünftigen Bau von Großprojekten. Im Vorwort zu diesem Text schrieb der aktuell amtierende Chef des inzwischen mal wieder umbenannten Bundesministeriums für Verkehr und digitale Infrastruktur (BMVI), Alexander Dobrindt: »Planen und Bauen ist eine deutsche Kernkompetenz und national wie international hoch angesehen. Jedes Jahr setzt die deutsche Bauindustrie und Bauwirtschaft weltweit erfolgreich tausende Projekte um. [...] Damit trägt Planen und Bauen ›Made in Germany‹ maßgeblich zur Wertschöpfung in unserem Land bei [...] In den vergangenen Jahren haben *Konflikte bei Großprojekten* den Blick der Öffentlichkeit auf diese Erfolge [...] verstellt. Dadurch hat die öffentliche Akzeptanz von Großprojekten gelitten.«

Verschwiegen wird im Dobrindt-Vorwort der ursprüngliche Bezug auf Stuttgart 21. Im gesamten, mehr als 100 Seiten starken Papier taucht dieses Großprojekt dann allerdings beim Thema Schlichtung nochmals prominent auf (siehe unten).[176] Die in dem Bericht vorgestellten Empfehlungen sind vielfach banal und vielfach eher vage. Doch auffallend sind zwei Aspekte:

Erstens spielen die demokratischen und parlamentarischen Institutionen keine Rolle. Obgleich es doch um Großprojekte der öffentlichen Hand geht. Der Bundestag und der Verkehrsausschuss

---

175 Ich schrieb bereits vor drei Jahren für *KONTEXT* eine ausführliche Analyse über die Kommission; darunter auch eine erste Untersuchung zur Zusammensetzung ihrer Mitglieder. Siehe *KONTEXT* vom 18. September 2013, Artikel »Die Böcke-zu-Gärtner-Kommission«. Damals sah ich die Kommission eher als eine Peter-Ramsauer-Show. Im Rahmen der Arbeiten für dieses neue Stuttgart 21-Buch erkannte ich, welche Weiterungen die Kommission erlebte und wie pfiffig der neue Bundesverkehrsminister die ursprünglichen Zielsetzungen erweiterte und verfeinerte.

176 Siehe: www.bmvi.de/SharedDocs/DE/Publikationen/G/reformkommission-bau-grossprojekte-endbericht.pdf?__blob=publicationFile [abgerufen am 5.2.2017] Hervorgehoben von W. W.

werden mit keinem Wort genannt. Die Institution Bundesrechnungshof bleibt ebenfalls unerwähnt. Dabei ist eines der Kommissionsmitglieder Christian Ahrendt, der Vizepräsident des Bundesrechnungshofs.[177]

Zweitens wird in den »Empfehlungen« faktisch vorgeschlagen,
*zukünftig Großprojekte außerhalb der bisher vorgesehenen und bewährten
Kontrollinstanzen zu betreiben.* So heißt es in der »Empfehlung Nr. 6«:
»Außergerichtliche Streitbeilegung. Der Bauherr sollte bei Großprojekten in den Verträgen mit den Projektbeteiligten einen internen und
einen externen Konfliktlösungsmechanismus verankern. Dazu sollte
die öffentliche Hand rechtliche Hemmnisse für die Durchführung externer Streitbeilegungsverfahren beseitigen und Verfahrensordnun-
gen für Mediation und Adjudikation zur Verfügung stellen, aus denen
öffentliche Bauherren die jeweils geeigneten Instrumente auswählen
können.«[178].

Geplant sind Schlichtungsverfahren und die Einrichtung »privater
Gerichte« und »Schiedsgerichte«, die rechtlich bindend sind. So heißt
es im Kommissionsbericht: »Der öffentlichen Hand wird empfohlen,
rechtliche Hemmnisse […] bei der Vereinbarung und Durchführung
externer Streitbeilegungsverfahren […] zu identifizieren und gegebenenfalls zu beseitigen.« Empfohlen wird zu prüfen, »inwieweit […]
zukünftig die Durchführung außergerichtlicher Streitbeilegungsver-

---

177   Interessant ist, dass zunächst der damalige, hoch angesehene BRH-Präsi-
      dent Prof. Dr. Dieter Engels in der Kommission Mitglied war. Bald darauf
      wurde er durch Christian Ahrendt ersetzt. Auf Nachfrage beim Bundes-
      rechnungshof war zu erfahren, man habe sich auf eine »interne Arbeits-
      teilung« geeinigt. Ahrendt ist langjähriger FDP-Berufspolitiker.

178   Bericht S. 9. Auf Seite 13 dieses Berichts wird festgehalten: »Während
      die meisten Empfehlungen Zustimmung fanden, gab es auch solche, die
      nicht von allen Teilnehmen mitgetragen wurden. Die in diesem Bericht
      genannten Empfehlungen spiegeln jedoch jeweils die Überzeugung der
      Mehrheit der Mitglieder der Reformkommission wieder.« Es ist eher sel-
      ten, dass es in einer solchen Kommission abweichende Positionen gibt
      – zumal die Zusammensetzung – siehe unten – entsprechend gewählt
      wurde. Absolut ungewöhnlich ist, dass dann, wenn es Widerspruch gibt,
      diese abweichenden Positionen im Bericht nicht als solche ausgewiesen
      werden.

fahren bereits dann vorgesehen werden kann, wenn nur eine Partei dies fordert.«[179]

Das heißt: Wenn auch nur eine Seite in einem entsprechenden Konflikt – und es kann dabei um Milliarden Euro gehen! – fordert, dass der Weg eines »außergerichtlichen Streitbeilegungsverfahrens« beschritten wird, dann müsste ein solches Verfahren stattfinden. Bundestag, Landesparlamente, Landesrechnungshöfe, Bundesrechnungshof und die staatlichen Gerichte – sie alle sollen möglichst außen vor bleiben. Das erinnert natürlich an die neuen Freihandelsprojekte, in denen die privaten Schiedsgerichte ja auch eine zentrale Rolle spielen.

Die Großprojekte-Kommission geht dabei davon aus, dass »Bürgerproteste für die Projektverantwortlichen ein hohes Zeit- und Kostenrisiko« darstellen. Dieses Risiko soll minimiert oder besser ausgeschaltet werden. Die Fehler werden dabei nicht bei den Großprojekten selbst gesehen. Es geht lediglich um die »falsche Kommunikation«. Das wird u. a. für den Fall Stuttgart 21 konkretisiert. So heißt es im Kommissionsbericht: »Eine von der Öffentlichkeit und den Medien als mangelhaft wahrgenommene Transparenz bei der Entwicklung von Stuttgart 21 führte zur Entstehung einer immer stärker werdenden Opposition. Gleiches gilt auch für die Lyon-Turin-Hochgeschwindigkeitsstrecke in Italien. In beiden Fällen kam es zu heftigen Protesten und schließlich sogar zu gewaltsamen Auseinandersetzungen mit der Polizei. Erst dann wurde ein offizieller Schlichtungsprozess […] durchgeführt: in Stuttgart eine Schlichtung und abschließende Volksabstimmung. In Italien ein Beteiligungsverfahren. Auch wenn hierdurch nicht alle Probleme beseitigt werden konnten und weiterhin Projektgegner existieren, können beide Projekte zumindest weitergeführt werden.«[180] Und darum geht es im Grunde immer: dass die »Projekte zumindest weitergeführt werden«.

Böcke als Gärtner | Interessant ist die *Zusammensetzung dieser Kommission.* Stellt man deren 36 Mitglieder auf eine symbolische Waage, dann gibt es unter ihnen sicherlich den einen und die andere, bei denen man

179   Endbericht Reformkommission, a. a. O., S. 65 f.
180   Endbericht Reformkommission, a. a. O., S. 67.

sich ein Engagement für die Zielsetzungen Transparenz und Kosten-
beschränkung vorstellen kann. Das dürfte auf die Berliner Senatsbaudi-
rektorin Regula Lüscher und auf den Projekt-Manager und Koordinator
bei den Olympischen Spielen in London 2012, Klaus Grewe, zutreffen.
Darüber hinaus lassen sich jedoch fast alle übrigen Mitglieder der
Kommission in *drei Gruppen* einteilen: (1) in solche, die weitgehend
von der Exekutive abhängen und, etwas bösartig formuliert, als »bra-
ve Befehlsempfänger« tituliert werden können, (2) in »Lobbyisten und
Firmenvertreter« der Bauindustrie, also in direkte Profiteure der zur
Debatte stehenden Großprojekte; und (3) in Personen, die, den zweit-
genannten Aspekt konkretisierend, darüber hinaus *direktes Interessen an
der Umsetzung des Projektes Stuttgart 21* haben.

Zur erstgenannten Gruppe zählen fünf Kommissionsmitglieder.[181]
Von den Top-Managern dieser Verbände, Institutionen und Unternehmen kann nicht erwartet werden, dass sie die Interessen einer kritischen Öffentlichkeit fördern würden und gegebenenfalls der Politik
des Bundes widersprächen. Sie sind vielmehr im Wesentlichen qua
Amt Exekutoren der Bundespolitik. Bundesverkehrsminister Ramsauer bzw. sein Nachfolger Dobrindt betreiben hier Unzucht mit Ab-
hängigen, wenn sie vorgeben, mit diesen Kommissionsmitgliedern das
»Vertrauen der Menschen in die öffentliche Hand als Bauherr« – so
eine Formulierung im Kommissionsgründungs-Dokument – stärken
zu wollen. Vergleichbares gilt auch für die zwei Landesminister in der
Runde, einer mit CDU- und einer mit SPD-Parteibuch. Für diese dürf-

---

181 Es handelt sich um Detlev Aster als Präsident der Wasser- und Schifffahrts-
     direktion Süd, einer »Bundesmittelbehörde«, die über die Wasser- und
     Schifffahrtsverwaltung dem Bundesverkehrsministerium unterstellt ist,
     Prof. Torsten R. Böger als Geschäftsführer der Verkehrsinfrastrukturgesell-
     schaft (hier ist der Bund vertreten durch das BMVI der Alleingesellschaf-
     ter), Dirk Brandenburger als Geschäftsführer der DEGES – der Deutsche
     Einheit Fernstraßenplanungs- und -bau GmbH (bei der erneut der Bund
     der wesentliche Gesellschafter ist), Bernward Kulle, Vorstand der Bera-
     tungsagentur Öffentlich-Private Partnerschaft – ÖPP Deutschland (bei der
     ebenfalls der Bund maßgeblicher Gesellschafter ist) und schließlich Rüdi-
     ger Grube, der Mann, der bis zum 30. Januar 2017 an der Spitze der bun-
     deseigenen Deutschen Bahn AG stand.

ten die Parteidisziplin und die Unterstützung der Berliner Großen Koalition entscheidend sein und kaum eine grundsätzliche Kritik an der Großprojekte-Politik.[182]

Die größte Gruppe in der Kommission – rund die Hälfte der Kommissionsmitglieder – bilden die *Lobbyisten aus der Privatwirtschaft*. Es handelt sich dabei einerseits um Verbandsvertreter, die in der Regel auf der offiziellen Liste des BMVI als solche vorgestellt werden. Die Mehrheit dieser Verbandsvertreter sind jedoch *in Personalunion auch privatwirtschaftliche Interessenvertreter*, Top-Leute aus Bauunternehmen oder Repräsentanten von großen privaten Planungsbüros und Projektgesellschaften. Diese zusätzlichen Abhängigkeiten werden auf der offiziellen Liste in der Regel nicht genannt.

Lüpft man den Deckmantel »Verbändevertreter«, so kommt beispielsweise zum Vorschein, dass *Thomas Bauer* nicht nur 2011 bis 2016 Präsident des Hauptverbandes der Deutschen Bauindustrie war, sondern im Hauptberuf Chef des Baukonzerns Bauer AG in Schrobenhausen und zugleich Landesschatzmeister der CSU ist. Bei *Thorsten Bode* – offiziell vorgestellt als Vertreter des Bundesverbands mittelständischer Bauunternehmer – sollte hinzugefügt werden, dass er Geschäftsführer der Wiebe GmbH ist, einem Gleisbauunternehmen, von dem es heißt, dass ohne es »nationale und internationale Neubaustrecken kaum denkbar« sind.[183] *Hans-Hartwig Loewenstein* – offiziell präsentiert dieser den Zentralverband des deutschen Baugewerbes – ist im Hauptberuf für das Bauunternehmen Jean Bratengeier (JB) aktiv, das seinen Umsatz fast ausschließlich über öffentliche Aufträge im Straßenbau generiert. Wenn ein *Klaus-Peter Müller* auf der Liste der Kommissionsmitglieder ganz bescheiden in seiner Funktion als »Präsident des Deutschen Verkehrsforums« vorgestellt wird, dann sollte dies

---

182 Mitglied in der Kommission sind die jeweiligen Vorsitzenden der Verkehrsminister- bzw. der Bauministerkonferenz (Bundesrat(; aktuell sind dies Christian Pegel, SPD, Minister für Energie, Infrastruktur und Landesentwicklung in Mecklenburg-Vorpommern (= Verkehrsministerkonferenz), und Markus Ulbig, Staatsminister des Inneren im Freistaat Sachsen (= Bauministerkonferenz).

183 Verdener Kreiszeitung vom 5. August 2011.

ergänzt werden um den Hinweis, dass es sich hier um den leibhafti-
gen Chef der Commerzbank handelt, die an der Finanzierung vieler
Großprojekte beteiligt ist.[184]

Schließlich wäre dem Bundesverkehrsminister Dobrindt zu emp-
fehlen, bei der Personalie *Dr. Andreas Mattner* – auf der Kommissions-
liste des BMVI lediglich vorgestellt als Präsident des Zentralen Im-
mobilienausschusses – die Information hinzuzufügen, dass dieser
Mitglied der Geschäftsführung des Immobilienunternehmens ECE
Projektmanagement in Hamburg ist. ECE wird kontrolliert von der
Familie des Milliardärs Alexander Otto, dem auch der Otto-Versand
gehört. ECE ist nach eigenem Bekunden »einer der führenden Entwickler von Großimmobilien in Europa mit einem Schwerpunkt auf
Büros, Hotels Logistikzentren und Handelsimmobilien.« Der Konzern
betreut aktuell Immobilien im Wert von 31 Milliarden Euro und be-
schäftigt 3600 Mitarbeiter in 14 Ländern.[185] Auf Herrn Mattner wird
im Kontext Stuttgart 21 zurückzukommen sein. Mattner diffamiert den
Widerstand gegen Großprojekte als primär egozentrisch motiviert; er
formuliert, was auch der Tenor vieler Äußerungen anderer Kommissionsmitglieder ist: Partizipation entstehe »leider auch aus rein egois-
tischen Gründen.« Wodurch sich der »altbekannte ›St. Florian‹ zum
neuen ›Wutbürger‹« gewandelt habe.[186]

Es liegt auf der Hand: Wenn Leute mit persönlichem Interesse an
der Umsetzung von Großprojekten in einer Kommission das Sagen
haben, dann werden Böcke zu Gärtnern gemacht.[187]

---

184 Das Verkehrsforum selbst wiederum ist eine Lobbyorganisation, die von
      Großkonzernen wie Siemens, Daimler, Dürr, Lufthansa, Fraport und Küh-
      ne & Nagel maßgeblich bestimmt wird, und in deren Leitungsgremium
      andere Auto- und Luftfahrt-Lobbyorganisationen wie der Verband der
      Deutschen Automobilindustrie (VDA) und der ADAC vertreten sind.

185 Informationen nach Website www.ece.de/unternehmen/organisation/ma-
      nagement-board [abgerufen am 8. 2.2017]

186 Aus der Rede von Dr. Andreas Mattner mit dem Titel »Vom Wutbürger
      und den fünf Gewalten«, – ohne Datumsangabe, nach der Website der Stif-
      tung »Lebendige Stadt«: www.lebendige-stadt.de.

187 Zu den übrigen Mitgliedern der Kommission siehe die tabellarische Dar-
      stellung im Anhang.

Die Reformkommission Großprojekte: Lobby für Stuttgart 21 | Da die Gründungsdokumente der Kommission Fehlentwicklungen beim Großprojekt Stuttgart 21 ansprechen, sollte sich dies in ihrer Zusammensetzung niederschlagen. Gefragt wären dann dort Personen, die eine Garantie dafür abgeben, dass diese Fehler sich nicht wiederholen. Das Gegenteil ist der Fall. Sieben Mitglieder der Kommission zählen selbst zu den Profiteuren von Stuttgart 21.

Das trifft zu auf das Kommissionsmitglied *Hansgeorg Balthaus*, der Mitglied der Geschäftsführung von Hochtief Engineering und zugleich Honorarprofessor für Tunnelbau ist. Seine Antrittsvorlesung als Honorarprofessor an der TU Berlin trug den aufschlussreichen Titel »Durch Tunnelblick zu erweiterter Perspektive«.[188] Hochtief ist auf der Liste der Kommissionsmitglieder seit zwei Jahren auch durch *Christine Wolff* vertreten, die seit 2014 Aufsichtsrätin bei der Hochtief AG ist, die wiederum von dem spanischen Bauriesen ACS kontrolliert wird. Hochtief erhielt von der Deutschen Bahn AG im März 2012 den Zuschlag zum Bau der »Zuführung Bad Cannstatt zur unterirdischen Durchgangsstation«.

Johann Bögl ist ein weiteres interessantes Kommissionsmitglied. Es handelt sich um den Seniorchef der bayerischen Firmengruppe Max Bögl. Dieser Baukonzern mit 1,6 Milliarden Euro Umsatz und 6.000 Beschäftigten erhielt im August 2013 den S 21-Großauftrag zur Lieferung von 53.620 Betonfertigteilen, die den Hauptteil der beiden Röhren des 9468 Meter langen Fildertunnels bilden. Die Fertigbauteile werden im Bögl-Werk in Sengenthal in der bayerischen Oberpfalz gefertigt und dann aufwendig über 240 Kilometer hinweg nach Stuttgart transportiert werden – natürlich höchst ökologisch: mit der Bahn. Bögl war in Stuttgart bereits am Messe- und Bibliotheksbau beteiligt. Der neue 80-Millionen-Euro-Auftrag erweist sich allerdings bislang als Bögls Haupttreffer im S 21-Business.

Das Kommissionsmitglied Professor *Dr. Werner Rothengatter* gehört

---

188   Antrittsvorlesung TU Berlin vom Dezember 2010; ursprünglich zitiert nach Hochtief-Consult-Website; hier nach: W. Wolf, Böcke zu Gärtner, in: KONTEXT vom 18. September 2013.

seit Urzeiten zum Markenkern der Stuttgart 21-Befürworter. Er war, wie bereits in Kapitel II angeführt, 1994/95 bereits an der S 21-Machbarkeitsstudie beteiligt. Rothengatter behauptete zumindest bis vor kurzem weiterhin hartnäckig, Stuttgart 21 bringe eine *Kapazitätserweiterung*, was, unter Freunden, seinem Ruf als Wissenschaftler extrem abträglich ist.[189]

Schließlich muss in dieser Gruppe nochmals *Rüdiger Grube* als Ex-Bahnchef genannt werden. Wie bereits mehrfach dokumentiert hat Grube in seiner gesamten Amtszeit das Projekt Stuttgart 21 vorangetrieben und immer wieder auf's Neue behauptet, mit Stuttgart 21 würde »ein Nadelöhr auf einer der wichtigsten Ost-West-Achsen Europas« beseitigt werden: »der Kopfbahnhof (Stuttgart)«.[190]

Nochmals: Der Anlass zur Bildung der Kommission war das Stuttgart 21-Desaster. Gleichzeitig tummeln sich sieben Personen in der Kommission (oder sind ein Fünftel der Gruppe Leute), die ein materielles Interesse haben, Stuttgart 21 durchzuziehen.[191]

---

189 »Mit den übrigen Effekten (von Stuttgart 21; W.W.) – Verlagerung vom Pkw- zum umweltfreundlichen öffentlichen Verkehr [...] – lässt sich eine erhebliche Verbesserung im Umweltbereich erzielen [...] Wir rechnen mit rund 180.000 t CO2-Minderung jährlich. Die CO2-Bilanz wird verbessert durch Verkehrsverlagerungen von der Straße auf die Schiene.« Rothengatter-Statement auf der Website von »Bahnprojekt-stuttgart-ulm.de. www.bahnprojekt-stuttgart-ulm.de/mediathek/interviews/prof-dr-werner-rothengatter/media/bezug-das-projektmagazin/mediaParameter/show/Medium [abgerufen am 11. Februar 2017; dort wird genannt: »Stand April 2009«]. Am 20. und 21. September 2012 fand in Freiburg das 45. Freiburger Verkehrsseminar statt. Rothengatter hielt dort einen Vortrag, in dem im Wesentlichen vergleichbare Aussagen zu S 21 gemacht wurden (siehe Tagungsband, dort Seite 34.).

190 Brief von Rüdiger Grube und Volker Kefer an alle Bahnbeschäftigten vom 10. Februar 2010.

191 In der Großprojekte-Kommission tummeln sich sodann eine Reihe Personen, die eng mit anderen zerstörerischen Großprojekten verbunden sind. Detlef Alster beispielsweise tritt massiv für einen unverantwortlichen weiteren Ausbau der Donau ein. Er engagierte sich vor einem Jahrzehnt in seiner damaligen Position als Vertreter der Wasser- und Schifffahrtsdirektion Ost auch für den zerstörerischen Ausbau der Saale. Das von Hans-Hartwig Loewenstein vertretene Bauunternehmen Jean Bratengeier (JB)

Reformkommission mit strengem Geruch | *Fünf* Kommis-
sionsmitglieder verströmen das, was man nicht nur im Südweststaat
ein »G'schmäckle« nennt. Diese Herren könnten leicht mit Vettern-
wirtschaft und sogar mit Korruption in Verbindung gebracht werden.

Beispiel Kommissionsmitglied *Andreas Mattner.* Der Herr wurde
bereits als Managing Director von ECE vorgestellt. ECE wiederum
kontrolliert die höchst einflussreiche Stiftung »Lebendige Stadt«.
Mattner ist in Personalunion mit seinem ECE-Job Vorsitzender dieser mächtigen Stiftung. An der Spitze des Kuratoriums der Stiftung
stehen erneut der Milliardär Alexander Otto und Wolfgang Tiefen-
see. Letzterer ist seit 2014 Wirtschafts- und Wissenschaftsminister
des Bundeslandes Thüringen; er war in den Jahren 2002 bis 2005
Bundesverkehrsminister. Damals trieb er die Bahnprivatisierung und
das Projekt Stuttgart 21 voran – beides zum Nutzen und Frommen
des ECE-Konzerns, der unter anderem in Bahnhöfen, auf ehemaligem Bahngelände und insbesondere in Stuttgart auf dem ehemaligen
Gelände des Güterbahnhofs im Bereich Immobilien-Entwicklung
investiert. Er hatte auch zugestimmt, dass die Mitglieder im Bahnvorstand, allen voran Hartmut Mehdorn, erhebliche Boni (Mehdorn:
»Möhrchen«) erhalten hätten, wenn die Bahnprivatisierung vollzogen
worden wäre.

Immer wieder kommt es zu der interessanten Konstellation, dass
der ECE-Konzern in einzelnen großen Städten investiert, und zeit-
gleich oder nach einer gewissen Anstandsfrist die Bürgermeister der
entsprechenden Städte im Stiftungsrat von »Lebendige Stadt« als

---

ist in erheblichem Maß am Ausbau des Rhein-Main-Flughafens beteiligt,
ein Großprojekt, das im Wortsinne vielen Zehntausend Menschen schlaflo-
se Nächte bereitet. Hervorzuheben ist hier auch das Kommissionsmitglied
Maximilian Grauvogl. Die von diesem mit vertretene Obermeyer Planen
+ Bauen GmbH nennt auf ihrer Projekteliste gleich ein halbes Dutzend
zerstörerischer Großprojekte, an denen diese Planungsgesellschaft beteiligt
war und an denen sie verdiente (u. a. Hochgeschwindigkeitsstrecke Ebens-
feld – Erfurt, Brennerbasis-Tunnel, Fehmarnbelt-Querung, Ausbau des
Frankfurter Flughafens).

Mitglieder auftauchen.[192] Oder auch umgekehrt: Wenn auf der Website der Stiftung »Lebendige Stadt« der Ex-OB der Stadt Köln, Jürgen
Roters, und deren amtierende Oberbürgermeisterin, Henriette Re-
ker, als Mitglieder im Stiftungsrat aufgeführt werden, und wenn im
Vorstand der Stiftung dann mit Fritz Schramma ein weiterer Kölner
Ex-OB auftaucht, dann drängt sich schlicht die Frage auf: Hat ECE in
Köln aktuell etwas Großes am Laufen? So ist es: In einer ECE-Presse-
mitteilung vom 26. September 2016 heißt es: »Die MesseCityKöln ist
eine unserer bislang größten Projektentwicklungen.«[193]

Die Nichtregierungsorganisation Lobbycontrol schrieb über das
Zusammenfallen von ECE-Großprojekten mit den Aktivitäten der
Stiftung »Lebendige Stadt«: »Die hohe Zahl in der Stiftung engagierter Bürgermeister, die über mögliche (ECE-) Projekte mitentschei-
den, ist bemerkenswert.«[194]

Beispiel Dieter Posch: Für dieses Kommissionsmitglied nennt das
Bundesverkehrsministerium die schlichten Bezeichnungen »Staatsminister a. D.« und »Orth Kluth Rechtsanwälte«. In Wirklichkeit war
Posch im Zeitraum Mai 2012 bis Ende 2014 Lobbyist für die Luftfahrtbranche. Der FDP-Berufspolitiker agierte in den Jahren 1999
bis 2003 und 2009 bis 2012 als hessischer Minister für Wirtschaft,
Verkehr und Landesentwicklung unverkennbar im Interesse der
Luftfahrtbranche und der Airportbetreibergesellschaft Fraport. Er
engagierte sich vehement für den Ausbau des Frankfurter Flughafens. Dafür, so auch die Einschätzung prominenter Grünen-Politiker

---

192 Matthias Platzeck, Ex-OB von Potsdam und bis September 2013 Minis-
     terpräsident von Brandenburg, ist Mitglied im Stiftungsrat. ECE betreibt
     mit dem »Stern-Center« in Potsdam ein großes Einkaufszentrum. Burkhard
     Jung, Leipziger OB, ist Mitglied des Lebendige-Stadt-Stiftungsrat. ECE be-
     treibt die »Promenaden Hauptbahnhof Leipzig«. Helma Orosz, bis 2015
     Oberbürgermeisterin von Dresden, war Mitglied im Stiftungsrat. ECE be-
     treibt in Dresden die »Altmarkt-Galerie« mit 44.000 Quadratmeter Ver-
     kaufsflächen.

193 Siehe: www.ece.de/presse/pressemeldungen/details-l/?tx_news_pil [abge-
     rufen am 8. 2.2017]

194 Lobbycontrol, »Stiftung Lebendige Stadt«; www.lobbypedia.de/wiki/Stif-
     tung_Lebendige_Stadt. (Abgerufen am 2. September 2013).

in Hessen, wurde er nach seinem Ausscheiden als Minister mit einem gut dotierten Job beim Bundesverband der Deutschen Luftverkehrswirtschaft (BDL) belohnt.[195]

Beispiel Wolfgang Heiermann: Wenn als Kommissionsmitglied mit Professor Heiermann der Vertreter einer großen Anwaltskanzlei vorgestellt wird, dann denkt kaum jemand an den größten Bauskandal, den es in Deutschland bislang gab. Anfang der 1990er Jahre narrte ein gewisser Dr. Jürgen Schneider die Top-Bank des Landes, die Deutsche Bank, und zog ein imposantes Bau-Imperium hoch – fast ausschließlich auf Basis von Krediten, deren Sicherheiten in grandios zu hoch bewerteten Immobilien bestanden. Im ersten Halbjahr 1994 kollabierte das Schneider-Imperium. Der damalige Geschäftspartner von Schreiber war ein gewisser Honorarprofessor Wolfgang Heiermann. Er wirkte im Aufsichtsrat der CIP Center AG, die für die Vermietung der Schreiber-Immobilien zuständig war.[196]

Beispiel Paul Bauwens-Adenauer: Dieser Herr wird auf der Großprojekte-Kommissionsliste lediglich als »Vizepräsident des Deutschen Industrie- und Handelstages (DIHK)« ausgewiesen. Tatsächlich ist Herr Bauwens-Adenauer im Hauptberuf zusammen mit Patrick Adenauer geschäftsführender Gesellschafter der Unternehmensgruppe Bauwens, einem gewichtigen Kölner Bauunternehmen. Er ist auch Vorsitzender des Wirtschaftsrates der CDU in NRW. Bauwens-Adenauer sollte 2010/2011 für die Kölner OB-Wahl als CDU-Kandidat ins Rennen geschickt werden – doch dann bekam seine Karriere einen herben Knick. Anfang 2011 gab es in NRW eine Großrazzia in Düsseldorf, Wuppertal und Köln wegen eines Bauskandals. Durchsucht

---

195 »Die Luftverkehrswirtschaft zeigt sich mit einem neuen Posten bei Herrn Posch dafür erkenntlich, dass er den Ausbau des Frankfurter Flughafens durchgeboxt hat.« So Frank Kaufmann, Bündnis 90/Die Grünen, in: Die Welt vom 4. Dezember 2012.

196 Focus 20/94. Dort heißt es auch: »In den 70er Jahren zählten deutsche Rüstungsunternehmen und potentielle Waffenkäufer aus dem Nahen Osten zu Heiermanns Kundenstamm. Der rührige Rechtsvertreter hatte eine Vielzahl von Beraterverträgen. Er vertrat die Interessen des saudischen Prinzen Abdullah (Focus 18/1994), kassierte dafür ein königliches Jahreshonorar von 120.000 Mark.«

wurden die Räume des landeseigenen Bau- und Liegenschaftsbetriebs (BLB) und diejenigen des Bauunternehmens Bauwens. Die Unternehmensgruppe Bauwens hatte 2009 Flächen in Köln-Bayenthal günstig aufgekauft und dann an die BLB weiterverkauft – mit satten Gewinnen. Dabei drängte sich der Verdacht von Insiderhandel und Korruption auf. Einen Beweis dafür gibt es nicht. Das Kölner Boulevard-Blatt *Express* überschrieb den entsprechenden Bericht mit »Korruptionsvorwürfe gegen Paul Bauwens-Adenauer«; die süffisanten Schlusssätze des Artikel lauten: »Auf die Frage, ob das IHK-Engagement nicht zulasten des Jobs geht, meint Bauwens-Adenauer vielsagend: ›Es kommt ja auch etwas zurück, was für das Geschäft von Vorteil ist.‹«.[197]

Beispiel Johann Bögl. Dieser Herr ist Seniorchef der Max Bögl Bauunternehmung GmbH & Co. KG mit Firmensitz in Sengenthal bei Neumarkt in der Oberpfalz. Bögl war maßgeblicher Player im Transrapid-Geschäft. Dieses absurde Großprojekt, das mehr als zwei Milliarden Euro Steuergelder schluckte, wird heimlich weiter betrieben.[198] Das Bauunternehmen Bögl hatte im Zeitraum 2002 bis 2005 systematisch Manager des Möbelunternehmens Ikea bestochen und als Gegenleistung lukrative Bauaufträge des Ikea-Konzerns erhalten. Eine Bilanz aus dem Blatt *Wirtschaftswoche*: »Der damalige Geschäftsführer des Bögl-Bereichs Hochbau akzeptierte dafür 2007 einen Strafbefehl über 335.000 Euro und eine Freiheitsstrafe von einem Jahr auf Bewährung. Seniorchef Johann Bögl zahlte 243.000 Euro. Laut Strafbefehl hatte er zwei Mal sechsstellige Beträge in bar herausgegeben, mit denen sein Hochbau-Chef Ikea-Leute bestach [...] Die Staatsanwaltschaft erließ einen sogenannten Verfallsbescheid und schöpfte

---

197 Express vom 18. März 2011. Zur Razzia nach: Kölner Stadt-Anzeiger vom 9. Februar 2011.

198 Während in der Öffentlichkeit so getan wird, als sei dieses absurde Großprojekt spätestens seit dem katastrophalen Unfall auf der Transrapid-Erprobungsstrecke vom 22. September 2006 mit 23 Toten ad acta gelegt, ließ im Juli 2013 der damalige Staatssekretär Rainer Bomba, die rechte Hand des damaligen Bundesverkehrsministers Ramsauer, mitteilen: »Der Transrapid ist nicht tot; die Technik wird sich durchsetzen.« Aktuell werde eine 120 Kilometer lange Transrapidstrecke auf der Insel Teneriffa geprüft.

damit Gewinne aus den illegal gewonnenen Aufträgen ab. Bögl über-
wies die genannte Summe und entging so einem Eintrag ins Gewer-
bezentralregister, der das Unternehmen von öffentlichen Aufträgen
ausgeschlossen hätte [...] Als diese Schmiergeldgeschäfte aufflogen,
bauten die Oberpfälzer gerade auf vier Ikea-Baustellen.«[199]

Die alte doppelte Erkenntnis, dass bei Großprojekten »außerordentliche Ausgaben«, um an die Aufträge zu gelangen, eine große
Rolle spielen, und dass Großprojekte im Baubereich in besonderem
Maß mit Korruption in Verbindung gebracht werden, wird ausgerechnet in Gestalt einzelner Mitglieder der »Reformkommission Großprojekte« selbst unterstrichen.

2.
S 21-Lobby in Baden-Württemberg bzw. in Stuttgart

Der bundesweit organisierte Einfluss der Profiteure bei Stuttgart 21 und
der Lobbyisten für dieses Monsterprojekt findet auf regionaler und lo-
kaler Ebene seine Fortsetzung. In Stuttgart konkretisiert sich dies erstens auf der Ebene der in der Region ansässigen Konzerne, zweitens in
der Immobilienwirtschaft, drittens bei den Medien und schließlich in
Form einer effizienten und gut ausgestatteten PR-Maschine.

Regionale Wirtschaft | Josef-Otto Freudenreich, Chefredakteur
der höchst verdienstvollen, 2011 gegründeten Wochenzeitung *KON-
TEXT* und bis 2010 Chefreporter der *Stuttgarter Zeitung*, beschrieb in
zwei Büchern, wie eng die regionale Wirtschaft in Baden-Württemberg vernetzt ist und wie es im Zusammenhang mit Stuttgart 21 in
der Region Stuttgart einen »Filz« mit »Korruption und Kumpanei«
gibt.[200] Er argumentierte, dass die wirklich großen Entscheidungen

---

199 Harald Schumacher, »Deutschland spektakulärste Bauskandale«, in: Die
     Wirtschaftswoche vom 17. Februar 2010.

200 Josef-Otto Freudenreich (Hg.), »Wir können alles«, Filz, Korruption &
     Kumpanei im Musterländle, Tübingen 2008; und Josef-Otto Freudenreich
     (Hg.), Die Taschenspieler. Verraten und verkauft in Deutschland, Tübingen
     2010.

in Baden-Württemberg in den Zeiten der Ministerpräsidenten Späth, Teufel, Oettinger und Mappus weniger in deren Amtssitz, der Villa Reitzenstein, sondern im »Weinberghäuschen«, in einem Weinberghang oberhalb des Stuttgarter Talkessels gefällt wurden. Hier treffe sich regelmäßig eine »kaltschnäuzige Cliquenwirtschaft« aus einflussreichen Wirtschaftsbossen, Bankern und Politikern. Der Eigentümer des idyllischen Häuschens ist die regionale Industrie- und Handelskammer (IHK). Besonders hervorgetan in der S 21-Lobbyarbeit haben sich: Hans-Peter Stihl, Chef des weltweit größten Motorsägeherstellers Stihl, der im Übrigen zeitweilig eine vor allem von ihm selbst gesteuerte Lobbygruppe etabliert hatte, das »Forum Region Stuttgart« (dieses wurde 2016 aufgelöst). Das Maschinenbauunternehmen Trumpf GmbH, und hier sowohl der Seniorchef Berthold Leibinger als auch die aktuelle Chefin Nicola Leibinger-Kammüller. Der Eigentümer des bereits vorgestellten Tunnelbauers Herrenknecht, Martin Herrenknecht, der den Schauspieler und Stuttgart 21-Kritiker Walter Sittler öffentlich als »Kanaille« beschimpfte. Aber auch der BASF-Konzernchef Jürgen Hambrecht, der gegen die Stuttgart 21-Proteste polemisierte und forderte: »Wir müssen endlich von einer Gegen-Gesellschaft zu einer Dafür-Gesellschaft werden, sonst werden wir die Herausforderungen unserer Zeit nicht bewältigen.«[201]

Des Öfteren in den »Weinberghäusle«-Mauschelrunden gesehen wurden der VDA-Chef Matthias Wissmann, Hartmut Mehdorn und Rüdiger Grube in ihrer jeweiligen Zeit als Bahnchef, Banker der Landesbank Baden-Württemberg (LBBW), der Tunnelbauer Martin Herrenknecht und, nicht zu vergessen, die Chefredakteure der im Bundesland vertretenen großen Regionalzeitungen. Mehr als ein Jahrzehnt lang gab es in diesen Runden einen hervorgehobenen informellen Tagesordnungspunkt: Das Großprojekt Stuttgart 21. Höchst formell und öffentlich erklärte dann 2010 der damalige IHK-Präsident Herbert Müller: »Die Region steht geschlossen hinter Stuttgart 21.« Er wolle »900 Unternehmer des Landes zur Verteidigung des Bahnprojekts« mobilisieren. Und so trafen sich Anfang Oktober 2010 auch vie-

---

201 Zitiertes Interview in der Stuttgarter Zeitung vom 28. November 2010.

le hundert große und kleine Bosse in der Stuttgarter Liederhalle, um dem damaligen Bahnchef Grube zu lauschen und eine – weitgehende – Geschlossenheit pro Stuttgart 21 zu demonstrieren.[202] Dass der IHK-Chef zwei Jahre später in der Folge der Massenproteste gegen Stuttgart 21 und als Resultat einer Anti-S 21-Gruppe innerhalb der IHK bei der anstehenden Wiederwahl durchfiel, steht dann auf einem anderen Blatt. (Siehe Kapitel VII)

Von vornherein war klar: Jede Art zeitweiliger Blockade der Schiene und vor allem jeglicher mit S 21 verbundene Rückbau der Kapazitäten des Schienenverkehrs kommt automatisch denen zugute, die in den konkurrierenden Verkehrssektoren engagiert sind: dem Flughafen Stuttgart, dem Lkw- und Bushersteller Daimler und den Pkw-Herstellern Daimler, Porsche und Audi. Diese Wirtschaftssektoren haben sich seit Mitte der 1990er Jahre deutlich für Stuttgart 21 engagiert.

Die Flughafengesellschaft trat von vornherein sogar direkt als Stuttgart 21-Finanzier und damit als Projektpartner auf. Sie steuerte 227 Millionen Euro zur Kofinanzierung von Stuttgart 21 bei. Die Autoindustrie hat in der Stuttgarter Region ihr heimliches Deutschlandquartier: Nirgendwo in Deutschland gibt es eine derart große Konzentration von Kapital und Beschäftigung, die mit dem Produkt Auto verbunden ist: Daimler, Porsche, Bosch, Audi (in Heilbronn und Neckarsulm), ZF (in Friedrichshafen) und Dutzende große, sogenannte mittelständische Zulieferer der Autobranche haben hier ihre Zentralen. Es war der Daimler-Chef Dieter Zetsche, der sich wiederholt für Stuttgart 21 in die Bresche warf – mit den bekannten, falschen und zugleich demagogischen Argumenten: »Leider sind die Straßen ständig verstopft. Der Flughafen ist ein regionaler. Und die Bahnstrecken stammen aus dem 19. Jahrhundert. Wenn wir da nicht investieren, fällt die Region im Wettbewerb weit zurück.« Er nannte dann auch einen praktischen Grund, weswegen Daimler ein vitales Interesse zumindest an der Neubaustrecke hat: »Daimler braucht explizit

---

202 Konstantin Schwarz, Drinnen spricht Grube, draußen die Gegner, in: Stuttgarter Nachrichten vom 11. Oktober 2010.

die schnelle Verbindung nach Ulm. Dies beispielsweise auch, um für Arbeitnehmer aus dem weiteren Umland attraktiv zu sein.«[203]

Einer der prominentesten S 21-Unterstützer ist der bereits erwähnte Matthias Wissmann. Er war 1993 bis 1998 Bundesverkehrsminister und hatte in dieser Eigenschaft Stuttgart 21 gemeinsam mit den bereits in Kapitel IV erwähnten anderen Schwaben im April 1994 aus der Taufe gehoben. Damals wurde dies ganz offen als ein Projekt ausgegeben, an dem der Bund maßgeblich beteiligt ist (das spätere Versteckspiel, es handle sich um ein eigenwirtschaftliches Projekt der Deutschen Bahn AG, dient allein dem Zweck, das Thema aus Bundestagsdebatten heraus- und von parlamentarischen Kontrollen fernzuhalten). Seit dem Jahr 2007 ist Wissmann Präsident des äußerst einflussreichen Verbandes der Automobilindustrie (VDA). Er hat sich mehr als zwei Jahrzehnte lang in unterschiedlichen Funktionen für Stuttgart 21 ausgesprochen. Jüngst tauchte sein Name erneut beim Thema S 21 an höchst brisanter Stelle auf: Die Deutsche Bahn AG reichte Ende 2016 Klage gegen die Stuttgart 21-Projekt-Partner ein mit dem Ziel, dass diese die Mehrkosten von S 21 übernehmen. Mit der Verfolgung der Klage wurde die US-Anwaltskanzlei Wilmer Hale beauftragt. Für die deutsche Niederlassung der Kanzlei in Berlin ist Matthias Wissmann tätig.[204]

Immobilienbranche | Stuttgart 21 war, wie in Kapitel II u. a. mit dem Verweis auf die international führende Immobilienmesse MIPIM in Cannes dargelegt, von Anfang an ein Immobilienprojekt. 2017 ist Stuttgart 21 zwar noch nicht gebaut, doch größere Teile des ehemaligen Bahngeländes im Umfeld des Stuttgarter Hauptbahnhofs sind unter der Kontrolle von Immobilienentwicklern. In den vergangenen Jahren wurden in der Landeshauptstadt mehrere neue Immobiliengebiete mit rund 100.000 Quadratmetern neuen Verkaufsflächen »entwickelt«. Dabei wirkte die City Initiative Stuttgart (CIS) als doppelter

---

203 Interview in der Stuttgarter Zeitung mit Dieter Zetsche (Daimler) und Jürgen Hambrecht (BASF) vom 28. November 2010.

204 Stuttgarter Nahrichten vom 23. Dezember 2016.

Lobbyverband: einerseits werbend für die neuen Einkaufszentren und gleichzeitig trommelnd für Stuttgart 21. Die größte der neuen »Malls« wurde hochtrabend auf den Namen Milaneo getauft – ja, es gab bei der Eröffnung sogar einen kirchlichen Segen für den geschäftlichen Erfolg. Das Milaneo befindet sich nördlich des Stuttgarter Hauptbahnhofs, auf dem Gelände des ehemaligen Güterbahnhofs. Das Milaneo hat »mit Stuttgart 21 [direkt; W. W.] nichts zu tun«, wie die Managerin des Einkaufszentrums interessanterweise bemüht ist zu betonen.[205] Der Gebäudekomplex beinhaltet 417 Wohnungen mit außerordentlich hohen Mieten (Kaltmietpreis 15 Euro je Quadratmeter). Es gibt 1600 Pkw-Stellplätze. Im Zentrum steht das größte Einkaufszentrum der Region mit 43.000 Quadratmetern Flächen für Geschäfte und Gaststätten. »Anker-Mieter« ist die irische Modekette Primark. Die Kosten für den Bau des Komplexes betrugen mehr als eine halbe Milliarde Euro. Obgleich das Einkaufszentrum direkt am Hauptbahnhof liegt und darüber hinaus eine eigene unterirdische Stadtbahn-Station hat, kommen 60 Prozent der Kundschaft per Pkw zum Einkaufen – ein großer Teil von außerhalb der Stadt. Damit haben sich – auch zusammen mit den anderen neuen Einkaufszentren – die Staus in der Stadt und die Feinstabbelastung erheblich verstärkt.

Die Milaneo-Betreiber hoffen darauf, dass der gigantische Einkaufskomplex in Bälde eine unterirdische Fußgänger-Verbindung – oder soll es ein Laufband nach Art der Airport-Verbindungen werden?! – zum Hauptbahnhof erhält.[206]

Mit dem Milaneo und zwei weiteren großen Shopping Malls (»Das Gerber« und »Dorotheen«) beschleunigt sich in der Stadt das Laden-

---

205 Andrea Poul, Milaneo-Managerin, in: Stuttgarter Zeitung vom 28. Juli 2014, auf die Frage, wie sie sich die »massive Kritik« am Milaneo noch vor der Eröffnung erkläre: »Viele Kritiker verbinden das Milaneo mit Stuttgart 21, obwohl es mit dem Bahnhofsprojekt nichts zu tun hat.«

206 Andrea Poul: »Es gibt die Perspektive, dass der Tunnel der Bahn, die sogenannte Wagenladestraße, unter dem Milaneo, irgendwann komplett durch das Europaviertel hindurchgeführt wird. Ich hoffe, wir reden da nicht von 10 oder 15 Jahren. Momentan ist das noch eine Sackgasse. Doch die soll geöffnet werden.« In: Stuttgarter Zeitung vom 28. Juli 2014.

sterben. Vor allem kleinere, Familien geführte und traditionelle Läden in der City müssen aufgeben. Darüber hinaus sind die Geschäfte in der Region erheblich betroffen. Was im Übrigen dort den Bau eigener neuer Einkaufscenters fördert. Kurz: Ein gigantischer Verdrängungswettbewerb wurde in Gang gesetzt.

Der Entwickler und Betreiber des Milaneo ist der bereits vorgestellte Immobilienriese ECE. Der ECE-Eigentümer und Milliardär Alexander Otto, sagt offen, worum es geht: »Wir müssen jetzt neue Kaufkraft in die Stadt holen«; dies müsse in einem »Einzugsbereich von 2,9 Millionen Einwohnern« erfolgen.[207] Zum Vergleich: Die Einwohnerzahl von Stuttgart lag im Dezember 2016 bei 609.219 Menschen. Herr Otto lässt da einen großen Kreis schlagen.

Wobei sich nunmehr interessante Kreise schließen. Mehrere S 21-Projekt-Betreiber haben führende Positionen in der von ECE ausgehaltenen Stiftung Lebendige Stadt inne beziehungsweise sie waren dort präsent. Bereits zwei Mal erwähnt wurde weiter oben *Andreas Mattner*. Dieser steht in einer Art Dreifaltigkeitspersonalunion an der Spitze von erstens ECE, zweitens von Lebendige Stadt und drittens von der ECE-Tochter Milaneo. Neu zu erwähnen ist *Friederike Beyer*. Die Dame ist Mitglied im Vorstand von Lebendige Stadt und die Lebensgefährtin des ehemaligen baden-württembergischen Ministerpräsidenten, des heutigen EU-Kommissars und des in allen Funktionen engagierten S 21-Betreibers *Günter Oettinger*. Im Kuratorium von Lebendige Stadt stoßen wir sodann auf Prof. Dr. *Wolfgang Schuster*. Der Mann war bis 2014 Oberbürgermeister der Stadt Stuttgart; er agierte immer verbissen borniert als Stuttgart 21-Einpeitscher. In seiner aktiven OB-Zeit war Schuster bereits Mitglied im Stiftungsrat von Lebendige Stadt gewesen. Ebenfalls Mitglieder in diesem Stiftungsrat waren *Tanja Gönner* – sie war in der heißen Phase der S 21-Auseinandersetzung die für Verkehr verantwortliche Landesministerin – und *Christoph Ingenhoven*, der Architekt des geplanten S 21-Bahnhofs. Schließlich ist *Dr. Ale*

---

207 Zitiert bei: Tom Adler, Mehr Malls, weniger Leben, in: Stadt.Plan 1/2014, herausgegeben von der Fraktionsgemeinschaft SÖS Linke Plus im Gemeinderat der Stadt Stuttgart.

xander Erdland, der Präsident des Gesamtverbandes der Deutschen Versicherungswirtschaft (GDV), zugleich Vorsitzender des Vorstands Wüstenrot und Württembergische AG, zu erwähnen. Erdland ist aktuelles Mitglied im Lebendige Stadt-Stiftungsrat und Stuttgart 21-Unterstützer.[208] Anfang 2014 trat der Mann mit der interessanten Forderung an die Öffentlichkeit, deutsche Lebensversicherer sollten künftig verstärkt in Infrastrukturprojekte investieren. Damit würden allerdings hochriskante Projekte wie der Flughafen Berlin-Brandenburg oder Stuttgart 21 zu Bestandteilen der Altersvorsorge avancieren.[209]

Die Medien-Lobby | Das Projekt Stuttgart 21 hätte niemals die relativ breite Unterstützung gewinnen und bei der Volksabstimmung im November 2011 erfolgreich sein können, gäbe es nicht seine Einbettung in eine Pro-Stuttgart 21-Medienlandschaft.

Die in der Region dominierende ARD-Anstalt, der Südwestrundfunk (SWR), berichtete in den Funk- und TV-Beiträgen in der Zeit vor 2010 nur selten über Stuttgart 21. Vor allem fehlten längere Hintergrund-Beiträge. In der heißen Phase der Auseinandersetzung gab es viele Pro- und Contra-Beiträge und auch längere Dokumentationen und Übertragungen – so in den Wochen der S 21-Schlichtung. Dennoch musste man immer wieder den Eindruck bekommen, dass über die Argumente der Kritiker und über die Bewegung gegen das Projekt wesentlich weniger informiert wurde als über die Befürworter. Dabei verraten einige Magazinbeiträge oder Analysen, dass es beim SWR kompetente Journalisten gibt, die dies leisten könnten, aber nicht immer zum Zuge kommen. Oder dass ihre Beiträge trotz entsprechender Tragweite nicht prominent platziert werden. In jüngerer Zeit hat sich dies etwas geändert; so gab es 2016 im Zusammenhang mit den Bundesrechnungshof-Prüfberichten und dem KPMG-Gutachten einige kritische Berichte zu Stuttgart 21, die zum Teil auch von der ARD ausgestrahlt wurden (ARD

---

208   Alle Angaben zu Lebendige Stadt nach der Website dieser Stiftung (www. lebendige-stadt.de); abgerufen am 10. Februar 2017.

209   Nach: Cash.online vom 26. November 2017, www.cash-online.de/versicherungen/2014/infrastrukturfinanzierung-bdv-warnt-vor-gelockerten-eigenkapitalvorschriften/220979 [abgerufen am 9.2.2017].

Aktuell, Plusminus). ARD und ZDF haben Stuttgart 21 – von einigen Ausnahmen abgesehen – eher als regionales Thema behandelt. Dabei ist das Debakel in Stuttgart noch mehr ein gesamtdeutsches Problem als der Berliner Flughafen. Dennoch bleibt eine Tatsache bestehen: Die konkreten, andauernden Proteste gegen das Projekt bleiben weitgehend ausgeblendet. Das Argument, es habe geringen Informationswert, »immer wieder über die regelmäßigen Montagsdemonstrationen« zu berichten, sticht nicht. Zum einen, weil es auf den montäglichen Kundgebungen fast immer qualifizierte Redebeiträgen, oft mit Referenten aus anderen deutschen Städten und aus dem Ausland, gibt. Zum anderen, weil die unterschiedlichen Gruppen, die sich gegen Stuttgart 21 gebildet haben, in jedem Monat rund ein Dutzend ergänzende Veranstaltungen zum Thema durchführen (siehe dazu ausführlich Kapitel VII).

Noch stärker ist die mediale Lobby pro Stuttgart 21 im Printbereich, also bei der *Stuttgarter Zeitung* und bei den *Stuttgarter Nachrichten*. In der Stadt und in der Region Stuttgart gibt es nur einen Konzern, der – sieht man mal von »Bild« ab – mehr als 90 Prozent des gesamten Printangebots beherrscht: die Südwestdeutsche Medien Holding (SWMH). Die SWMH gehört – neben dem Springer-Verlag und dem ehemaligen WAZ-Imperium, inzwischen der Funke-Medien-Gruppe – zu den drei größten Tageszeitungsgruppen in Deutschland. In Stuttgart und Umland und in der Schwarzwald-Region zählen zu ihr die *Stuttgarter Zeitung (StZ)*, die *Stuttgarter Nachrichten (StN)* und der *Schwarzwälder Bote*. Die beiden Stuttgarter Tageszeitungen wurden in den letzten Jahren miteinander immer mehr vernetzt; seit 2016 sind sie auch redaktionell verschmolzen. Ein Dutzend Blätter im Stuttgarter Umland, darunter seit 2016 auch die *Eßlinger Zeitung*, sind »Mantelpartner« der beiden großen Stuttgarter Tageszeitungen. Gemeinsam mit allen 27 Mantelpartnern erreichen die beiden Stuttgarter Zeitungen eine tägliche Auflage von 430.000 Exemplaren. Die Südwestdeutsche Medienholding kontrolliert darüber hinaus in Südthüringen und in Nordbayern fünf weitere Tageszeitungen.[210]

---

210 Es handelt sich um die folgenden Zeitungen: Freies Wort, Meininger Tagblatt, Frankenpost, Neue Presse (Coburg) und Südthüringer Zeitung.

Seit knapp einem Jahrzehnt gehört zu dem bunten SWMH-Strauß mit den eher regionalen Tageszeitungen auch die größte deutsche Tageszeitung: Im Dezember 2007 erwarb der SWMH-Konzern die Mehrheit am Süddeutschen Verlag und damit an der *Süddeutschen Zeitung*. Die *SZ* kommt auf eine tägliche Auflage von 370.000 Exemplaren. Sie rangiert damit deutlich vor der Nummer 2, der *Frankfurter Allgemeinen Zeitung* (mit 250.000 Exemplaren täglich). Insgesamt bündelt die SWMH 16 Zeitungen, 150 Fachinformationsblätter, 16 Anzeigenblätter; sie verfügt über Beteiligungen an Radiosendern, über eine Fernsehproduktionsgesellschaft und eine größere Zahl leistungsstarker Druckereien. Die Printauflagen addieren sich auf täglich mehr als eine Million Exemplare.[211] Während es bislang noch in einigen anderen deutschen Großstädten zumindest zwei konkurrierende Tageszeitungen aus unterschiedlichen Verlagshäusern gibt – was mitunter auch mit Meinungsstreit und produktivem Wettbewerb verbunden ist – gibt es in Stuttgart nur diesen einen Printmedien-Lieferanten.

Das mächtige Verlagshaus Südwestdeutsche Medien Holding ist eindeutig Partei und dem Pro-S 21-Lager zuzurechnen. Eine vergleichbare Pro-S 21-Parteinahme gab es bei den beiden Stuttgarter Tageszeitungen auch vor 2007, als die Eigentümerschaft noch anders strukturiert war. Sie hat sich mit der Integration in die SWMH und mit der Zusammenlegung der Redaktionen von *StZ* und *StN* jedoch nochmals verstärkt. So kritisiert Lobbycontrol, dass beide Stuttgarter Tageszeitungen »sich vehement zum umstrittenen Großprojekt Stuttgart 21 bekennen«. Dies stehe in engem Zusammenhang mit der Tatsache, dass die SWMH- Muttergesellschaft finanziell »vollkommen von der Landesbank Baden-Württemberg (LBBW) abhängig« sei.[212] Wie erwähnt

---

211 Angaben nach Wikipedia zu SWMH [abgerufen am 10.2.2017]. Bis März 2016 publizierte die SWMH noch Sonntag Aktuell mit mehr als 600.000 Exemplaren Auflage. Diese Publikation wurde ersatzlos aufgegeben.

212 Die Übernahme der *Süddeutschen Zeitung* durch die SWMH wurde zu einem erheblichen Teil durch einen Großkredit der LBBW finanziert. Diese Großbank wiederum hatte einen Verwaltungsrat, später Aufsichtsrat, der stark »politisch ausgerichtet« ist. Bis zum Ende der Ära mit CDU-Ministerpräsidenten war er vor allem durchsetzt mit Personen, die öffentlich und

waren LBBW-Banker auch bei den Weinberghäusle«-Runden mit vertreten. Dabei wollen wir nicht unterschlagen, dass es sowohl bei der
Stuttgarter Zeitung, als auch bei den *Stuttgarter Nachrichten* immer wieder Autoren gab, die ihren journalistischen Auftrag ernst genommen
und auch kritisch berichtet haben, doch an einem solchen Tun, wie
hinter vorgehaltener Hand gelegentlich berichtet wird, auch immer
wieder gehindert wurden. Teilweise, so die Insider, wurden Artikel
nicht oder nur gekürzt oder erst verspätet veröffentlicht. Wer sich die
Namen der S 21-Autoren der letzten zehn Jahre ansieht, wird feststellen, dass es einige kritische Schreiber gibt, die nur für eine bestimmte
Zeit für das Thema eingesetzt wurden. Daraus kann man nur schließen, dass ihnen das Thema weggenommen wurde oder dass sie den
Druck nicht mehr ausgehalten und sich selbst für andere Themen beworben haben. Da die Leserkritik an der Berichterstattung der beiden
Stuttgarter Zeitungen zweiweise sehr massiv war, gab es auch Phasen,
in denen gute Hintergrund-Artikel erschienen sind, gelegentlich auch
Enthüllungen, die andere Medien dann aufgegriffen haben.

Doch es blieb immer bei der eindeutigen Parteinahme dieser entscheidenden Tageszeitungen zugunsten des Großprojekts. Lobbycontrol verweist in diesem Zusammenhang auf einen Artikel in der Ausgabe der *Stuttgarter Zeitung* vom 1. September 2010, der »besonders
hervor(steche)«. Tatsächlich verkündete in diesem der stellvertretende
Chefredakteur dieser Zeitung, Michael Maurer, eine Art Grundbe-
kenntnis. Er schrieb: »Die *Stuttgarter Zeitung* hat schon lange eine klare Haltung zu Stuttgart 21. Wir sehen das Vorhaben positiv, weil wir
in dem Ausbau der Schieneninfrastruktur eine große Chance für die
Stadt, für die Region und das Land sehen. Zu dieser generellen Einschätzung, die in einer großen […] Redaktion natürlich fast ebenso
kontrovers diskutiert wird, wie in der Stadt, steht die *Stuttgarter Zeitung*
unverändert.« Es folgt dann zwar die Zusage, man werde das Thema
»nach bestem Wissen und Gewissen von alle Seiten beleuchten« und

offensiv für Stuttgart 21 trommelten. Seither sind auch Grüne – so Fritz
Kuhn – in dieses Gremium aufgerückt – parallel zu deren Entwicklung von
Kritikern des Großprojekts zu mal kritischen, mal unkritischen Begleitern
und Vollstreckern desselben.

– man lese und staune – man werde dabei »Gegner und Befürworter gleichermaßen zu Wort kommen lassen«. Doch dann folgen Sätze wie in Stein gemeißelt: »Am Ende« werde man »der Leserin und dem Leser eine klare Einschätzung liefern. […] Eine Zeitung hätte ihre Aufgabe verfehlt, käme sie in einer für ihre Leser wichtigen Frage, wie es Stuttgart 21 zweifellos ist, nicht zu einem eindeutigen Urteil. Sie muss Einordnung bieten, nicht Beliebigkeit.«[213]

Das hätte so auch im *Neuen Deutschland* der 1970er Jahre stehen können. Wobei dort anstelle des Wortes »Einordnung« eher ein Begriff wie »Generallinie« oder »proletarischer Standpunkt« zu lesen gewesen wäre. Bei Stuttgart 21 geht es, wie in Kapitel III dargelegt, in vielen Dingen um harte Fakten, um Physik, Mathematik, Geologie, um DIN- und EBO-Normen und um Grundsätze der Schienenverkehrssicherheit. Und wenn der Vizechef der führenden Stuttgarter Tageszeitung hier – stellvertretend für alle Verteidiger von Stuttgart 21 – die grundsätzliche Parteinahme der Redaktion für das Monsterprojekt damit begründet, dass es sich bei diesem um »einen *Ausbau* der Schieneninfrastruktur« handle, dann bedeutet diese Art »Einordnung«, die Grundregeln von Mathematik und Physik für ungültig zu erklären. Es gibt in den SWMH-Medien viele Aussagen zu S 21, die den Tatsachen widersprechen. Der *StZ*-Lokalchef Jörg Hamann behauptete beispielsweise wiederholt, dass »Stuttgart 100 Hektar Entwicklungsfläche in bester Citylage bekommt, wenn von 2019 an der Talkessel von der Gleiswüste befreit wird, die heute die Landeshauptstadt teilt.«[214] Dabei haben seit der ersten Vorstellung von Stuttgart 21 Mitte der 1990er Jahre die Kritiker des Projekts klar gemacht, dass im Fall eines modernisierter Kopfbahnhofs ebenfalls rund 60 Hektar Bahnflächen frei werden und umgewidmet werden könnten. Doch es geht nicht um Fakten. Es geht um Interessen. Damit dies für die Leserschaft nicht allzu deutlich wird, kommen in allen SWMH-Blättern eben nicht, wie behauptet, »Gegner und Befürworter gleichermaßen zu Wort«.

---

213 Michael Maurer, Die Zeitung muss Stellung beziehen, in: Stuttgarter Zeitung vom 1. September 2010.
214 Zitiert in: KONTEXT vom 4. April 2015.

Dies wird gelegentlich selbst von autorisierter Seite eingestanden. Beispielsweise mit dem folgenden Satz: »In allen Leitartikeln haben sich die Stuttgarter Nachrichten im Kern bisher stets für Stuttgart 21 ausgesprochen.« Dies sagte der soeben zitierte Jörg Hamann, der damalige Lokalchef der *Stuttgarter Nachrichten*, im Mai 2011 auf einer Veranstaltung der Bundeszentrale für politische Bildung.[215] Oder auch mit dem Satz: »Es war ein Fehler gewesen, S 21 zu StZ 21 zu machen.« Dies äußerte der ehemalige Chefredakteur der *Stuttgarter Zeitung*, Uwe Vorkötter. Oder schließlich mit der Feststellung: »Ohne Zustimmung der *Stuttgarter Zeitung* zu diesem Großprojekt würde, so vermute ich mal, Stuttgart 21 nie gebaut werden.« Dies gestand Adrian Zielke, der ehemalige außenpolitische Ressortleiter der *Stuttgarter Zeitung*, ein.[216]

Doch nehmen wir als ein praktisches und aktuelles Beispiel für die spezifische Pro-S 21-Parteilichkeit die Berichterstattung zum Tod des Architekten Frei Otto im März 2015. Frei Otto wurde in den Medien, auch in denen der SWMH, als »engagiertester Ideengeber für eine bessere Welt« *(Süddeutsche Zeitung)*, als »ökologisches Gewissen für die Ingenieure und Architekten und als Wegweiser für die Material- und Konstruktionsforschung« *(Berliner Tagesspiegel)* und als jemand gefeiert, bei dem »das Glück, der Himmel und die Musik genau die Begriffe sind, die es braucht, um die Wirkung dieses Werks, das Architektur und Ingenieurskunst ist, angemessen zu beschreiben« *(Frankfurter Allgemeine Zeitung)*.[217] Der Mann erhielt kurz vor seinem Tod die höchste Auszeichnung zugesprochen, die die Welt der internationalen Architektur zu vergeben hat, den Pritzker-Preis. Nun haben Frei Otto und

---

215 Wiedergegeben in: KONTEXT vom 14. April 2015.

216 Die Zitate von Vorkötter (geäußert nach dessen aktiver Zeit bei der StZ) und Zielke (geäußert kurz vor dem Ruhestand) nach: Hans Peter Schütz, Medien und Stuttgart 21 – Fahrt auf dem schwäbischen Filz, in: stern.de vom 7. Oktober 2010 Nach: www.stern.de/politik/deutschland/medien-und-stuttgart-21-fahrt-auf-schwaebischem-filz-3528472.html [abgerufen am 11.2.2017]

217 Frankfurter Allgemeine Zeitung vom 12. März 2015. Zuvor: Tagesspiegel und Süddeutsche Zeitung vom gleichen Tag.

Christoph Ingenhoven *gemeinsam* den Stuttgart 21-Bahnhof entworfen. Beide zusammen gewannen sie – *gleichberechtigt* – die Ausschreibung für denselben. Das war im Jahr 1997. Mehr als ein Jahrzehnt wurden sie *beide* für diesen Entwurf gefeiert; beide wurden sie ein Jahrzehnt lang immer *gemeinsam* als »Erfinder« dieses Tiefbahnhof-Projekts (mit seinen »filigranen Kelchstützen«, wie sie der Vorsitzende des Vereins Bahnprojekt Stuttgart–Ulm Georg Brunnhuber, ohne den Namen Frei zu erwähnen, noch heute lobpreist.[218]) vorgestellt.

Doch dann, ein gutes Jahrzehnt nach dem gewonnenen Wettbewerb, wandte sich Frei Otto von seinem Kind ab. Seine Abkehr begründete er moralisch, mit Sicherheitsbedenken und mit Blick auf die Menschen, die Fahrgäste. Er habe diese Kritik zunächst intern und leise geäußert. Da niemand reagierte, müsse er »jetzt« – das war im Jahr 2010 – »laut werden« Er könne »aus moralischer Verantwortung […] nicht anders. Die Summe der Unzulänglichkeiten zwingt mich dazu.« Als Architekt müsse man »bei Großprojekten vor allem an die Sicherheit denken und […] mögliche Gefahren antizipieren.« Die Gefahren, die er sah, hängen mit den Themen Grundwasser und Anhydrit zusammen. Er erkannte die Gefahr, dass der Bahnhof in der gigantischen, tief in den Boden gelegten Betonwanne »von den umgeleiteten Wasserströmen« überschwemmt wird oder dass das Gegenteil passiert und er aus der Erde »aufsteigt wie ein U-Boot aus dem Meer«[219]. Er beschwor auch die Gefahr, dass der 58 Meter hohe Bahnhofsturm des Bonatzbaus, der auf 260 Pfählen steht, sich irgendwann zur Seite neigen könnte, dann, wenn die Pfähle zeitweilig nicht mehr in der Feuchtigkeit stehen und das Grundwasser während der Bauzeit abgepumpt wird.

Diese und noch viel mehr Frei-Otto-Kritik an Stuttgart 21 konnte man nachlesen in einem Beitrag von Arno Luik, der im *Stern* erschien.[220]

---

218 Stuttgarter Zeitung vom 18. November 2016.

219 Zum Aspekt der Umleitung der Wasserströme siehe Kapitel II und dort die Zitate aus dem Anhang zur Machbarkeitsstudie.

220 Arno Luik, Angst vor der Grube, in: Stern 40/2010; auch wiedergegeben in: Stuttgart 21 – Oder: Wem gehört die Stadt, S. 76 ff.

Und wie schlägt sich diese Position in den Nachrufen auf den derart viel gerühmten Architekten nieder? In der *Süddeutschen Zeitung* gab es einen einfühlsamen Nachruf auf einer kompletten Zeitungsseite, verfasst von Winfried Nerdinger. In diesem findet sich *kein Wort zu Stuttgart21*. Die Online-Ausgabe der *SZ* druckte einen Nachruf von Gerhard Matzig; auch in diesem wird S 21 nicht erwähnt. Wohl aber z. B. ein »ungewöhnliches Bühnendach«, das Otto für Pink Floyd realisierte. Die *Stuttgarter Nachrichten* brachten einen von Nikolai B. Forstbauer verfassten Nachruf (»Der Weltdenker aus Warmbronn«). Der Beitrag wurde 1:1 am gleichen Tag im *Schwarzwälder Boten* abgedruckt. In diesem Artikel ist zu lesen:»Unvergessen sind: der deutsche Pavillon für die Weltausstellung 1967 [...] in Montreal, die Olympiadächer für das Gelände der Olympischen Sommerspiele in München [...], visionäre Städte in der Antarktis und – ja, auch dies – zentrale Ideen für einen neuen Tiefbahnhof in Stuttgart.« Die *Stuttgarter Zeitung* veröffentlichte den Abdruck eines knappen dpa-Nachrufs, in dem S 21 nicht auftaucht. In einem der gleichen Zeitung wiedergegebenen, von Amber Sayah verfassten, Nachruf heißt es: »Zuletzt hatte sich der Düsseldorfer Architekt Christoph Ingenhoven der Expertise des Kollegen aus Stuttgart versichert, als er mit Frei Otto die Lichtaugen für den Stuttgart 21-Bahnhof entwickelte. Von diesem Projekt hat sich Otto später jedoch distanziert und empfohlen, die Planung für den unterirdischen Bahnhof nochmals neu anzugehen.«[221]

Der zitierte Nachruf in den *Stuttgarter Nachrichten* – und damit auch der Beitrag im *Schwarzwälder Boten* – vereinnahmt den ansonsten hoch gelobten Architekten noch posthum für S 21; dieser habe für das Projekt halt »zentrale Ideen beigesteuert«. Sicherheitshalber wird er jedoch als Anhängsel von Ingenhoven vorgestellt und ihm das gleichberechtigte Wirken indirekt abgesprochen. In den zwei zitierten Beiträgen in der *Stuttgarter Zeitung* wird zwar das Auf-Distanz-Gehen von Frei Otto erwähnt. Doch dann wird die Sache so gedreht, als habe Frei Otto einfach nochmals eine neue Planung für den Tiefbahnhof realisieren wollen.

---

221 Alle Zitate vom 11. März der jeweiligen Zeitung; im Fall der Stuttgarter Nachrichten nach der online-Ausgabe vom 10. März 2015.

Im *Stern*-Artikel von Arno Luik steht etwas völlig anderes.[222] Und
Frei Otto hat seiner Darstellung aus dem Jahr 2010 nie widersprochen.
Arno Luik schrieb: »›Mit dem Wissen von heute‹, sagt Otto, ›kann ich
dieses Projekt nicht verantworten. Ich würde auch nicht mehr in die
Tiefe gehen, das wollte ich sowieso nie, das wollte der Auftraggeber‹.
Wer eine alternde Gesellschaft ohne Not auf Treppen und Rolltreppen
zwinge, könne das nicht als Fortschritt verkaufen. Auch aus psycho-
logischen Gründen ist er gegen das Fahren im Tunnel. Der Mensch
sei kein Maulwurf. Tief unter der Erde neige der Mensch leicht zur
Panik. Und plötzlich hört Frei Otto sich an wie die Protestierer auf der
Straße. In seinem Haus sitzt der alte Architekt und leidet, weil sein
Projekt, das für ihn ›das schönste meines Lebens war‹, die Stadt zer-
reißt, vielleicht sogar das ganze Land. Er hat noch Hoffnung, dass die
Verantwortlichen die Vernunft zum Ausstieg haben. An einem Alter-
nativentwurf arbeitet Frei Otto schon.«[223]

3.
Die Lobbyarbeit der Deutschen Bahn AG

Es gibt diese Puzzleteile, die ausgesprochen aufklärerisch wirken: Das
ECE-Milaneo und die Lebendige-Stadt-Pöstchen… Das Rüdiger Gru-
be-Abschiedsgeschenk mit der Klage der Bahn gegen Stadt und Land
zur Kofinanzierung der Mehrkosten und der ideelle Gesamtautomo-
bilist Matthias Wissmann als Vertreter der beauftragten US-Kanzlei …
Oder auch: Der Lokalchef der *Stuttgarter Nachrichten*, Jörg Hamann,
wechselte im April 2015 von dieser Tageszeitung direkt zur bahneige-
nen Projektgesellschaft Stuttgart–Ulm, um dort die Öffentlichkeit und
die Medien über Baufortschritte, Kostenrahmen und Eidechsentrans-
fers beim S 21-Projekt zu informieren.

---

222 Auch bei Wikipedia findet sich eine andere, weitgehend korrekte Darstel-
     lung: »Im August 2010 meinte er [Frei Otto; W. W.], dass wegen des geolo-
     gisch schwierigen örtlichen Untergrunds und den daraus resultierenden Ge-
     fahren das Bauprojekt gestoppt werden sollte.« [Aufgerufen am 23.3.2017]
223 Arno Luik, Angst vor der Grube, Stern 40/2010 und Stuttgart 21 – Oder:
     Wem gehört die Stadt, S. 82.

Nun gab es bereits andere solche Drehtür-Übergänge: Da wechselte Ende 2012 schon mal der Redaktionsleiter der *Leonberger Zeitung*, einer der vielen Lokalausgaben der *Stuttgarter Zeitung*, direkt in das Kommunikationsbüro von Stuttgart 21. Berichtet wird auch von »einem preisgekrönten *Stuttgarter Zeitungs*-Redakteur«, der als Mitglied der Agentur »Lose Bande« im Auftrag der Deutschen Bahn AG »PR-Texte für den Tiefbahnhof schreibt«.[224]

Doch der Wechsel von Jörg Hamann zur S 21-Propagandaabteilung der Deutschen Bahn AG war bislang wohl der bedeutendste Vorgang, der von der Durchsetzung der Medien mit dem S 21-Filz Zeugnis ablegt. Hamann gehörte bei den *Stuttgarter Nachrichten* zu den ganz harten, auch demagogischen Verfechtern des Projekts. Weiter oben wurde bereits die Hamann-Aussage in Sachen »mit S 21 frei-werdende Flächen« zitiert. Hamann hat auch in seinen Kommentaren Stuttgart 21 immer wieder als »alternativlos« und »unumkehrbar« bezeichnet. Das Aktionsbündnis gegen Stuttgart 21 bezeichnete den Seitenwechsel als »schamlos«. Es betonte in einer Presseerklärung, dass Hamann wie kaum ein anderer für die »kritiklose und kampagnenförmige Unterstützung« durch *Stuttgarter Zeitung* und *Stuttgarter Nachrichten* stehe. Hamann sei »berüchtigt für Hofberichterstattung und bedingungsloses Schönschreiben des Projekts« und »für die Diffamierung von S 21-Gegnern.«[225] Man kann es auch so sehen: Hamann hat sich um das Monsterprojekt wahrhaftig verdient gemacht. Was, der ehemalige Bahnchef Hartmut Mehdorn hat es trefflich formuliert, in unserer Gesellschaft mit »Möhrchen« belohnt wird.

Grundsätzlich gilt es zu berücksichtigen: Es gibt die beschriebene mal grobkörnige, mal feinmaschige Pro-S 21-Wirtschaftslobby. Sodann gibt es die Einbettung von Stuttgart 21 in eine mediale Landschaft mit überwiegend Pro-S 21-Stimmen und einem dröhnendem Schweigen, was die anhaltende Bewegung gegen Stuttgart 21 betrifft. Und schließlich gibt es noch *zwei* gut bezahlte und sehr gut ausgestat-

---

224 Beschrieben in der zitierten Ausgabe vom 4. April 2015 von KONTEXT (als Autor wurde angegeben »Von unserer Redaktion«).

225 Hier zitiert nach: KONTEXT vom 4. April 2015.

tete Stuttgart 21-Lautsprecher: Die Propagandaabteilung des Projektes selbst, zu der Hamann im Herbst 2015 »rübermachte« und bei der er inzwischen als Pressesprecher wirkt. Und einen speziellen »Stuttgart 21«-Verein. Dazu weiter unten.

Die *Pressestelle DB Projekt Stuttgart – Ulm GmbH* verfügt über drei Kommunikations- und Presseleute und weitere drei Personen, die die »multimediale Kommunikation« betreiben. Es gibt mehr als sechzig Pressemitteilungen pro Jahr, mehrere Videofilme und begleitende Werbemaßnahmen. Arbeitet man sich durch die verschiedenen Erklärungen und Filme durch, so gewinnt man den Eindruck: Diese sind überwiegend professionell gemacht und fast ausschließlich propagandistisch. Es werden Dutzendfach Tunneldurchbrüche und Vergleichbares gefeiert, Fotos mit strahlenden Mineuren und glücklichen Bürgermeistern und Kommunalpolitikern präsentiert. Kritisches gibt es nicht; alles läuft glatt. Drei Beispiele:

Beispiel 1 – BRH-Prüfberichte | Die Presseerklärung vom 21. September 2016 hat die Headline »Deutsche Bahn zu S 21-Bericht des Bundesrechnungshofs«. In der Erklärung wird einerseits »mit großer Irritation zur Kenntnis genommen«, dass »zahlreichen Medien« ein »Bericht über angebliche Mehrkosten beim Projekt Stuttgart 21« vorliege. Doch dann wird festgestellt: »Die Deutsche Bahn kennt diesen Bericht nicht.« Nun ist, das sei hier wiederholt, in den beiden Berichten des Bundesrechnungshofs – die DB AG verschweigt, dass es zwei getrennte Berichte sind – dokumentiert, dass die Deutsche Bahn AG diese Berichte zumindest in ihren Vorfassungen sehr wohl kannte und auf diese auch gegenüber dem Bundesrechnungshof reagiert hatte. Zu diesem Zeitpunkt lagen mehr als ein Dutzend Artikel und mehrere Berichte in Funk und Fernsehen vor, in denen ausführlich aus »dem Bericht« zitiert wurde.[226] Zumindest der erste, umfangreichere BRH-

---

226 Falls die Herren DB Projekt-Kommunikationsstrategen nur die ganz großen Medien wahrnehmen können, sei hier verwiesen auf: Hans-Martin Tillack, Vertraulicher Rechnungshof-Bericht – Stuttgart 21 wird viel teurer, in: www.stern.de./wirtschaft/news/stuttgart-21 vom 21. September 2016 [abgerufen am 21. September 2016].

Bericht lag auch gedruckt z.B. an der Mahnwache des Aktionsbündnisses gegen Stuttgart 21 am Stuttgarter Hauptbahnhof aus. Man hätte also dort nur mal vorbeigehen müssen, um sich – gegen eine Spende für das Aktionsbündnis gegen Stuttgart 21, versteht sich – diesen BRH-Prüfbericht zu holen, um darauf kompetent eingehen zu können. Nicht dergleichen – es blieb bis Anfang 2017 bei der Behauptung »Kennen wir nicht«.

Beispiel 2 KPMG | Die Presseerklärung vom 13. Oktober 2016 hat die Überschrift »DB-Aufsichtsrat: Gutachten Stuttgart 21 im Wesentlichen bestätigt«. Die Erklärung ist knochentrocken, schmallippig und sieben Zeilen kurz. Die einzige Aussage ist die, die bereits in der Überschrift getätigt wurde. Also alles prima. Dabei gab es bereits zu diesem Zeitpunkt die ersten Berichte in Printmedien, in denen aus dem KPMG-Gutachten zitiert und beispielsweise berichtet wurde, dass die Gutachter in dem Dokument Risiken benannten, die eine Inbetriebnahme erst 2024 denkbar erscheinen lassen (siehe dazu Kapitel III).

Beispiel 3 Anhydrit | Die Presseerklärung vom 2. Dezember 2016 ist überschrieben mit: »Für Stuttgart 21-Tunnel bereits über die Hälfte der Anydritlinsen erfolgreich durchfahren«. Im Text heißt es, man weise »Medienberichte entschieden zurück«, wonach »der Bau von S 21-Tunneln im Anhydrit angeblich nicht beherrschbar sei«. Als Gegenbeweis wird angeführt, man habe ja mehr als 50 Prozent der »Linsen« im Anhydrit »durchfahren«. Es fehlen zwei Dinge: Wer diese Behauptungen aufstellte, wird bewusst verschwiegen. Dabei lagen inzwischen ausreichend Zitate aus dem vom DB-Aufsichtsrat bestellten KPMG-Gutachten vor. In diesem Dokument werden, wie in Kapitel III berichtet, diese Gefahren beschrieben. Sodann ist es nicht oder nicht primär entscheidend, ob eine erste Röhre in diesem schwierigen Umfeld gebohrt werden konnte. Alle Berichte zum Thema besagen, dass die Quellungen des Anhydrit während der Bohrung, im Verlauf des Baus und vor allem *in den Monaten und Jahren danach* auftreten.

Auf der Website des Bahnprojekts findet sich ein Filmchen mit einem »Jahresüberblick 2016«. Dieser Film ist eher dilettantisch gemacht, er besteht ausschließlich aus einem Plauderviertelstündchen, das in ganzer Länge Projektleiter Leger bestreitet. Im Hintergrund werden ein paar nette Bildchen hinzu gestellt. Das Filmchen ist aber durchaus interessant. In ihm werden die Blauäugigkeit, die Eitelkeit und die Verlogenheit der S21-Macher deutlich zum Ausdruck gebracht. Das letztere betreffend: Leger schwadroniert wie folgt zum Thema Schrägbahnhof: »Viele Themen [beim Bau des Tiefbahnhofs; W.W.] entsprechen nicht dem Basis-Regelwerk der Deutschen Bahn«. Man benötige »Ausnahmeregelungen, die sehr schwierig sind einzuholen.« Begriffe wie »Schräglage« oder »Gefälle der Gleise« oder »Gleisneigung« kommen Leger natürlich erst gar nicht über die Lippen. Und dann geht es nicht um ein »Regelwerk der Deutschen Bahn«, sondern um Vorschriften für den Eisenbahnverkehr im Allgemeinen und um die Sicherheit im Stuttgarter Tiefbahnhof im Besonderen. Interessant auch, dass Leger hier einerseits zugibt, dass man einen Tiefbahnhof mit »Ausnahmegenehmigungen« baut, wobei es einen solchen Bahnhof bislang nie gegeben habe und kaum je geben könne. Leger bringt dabei zum Ausdruck, auf diesen Charakter eines Solitär-Tiefbahnhofs stolz sein zu können. Und er gesteht ein, dass diese Ausnahmegenehmigungen noch nicht alle beigebracht sind. Herr Leger hat in seinem Text dann ein Dutzend Superlative eingebaut wie »emotionaler Höhepunkt«, »ein Weihnachtsgeschenk für uns alle«, »Meisterwerk«, »wir setzen dem noch die Krone auf« und meint damit immer besondere Tunnelbauabschnitte, wobei er dem geneigten Publikum vertraulich mitteilt, die eine Tunnelvortriebsmaschine höre auf den Namen »Suse«, die andere auf den Namen »Kätchen«. Überhaupt gilt: »Das macht den Ingenieuren richtig Spaß!«

Leger spricht in dem Filmchen von einem »unglaublich erfolgreichen Jahr [2016]«. Dabei war dies das Jahr mit den zwei BRH-Prüfberichten und dem KPMG-Gutachten, die für die S21-Betreiber eigentlich niederschmetternd ausgefallen sind. Macht nichts, die Zuhörer kennen das ja nicht und weder die Projektgesellschaft noch der Werbeverein für Stuttgart21 (siehe unten) haben darüber berichtet.

2016 war auch das Jahr mit dem absolut unerwarteten Abgang von
Volker Kefer, also des Mannes, der für das Projekt Stuttgart 21 und die
Neubaustrecke Wendlingen – Ulm im Vorstand verantwortlich war.[227]
Doch zu all dem kein Wort. Es handelte sich ja nur um einen »Jahres-
überblick«. Doch, es lohnt, sich das Filmchen anzusehen (solange es
noch verfügbar ist).[228]

Ergänzend zu dem bereits großen Medienapparat der Projektgesellschaft gibt es den *Verein Bahnprojekt Stuttgart – Ulm e.V.* An dessen
Spitze steht Georg Brunnhuber, ein CDU-Mann aus der Region. Er
war 19 Jahre Bundestagsabgeordneter, vier Jahre Mitglied im Bahnaufsichtsrat und weitere vier Jahre sehr gut bezahlter Cheflobbyist der
Deutschen Bahn AG (letzteres in unterschiedlichen Funktionen). Seit
dem 4. Februar 2015 ist Brunnhuber – als Nachfolger von Wolfgang
Dietrich – Vorstand des genannten Vereins. Er wurde einstimmig als
Vereinsvorsitzender gewählt. Und von wem wurde er gewählt? Von
den Vereinsmitgliedern Deutsche Bahn AG (verständlich), DB Netz
(verständlich), DB Station & Service (verständlich), dem Verband Region Stuttgart (nachvollziehbar), dem Land Baden-Württemberg (damals grün-schwarz regiert mit einem grünen MP und einem grünen
Verkehrsminister; erstaunlich) und der Landeshauptstadt Stuttgart
(mit einem grünen OB; ebenfalls erstaunlich). Nach dem Wahlsieg
der Grünen im Land 2011 gab es eine kurze Phase, in der die Mit-
gliedschaft des Landes in diesem Verein offiziell ruhte. Inzwischen
herrscht jedoch wieder grün-schwarz-rote Eintracht; das Land und die
Stadt zahlen jährlich 900.000 Euro Vereinsförderung, die Bahn und
die Projektgesellschaft sind mit 2,5 Millionen Euro dabei. Andere Zuwendungen dürfte es auch noch geben.

Nach der Bildung der grün-roten Landesregierung hatte es einige Spannungen vor allem zwischen dem Landesverkehrsminister

---

227 Von dem Abgang des S 21-Promoters Rüdiger Grube konnten Leger bzw.
     das Kommunikationsbüro zum Zeitpunkt der Erstellung des Filmchens
     noch nichts ahnen.

228 Quelle für den Film: www.bahnprojekt-stuttgart-ulm.de/no_cache/projekt/
     aktuell/newsdetail/news/ein-ueberaus-erfolgreiches-jahr/newsParameter/
     detail/News/datum/20161216 [abgerufen am 11.2.2017]

Winfried Hermann und dem damaligen Vereinsvorstand Wolfgang
Dietrich gegeben. Dietrich mag besondere Ecken und Kanten gehabt
haben. Doch sein Nachfolger Brunnhuber hat sie auch. Vor allem ist
»der Bundes-Schorsch« ein Hardcore-CDU-Mann, der sich früher
mal für Edmund Stoiber als CDU/CSU-Kanzlerkandidat stark gemacht hatte. Er gehört zu denen, die bereits Mitte der 1990er Jahre
das Monsterprojekt S 21 propagiert haben. Als er 2015 Vorstand des
genannten Vereins wurde, sagte der damalige Bahnchef Rüdiger Grube: »Der Täter kommt zum Tatort zurück.«[229]

All das stand offensichtlich einer immer engeren Zusammenarbeit
zwischen der Landesregierung und insbesondere dem Landesverkehrsminister und dem S 21-Propagandisten Brunnhuber nicht entgegen. Oder soll man sagen: im Gegenteil? Jedenfalls äußerte sich
Georg Brunnhuber ausgesprochen lobend über die Zusammenarbeit
mit dem grünen Landesverkehrsminister: »Wir haben da im Verein
ein harmonisches Verhältnis.«[230]

Für den Verein arbeiten neben dem Vorstand Brunnhuber fünf
Personen hauptberuflich; fünf weitere Personen stehen für den Besu-
cherdienst und für Führungen – vor allem über die 21-Baustelle – zur
Verfügung. Der Verein sitzt im Bahnhofsturm des Bonatzbaus und belegt dort mehrere Stockwerke. Er macht eine eigenständige, ebenfalls
intensive Werbung für das Projekt: mit eigenen Presseerklärungen,
einer aufwendigen Website, eigenen produzierten Filmen und Ani-
mationen, mit Baustellenführungen und in jedem Jahr einer Reihe
aufwendiger Events. Nach Angaben des Vereins gibt es im Jahr rund
250.000 Gäste im Bahnhofsturm; rund 100.000 Menschen nehmen
pro Jahr an den Baustellenführungen teil. Geplant sind neue große
Werbemaßnahmen – solche »in allen Städten entlang der Magistrale
[...] von Paris über Strasbourg, Stuttgart, Ulm, München«, so Georg
Brunnhuber.[231] Da in Bälde der Bahnhofsturm saniert werden soll,

229 Sabine Lennartz, Der Bundes-Schorsch kehrt zurück, in: Schwäbische Zei-
     tung vom 19.Dezember 2014.
230 In: Stuttgarter Zeitung vom 18. November 2016.
231 In: Stuttgarter Zeitung vom 18. November 2016.

sucht der Verein neue Räume. Vorstand Brunnhuber kann sich vorstellen, dass man dann »in eine Fläche der Landesbank LBBW ziehen« werde.[232]

Offiziell behauptet der Verein, nicht mehr »Sprachrohr des Projektes« Stuttgart 21 zu sein. Brunnhuber: »Nicht jeder Sack Zement,
der da umfällt, ist unser Problem.« Man praktiziere eine abgestimmte
Arbeitsteilung mit der Kommunikationsabteilung des Bahnprojektes.
Der Verein nehme inzwischen »eine sehr viel objektivere, viel über-
geordnetere Haltung ein«. Wobei er natürlich dann doch »allgemein
über die Vorteile des Projektes« informiere.[233]

Bilanz: Neben der vielfachen Werbung, die die regionalen Medien
und die Institutionen in Stadt und Land und die Deutsche Bahn AG
auf zentraler Ebene für Stuttgart 21 betreiben, gibt es für die direkte
Werbung zwei große, professionelle Kommunikationszentralen mit
mindestens zehn hauptamtlich beschäftigten Personen und einem
Werbeetat ausschließlich für das Monsterprojekt in Höhe von mindestens sieben Millionen Euro jährlich. Was man dann noch multipli-
zieren darf über den Zeitraum hinweg, in dem diese Propagandazen-
tralen aktiv waren und weiterhin aktiv sind. Man vergleiche das mit
den Kräften, die sich gegen Stuttgart 21 engagieren: Sie arbeiten alle
ehrenamtlich. Die Gelder, die sie für Information- und Aufklärungs-
arbeit einsetzen können, basieren alle auf Spenden kleiner Leute. Das
Finanzvolumen, das auf ihrer Seite eingesetzt werden kann, liegt bei
einem Bruchteil dessen, was die Stuttgart 21-Befürworter einsetzen.

---

232 Ebenda.

233 Ebenda. Der Komparativ »objektivere« lässt natürlich Rückschlüsse auf die
»Zeit davor« zu. Doch das ist eigentlich unwichtig, angesichts des gesamtes
Kontextes einer Propagandamaschine, die sich keinen objektiven Kriterien
verpflichtet fühlt und die dem Publikum systematisch vorrechnet, $33 = 51$,
will sagen: Die maximal 33 Züge pro Stunde in der Rushhour im S 21-Tief-
bahnhof könnten gleichgesetzt werden mit den 51 Zügen, die ein optimierter Kopfbahnhof in dieser Stunde mit der größten Belastung leistet.

VI.
Kapitalistische Krise, Bahn-privatisierung und Bodenspekulation

Die aktuelle Profitklemme und Stuttgart 21

»Liebe LAG Baden-Württemberg, liebe BAG,
die Schlachten um Stuttgart 21 sind geschlagen (und verloren). Inzwischen aber ist der Pulverdampf verflogen und die Zeit politisch reif, die infrastrukturelle und verkehrliche Weiterentwicklung des Schienenknoten Stuttgarts, mit Ergänzungen zu Stuttgart 21, anzugehen. Für diese Aufgabe braucht das Verkehrsministerium Baden-Württemberg Unterstützung. Eine inhaltlich richtig reizvolle Stelle, für die jemand mit Kompetenz und Herzblut gesucht wird.
Anbei die Ausschreibung. Viel Erfolg! Beste Grüße H. […]
PS: Die Stelle selbst ist auf 5 Jahre befristet, aber bei Bewährung gibt es da immer auch weitere Optionen.
PPS: Bitte keine Diskussion über S21. Bitte!«
Schreiben vom Juni 2017 mit einer Ausschreibung des baden-württembergischen Verkehrsministeriums zum S21-Greenwashing.[234]

»Martin, ich bitte dich. Warum sollte ausgerechnet die Bahn den Stuttgarter Verkehrsknoten … wie sagtest du?« »Chaotisieren?« »Ja. Warum soll die Bahn das machen? Die wollen doch wohl, dass die Züge reibungslos laufen.«
Gespräch in: Wolfgang Schorlau, Die letzte Flucht[235]

Die Hartnäckigkeit, mit der das zerstörerische und für den Schienenverkehr selbstzerstörerische »Projekt Stuttgart – Ulm«, also der Tiefbahnhof Stuttgart 21 *und* die Neubaustrecke Wendlingen – Ulm, verfolgt werden, kann in Gänze nur vor dem Hintergrund des ak-

---

234   E-Mail vom 19. Juni 2017, 21.21 Uhr; Betreff: »Stellenausschreibung des VM«
235   Wolfgang Schorlau, Die letzte Flucht. Denglers sechster Fall, Köln 2011, S. 260.

tuellen Stadiums der kapitalistischen Ökonomie verstanden werden. Das wurde auf der Bilanzpressekonferenz der Deutschen Bahn AG am 23. März 2017 gut auf den Punkt gebracht. Auf die Frage eines kritischen Journalisten, wie der Bahnkonzern auf die neuen kritischen Berichte und Gutachten zu Stuttgart 21 zu reagieren gedenke, antwortete der Grube-Nachfolger und neue Bahnchef Richard Lutz: »Ich bin *finster entschlossen,* Stuttgart 21 zu Ende zu bauen.«

So ist es. Es herrscht eine finstere Entschlossenheit zu Zerstörung und Selbstzerstörung – bei diesem Projekt und bei vergleichbaren. Die in Kapitel I genannten zwei anderen Großprojekte, die Elbphilharmonie und der Großflughafen Berlin, stellen ebenfalls eine erhebliche Vergeudung öffentlicher Gelder dar. Die neue Hamburger Kulturstätte kann angesichts vorhandener Kapazitäten zumindest als gesellschaftlich unnötig gelten. Der Berliner Großflughafen muss angesichts der Umwelt- und Klimabilanz und der Lärmemissionen des Flugverkehrs als zerstörerisch bezeichnet werden. Die Hochgeschwindigkeits-Neubaustrecke München – Ingolstadt – Nürnberg – Erfurt – Berlin ist verkehrspolitisch kontraproduktiv, weil sie die große Region Leipzig in den schienenpolitischen Schatten stellt (und im Vergleich zu Alternativen krass überteuert ist). Als weitere in diesem Sinne *grandi opere inutili,* als »große unnütze Werke«, wie diese Projekte in Italien bezeichnet werden, seien aufgeführt: der geplante Fehmarnbelt-Tunnel, die bereits erwähnten zwei gigantischen Vorhaben Brennerbasistunnel und der Mont-Cenis-Basistunnel (mit dem östlichen Ausgangspunkt im Val di Susa), der Hochgeschwindigkeitstunnel unter der Stadt von Florenz (mit einem weiteren Untergrundbahnhof und der Aufhebung des Kopfbahnhofs Santa Maria Novella als florentinischer Hauptbahnhof), die österreichischen Tunnelbauten Semmering-Basistunnel (auf der Verbindung Wien – Graz) und der Koralm-Tunnel (auf der Verbindung Graz – Klagenfurt), der Ausbau des Panama-Kanals, das Projekt einer Atlantik-Pazifik-Verbindung in Nicaragua.[236] Selbst

---

236 Natürlich sind die hier aufgeführten Projekte in einem unterschiedlichen
     Maß sinnlos und zerstörerisch. Auf einige, so auf die österreichischen
     Schienentunnelprojekte wird noch eingegangen. Zum Ausbau des Pana-
     makanals (Inbetriebnahme 2016) siehe Winfried Wolf, Die Krise der Welt-

die 3.144 Kilometer lange Mauer, die US-Präsident Donald Trump an der Grenze zu Mexiko bauen lassen will, sollte in diesem Kontext gesehen werden. Sie wird die illegale Einwanderung bestenfalls erschweren, aber niemals verhindern. Die Kosten dieses Mauerbaus stehen in keinem Verhältnis zu dem – zu Recht umstrittenen und vor allem zu Recht als menschenverachtend bezeichneten – Nutzen. Dennoch hat – aus kapitalistischer Sicht – der Mauerbau Sinn. So wie eben auch Stuttgart 21 und alle genannten *grandi opere inutili* in diesem Sinne sinnvolle, weil profitable Projekte sind.[237]

Seit Mitte der 1970er Jahren erleben wir in den kapitalistischen Ökonomien einen Rückgang der Wachstumsraten – auf globaler Ebene in Form eines rückläufigen Wachstums des Welthandels ebenso wie auf nationalstaatlicher Ebene in Form rückläufiger Wachstumsraten des jeweiligen Bruttoinlandsprodukts. Gleichzeitig gibt es immer schärfere Wirtschaftskrisen (1974/75, 1980/82, 1990/91, 2001/2002, 2008/2009). Und schließlich kam es seit dem genannten Wendepunkt

---

schifffahrt, in: Lunapark 21 – Zeitschrift zur Kritik der globalen Ökonomie, Sommer 2017, Heft 37, S. 23 ff. Der Ausbau dieses Kanals wurde damit begründet, dass diesen bis dahin nur Schiffe mit einer Größe von 5500 Standardcontainern (TEU) passieren konnten. Also wurde er bei Inkaufnahme einer massiven Umweltzerstörung auf die bei Baubeginn existierenden größten Containerschiffe (12.000 TEU) ausgebaut. Nach Inbetriebnahme gibt es Containerschiffe mit 20.000 TEU Kapazität.

237 Zum Semmering-Basis-Tunnel siehe Vieregg-Rössler, »Analyse der Gesamtwirtschaftlichen Bewertung des Projektes Semmering-Basistunnel neu« und Erstellung einer neuen Kosten-Nutzen-Bewertung in Anlehnung an das Verfahren für den deutschen Bundesverkehrswegeplan, München 2014. Wie absurd die »Logik« ist, auf die mal zur Begründung des einen, und mal zur Begründung des anderen Projekts verwiesen wird, zeigt der folgende Vergleich: Der Semmering-Basis-Tunnel hat eine maximale Steigung von acht Promille. Das garantiert in diesem Fall maximale Tunnellänge und maximale Kosten. Die Neubaustrecke Wendlingen–Ulm hat mit 35 Promille eine maximale Steigung, die mehr als vier Mal größer ist. Damit werden auch in diesem Fall eine maximale Zahl von Tunneln und maximale Kosten garantiert. Stuttgart 21 hat dann als Bahnhof mit gut 15 Promille eine doppelt so große Gleisneigung wie die Strecke Wien–Graz unter Einschluss des Semmering-Basis-Tunnels. Was im Stuttgarter Tiefbahnhof per Ausnahmegenehmigung erlaubt wird, soll auf der Strecke Wien–Graz zu steil sein.

Mitte der 1970er Jahre zu einem explosionsartigen Wachstum des Finanzsektors und der Spekulation. Dies ist verbunden mit einer in der Menschheitsgeschichte einmaligen »Reichtums-Produktion«. Pünktlich zum Auftakt des Weltwirtschaftsforums in Davos im Januar 2017 veröffentlichte die Entwicklungsorganisation Oxfam die aktuelle Statistik zur Konzentration des weltweiten Reichtums. Danach besaßen im Jahr 2016 acht Personen – »alles Männer« – mehr Vermögen als die gesamte ärmere Hälfte der Weltbevölkerung.[238] Das Abheben des Finanzsektors und der Spekulation von der materiellen Produktion – die sich immer mehr ausweitende Schere zwischen diesen beiden Sphären – wird auch als »Finanzialisierung« des kapitalistischen Systems bezeichnet.

Im Grunde wiederholt sich ein Prozess, wie es diesen auch in den 1920er Jahren gab, der dann in die große Weltwirtschaftskrise 1929–1932 mündete, worauf eine lange Phase von Depression und Krisen und schließlich der Zweite Weltkrieg folgten. Wobei vieles dafür spricht, dass sich dieser Prozess der Trennung der beiden Sphären heute zwar wiederholt, dies jedoch auf einem deutlich höheren Niveau. Auf diese Wiederholung und zugleich auf die neue Situation verweist auch der marxistische Ökonom David Harvey: »In der Geschichte des Kapitals hat es mehrere Finanzialisierungsphasen gegeben (beispielsweise in der zweiten Hälfte des 19. Jahrhunderts). Die Besonderheit des gegenwärtigen Abschnitts erklärt sich aus dem Umstand, dass sich die Zirkulation des Geldkapitals ungeheuer beschleunigt hat und dass die Kosten für Finanztransaktionen im gleichen Maß gesunken sind. Die Mobilität von Geldkapital hat sich im Vergleich zur Zirkulationsgeschwindigkeit anderer Kapitalformen (insbesonde-

---

238 Pressemitteilung Oxfam vom 16. Januar 2017. Es handelt sich um die folgenden Personen (in Klammern das Unternehmen und das ermittelte jeweilige Nettovermögen in Milliarden US-Dollar): Bill Gates (Microsoft; 75,0), Amancio Ortega (Inditex; 67,0); Warren Buffet (Berkley Hathaway; 60,8); Carlos Slim Helu (Grupo Carso; 50,0); Jeff Bezos (Amazon, 45,2); Mark Zuckerberg (Facebook, 44,6); Larry Ellison (Oracle; 43,6); Michael Bloomberg (Bloomberg LP; 40,0). In der Summe sind dies 426,2 Milliarden US-Dollar. Laut Oxfam liegt das Nettovermögen der ärmsten 50 Prozent der Weltbevölkerung bei 409,1 Milliarden US-Dollar.

re von Waren und Produktion) extrem erhöht. Die Tendenz des Kapitals zur ›Vernichtung des Raumes durch die Zeit‹ hat hierbei eine
große Rolle gespielt.«[239]

Die jüngsten Ankündigungen und ersten Beschlüsse des US-Präsi-
denten Donald Trump zur neuerlichen Deregulierung des Finanzsektors – und damit ein Rückgängigmachen der eher bescheidenen Maßnahmen, die seit 2009 zur Eindämmung der weltweiten Spekulation
ergriffen wurden – werden die Finanzialisierungstendenzen nochmals
verstärken. Was im Übrigen die Gefahr eines neuen Finanzkrachs
und einer nochmals größeren Wirtschaftskrise enorm erhöht. Kommt
es zu einer schweren Krise, so ist die Fallhöhe wesentlich größer als
1929 ff.

Die neue finanzielle Kaste ist einerseits Fleisch vom Fleische und
Teil des gesamten kapitalistischen Systems. Sie setzt sich andererseits
zunehmend an die Spitze dieses Systems und agiert ausschließlich
entsprechend der Gesetzmäßigkeit der Akkumulation des Finanzka-
pitals und der Vermehrung des individuellen Reichtums. Sie wirkt
dabei wie eine Art Geldadel, wie ein modernes Raubrittertum oder
wie ein neues herrschendes System der Wegelagerei. Der eigenwil-
lige, kreative David Harvey stellt in diesem Zusammenhang einen
interessanten historischen Bezug her, wenn er schreibt: »All dem
wohnt eine tiefe Ironie bei. Einst führte das Industriekapital einen
erbitterten Kampf, um sich aus den Fesseln der Grundbesitzer zu
befreien, die exorbitante Pachten verlangten, der Geldgeber, die
Wucherzinsen erhoben, und der Kaufleute, die versuchten, in einem
ungleich beschaffenen Markt möglichst billig einzukaufen und teuer
zu verkaufen. Der Kapitalismus des 21. Jahrhunderts scheint eifrig
daran zu arbeiten, die Rentiers, Kaufleute, Medien- und Kommu-
nikationsmogule und vor allem die Spekulanten, die das produktive Industriekapital (und die dort beschäftigten Arbeiter) bis auf den
letzten Tropfen auspressen, wieder zu stärken. Das soll nicht heißen,
dass das Industriekapital verschwindet. Es ist aber dem Kapital in

---

239 David Harvey, Siebzehn Widersprüche und das Ende des Kapitalismus,
     Berlin 2015, S. 208.

seinen anderen phantastischeren und aggressiveren Formen unter-
geordnet.«[240]

Das wurde – in der englischsprachigen Originalfassung – zwei
Jahre vor der Etablierung einer neuen US-Regierung geschrieben. In
ihr sitzen Top-Leute aus dem spekulativen Finanzsektor als Minister.
Und der Ex-Boss von Exxon spielt den US-Außenminister (und lässt
sich wenige Tage vor der Amtseinführung 150 Millionen US-Dollar
vom Mutterkonzern als Wegzehrung überweisen). Der US-Präsident
ist nicht irgendein Milliardär, er ist Immobilien-Tycoon, Beton-Zar.
Wenn er »America first!« twitttert, meint er »Trump first«.

All dies ist Ausdruck einer tiefen kapitalistischen Krise. Die Profit-
margen im klassischen produktiven Sektor sind zu gering, auch weil,
als Resultat der Orientierung auf den schlanken Staat, die öffentlichen
Investitionen in den elementaren zivilen Bereichen wie Ausbildung,
alternative Energien, Wohnungsbau und Integration von Geflüchte-
ten ausbleiben. Die kaufkräftige Massennachfrage bleibt zurück, vor
allem weil es hohe Arbeitslosenquoten, historisch einmalige Quoten
der Jugendarbeitslosigkeit[241] und den fatalen neoliberalen Angriff auf
den Lebensstandard gibt und weil Gegenkräfte wie Gewerkschaften
und Zivilgesellschaften zu schwach sind, um dieser Entwicklung etwas
entgegenzusetzen. Die Schuldenquoten sind in allen drei Bereichen
– öffentliche Schulden, private Schulden und Unternehmensschul-
den – sehr hoch und bieten (in der kapitalistischen Logik) nur noch
wenig Spielraum für ein weiteres auf Schuldenexpansion aufgebautes
Wachstum. Die großen Konzerne, Banken und Geldsammelstellen
suchen fieberhaft nach neuen Geldanlagen. Und sie bekommen sie
geboten – in Stuttgart und anderswo mit *den grandi opere inutili*.[242]

---

240 David Harvey, a. a. O., S. 210.

241 Anfang 2017 gibt es in weiten Teilen Europas, so in Spanien, Italien, Grie-
chenland und in Teilen des Balkans, Arbeitslosenquoten von 50 und mehr
Prozent.

242 »Kürzlich bat ihn ein Bankier um einen Wink, sobald etwas auf der Insel
Sylt zum Verkauf stehe, erzählt Dahler [ein Hamburger Immobilienmakler;
W. W.] ›Aber Sie haben doch schon ein schönes Haus auf Sylt?‹, meinte der
Makler verblüfft. Das stimme, erwiderte der Manager, doch er wisse ein-

»Tiefe Krise« heißt leider nicht, dass sich das zerstörerische kapitalistische Wirtschaftsmodell einfach so, wie das ein Bahnchef mal
macht, vom Acker machen oder gar kollabieren würde. Diese Krise ist
vielmehr mit einem *doppelten Angriff* verbunden:

Erstens mit einer Privatisierungsoffensive, die den Schwerpunkt
auf der Zerschlagung und der Privatisierung der Eisenbahnen und
damit auf der Durchsetzung der kapitalstärksten Fraktion des industriellen Kapitals, dem Öl-Auto-Luftfahrt-Komplex, hat. In diesem Zusammenhang kommt es zu einer Intensivierung des zerstörerischen
»American way of life & mobility«. Dieser hat sich längst in einen
»Global way of life & mobility« verallgemeinert; er erlebt im übrigen
ausgerechnet in China seine besonders aggressiven und zerstörerischen Auswüchse – befeuert von den westlichen Autokonzernen (VW
verkauft in China weit mehr Pkw als in Europa!).

Zweitens mit einer Spekulationsoffensive auf allen denkbaren Ge-
bieten der Anlagesphären, wobei es hier einen Schwerpunkt auf der
»Entwicklung« von Eisenbahngelände und auf der Realisierung von
Großprojekten auf ehemaligem Eisenbahngelände gibt.

1.
Bahnprivatisierungen

In der Zerschlagung und Privatisierung der Eisenbahnen und der
öffentlichen schienengebundenen Verkehrsmittel vereinen sich zwei
strategische Kapitalinteressen: das Immobiliengeschäft – die Eisenbahnen sind in allen modernen Industriestaaten die größten Immobilienbesitzer – und die Zurückdrängung der Schiene im Interesse
der vorherrschenden Autokonzerne und der aufstrebenden Luftfahrt-
industrie. Entsprechend zentral ist die Zerschlagung der Eisenbahnen
und der öffentlichen Schienenverkehrsunternehmen im modernen

---

fach nicht, was er mit seinem Kapital anstellen solle. ›Der Mann war fast ein
bisschen verzweifelt‹, sagt Dahler. Es herrscht Anlagenotstand. Nicht nur
in der Hautevolee. Der Mangel an Investment-Alternativen befeuert die
Preise von Wohnimmobilien, aber auch im Geschäft mit Gewerbeobjekten
verlieren die Notierungen jedes Maß.« In: Der Spiegel 6/2017.

Kapitalismus. In diesem Destruktionsprozess gab der seit dem ersten
Drittel des 20. Jahrhunderts führende US-Kapitalismus – wie so oft –
das Modell und den Takt vor.

Zerschlagung der Schienenverkehrsunternehmen in den USA |
In den USA wurde die Zerstörung der städtischen Schienenverkehrsunternehmen bereits in den 1930 bis 1950er Jahren durchgezogen
– und zwar nach einem Masterplan. Es handelte sich um den wohl
größten Wirtschaftskrimi im 20. Jahrhundert. Er wurde 1974 in der
für den US-Senat verfassten Studie von Bradford C. Snell umfassend
dokumentiert. Beginnend in der Weltwirtschaftskrise, Anfang der
1930er Jahre, betrieben die führenden US-Konzerne, zugleich die
für die Autogesellschaft entscheidenden Unternehmen, General Motors, Standard Oil und der Reifenhersteller Firestone, mit krimineller
Energie und weitgehend konspirativ die radikale Umstrukturierung
des Transportsektors über mehr als drei Jahrzehnte hinweg. In Millio-
nenstädten wie Baltimore, Philadelphia, New York, St. Louis und Los
Angeles wurden die Unternehmen des öffentlichen Verkehr, die jahrzehntelang gut funktioniert hatten, aufgekauft und der Schienentrans-
port abgebaut bzw. von der Schiene auf Busverkehr umstrukturiert.
Die Ausgangsbasis bildete die Holding National City Lines (NCL),
die von den drei Konzernen zur Durchführung dieser Operation gegründet worden war. Bis 1950 kaufte diese Gesellschaft Stadt für Stadt
elektrische Verkehrssysteme auf und wandelte sie in Busgesellschaften
um. Dieser tiefgreifende Umbau des nordamerikanischen Verkehrs-
sektors wurde noch dadurch begünstigt, dass General Motors zu diesem Zeitpunkt in den USA 70 Prozent aller Autobusse und 80 Prozent
aller Lokomotiven herstellte und somit die Transportarten, die eine
Alternative zum privaten Straßenverkehr bildeten, kontrollierte. Die
Folgen sind auch heute noch zu besichtigen. In den meisten großen
US-Städten dominiert das Auto zu 90 und mehr Prozent; die Vor-
herrschaft des motorisierten Individualverkehrs ist nochmals deutlich
größer als in Europa. Auf 1.000 Einwohner kommen in den USA 750
Pkw; in Deutschland, Österreich oder der Schweiz sind es zwischen
510 und 540. Oft fehlt in den US-Städten so gut wie jeder öffentliche

Verkehr.[243] Wir kommen im Schlusskapitel auf diesen stadtzerstörerischen Aspekt zurück.

Die im Schienenfernverkehr engagierten US-Eisenbahngesellschaften, die bis Mitte der 1970er Jahre immer privat geblieben waren, wurden teilweise durch die Autoindustrie und die Flugzeugbranche – durch Busse, private Pkw und den Flugverkehr – niederkonkurriert. Eine große Rolle spielte bei ihrem Niedergang eine Tatsache, der wir bei der Zersetzung der Eisenbahnen in Europa erneut begegnen werden: Die führenden Positionen der Eisenbahngesellschaften wurden zunehmend von Personen eingenommen, die dem Schienenverkehr entgegengesetzte Interesse hatten: Vertreter von Öl-, Stahl- und Kohlekonzernen, die bei den Eisenbahnen z. b. nicht kostendeckende Tarife für »ihre« Gütertransporte durchsetzten. Das Top-Management der Eisenbahnen wurde *durchsetzt von einem dem Eisenbahnverkehr fremden und diesem gegenüber oft feindlichen eingestellten Personal.* So gut wie immer handelte es sich um ein Führungspersonal, das vom eigentlichen Brot-und-Butter-Geschäft keine Vorstellung hatte. Was sich in einer Branche, die damals bereits auf eine mehr als hundertjährige Tradition zurückblickte und die auf einem in diesem Zeitraum entwickelten, äußerst verfeinerten Fachwissen basierte, fatal auswirken musste.

In diesem Prozess »kreativer Zerstörung« (Joseph Schumpeter) und Umgestaltung wurde auch das in den Eisenbahnen angelegte Kapital zunehmend umgeleitet. Die erforderlichen Ersatzinvestitionen blieben aus; es wurde zunehmend auf Verschleiß gefahren. Vor allem wurde das Kapital in andere Sektoren dirigiert. So stieg beispielsweise der Vorstand der größten US-amerikanischen Eisenbahngesellschaft, der Penn Central, in den 1960er Jahren in großem Maßstab ins Luftfahrtgeschäft ein, gründete mit Executive Jet Aviation eine eigene Airline mit dem Ziel, Pan Am von Platz eins zu verdrängen. Das Airline-Business endete als Riesen-Pleite. Und am

---

243 Bradford C. Snell, The American Ground Transport. A Proposal for Restructuring the Automobile, Truck, Bus and Rail Industries, vorgelegt dem Subcommittee on Antitrust and Monopoly of the Committee on the Judiciary United States Senate, 26th February 1974; eigene Übersetzung.

21. Juni 1970 musste auch die Penn Central-Eisenbahngesellschaft Konkurs anmelden. Die Top-Manager der Bahngesellschaft trauerten »this fucking railroad« nicht nach.[244] Damit war in den USA zugleich das Ende der großen Eisenbahngesellschaften eingeläutet. Der Anteil der Schiene im Personenfernverkehr liegt in den USA 2017 unter 0,5 Prozent. Zum Vergleich: In Europa macht der Anteil der Schiene am gesamten motorisierten Verkehrsmarkt, nach einem ein Vierteljahrhundert andauernden Angriff auf die Eisenbahnen, immer noch durchschnittlich rund 10 Prozent aus. In Deutschland sind es 8 Prozent und in der Schweiz 17 Prozent. Was Begehrlichkeiten wecken muss.

Bahnprivatisierungen in Japan und in Europa | In Japan und in Europa kam es nach 1945 – und als Resultat von Weltwirtschaftskrise und Zweitem Weltkrieg – zunächst zu einem *Ausbau* von öffentlichem Eigentum im Bereich Verkehr und Eisenbahnen. Die meisten europäischen Eisenbahnen wurden erst im Zeitraum 1935 bis 1948 verstaatlicht. Das unterstreicht, wie stark die Große Krise als Folge des privatkapitalistischen Profit- und Spekulationswahns begriffen und die Zuflucht in öffentlichem Eigentum gesucht wurde.[245] Der öffentliche Sektor wurde aber auch in den Sektoren Energie, Wasser, Bildungswesen und teilweise auch in bislang klassisch privatkapitalistischen Bereichen ausgeweitet. Letzteres traf in Westdeutschland auf die staatlich kontrollierten Großkonzerne Salzgitter AG (Stahl), Ruhr-

---

244 So der damalige Penn Central-Chef Stuart Saunders. Er sagte, er wolle endlich das Penn-Central-Kapital »in wirklich profitable Projekte stecken anstatt in diese verdammte Eisenbahn«. In: Robert Fitch, The Love Machine – Sex and Scandal in the Penn Central, Ramparts, Berkley, März 1972. Zitiert in: Winfried Wolf, Eisenbahn und Autowahn. Der Personen- und Güterverkehr auf Schiene und Straße. Geschichte, Bilanz, Perspektiven, Hamburg 1992, S. 88.

245 In Frankreich 1937, in England/Großbritannien 1947, in den Niederlanden 1937, in Spanien 1939, in Portugal 1947. In Italien, Deutschland, Österreich und in der Schweiz – und in Japan – erfolgte die Verstaatlichung der Eisenbahnen bereits Anfang des 20. Jahrhunderts oder nach dem Ersten Weltkrieg.

kohle AG (Bergbau), VEBA (Energie) und Preussag/TUI (Mischkon-
zern) zu. Im Nachbarland Österreich befand sich nach dem Zweiten
Weltkrieg jahrzehntelang die Mehrheit der kapitalistischen Unternehmen und Banken unter staatlicher Kontrolle. Erstaunlicherweise
kontrollierte der Staat in Europa lange Zeit sogar einen größeren Teil
der Autoindustrie. Dies traf oder trifft zu auf VW (bis 1960 komplett
staatlich, heute noch mit starkem Staatseinfluss), auf Renault (bis heute mit starkem staatlichem Einfluss, wobei Renault darüber hinaus
Nissan kontrolliert), auf PSA Peugeot-Citroën (bis heute mit erheblichem staatlichen Einfluss, wobei PSA inzwischen Opel kontrolliert),
auf SEAT (von der Gründung 1950 bis 1985 staatlich) und auf British
Leyland (im Zeitraum 1975–1988 staatlich).

Das Roll back setzte vor allem in den 1970er Jahren ein. Das war
zugleich die Phase, als, insbesondere nach der globalen Krise 1974/75,
es weltweit zu deutlich rückläufigen Wachstumsraten kam und gleichzeitig die Profitraten massiv eingeengt wurden. Das private Kapital
suchte mit Beginn dieser neuen Phase mit mannigfaltigen Krisen-
erscheinungen neue Anlagesphären jenseits des klassischen Bereichs.
Die neuen Anlagesphären wurden teilweise bei den reprivatisierten
Unternehmen (in Deutschland VEBA, Preussag/TUI) und dann zunehmend in Form der neu privatisierten Sektoren (wie VW, Post,
Telekommunikation, Wasser, Energie) gefunden. Im weiteren Verlauf
der Privatisierungen gerieten die Eisenbahnen ins Visier dieser Of-
fensive.

Bei den Bahnen begann die Privatisierungswelle Mitte der 1980er
Jahre in Japan und Anfang der 1990er Jahre in Großbritannien und
in Deutschland.[246] Die staatliche japanische Eisenbahngesellschaft Japan National Railways (JNR) wurde endgültig 1987 privatisiert. Die
British Rail-Privatisierung fand 1993 statt. In beiden Fällen handelte
es sich um Privatisierungen des Schienenbetriebs einschließlich des

---

246 Zu den Eisenbahnprivatisierungen insbesondere in Japan und in Großbri-
      tannien siehe ausführlich Winfried Wolf, Verkehr. Umwelt. Klima, Wien
      2009, S. 213 bis 235. Die Eisenbahnprivatisierung in Deutschland wurde
      ausführlich dargestellt in: Bernhard Knierim und Winfried Wolf, Bitte um-
      steigen! 20 Jahre Bahnreform, Stuttgart 2014.

Bahngeländes.[247] In beiden Fällen kam es zu einer Bodenspekulation in großem Maßstab. In Japan, weil die privatisierten Bahnen große Teile des Bahngeländes verkauften und unter anderem Shopping Malls entwickelten. In Großbritannien bildete das gesamte Bahngelände, das in der privaten Gesellschaft Railtrack plc. zusammengeschlossen worden war, ein gigantisches »Spekulationspaket«. Die Eisenbahninfrastruktur wurde in wenigen Jahren fast komplett auf Verschleiß gefahren. 2001 ging Railtrack pleite; der Staat musste die Infrastruktur von den privaten Eignern zurückkaufen und nochmals Milliarden Pfund in die Hand nehmen, um das Netz wieder in einen einigermaßen zufriedenstellenden Zustand zu bringen. Seither ist in Großbritannien die Infrastruktur faktisch in staatlicher Hand, der Schienenverkehr wird Anfang 2017 von 22 »privaten« Bahngesellschaften, darunter Arriva, die Tochter der Deutschen Bahn AG, durchgeführt.[248]

Die *deutsche Bahnprivatisierung* dauert im Grunde inzwischen seit einem Vierteljahrhundert an. Sie ist dabei weder »stehen geblieben« oder »erstarrt«, noch verläuft sie nach Plan. Geplant war eine relativ brutale und schnelle Privatisierung der gesamten Eisenbahn ab dem Jahr 2005. Mit einem Präludium 1994, das sich »Bahnreform« nannte. Dieses Projekt scheiterte. Gleichzeitig aber gibt es eine fortlaufende Privatisierungsentwicklung und »Entkleidung« dessen, was einmal das Eisenbahnwesen in Deutschland war. Heute im Rückblick gesehen durchlief die deutsche Bahnprivatisierung bisher drei Phasen:

---

247 Mit einem wesentlichen Unterschied: In Japan wurden mehrere integrierte private Eisenbahngesellschaften geschaffen (Infrastruktur und Betrieb bildeten jeweils eine Einheit), die faktisch jeweils über regionale Monopole verfügen. Bei British Rail wurden die Infrastruktur und der Betrieb getrennt privatisiert.

248 Formal ist das Unternehmen Network Rail Betreiber der Infrastruktur. Network Rail wird vom britischen Staat kontrolliert und finanziert. Das Unternehmen ist mit umgerechnet rund 55 Milliarden Euro hochverschuldet. Das Management gilt als unfähig. Die konservative Regierung erwägt eine neuerliche Privatisierung der Infrastruktur. Labour fordert eine Verstaatlichung und die Rückkehr zu einer integrierten Eisenbahn.

(1) 1994 kam es im Rahmen einer »Großen Privatisierungskoalition«[249] zur formellen Bahnprivatisierung mit dem Zusammenschluss von Bundesbahn und Reichsbahn und der Bildung der Deutschen Bahn. Der neu gebildete Bahnkonzern wurde in der Unternehmensform einer Aktiengesellschaft errichtet, wenn auch zunächst (und, entgegen dem Willen der Bahnreform-Protagonisten des Jahres 1994, bis heute) mit 100 Prozent Bundeseigentum. Alle Altschulden wurden auf den Staat übertragen. Der Schienenverkehrsmarkt im Nah- und Regionalverkehr und der Schienengüterverkehr wurden für den »Wettbewerb« geöffnet (»Regionalisierung«).

(2) 2005 bis 2008 wurde unter einer Großen Koalition versucht, die Deutsche Bahn AG auch materiell zu privatisieren. Dies sollte zunächst mit allem Bahngelände, das die Eisenbahnen auf deutschem Boden seit 1835 angesammelt hatten, erfolgen. Als dieser unglaubliche Angriff auf ein gigantisches öffentliche Eigentum, der als »integrierter Bahn-Börsengang« bezeichnet wurde, scheiterte, sollte der Bahnbörsengang nur noch in Form der Teilprivatisierung des Schienenbetriebs – ohne das Eisenbahngelände – stattfinden. Auch dieser zweite Versuch musste im Herbst 2008 aufgegeben werden – aufgrund des Widerstands in der Bevölkerung und in der SPD und am Ende auch aufgrund des neuen Finanzkrachs.[250] Das Engagement gegen die Bahnprivatisierung strahlte auch nach Stuttgart aus und trug bei zu einer intensiven Verzahnung zwischen denen, die die Kampagne »Bahn für Alle« entwickelt und getragen, und denen, die in diesem Zeitraum den ersten massenhaften Widerstand gegen das Großpro-

---

249 Die Bundestagsparteien CDU/CSU, SPD, FDP und Grüne stimmten für die »Bahnreform«, die damalige Bundestagsgruppe der PDS als einzige dagegen. Da dabei die Verfassung, die eine reine Staatsbahn vorsah, geändert werden musste, war eine zwei Drittel-Mehrheit im Bundestag erforderlich.

250 In der Öffentlichkeit wird das Scheitern des Bahnbörsengangs allein mit dem Finanzcrash erklärt. Es handelt sich auch hier um eine bewusst betriebene Geschichtsverfälschung, mit der die Möglichkeiten des Eingreifens von Menschen in den Gang der zerstörerischen kapitalistischen Entwicklung geleugnet werden soll. Die Kampagne gegen die Bahnprivatisierung wird ausführlich dargestellt in B. Knierim / W. Wolf, Bitte umsteigen! ..., a. a. O., S. 189 ff.

jekt Stuttgart 21 aufgenommen hatten. Diese Verzahnung hält bis heute an und hat sich weiter verstärkt.

(3) Schließlich kam es 2015/16 zum dritten Anlauf einer materiellen Bahnprivatisierung. Unter dem damaligen Bahnchef Rüdiger Grube – und erneut gedeckt von einer Großen Koalition – wurde versucht, private Investoren an den beiden großen DB-Auslandstöchtern Arriva und Schenker Logistics zu beteiligen. Der Hauptverantwortliche bei diesem Vorhaben war der damalige und heutige Finanz- und der heutige neue Bahnchef Richard Lutz. Ihm wurde zu diesem Privatisierungszweck am 1. August 2015 auch die Verantwortung für die Bereiche Arriva und Schenker Logistics übertragen. Wäre dieses Vorhaben gelungen, so hätte es erstmals einen erheblichen Einfluss von privatem Kapital im Gesamtkonzern gegeben.

Dieser Versuch stand dabei interessanterweise in einem Zusammenhang mit Stuttgart 21. Mit der Teilprivatisierung wären dem Konzern zum richtigen Zeitpunkt (siehe der neue BRH-Prüfbericht, der damals bereits auf dem Weg gebracht war, und den die Bahn-Oberen und einzelne Mitglieder der Bundesregierung in Entwurfsfassungen kannten!) bis zu fünf Milliarden Euro zugeflossen, was den finanziellen Spielraum zur Abdeckung neuer Mehrkosten bei S 21 deutlich vergrößert hätte. Auch dieser Versuch musste im Oktober 2016 abgebrochen werden. Widerstand im Bereich der Politik, in der Großen Koalition, und die näher rückende Bundestagswahl 2017 spielten dabei eine Rolle. Interessanterweise sagte der aktuelle Bundesverkehrsminister Alexander Dobrindt dann kurzfristig und in Reaktion auf die Absage der Teilprivatisierung zu, der Deutschen Bahn AG bis zu 2,4 Milliarden Euro an öffentlichen Mitteln als Sonderhilfe zukommen zu lassen.[251]

---

251 Der Vorgang ist an sich grotesk. Es gibt engagierte Bundestagsdebatten, bei denen es um wenige Millionen Euro geht, von denen einzelne sinnvolle Vorhaben abhängen, und wo die Regierenden unter Verweis auf »Sparen« und »Schuldenbremse« behaupten, es gebe dafür kein Geld. Die Nachtzugsparte der Deutschen Bahn AG wurde am 11. Dezember 2016 mit der Begründung eingestellt, es existiere ein jährliches Defizit von rund drei Dutzend Millionen Euro. Doch dann greift Alexander Dobrindt in seine linke Hosentasche, entdeckt in dieser 2,4 Milliarden Euro und spendiert diese der DB AG – ohne jede öffentliche Debatte, ohne eine Diskussion

Diese prompte Reaktion und die Art und Weise, wie diese Sonder-
spende zustande kam, bestärkt die Vermutungen, der dritte Anlauf zur
Bahnprivatisierung könnte in einem Zusammenhang mit den Finan-
zierungsschwierigkeiten bei Stuttgart 21 gestanden haben. Verfügt die
DB doch plötzlich auf Basis der völlig unerwarteten Bluttransfusion
aus dem Bundessäckel über den erforderlichen finanziellen Spielraum, um sich beim S 21-Desaster durchwursteln zu können.

Die Bahnprivatisierungen in Japan, Großbritannien und Deutschland waren gewissermaßen Grundmodelle für einen umfassenden
Prozess der Zerschlagung der Eisenbahnen. Seit den 1990er Jahren
findet in ganz Europa ein *verallgemeinerter Prozess solcher Eisenbahnprivatisierungen* statt. Er wird in erheblichem Maß von den Vorgaben der
Europäischen Union – die übrigens auch in die Schweiz hineinwirken
– dirigiert. Dieser durchgängig zerstörerische Prozess weist von Land
zu Land höchst unterschiedliche Formen auf, die hier nicht aufgefä-
chert werden können. Dabei gibt es allerdings *sechs gemeinsame Merk-
male.*

Erstens. Es kommt zu einer Auflösung bislang weitgehend einheit-
licher Eisenbahngesellschaften, die überall integrierte Unternehmen
und fast immer in öffentlichem Eigentum befindlich gewesen waren.
In der Regel verläuft dies unter Verweis auf die EU-Richtlinie, die eine
Trennung von Infrastruktur und Betrieb einfordert. Dies nimmt von
Land zu Land unterschiedlich bizarre Formen an; der Kultfilm »Na-
vigators« von Ken Loach beleuchtete diesen Prozess für Großbritannien. In Deutschland haben wir auf diese Weise neben der Deutschen
Bahn AG Dutzende private Gesellschaften, die im Nah- und Regio-
nalbereich Schienenpersonenverkehr und bundesweit Schienengüterverkehr anbieten. Darüber hinaus hat sich die Deutsche Bahn selbst
in fünf verschiedene Aktiengesellschaften und hunderte Einzelfirmen
aufgespalten. Die Kosten für Management und Verwaltung haben sich
vervielfacht, die Synergie-Effekte wurden drastisch reduziert.

---

im Verkehrsausschuss, ohne Bundestagsdiskussion. Inwieweit es einen offiziellen Kabinettsbeschluss dazu gab, ist unklar, ein solcher wurde nicht
kommuniziert.

Zweitens. Die Beschäftigung im Bahnsektor wurde drastisch reduziert; in Deutschland kam es seit 1994 zur Halbierung der Jobs im
Bahnsektor (bereits einschließlich der neuen Arbeitsplätze bei den
privaten Bahnen). Europaweit wurden mehr als eine Million Eisen-
bahner-Arbeitsplätze zerstört. Die Art der Beschäftigungsverhältnisse
hat sich grundsätzlich verschlechtert; es gibt zunehmend miserabel
bezahlte, auch prekäre Jobs.[252] Die Arbeitsbelastung der Bahnbeschäftigten nahm enorm zu. Gleichzeitig tendiert deren Identifika-
tion mit der Eisenbahn – die in früheren Zeiten sprichwörtlich war
– inzwischen gegen Null. Das wirkt sich auch negativ auf das Sicher-
heitsniveau aus.[253] Ein Fahrdienstleiter (Stellwerker), der auf seinem
Smartphone im Dienst »spielt«, ist ebenso Teil dieses Systems, wie die
Tatsache, dass im Stellwerk von Bad Aibling eine seit Mitte der 1980er
Jahre veraltete Technik eingesetzt wurde. Und, wie die Deutsche Bahn
AG Anfang 2017 kundtat, weiter eingesetzt wird.[254]

---

252 Die Nachbarbahn ÖBB hatte im Dezember 2016 rund die Hälfte der
     Nachtzugstrecken der DB übernommen. Das Personal auf den ÖBB-Nacht-
     zügen wird von dem Subunternehmen Newrest gestellt. Die Tariflöhne bei
     Newrest liegen unterhalb des deutschen Mindestlohns.

253 Ein Beispiel: Zitiert wird ein »Jean T.«, der seit 32 Jahren bei den Schwei-
     zerischen Bundesbahnen (SBB) für Wartungs- und Instandhaltungsarbeiten
     zuständig ist: »Ich habe immer hervorragende Bewertungen bekommen
     und auf einmal warf mir mein Chef vor, ich wäre zu sorgfältig. ›Mach dei-
     ne Sache und kümmere dich nicht um den Rest.‹ Aber ich kann so nicht
     arbeiten. Wenn du siehst, dass ein Kabel abgenutzt ist, tauschst du es aus,
     auch wenn du den Auftrag hast, nach den Bremsen zu schauen.« Zitiert
     bei Julian Mischi und Valérie Solano, Freie Bahn. Bei der Privatisierung
     des Schienenverkehrs in Europa gibt es fast nur Verlierer, in: Le Monde
     diplomatique, Juni 2016.

254 Aus dem (ausgezeichnet recherchierten) Prozessbericht zum Eisenbahn-
     unglück in Bad Aibling (vom 9. Februar 2016, bei dem 12 Menschen ums
     Leben kamen) des Journalisten Stefan Aschauer-Hundt in der Lokalzeitung
     Sauerländischer Beobachter vom 24. November 2016: Im Prozess »prä-
     sentierte Rüdiger Muschweck [= Leiter der Eisenbahnuntersuchungsstelle
     des Bundes für den Bereich Deutschland Südost; W. W.] die Verfügung der
     Hauptverwaltung (HVB) der Deutschen Bundesbahn von 1984, wonach
     beim Vorhandensein von mehr als einem Blockabschnitt zwischen zwei
     Zugmeldestellen (hier gegeben) die ›Erlaubnisabhängigkeit‹ nachzurüsten

Mit der Bahnprivatisierung wurden überall in Europa traditionelle soziale Netzwerke zerstört, die Teil des in mehr als 150 Jahren
entwickelten Eisenbahn-Systems, oft auch als »Eisenbahner-Familie«
bezeichnet, waren. Um hierfür nur ein Beispiel aus Deutschland zu
nennen: So gab es allein in Westdeutschland bis zur Bahnreform 1994
noch 112.000 Eisenbahnerwohnungen, in denen mehr als 350.000
Menschen lebten. Allein im Stuttgarter Norden waren es 4.884 Wohnungen. Klaus Daubertshäuser, der damalige verkehrspolitische
Sprecher der SPD im Bundestag, hatte bei der Bahnreform-Debatte
im Dezember 1993 im Bonner Plenarsaal des Bundestags noch ausgeführt: »Ein ganz wichtiger Punkt ist [...] die unbedingte Sicherung
der Eisenbahnerwohnungen. Im Gesetz ist nun eindeutig festgestellt,
dass der gesamte Wohnungsbestand [...] in der Verantwortung der
öffentlichen Hand nach den bisherigen Grundsätzen fortgeführt wird
[...]. Das heißt im Klartext: Kein Eisenbahner und seine Familie muss
um seine Wohnung bangen.«[255] Ein halbes Jahr nach dieser Rede war
Daubertshäuser Mitglied im Vorstand der neu gegründeten Deutschen Bahn AG; er nahm diese Position mehr als ein Jahrzehnt lang
ein und erhielt in dieser Zeit – damals lagen die Vorstandsvergütun-
gen noch niedriger als heute – von seinem Arbeitgeber Vergütungen
in Höhe von mehr als fünf Millionen Euro, rund das Zehnfache dessen, was er als bescheidener Abgeordneter erhalten hätte. Eine solche
Investition in eine einzelne Person rechnet sich durchaus. Denn sechs

---

sei, sowie der Bundesbahndirektion München dafür Mittel zur Verfügung
stünden. Diese Nachrüstung ist seit 1984 unterblieben: die Schalteinrich-
tung fehlt. Rüdiger Muschweck machte sich die Sicht der einstigen HVB
der DB zueigen, wonach nicht von einem regelkonformen Streckenblock
zwischen Kolbermoor und Bad Aibling auszugehen sei. [...] Rechtsanwalt
Friedrich Schweikert, engagierter Nebenklagevertreter von Hinterbliebe-
nen und Opfern, hakte hier nach: Ob die Nachrüstpflicht verhandelbar sei.
Die Antwort des EUB-Experten: Bei Zentralblock – den die Deutsche Bahn
als hier verbaut unterstellt – gebe es kein Deuteln: die Erlaubnisabhängig-
keit müsse vorhanden sein. ›Das ist knüppelhart‹. Im übrigen sei er sich
sicher, dass ›sowas wie in Bad Aibling nach 1984 nicht mehr gebaut worden
ist.‹ Wie oft es das jedoch noch woanders gibt – unbekannt.«

255 Protokoll der Bundestagsdebatte vom 2. Dezember 1993, DS 16/957,
     S. 16962.

Jahre nach der zitierten Rede waren entgegen aller Versprechungen alle Eisenbahnerwohnungen privatisiert. Das wiederum war der Ausgangspunkt für das heute größte deutsche Wohnungsunternehmen und den größten privaten Vermieter in Deutschland, die Vonovia SE, zuvor Deutsche Annington Immobilien SE, zuvor Annington Homes, zuvor Nomura.[256]

Drittens. Die Bahnprivatisierungen sind europaweit mit einem massiven Abbau von Komfort und Service und mit einer deutlichen Verteuerung der Ticketpreise verbunden. Europaweit wurden mehr als 10.000 Bahnhöfe und mehr als 100.000 Schalter für Fahrkartenverkauf und Beratung geschlossen. Die Pünktlichkeit der Züge hat sich drastisch verschlechtert. Speisewagen im Fernverkehr wurden vielfach herausgenommen oder sind auf das Niveau eines miesen Bistros mit Apothekerpreisen abgesunken. Elementare Bestandteile des Schienenverkehrs wie Stückguttransport, Kofferaufgabe, akzeptable Warteräume für die Allgemeinheit und (kostenfrei nutzbare) Toiletten in Bahnhöfen, Nachtzugverbindungen und Postzüge – all dies verschwand vielfach. Die Ticketpreise haben sich in realen Preisen er-

---

256 Im Zuge einer frühen britischen Privatisierungswelle übernahm 1996 die für diesen Zweck neu gebildete Gesellschaft Annington Homes, eine Tochter des japanischen Versicherungskonzerns Nomura, vom britischen Verteidigungsministerium 40.000 Wohnungen. 2001 übernahmen Nomura und der Finanzinvestor Terra Firma Capital Partners den größten Teil der erwähnten deutschen Eisenbahnerwohnungen, wobei sie zwecks Verharmlosung des Vorgangs für diesen Zweck ein Töchterchen mit Namen »Deutsche Annington Immobilien Gruppe« bildeten. Diese wiederum wurde 2015, nach Übernahme des Konkurrenten Gagfah, in Vonovia umbenannt. Seit 21. September 2015 ist Vonovia DAX-Konzern, das Unternehmen zählt also zu den dreißig nach Umsatz größten deutschen Konzernen, deren Aktien an der Frankfurter Börse gehandelt werden. Der Vorgang ist ein typisches Beispiel dafür, wie als Resultat der Privatisierungen neue private Konzerne geschaffen und dabei zugleich die Struktur des Kapitalismus umgebaut wird. Interessanterweise war es der SPD-Politiker Franz Müntefering, der in seiner 11-monatigen Amtszeit als Bundesminister für Verkehr, Bau- und Wohnungswesen (Oktober 1998 bis September 1999) maßgeblich zum Verscherbeln der Eisenbahnerwohnungen an die erwähnten Finanzgesellschaften beitrug. Ironie der (Wirtschafts-)Geschichte: 2005 prägte Müntefering für derartige Gesellschaften den Begriff »Heuschrecken«.

heblich erhöht – in Großbritannien wurden sie mehr als verdoppelt; in Deutschland stiegen sie um mehr als 75 Prozent (jeweils gegenüber dem Zeitpunkt der Privatisierung). Durch die Einführung von – je nach Tag der Reise und Zeitpunkt des Ticketkaufs – variablen Ticketpreisen (»Yield-Management«) wurde der Systemvorteil des Schienenverkehrs, zu beliebigen Zeiten einfach einsteigen und losfahren zu können, zerstört. Ein Beispiel aus der schwedischen Hauptstadt – was aber ähnlich über Florenz, Barcelona, Amsterdam, Birmingham oder Stuttgart berichtet werden könnte: »Am Hauptbahnhof von Stockholm arbeiten mehrere Bahnbetreiber in Konkurrenz zueinander, so dass die Kunden keinerlei Überblick mehr haben. Wer von der schwedischen Hauptstadt nach Malmö fahren will, muss unter zahlreichen Gesellschaften und unterschiedlichen Tarifen auswählen. Fahrkarten, die im Voraus oder nur für bestimmte Zeiten am Tag gelöst werden, sind billiger, gelten aber nicht für einen anderen Zug, wenn man den gebuchten verpasst hat. Man muss viel Zeit im Internet verbringen, um das günstigste Angebot zu finden, denn am Schalter bekommt man nur Auskünfte zu der Gesellschaft, die diesen betreibt.«[257]

Viertens. Es kommt zu einer Konzentration auf den Bau und den Betrieb von Hochgeschwindigkeitsstrecken, während gleichzeitig die Schiene in der Fläche (regionale Strecken usw.) vernachlässigt und abgebaut wird. Die Vernetzung dieser beiden »Systeme« wird zunehmend zerrissen.[258] Mit dieser Orientierung werden zwar Großprojekte für Neubaustrecken ins Leben gerufen und zusätzliche Umsätze für die Baubranche und die drei Bahntechnik-Global Players (Siemens, Alstom und Bombardier) generiert. Insgesamt erweisen sich jedoch Hochgeschwindigkeitstrassen und die superschnellen Züge TGV, ICE, AVE, Le Frecce und Italo als unrentabel. »Le Monde« bilanzierte nüchtern: »TGV: trop vaste, trop cher et moins en moins rentable«; der französische Hochgeschwindigkeitszug sei zu wenig gebucht, zu teuer

---

257 Le Monde diplomatique, Juni 2016

258 Die Deutsche Bahn plant aktuell, die Integration von Fern- und Nahverkehr bei den Tickets aufzugeben, sodass man – wird dieser Plan umgesetzt – dann nicht mehr durchgehende Fahrkarten von Fernverkehr auf Nahverkehr (und umgekehrt) buchen kann.

und immer unrentabler.[259] Der Grund dafür ist schlicht: Bei der Konzentration auf Hochgeschwindigkeit wird die Grundstruktur der Schienenverkehrsfahrten souverän ignoriert. 90 Prozent aller Fahrten auf der Schiene finden im Nahverkehr statt; die durchschnittliche Reiseweite einer Fernverkehrsfahrt liegt bei weniger als 300 Kilometer. Was ein Bahnchef von der eigenen Orientierung auf Hochgeschwindigkeit und »Eisenbahn-Magistralen« hält, hat der damalige DB-Vorstandsvorsitzende Hartmut Mehdorn 2003 gut auf den Punkt gebracht (wobei er hier die Unternehmensphilosophie des oben zitierten Penn Central-Bosses Stuart Saunders verfolgte): »Bei Strecken, auf denen ich mit dem Zug länger als drei Stunden unterwegs bin, nehme ich den Flieger.« Denn: »Lange Bahnreisen sind eine Tortur.«[260] So redet ein Bahnchef, der S 21 damit begründet, dass damit eine Eisenbahnmagistrale Paris–Bratislava geschaffen würde. Lügenpack eben, ist man geneigt zu sagen.

Fünftens. Die Eisenbahnunternehmen werden umstrukturiert in Transport- und Logistik-Mischkonzerne. Diese expandieren vor allem im Ausland. In Deutschland aktiv sind zum Beispiel Netinera, die Tochter der italienischen Noch-Staatsbahn FS, Keolis, die Tochter der französischen Staatsbahnen SNCF, und Abellio, Tochter der niederländischen Staatsbahn NS. Vorreiter bei dem Prozess der Auflösung des Markenkerns Eisenbahn und der Umwandlung des jeweiligen Schienenunternehmens in einen Logistik-Mischkonzern ist zweifellos die Deutsche Bahn. Vor allem ist diese weit mehr als ihre Schwesterbahnen in Europa in bahnfremden Bereichen »unterwegs«. Seit kurzem realisiert die Deutsche Bahn fast die Hälfte ihres Umsatzes im Ausland und zugleich die Hälfte ihres inländischen und ausländischen Umsatzes in bahnfremden Bereichen.[261]

---

259 Le Monde vom 25.10.2014. Auch der italienische Hochgeschwindigkeitszug Italo des privaten Betreibers NTV (siehe unten) stand in den bislang fünf Jahren Betrieb bereits zwei Mal am Rande der Insolvenz. Siehe: »Italien bangt um seinen Ferrari-Zug«, in: Die Welt vom 4. Mai 2014, und ilpost vom 8. Mai 2017 (www.ilpost.it/2017/05/08/come-va-italo [abgerufen am 20.5.2017]

260 Sächsische Zeitung vom 14. Januar 2003.

261 Da die beiden Angaben verwirrend erscheinen könnten, sei dies aufgedröselt: Knapp die Hälfte des Gesamtumsatzes des Bahnkonzerns entfällt

Sechstens. Es kommt – vergleichbar der geschilderten Entwicklung in den USA in den 1960er Jahren – zu einer Durchsetzung des gesamten Schienenverkehrssektors mit einem bahnfremdem, bahnignoranten und bahnfeindlichen Top-Personal.

In Großbritannien stiegen mit Beginn der Bahnprivatisierung Busunternehmen (Stagecoach und Arriva), Fluggesellschaften (Virgin Airlines) und Schifffahrtsunternehmen (UK Seacontainers) in das Business Bahnbetrieb ein. Oft kamen die Top-Leute, die das Geschäft der Bahnprivatisierung betreiben, aus Bereichen, die mit der Bahn konkurrieren. Die britischen Eisenbahnen taten 1992 kund, dass ihr damals neuer Bahnchef, Sir Bob Reid, der dann die Privatisierung von British Rail einleitete, »zur Eisenbahn nach einer umfassenden Karriere im Ölgeschäft kam«. Bei der französischen Bahn wurde Mitte der neunziger Jahre mit Loik Le Floch-Prigent der ehemalige Boss des führenden französischen Ölkonzerns Elf Acquitaine Präsident der Staatsbahn SNCF. Als dieser wegen seiner Verwicklung in Korruptionsskandale ins Gefängnis wanderte, folgte ihm mit Francois Gallois ein Mann, der mehr als ein Jahrzehnt Airbus-Manager war – und der Ende 2006 nahtlos vom Top-Job bei der SNCF an die Spitze von EADS/Airbus wechselte. In Italien trat 1995 Lorenzo Necci den

---

inzwischen auf den Umsatz im Ausland, der im Wesentlichen durch die Konzerntöchter DB Schenker Logistics und Arriva abgedeckt wird. Beim Auslandsumsatz ist die übergroße Mehrheit des Umsatzes (mehr als 80 %) Bereichen zuzuordnen, die mit Schienenverkehr nichts zu tun haben (Luftfahrt, Schiffsverkehr, Lkw-Spedition, allgemeine Logistik). Ein Teil des Auslandsumsatzes – z. B. rund 40 Prozent des Umsatzes von Arriva – entfallen allerdings auf Schienenverkehre. Beim Inlandsumsatz wiederum entfällt der größte Teil auf den Schienenverkehr (DB Regio, DB Fernverkehr, DB Cargo) bzw. auf die Schieneninfrastruktur (DB Netz, DB Station & Service und DB Energie). Allerdings gibt es auch beim Inlandsumsatz einen Anteil von 15 bis 20 Prozent, der in bahnfremden Bereiche generiert wird, z. B. die Logistik und das Lkw-Speditionsgeschäft von Schenker. Die bahnfremden Umsatzanteile im Ausland und im Inland addiert rechtfertigen die Aussage, wonach rund die Hälfte des weltweiten Umsatzes des Bahnkonzerns außerhalb des Schienenbereichs, in bahnfremden Bereiche stattfindet. Damit hat der Konzern Deutsche Bahn AG im Grunde seinen Charakter als ein Bahnkonzern grundlegend verändert.

Spitzenjob bei der Staatsbahn FS an und leitete die bereits skizzierte Aufspaltung des Unternehmens ein. Necci hatte zuvor seine Unternehmerkarriere in der italienischen Petrochemie gemacht. Er wurde später inhaftiert, weil er in großangelegte Schiebereien mit Autos in arabische Länder verwickelt war.[262] Seit 2012 fährt im italienischen Schienennetz der Hochgeschwindigkeitszug Italo in Konkurrenz zur noch staatlichen Bahn Trenitalia, die einen eigenen Hochgeschwindigkeitszug (Le Frecce) betreibt.[263] Die Gesellschaft NTV, die den Italo betreibt, wird von einem Konsortium kontrolliert, in der der Industrielle und langjährige Ferrari-Top-Mann Luca Cordero di Montezemolo eine maßgebliche Rolle spielt.

Die einmalige Durchsetzung der Deutschen Bahn AG mit bahnfremdem Top-Personal | Das *deutsche Beispiel* ist hinsichtlich der Durchsetzung mit bahnfremdem Personal wohl das lehrreichste in ganz Europa. Die drei Bahnchefs, die die Deutsche Bahn AG in den ersten 23 Jahren ihrer Existenz prägten, waren Heinz Dürr, Hartmut Mehdorn und Rüdiger Grube. Sie hatten alle drei vor ihrem Amtsantritt nie etwas mit Eisenbahn zu tun. Sie stammten alle drei aus der Kaderschmiede des Daimler-Konzerns.[264] Dürr hatte Mehdorn als sei-

---

262 Angaben zum SNCF-Präsidenten nach: Frankfurter Allgemeine Zeitung vom 6. Januar 1996 und Tageszeitung vom 6. Juli 1996. Angaben zum BR-Chef nach: British Railways Board, Annual Report and Accounts 1994/95. Angaben zum FS-Chef nach: Deutsche Verkehrs-Zeitung vom 19. Juni 1996.

263 In Italien ist die Holding der Staatsbahn die Ferrovie dello Stato Italiane (FS). Die erwähnte Tochter Trenitalia bündelt den (inneritalienischen) Personen- und Güterverkehr, den Hochgeschwindigkeitsverkehr eingeschlossen. Die Eisenbahninfrastruktur ist bei der FS-Tochter Rete Ferroviaria Italiana (RFI) konzentriert. Ausdruck der immer absurderen »Struktur« der europäischen Eisenbahnen ist die Tatsache, dass die FS-Tochter Grandi Stazioni nicht nur die 13 größten italienischen Bahnhöfe, sondern mit Praha hl. n. auch den Hauptbahnhof der tschechischen Hauptstadt zu ihrem Bestand zählt.

264 Heinz Dürr, der ab 1991 Bundesbahnchef, von 1994 bis 1997 Chef der neuen Deutschen Bahn AG und 1997/98 Aufsichtsratchef der DB war und der zugleich das Projekt Stuttgart 21 aus der Taufe gehoben hat, ist auch maßgeb-

nen Nachfolger vorgeschlagen. Mehdorn hatte Grube als Nachfolger ins Spiel gebracht. Grube war bei Daimler-Dasa Mehdorns Büroleiter. Es ist ohne Zweifel eine beeindruckende Dynastie aus dem Daimler-Systemhaus, die nunmehr seit gut einem Vierteljahrhundert fast ununterbrochen an der Spitze der Eisenbahn in Deutschland herrscht.[265]

Eine große Zahl der Top-Leute der Deutschen Bahn kommt ihrerseits aus der Autobranche und der Luftfahrt. In der Ära Mehdorn fiel vor allem der große Einfluss von Ex-Lufthansa-Leuten ins Auge, die dann auch 2002/03 das neue und gescheiterte Bahnpreissystem am Ticket-System der Airlines ausrichteten und die Abschaffung der BahnCard50 umsetzten – um dann letzteres ein halbes Jahr später zurücknehmen zu müssen.[266]

---

licher Eigentümer des weltweit führenden Autozulieferers Dürr AG. Er war vor seinem Antritt als Bundesbahnchef fünf Jahre lang Daimler-Vorstand. Hartmut Mehdorn kam über den Flugzeugbau (VFW, MBB und Airbus) zu Daimler. Er war 1992 bis 1995 Vorstandsmitglied der Daimler-Tochter DASA. Nach seinem peinlichen Abgang bei der DB AG (er hatte die Belegschaft und einzelne Kritiker der Bahn bespitzeln lassen) im März 2009 wirkte er zwischen 2011 bis 2013 als Air-Berlin-Chef und 2013/14 als Chef der BER-Flughafengesellschaft (siehe Kapitel I). Rüdiger Grube kam ebenfalls über MBB und DASA zu Daimler. Er war 1990 bis 1992 Büroleiter von Mehdorn in der DASA-Geschäftsführung. Von 1996 bis 2009 nahm Grube im Daimler-Konzern führende Positionen ein. Unter anderem lenkte er gemeinsam mit Konzernchef Jürgen Schrempp die krachend gescheiterte Daimler-Expansion mit den Aufkäufen Chrysler (1998) und Mitsubishi Motors (2000) – eine Art Vorspiel für seine spätere Expansionspolitik als Bahnchef.

265 Hier ist als Bezugspunkt das Jahr 1991 gewählt, als Dürr Bundesbahnchef wurde. Eine interessante Ausnahme bilden die zwei Jahre 1997/98, in denen Johannes Ludewig Bahnchef war. Ludewig war ein (wohl zu guter) Beamter. Er stellte Stuttgart 21 auf den Prüfstand und sprach sich Anfang 1999 gegen die Fortführung des Projekts aus. Er startete eine Pünktlichkeitsoffensive und knüpfte die Boni der Manager an das Erreichen dieses Ziels. Nach Mehdorns Antritt als Bahnchef wurde die Koppelung Bahnpünktlichkeit und Boni aufgegeben und das Projekt Stuttgart 21 wieder auf die (schräge) Schiene gesetzt.

266 Beispielhaft ist dabei die Person Christoph Franz. Der Mann studierte Wirtschaftsingenieurwesen und war dann ab 1990 bei der Lufthansa, zuletzt in höheren Manager-Positionen. 1994 wechselte er zur Deutschen Bahn, wo er bald Mitglied im Konzernvorstand und Chef der Fernverkehrssparte

Im 2016er Vorstand der Deutschen Bahn AG gab es keinen einzigen Eisenbahner (jemand, der bei der Bahn ausgebildet wurde oder
eine Person, die ein Studium an einer Hochschule für Verkehr oder
Eisenbahnwesen absolviert hätte). In dem im März 2017 neu gebil-
deten Bahnvorstand sieht es in dieser Hinsicht gleich aus. Wir haben
Juristen, Politikwissenschaftler und Ingenieure, aber keinen, der vom
Fach ist – und schon gar keinen, der für die Eisenbahn lebt (erinnert
sei an die viel zitierte Aussage, wonach die Top-Leute in der Autobranche »Benzin im Blut« hätten).[267] Unterhalb der Ebene des Holdingvor-
stands und in den Vorständen der wichtigsten Konzerntöchter gibt es
ebenfalls keinen Eisenbahner und erneut eine erkleckliche Zahl von
Top-Managern, die aus den mit der Schiene konkurrierenden Sektoren oder von Konzernen kommen, die als DB AG-Lieferanten zu dieser in einem höchst spezifischen Verhältnis stehen.[268] Wenn beispiels-

wurde. Er entwickelte maßgeblich das neue Bahnpreis-System. Nach dem
Scheitern dieser Bahnpreisreform wurde Franz als Bauernopfer gefeuert. Er
ging zur Schweizer Fluggesellschaft Swiss, wurde 2004 deren Boss, führte
Swiss in die Pleite und dann unter die weiten Flügel des Lufthansa-Kra-
nichs. 2011 wurde Franz Lufthansa-Chef. Er stand bis 2014 an der Spitze
dieses Luftfahrtkonzerns, in dem er seinen berufliche Werdegang und seine individuelle Karriere begonnen hatte. Es gibt mindestens ein Dutzend
vergleichbarer Karrieren, die beispielhaft für die hier beschriebene Durchsetzung der Eisenbahn mit bahnfremdem Personal sind.

267 Der Personalvorstand Ulrich Weber ist Jurist und kommt von der Ruhrkohle AG. Der Finanzer und neue Bahnchef Richard Lutz ist Betriebswirtschaftler und war an der Universität tätig; er kam 1994 zur neu gegründeten
DB AG (siehe dazu noch weiter unten). Sein Vorgänger in diesem Job als
Finanzvorstand, der die Bahn prägende Diethelm Sack, kam 1991 zur Bundesbahn. Er ist Industriekaufmann und Betriebswirtschaftler und kommt
vom Autozulieferer VDO Adolf Schindling. Der Personenverkehrsvor-
stand Berthold Huber hat Politikwissenschaft studiert und seine Karriere
bei der Unternehmensberatung Ernst & Young begonnen. Er ist seit 1997
bei der DB. Volker Kefer, der im Bahn-Top-Management im Zeitraum 2009
bis 2016 für Stuttgart 21 maßgebliche Mann, studierte Maschinenbau und
Elektrotechnik. Seine Karriere ist geprägt durch Siemens. Für diesen Konzern – zugleich Bahntechnikhersteller – war er im Zeitraum 1983 bis 2006
in unterschiedlichen Positionen aktiv.

268 Der Vorstandsvorsitzende von DB Regio, Jörg Sandvoß, kommt ebenso
von Lufthansa wie der Vorstandsvorsitzende von Station & Service, An-

weise die Vorstandsvorsitzende der Sparte Fernverkehr, Birgit Bohle, bis 2007 für die berüchtigte Unternehmensberaterfirma McKinsey gearbeitet hat, so klingt das für einen Eisenbahner eher beunruhigend. Zumal Frau Bohle in den Debatten um den Erhalt der Nachtzugsparte ihre Ignoranz hinsichtlich des gesamtheitlichen Systems Schiene und hinsichtlich der für die Eisenbahn wichtigen Reisekultur unter Beweis gestellt und sich damit als kurzsichtige Saniererin präsentiert hatte. Erst auf den mittleren Management-Ebenen stößt man auf erfahrene Eisenbahner. Die meisten von ihnen leiden unter der Ignoranz der Bahn-Oberen.

Oder nehmen wir das Großprojekt Stuttgart 21 und die Neubaustrecke über die Schwäbische Alb: Der seit August 2013 für das gesamte Projekt verantwortliche Top-Manager und Vorsitzende der Geschäftsführung der DB Projekt Stuttgart–Ulm, Manfred Leger, ist Wirtschaftsingenieur. Er war im Zeitraum 2002 bis 2013 für den Baukonzern Balfour Beatty in führenden Positionen tätig. Ursprünglich startete (auch) er seine Karriere bei Messerschmitt-Bölkow-Blohm (MBB), ging 1994 zu AEG und war dann mehrere Jahr aktiv für die Daimler-Tochter Dasa bzw. für die Daimler-Bahntechnik-Firma Adtranz.

Die Hinweise auf eine sehr weitreichende Durchsetzung der Deutschen Bahn mit diesen bahnfremden Interessen können fast endlos fortgesetzt werden. So standen in den letzten 23 Jahren alle Aufsichtsratsvorsitzenden der Deutschen Bahn AG mit Interessen in Verbindung, die in einem Widerspruch zu den Zielsetzungen eines gedeihlichen Bahnverkehr stehen.[269] Das gilt eindeutig für den seit 2010 amtieren-

---

dré Zeug. Zeug kommt ursprünglich von German Wings, war dann 1990 bis 1992 bei der Lufthansa und 1992 bis 1994 bei der Treuhandanstalt. Er ist seit 1994 in verschiedenen Funktionen für die Deutsche Bahn aktiv. Sandvoß war bis 2000 bei der Lufthansa. Der Chef von DB Cargo, Jürgen Wilder, war bis Ende 2015 in leitender Position bei Siemens tätig.

269 Günther Saßmannshausen war der erste Aufsichtsratsvorsitzende der DB AG (in dieser Position 1994 bis 1997); er stammt aus dem Ölgeschäft, war Preussag-Chef (siehe oben) und u. a. Mitglied in den Aufsichtsräten von VW, Continental und Deutsche Shell. Auf ihn folgte in dieser Position 1997 Heinz Dürr (siehe oben). Sein Nachfolger war Dieter Vogel (1999-2001), der als Ex-Thyssen-Mann eng mit der Transrapid-Technologie verbunden war. Die

den Oberkontroller *Utz-Hellmuth Felcht*. Er gelangte in die Position vor
allem durch eine Amigo-Connection: Er war Aufsichtsratsvorsitzen-
der bei dem Unternehmen Südchemie und gut befreundet mit Peter
Ramsauer, dem damaligen Bundesverkehrsminister. Irritieren sollte
an dieser Personalie, dass Felcht bei dem Finanzinvestor One Equity
Partners (OEP) seit 2007 eine führende Position einnimmt. OEP ist
mit der zweitgrößten Bankengruppe in den USA, JP Morgan Chase
& Co, verbunden. OEP könnte auch ins Spiel kommen, wenn es zu
einem neuen Anlauf zur Privatisierung der Deutschen Bahn kommt
oder wenn große Tochtergesellschaften der Deutschen Bahn teilpriva-
tisiert werden, wie dies 2015/16 geplant war.

Darüber hinaus ist Mitglied im 2017er Bahnaufsichtsrat – wohlgemerkt immer für die Eignerseite, also in Vertretung der deutschen
Bevölkerung – der bereits erwähnte *Michael Frenzel*. Dieser ist seit einiger Zeit Präsident des Bundesverbandes der Deutschen Tourismuswirtschaft (BTW). Er fordert in dieser Funktion ausdrücklich, dass
»die Eisenbahnmärkte europaweit liberalisiert« werden. Der Verband
tritt ein für einen generellen »Aus- und Neubau der Fernstraßen«. Er
bezieht unmissverständlich Partei für die Luftfahrtbranche und fordert »die Luftverkehrssteuer ad acta zu legen«, »Nachtflugverbote und
Flugverbote in Tagesrandzeiten […] zu verhindern« und »die großen
Flughafendrehkreuze bedarfsgerecht« auszubauen. All das sind Positionen, die in direktem Widerspruch zu den Interessen der DB AG
stehen.[270]

Deutsche Bahn unterstützte dann in der Ära Mehdorn den Einsatz des Transrapid, obgleich dieses System direkt mit der Schiene konkurrierte. Auf Vogel folgte Michael Frenzel (2001-2005), erneut ein Top-Mann von Preussag/
TUI, damals auch Betreiber einer Billig-Airline. Frenzel ist inzwischen wieder
»nur« einfaches Mitglied im DB AG-Aufsichtsrat. Doch er wird als Nachfolger von Felcht gehandelt. 2005 wurde Werner Müller Aufsichtsratsvorsitzen-
der. Er war damals gleichzeitig Chef der Ruhrkohle AG-Stiftung, wobei die
RAG einer der wichtigsten Kunden im Schienengüterverkehr der DB AG ist
und ein Interesse an niedrigen Frachttarifen haben muss, was wiederum für
die DB gewinnreduzierend, wenn nicht geschäftsschädigend ist. Auf Müller
folgte 2010 Utz-Hellmuth Felcht (siehe oben).

270   Zitate nach der offiziellen Website des Verbandes [abgerufen am 12.2.2017].

Ein weiteres langjähriges Mitglied im Bahnaufsichtsrat, ebenfalls als Vertreter des Bundes, ist *Jürgen Großmann*. Er ist Alleingesellschafter des Stahlkonzerns Georgsmarienhütte, dessen Tochtergesellschaften nach Konzernaussagen »in Europa führend bei der Herstellung von Radsätzen« (für Schienenfahrzeuge) waren und der die DB AG auch u. a. mit Radsätzen und Prüftechnik für Radsätze belieferte.[271]

Das Irritierende an all diesen Bahn-Top-Leuten mit Interessen, die in Widerspruch zu einer Bahn, die dem Allgemeinwohl dient, stehen, ist vor allem die Tatsache, dass diese Art Durchsetzung der Bahn ja keineswegs Resultat einer konspirativ wirkenden Autolobby ist. Die Bundesregierung als Vertreterin des hundertprozentigen Eigentümers Bund delegierte all diese Herren, die eigene und Fremdinteressen haben, in den Bahn-Aufsichtsrat und in den Vorstand der DB AG. Für ihre vielfachen Verstöße gegen die Interessen der Schiene, beispielsweise aufgrund der Unterstützung des Monsterprojekts Stuttgart 21, werden die Leute immer aufs Neue belohnt.

Ex-Bahnchef Grube machte sich ja keineswegs im Zorn und auf Basis einer einseitigen persönlichen Entscheidung vom Gleisacker. Der Aufsichtsrat nahm am 30. Januar 2017 seinen Vorschlag, umgehend auszuscheiden, *einstimmig* an. Was erhebliche Sonderzahlungen nach sich ziehen wird.

Und wo steht der neue Bahnchef? Ist dieser wirklich dieses unbeschriebene Blatt, wie er in den Medien inzwischen – übrigens so, wie dies in den ersten Jahren der Mehdorn-Ära, 1999 ff., und so, wie dies in den ersten Jahren der Grube-Ära, 2009 ff, erfolgte – präsentiert wird?

Im Grunde hinterließ auch dieser neue Bahnchef längst aussagekräftige Spuren. Und dies nicht nur hinsichtlich der von ihm geäußerten »finsteren Entschlossenheit«, Stuttgart 21 zu Ende zu bauen. Lutz ist auch ein ausgewiesener Privatisierer – was durchaus zu dieser Nibelungen-Treue gegenüber dem Stuttgarter Monsterprojekt passt.

---

271 Berichten zufolge hat die Führung der GM-Hütte 2016 »die defizitäre Bahntechnik rund um den traditionsreichen Bochumer Verein an einen chinesischen Investor verkaufen […] können.« Handelsblatt vom 28. Dezember 2016. Unklar ist, ob damit alle GM-Hütte-Töchter, die an die DB AG lieferten, verkauft wurden.

Richard Lutz machte 2011, als er im Bahnkonzern »nur« der für die Finanzen verantwortliche Vorstand war, deutlich, dass die Bahnprivatisierung für das Top-Personal dieses Unternehmens *immer* zentrales Thema und für ihn eine Herzensangelegenheit ist. Am richtigen Ort, in der *Börsen-Zeitung* führte Lutz damals offenherzig aus: »Auf unseren Roadshows im Ausland findet das Schlechtreden der Bahn-Entwicklung nicht statt. [...] Im September [2011] werden wir wieder vier Stationen (mit Roadshows; d. Red.) haben: In Tokio, in Peking, Hongkong und Singapur besuchen wir Staatsfonds und Pensionsfonds. Das machen wir seit 2002. Vor allem in Japan [...] fragen uns die Anleger immer wieder, wann wir endlich an die Börse gehen.«[272]

Es sei nochmals daran erinnert: Lutz verwies mit diesen Worten auf die ständige Aktualität der Bahnprivatisierung zu einem Zeitpunkt, als in Deutschland alle führenden Politiker und selbst der damalige Bahnchef Grube behaupteten, ein Bahnbörsengang oder eine Privatisierung der DB AG stehe »nicht auf der Tagesordnung«. Lutz konnte dies damals so äußern, da er nicht an der Spitze der Bahn stand, da ihn niemand als künftigen Bahnchef auf dem Schirm hatte und da er mit der *Börsen-Zeitung* eine Publikation wählte, die zwar für eine bestimmte Klientel – durchaus eine an Privatisierungen interessierte Kundschaft – wichtig ist, aber eher als randständig angesehen wird.

Operation geglückt – Patient Stadt tot | Die Bahnprivatisierungen hatten, ähnlich wie zuvor in den USA im Fall der Zerschlagung der Eisenbahnen, zur Folge, dass die umweltverträgliche, effiziente und zum Straßenverkehr alternative Verkehrsform Schiene an den Rand gedrängt wurde. Mit diesem Privatisierungsschub im Eisenbahnwesen – eigentlich war es ein *weltweiter*, sogar die Weltbank und eine UN-Kommission hatten sich in diesem Sinne engagiert[273] – wurde

---

272 Interview in der Börsen-Zeitung vom 11. Februar 2011.

273 Siehe The International Bank for Reconstruction and Delevopment / The World Bank, Railway Reform: Toolkit for Improving Rail Sector Performance, 2011, PDF unter https://ppiaf.org; UN Economic and Social Commission for Asia and the Pacific, The Restructuring of Railways, New York 2003, PDF unter www.unescap.org [jeweils abgerufen am 15.2.2017].

der Boden für einen Motorisierungsschub bereitet. Dieser erfolgte zu dem Zeitpunkt, als die Exportoffensiven der japanischen und der europäischen Autokonzerne an ihre Grenzen gestoßen waren und es erforderlich wurde, den inneren Markt zu entwickeln und die Pkw-Dichten qualitativ zu steigern, wollte man das Produktionsniveau aufrechterhalten oder gar noch steigern. Das heißt, es gibt eine innere Logik dergestalt, dass der Druck auf die Privatisierung der Eisenbahn dann steigt, wenn einerseits die Krisentendenzen im produktiven Sektor sich verstärken und das Kapital nach den beschriebenen neuen Anlagemöglichkeiten giert. Und wenn gleichzeitig die Autoindustrie nicht mehr mit Exporten und Kapitalexport ausreichend profitabel wachsen kann und dann darauf drängt, den inneren Markt für das Auto besser zu erschließen – und zu diesem Zweck die Konkurrenz zu zerstören bzw. qualitativ zu schwächen, was heißt, die Bahnprivatisierung voranzutreiben.

Wie rücksichtlos dabei diese inneren Tendenzen des Kapitals wirken, wie sehr es dabei ausschließlich um Profitmaximierung geht, zeigt ein anderer zeitlicher Zusammenhang: Die Bahnprivatisierungen wurden ausgerechnet zu einem Zeitpunkt vorangetrieben, als die großen Umweltdebatten über die Stadtzerstörung durch den motorisierten Individualverkehr geführt und die ersten Erkenntnisse über einen verheerenden Klimawandel, für den der Straßenverkehr maßgebliche Verantwortung trägt, vorlagen. Während die Vertreter der offiziellen Verkehrspolitik in den 1950er und 1960er Jahren argumentiert hatten, die Eisenbahnen zählten zum »alten Eisen«, während es also in dieser Zeit eine *Kongruenz* zwischen der verbal kommunizierten und der real praktizierten Verkehrspolitik gab, verhielt es sich nun und seither völlig anders: Die offizielle Verkehrspolitik propagiert spätestens seit den 1980er Jahren die Stärkung der Schiene und erkennt verbal an, dass der Straßenverkehr und die Luftfahrt die Umwelt und das Klima in besonderem Maß – und weit mehr als die Schiene – belasten. Doch die reale Verkehrspolitik orientiert auf die entgegengesetzte Richtung. Der Widerspruch zwischen Worten und Taten ist auf diesem Gebiet so krass wie wohl nie zuvor.

Konkret sieht diese *materielle* Bilanz wie folgt aus: In den entscheidenden Jahren der japanischen Bahnprivatisierung 1987 bis 2000
ebenso wie in der ersten Periode der Privatisierung der britischen
Eisenbahn 1995 bis 2005 gab es einen sprunghaften und im Vergleich zu den meisten anderen Ländern und zu früheren Zeiten über-
durchschnittlichen *Anstieg der Pkw-Dichte.* In Japan kamen 1980 erst
203 Pkw auf 1.000 Einwohner; 2000 waren es bereits 450. In Großbritannien lag die Pkw-Dichte 1995 bei 378 Pkw je 1.000 Einwohner,
wobei sie sogar in den fünf Jahren 1990 bis 1995 weitgehend stabil
geblieben war und man von einer »Marktsättigung« sprach. Doch
danach kam es zu einem sprunghaften Anstieg – auf 469 Pkw je 1.000
Einwohner im Jahr 2005. In der EU stieg der Motorisierungsgrad in
diesem Zeitraum von 380 auf 455 Pkw je 1000 Einwohner.[274]

Übrigens: In *Stuttgart* war der Pkw-Bestand im Zeitraum 1992
bis 1996 konstant geblieben (und in den Jahren 1992 bis 1994 sogar leicht gefallen). Er lag in diesem Fünfjahreszeitraum bei rund
225.000 Pkw. Er wuchs ab 1997 deutlich und lag 2002 erstmals höher
als 240.000 Pkw.

Auf der 346. Montagsdemonstration rechnete Christoph Oza-
sek, Stadtrat DIE LINKE, vor: »Der ›Feinstaubalarm‹, der als große
Kampagne von Oberbürgermeister Kuhn zur Bewusstseinsbildung
daherkommt, kann bis heute nicht überzeugen. [...] Dazu ein paar
Zahlen: [...] In Stuttgart ist der Pkw-Bestand auf den Spitzenwert
von 298.000 gestiegen. Insgesamt weist Stuttgart eine Quote von 540
Kraftfahrzeugen auf 1000 Einwohnern aus. Das ist die zweithöchste
Pkw-Dichte aller Großstädte in Deutschland nach München.«[275]

---

274 Angaben nach: EU Energy and Transport in Figures, statistical pocketbook
     2010, S. 155. Hier für die EU mit 27 Mitgliedstaaten. Der Treiber waren da-
     bei vor allem die mittel- und osteuropäischen Staaten (»EU-12«), bei denen
     die Pkw-Dichte in diesem Zeitraum von 190 auf 296 hochschnellte.

275 Rede Christoph Ozasek vom 14. November 1016; Manuskript (bei: www.
     bei-abriß-aufstand.de). Vorausgegangene Zahlen zu Stuttgart nach: Franz
     Biekert, Prognose der privat zugelassenen Personenkraftwagen in Stuttgart
     von 2002 bis 2015, Statistisches Amt – Informationssystem (www.stuttgart.
     de/statistik-infosystem).

In meiner Kindheit, die ich in Weißenau bei Ravensburg verbrachte, konnte man auf den meisten Straßen spielen. Wenn ein Auto kam, wurde gerufen: »A Kranket kommt«. Das Auto wurde instinktiv als eine Krankheit für die gesunde Stadt – die Stadt für die Menschen – empfunden. Eine vergleichbare Sicht findet sich bei David Harvey: »Vor der Erfindung des Autos waren Straßen häufig Gemeingüter – Orte der Geselligkeit, Spielplätze für Kinder (ich bin alt genug, um mich daran zu erinnern, dass wir ständig dort spielten). Aber dieses Gemeingut wurde zerstört und in einen Raum verwandelt, in dem seit einiger Zeit das Automobil dominiert.«[276]

2.
Bahnprivatisierung und Immobilienspekulation

Das Magazin *Focus* veröffentlichte 1993 – also ein knappes Jahr *vor* Gründung der Deutschen Bahn AG – einen umfassenden Artikel über »Das Mega-Milliarden-Ding«. In dem Artikel wird ein Blick auf die Eisenbahnentwicklung in den USA und in New York geworfen. »Blick« ist hier im Wortsinn gemeint. Da gab es zwei Fotos der City von New York. Das erste Foto zeigte ein breit aufgefächertes Gleisnetz mit einem beeindruckenden Bahnhofsgebäude. Zeitpunkt der Aufnahme: Anfang des 20. Jahrhunderts. Das Ganze erinnert durchaus an das, was MP Oettinger mit Blick auf Stuttgart als »Gleisgewirr« bezeichnete. Daneben gestellt war ein Foto mit demselben Stadtausschnitt, nunmehr aufgenommen Anfang der 1990er Jahre. Auf diesem Foto sind nur noch Hochhäuser und Straßenzüge zu sehen. Der Text zu den Darstellungen lautet: »Wolkenkratzer über dem Bahndamm: Weil der Nutzwert breiter Schienenstränge in keinem Verhältnis mehr zu den Bodenpreisen in der City stand, überbauten die New Yorker kurzerhand diese hässliche Gleisschneise samt einigen Bahnhöfen mit Hochhäusern und Straßen.«[277]

---

276 David Harvey, Rebellische Städte, a. a. O., S. 139 f.

277 Ulrich Viehöver, Bundesbahn – Das Mega-Milliarden-Ding, in: Focus 43/1993.

120 Jahre zuvor hatte Friedrich Engels dieses Paradox bereits beschrieben. »Die Ausdehnung der modernen großen Städte gibt in
gewissen, besonders in den zentral gelegenen Strichen dem Grund
und Boden einen künstlichen, oft kolossal steigenden Wert; die darauf
errichteten Gebäude« – und Anlagen, füge ich hinzu – »statt diesen
Wert zu erhöhn, drücken ihn vielmehr herab, weil sie den veränderten Verhältnissen nicht entsprechen; man reißt sie nieder und ersetzt
sie durch andere.«[278]

Die Frage 1872 lautete wie 1993: Wer definiert, was Wert hat oder
was wertvoll ist? Und für wen ist etwas wert, hat es Wert? Gleisanlagen können als Freifläche, mit freiem Blick in Teile der Stadt, gesehen
werden – oder als »Opportunität«, als Möglichkeit, das entsprechende
Gelände »zu entwickeln« und gewinnbringend zu verwerten. Gleisanlagen müssen, so im Fall Stuttgart, als Frischluftschneise begriffen werden. Und der »Nutzwert breiter Schienenstränge« ist natürlich dann
gering, wenn der Schienenverkehr gering geschätzt wird – oder, wenn
dieser, wie in New York im beschriebenen Zeitraum erfolgt, erheblich
reduziert wurde und erst dadurch »vertunnelt werden« konnte.

Im *Focus*-Artikel heißt es weiter: »Heinz Dürr, Führer der zukünftigen Deutschen Bahn AG […], gibt sich entschlossen, mit Bahnhöfen
und Brachland gutes Geld zu verdienen […] Für das Geschäft mit Immobilien wird im Vorstand der neuen DB AG eigens ein neues Res-
sort geschaffen. […] Erste Pionierprojekte, bei denen private Investoren beim Bahnhofsausbau zum Zug kommen, laufen in Köln und
Leipzig.« Die Bilanz von *Focus*: »Das 41.000 Kilometer lange Schienennetz ist als Immobilie pures Gold. Die Gleisschneisen durch die
Städte könnten raffiniert umbaut werden.«

Die Eisenbahnen waren in allen Industrieländern – noch vor der
Post, die ja weltweit ein ähnliches Privatisierungsschicksal wie die
Eisenbahn erlebt beziehungsweise erleidet – die größten Immobilien-
besitzer. Sie kamen zu ihrem Besitz so gut wie immer aufgrund der
Zusage, auf diesem Gelände auch tatsächlich im öffentlichen Interesse

---

278   Friedrich Engels, Zur Wohnungsfrage, in: Marx Engels Werke Band 18,
      S. 215.

Verkehr – Schienenverkehr – zu betreiben. Darauf ist bei der Debatte über Bahngelände-Privatisierung zurückzukommen.

Auch in Deutschland war die Eisenbahn der größte Immobilienbesitzer. Zum Zeitpunkt der Bahnreform 1993 zählten zum Bahneigentum aus Bundesbahn-Besitz (ohne die Bahngelände der Reichsbahn) rund 160.000 Hektar Fläche. Schätzungen gehen davon aus, dass das Immobilienvermögen der Bahn zu diesem Zeitpunkt mehr als 400 Milliarden D-Mark oder umgerechnet 220 Milliarden Euro wert war.[279] Es handelt sich dabei überwiegend um Flächen, auf denen Bahnverkehr stattfindet, die also nicht oder nicht in absehbarer Zeit veräußerbar sind. Wobei es natürlich im Sinne des *Focus*-Zitats bzw. der zitierten Analyse von Friedrich Engels allein aus dieser »Wertschätzung« heraus immer einen massiven Druck geben muss, Bahngelände, auch solches mit Eisenbahnverkehr, zu entwidmen und zu »entwickeln«, es zu »veredeln« und wie im Märchen daraus Gold zu spinnen.

Dabei gab es Mitte der 1990er Jahre bereits viele Areale, auf denen kein Bahnverkehr mehr stattfand bzw. auf denen er in den Jahren vor oder kurz nach der Bahnreform eingestellt worden war – unter anderem als Folge der Aufgabe Dutzender innerstädtischer Güterbahnhöfe, aufgrund der Einstellung des gesamten Postbahnverkehrs oder der Aufgabe des Stückgutverkehrs. Bereits diese Flächen versprachen Einnahmen in Höhe von mehreren Dutzend Milliarden Euro. Um eine Vorstellung von den Dimensionen dieser Geschäfte zu gewinnen, kann man einen Blick in den Geschäftsbericht der (westdeutschen) Bundesbahn aus dem Jahr 1991 werfen. Dort heißt es, dass »die Bahn 1991 Erlöse von über einer Milliarde DM aus der Verwertung ihres nicht unmittelbar benötigten Grundbesitzes (erzielte).«[280] Damals, so ließ sich argumentieren, war die Bahn ein direktes Bundesvermögen. Da galt »linke Tasche, rechte Tasche«. Nicht so im Fall einer auf den Privatisierungsweg gebrachten Deutschen Bahn AG.

Die Bundestagsabgeordneten waren sich 1993 bei den Diskussionen zur Bahnreform durchaus der Brisanz, die in diesem Immobi-

---

279 Angaben bzw. Schätzungen nach: Capital, 20/2006.
280 Geschäftsbericht 1991 Deutsche Bundesbahn, S. 54.

lienschatz steckt, bewusst. Daher sollte die Deutsche Bahn AG nur
dasjenige Bahngelände erhalten, das *für den Bahnbetrieb notwendig* war.
Ein Verkauf von Bahngelände zur Gewinnmaximierung einer auf Pri-
vatisierungskurs befindlichen, privatwirtschaftlichen Bahn AG sollte
im Großen und Ganzen ausgeschlossen sein. Zur Verhinderung einer
groß angelegten Bodenspekulation wurde eine besondere Institution,
das Bundeseisenbahn-Vermögen, geschaffen. Nicht für den Schienenverkehr notwendiges Bahngelände sollte dort und damit in Bundeseigentum verbleiben. So ist dies auch ausdrücklich im Geschäftsbericht 1994 der Deutschen Bahn AG festgehalten; man könnte sagen,
die Herren Dürr & Co. haben die – brisante – Angelegenheit sehr gut
verstanden. Dort heißt es: »Die nicht bahnnotwendigen Liegenschaften verbleiben beim Bundeseisenbahnvermögen. Bei Verwertungen
erzielte Erlöse sollen für die Abtragung der Altschulden von Deutscher Bundesbahn und Deutscher Reichsbahn, die der Bund im Zuge
der Bahnreform übernommen hat, verwendet werden.«[281]

Tatsächlich geschah das Gegenteil – und das wurde ermöglicht
durch eine scheinbar unwichtige Gesetzespassage, die natürlich nicht
zufällig in das Privatisierungsgesetz »einmontiert« worden war.[282] Her-

---

281 Geschäftsbericht 1994, Deutsche Bahn AG, S. 11.

282 Das bundeseigene Bundeseisenbahn-Vermögen (BEV) übernahm einerseits
alle Altschulden von Bundesbahn und Reichsbahn. Andererseits sollten im
BEV alle Bahnimmobilien gebündelt und dann vom BEV aus der DB AG
ausschließlich das »bahnnotwendige« Gelände übertragen werden. Als Gegen-
gewicht zum Schuldenberg sollte das BEV also alles »nicht bahnnotwendige
Gelände« behalten und verwerten können. So wurde es auch im Eisenbahn-
Neuordnungs-Gesetz beschlossen. (ENeuOG §§ 1, 2, 20). Anstelle einer Umsetzung dieser Gesetzesregelung gab es zwischen 1994 und 1996 einen Disput,
wem welches Bahngelände zuzuweisen sei. Die DB AG verfügte dabei de facto
von Anfang an über den überwiegenden Teil des Bahngeländes. Ende 1996
einigten sich Bundesregierung und Deutsche Bahn AG auf einen politisch mo-
tivierten Deal. Bezug genommen wurde dabei auf einen völlig unscheinbaren
Gesetzespassus, der lautet: »Vergleiche sind zulässig; wird ein Vergleich geschlossen, ergeht ein dem Vergleich entsprechender Bescheid.« (§ 23, (6)). Der
geschlossene Vergleich besagte: Die DB AG behielt grundsätzlich alles Bahngelände, ob »bahnnotwendig« oder »nicht bahnnotwendig«, überreichte aber
dem BEV ein Immobilienpaket im Wert von lächerlichen 13,6 Mrd. DM, das
angeblich dem Wert aller nicht bahnbetriebsnotwendigen Areale entsprach.

mann Abmayr erkannte damals als einer der ganz wenigen, worum es in Wirklichkeit ging: um einen groß angelegten Grundstücksraub. Er schrieb:»Sieger im Bahnmonopoly ist Heinz Dürr. Bis auf Grundstücke und Immobilien im Verkehrswert von 13,6 Milliarden Mark ist jetzt alles Eigentum der Bahn AG. Auch viele nicht bahnnotwendige Liegenschaften, wie das milliardenschwere Areal um den Stuttgarter Hauptbahnhof, das seit Jahren kaum mehr von der Bahn genutzt wird, kann Dürr behalten. Der Bundesrechnungshof hatte sich schon mehrfach mit dem Milliardenpoker befasst. [...] Sein Hauptvorwurf: Das ›gesetzliche Kriterium der Bahnnotwendigkeit‹ sei ›weitgehend in den Hintergrund getreten‹.«[283]

Zugespitzt kann man sagen: Ohne diesen Deal und ohne diesen an sich ungeheuerlichen Vorgang der Verkehrung eines Gesetzes weitgehend in sein Gegenteil, hätte es Stuttgart 21 möglicherweise nicht gegeben. Das Gelände des ehemaligen Güterbahnhofs wäre Bundeseigentum geblieben und die Stadt hätte nicht die wichtige Kofinanzierung für S 21 gewähren können. Es sei daran erinnert, dass die vergleichbar großen und ähnlich zerstörerischen Projekte Frankfurt 21 und München 21 aufgegeben werden mussten – im Fall Frankfurt auch als Resultat eines Widerstands; in beiden Fällen wohl vor allem aufgrund der Nichtfinanzierbarkeit.[284] In Lindau konnte das vergleichbare Projekt zur Aufgabe des Inselbahnhofs – ebenfalls ein Kopfbahnhof – ebenfalls durch einen langjährigen Widerstand weitgehend verhindert werden.[285]

Die Deutsche Bahn AG verkaufte in der Folge Jahr für Jahr nicht

---

283 Hermann Abmayr, Bahnchef wird Immobilienhai, in: Die Tageszeitung vom 24. Oktober 1996.

284 Über die Geschichte des Projektes Frankfurt 21 schrieb Klaus Gietinger (»Unter die Erde kommen wir noch früh genug«) in »Wem gehört die Stadt« (S. 160 f.).

285 Aktuell ist in Lindau zwar der Bau eines Durchgangsbahnhofs in Reutin für die Fernverkehrszüge Zürich – Lindau – München vorgesehen. Der Kopfbahnhof soll jedoch auf der Insel in Funktion vor allem für den Nah- und Regionalverkehr bleiben. Siehe: Klaus Gietinger, Wolfgang Hesse, Karl Schweizer und Winfried Wolf, Bahnhofskrimi Insel Lindau, Berlin 2004.

bahnnotwendige Immobilien und verbuchte die Erlöse als Teil ihrer
Gewinne. Es kam dabei zu kaum durchschaubaren Finanzoperatio-
nen und Versteckspielen. So fasste die DB AG 2002 einen Teil von
nicht bahnnotwendigen Arealen in einem Immobilienpaket mit 30,4
Millionen Quadratmetern zusammen und gründete die Aurelis Real
Estate als Tochter der DB AG.[286] Im Dezember 2007 verkaufte die DB
die Tochter Aurelis für 1,65 Milliarden Euro an ein Konsortium, das
aus dem Hedge Fonds Redwood Grove und einer Hochtief-Tochter
bestand. Erinnert sei an die gute Präsenz von Hochtief in der »Reformkommission Großprojekte« (Kapitel V) und an das Hochtief-En-
gagement bei Stuttgart 21.

Insgesamt verkaufte die Deutsche Bahn AG im Zeitraum 1994 bis
2016 Bahngelände im Wert von bis zu zehn Milliarden Euro. Dieser Betrag muss als Sondereinnahmen verstanden werden. Er dien-
te in einem erheblichen Maß der Finanzierung des aggressiven Ex-
pansionskurses und der Umwandlung des Konzerns in einen Global
Player.[287]

Bahnhofssterben | Für die Öffentlichkeit und für die Fahrgäste ist der
Ausstieg der DB AG bei den Bahnhöfen, der mit der Bahnreform begann und der seitdem, also seit einem Vierteljahrhundert fortgesetzt
wird, am auffälligsten. Ende der 1990er Jahre begann die DB AG mit
einem kontinuierlichen *Verkauf von Bahnhöfen.* In mehreren Schüben
wurden inzwischen zwei Drittel aller Bahnhöfe – oder gut 3.000 Bahn-

---

286 Im März 2003 stieg die WestLB bei Aurelis ein und übernahm 51 % der Anteile. Im April 2006 stieg die WestLB wieder aus. Aurelis war wieder eine
100-prozentige Tochter der DB AG. Das Hin und Her führte dazu, dass in
den Geschäftsberichten der Deutschen Bahn AG der Jahren 2003 bis 2005
Immobilienverkäufe der Bahn an Aurelis nicht auftauchten mit der Begründung, es habe sich um Finanzbewegungen innerhalb des Bahnkonzerns
gehandelt. Siehe Antwort der Bundesregierung auf die Kleine Anfrage der
Fraktion Bündnis 90/Die Grünen zur »Immobilienzuordnung im DB-Kon-
zern und in der Aurelis Real Estate GmbH & Co. KG«, DS 16/3505.

287 Siehe Knierim/Wolf, Bitte umsteigen!..., a.a.O., S. 25 ff. Die Passagen zu
Bahngelände und Spekulation orientieren sich an diesem Kapitel in unserem Buch.

hofsgebäude von insgesamt 5.000 – verkauft. In Ostdeutschland ist es besonders dramatisch; hier befinden sich nur noch rund 50 Bahnhöfe im sogenannten »Kernportfolio« der Bahn. Die Bahnhofsverkäufe fanden in großem Umfang in der Ära von Bahnchef Mehdorn (1999 bis 2009) statt. Sie wurden allerdings auch unter Bahnchef Grube fortgeführt und teilweise neu beschleunigt. Die Bahnhofs-Tochter der DB AG formulierte 2012: »Station & Service will sich bundesweit auf ein Bestandsportfolio von 600 bis 700 Empfangsgebäude konzentrieren« – von 5400 Bahnhöfen.[288]

In Baden-Württemberg gab es in den 1950er Jahren noch rund 750 Bahnhöfe.[289] Es handelte sich in so gut wie allen Fällen um Bahnhöfe mit Personal. Die für die Bahnhöfe zuständige Tochter der Deutschen Bahn, Station & Service, gibt 2016 an, in Baden-Württemberg noch 684 Bahnhöfe zu haben. Damit meint sie nach heutigem Sprachgebrauch jedoch zunächst einmal Haltestellen mit einem minimalen Infrastrukturangebot. Sodann heißt es, man habe noch »148 Empfangsgebäude« im Bestand. Nach dieser Publikation gibt es im gesamten Bundesland nur noch »7 DB Informationen« an Bahnhöfen, was wohl meint, Bahnhöfe mit Auskunft. An 23 Bahnhöfen gibt es nach DB AG-Angaben eine »Mobilitätshilfe«. Schließlich besteht das gesamte Personal an allen Bahnhöfen des Landes aus 551 Mitarbeiterinnen und Mitarbeitern. Wobei hier zu berücksichtigen ist, dass Station & Service eine eigene Verwaltungsstruktur hat und dass sich von den

---

288 Ein Beispiel: Im Bundesland Hessen hatte die Bahn Anfang 2013 noch 83 Bahnhöfe im eigenen Bestand – von insgesamt 430. Allein im Zeitraum 2000 bis 2012 wurden 139 »Empfangsgebäude« verkauft. Offizielles Ziel ist die Reduktion des hessischen Bahnhofsbestands auf 35 »Empfangsgebäude«. Nach: Station & Service, Bahnhöfe in Hessen, Mai 2012, Frankfurt/M., S. 23.

289 Bis Mitte der 1990er Jahre wurde die Zahl der Bahnhöfe in der Bundesrepublik Deutschland und – für Westdeutschland – nach Bundesländern geordnet einigermaßen übersichtlich im Statistischen Jahrbuch dokumentiert. So nennt das Statistische Jahrbuch 1995 (S. 316) für Baden-Württemberg und für das Jahr 1993 noch 641 Bahnhöfe, davon 486 im Bestand der Deutschen Bundesbahn. Die aktuellen Ausgaben der Statistischen Jahrbücher haben zwar einige hundert Seiten mehr Umfang, sie enthalten jedoch keine Angaben mehr zu den Bahnhöfen.

verbleibenden gut 500 Beschäftigten rund die Hälfte auf ein knappes Dutzend großer und größerer Bahnhöfe im Land konzentriert. Die übrigen gut 200 Mitarbeiterinnen und Mitarbeiter sind auf den Rest des Landes verteilt. Damit entfallen – mit Ausnahme größerer Bahnhöfe – rund drei Bahnhöfe auf einen Mitarbeiter.

Aus diesen nackten Zahlen geht hervor, wie armselig die Personalausstattung der Bahnhöfe in Baden-Württemberg ist. Offiziell heißt es im Übrigen, dass »76 Prozent aller Bahnhöfe« im Land »stufenfrei« seien. Allerdings haben Verkehrsinitiativen und Behindertenverbände immer wieder nachgewiesen, wie dehnbar oder auch unzureichend der Begriff »stufenfrei« oder »barrierefrei« bei der Deutschen Bahn AG ist und dass faktisch weit mehr als die Hälfte aller Bahnhöfe für Menschen mit Mobilitätseinschränkungen eben nicht ohne fremde Hilfe oder auch überhaupt nicht nutzbar sind.[290]

Bei rund 98 Prozent aller Bahnhöfe existiert inzwischen keine Bahnsteigaufsicht bei ein- und ausfahrenden und bei durchfahrenden Zügen mehr, was mit dazu beitrug, dass es in Deutschland allein im Zeitraum zwischen dem 1. Januar 2001 bis zum 31. Dezember 2010 nach offiziellen Angaben 56 Unfälle aufgrund der Sogwirkung durchfahrender Züge auf Bahnhöfen gab, bei denen 18 Personen getötet und 24 schwer verletzt wurden.[291]

Bei all diesem zerstörerischen Abbau an Infrastruktur ist nicht zu erkennen, dass die DB AG eine strategische Orientierung verfolgen würde. So wurde die Zahl der zum »Kernbestand« zählenden Bahnhöfe alle fünf Jahre neu definiert – und jeweils reduziert. Die Art, wie die Bahnhöfe verkauft wurden, deutet meist eher auf »Notschlachtungen« hin. So wurden ganze »Bahnhofspakete« an Investoren wie die First Rail Estate (die 2005 pleite ging) und später an die britische Gesellschaft Patron Capital verkauft. Dabei wurde je Bahnhof ein meist lächerlicher Preis von wenigen tausend Euro, im Durchschnitt dürften

---

290 Angaben nach: Bahnhöfe in Baden-Württemberg 2015; Publikation von Station & Service 2015.

291 Siehe Bernhard Knierim/Winfried Wolf, Bitte umsteigen! 20 Jahre Bahnreform, Stuttgart 2014, S. 59; Information auf Basis einer Antwort der Bundesregierung vom 14. Juli 2011.

es 20.000 Euro gewesen sein, erzielt. Das Bemühen von Kommunen, »ihren« jeweiligen Bahnhof zu erwerben, wird meist ignoriert. Ja, intern machen sich Bahn-Manager darüber lustig und erklären zynisch, dass sie keinerlei Gemeinwohlinteresse verfolgen. In einem Vortrag auf einer bahninternen Veranstaltung zum Thema »Verkauf von Bahnhofsgebäuden durch die Deutsche Bahn AG« heißt es: »Es ist wichtig, Illusionen über die Aufgaben, die Finanzkraft oder die Pflichten der DB AG über Bord zu werfen. Oft gibt es immer noch die Vorstellung einiger Kommunen, dass die DB AG sich im Rahmen einer städtebaulichen Umfeldgestaltung aufgrund einer dadurch bewirkten höheren Attraktivität des Bahnhofsbereichs und höherer Passagierzahlen finanziell [...] engagieren müsse. Diese Vorstellung berücksichtigt in keiner Weise [...] die rein unternehmerische Aufgabenstellung der DB AG, die rein unter Renditebetrachtungen zu agieren hat.«[292]

Die gesamten Einnahmen aus dem eigentlichen Verkauf von Bahnhöfen, also der »Empfangsgebäude«, liegen im 20-Jahreszeitraum 1994 bis 2013 in einer Höhe von rund 100 Millionen Euro. Sie stellen also keinen nennenswerten Beitrag zu den Gewinnen der DB AG dar. Wenn die Deutsche Bahn AG derart brutal diese verkehrspolitische und kulturelle Substanz im Schienenverkehr zerstört, so muss es offensichtlich noch andere Faktoren geben, die diese zerstörerische Politik erklären. Was erneut auf die Durchsetzung der Bahn mit Leuten verweist, die der Schiene widersprechende Interessen verfolgen. Und womit erneut – nochmals deutlicher als im Fall der Eisenbahnerwohnungen und ähnlich erhellend wie im Fall des Daubertshäuser-Zitats – unterstrichen wird, wie demagogisch die Bahnreform der Öffentlichkeit schmackhaft gemacht wurde. Derselbe Heinz Dürr, der, wie unten noch aufgezeigt wird, im persönlichen Gespräch gegenüber dem baden-württembergischen Verkehrsminister Winfried Hermann dargelegt hatte, dass es bei diesen Bahnhofsprojekten um Grundstücksspekulation oder, feiner ausgedrückt,

---

292 Neue Nutzung für alte Bahnhöfe. DB-Fachtagung der Bahnhofsgebäude, 20. Juni 2006; Vortrag Albrecht Sonnenschein, DB Services Immobilien GmbH, S. 7.

um die »Entwicklung« von Bahngelände geht, derselbe Herr war in der Zeit der Präsentation der 21er-Bahnhofsprojekte Mitherausgeber eines Readers zu den Bahnhöfen in Deutschland. In diesem schrieb er: »Die Deutsche Bahn AG verfügt über rund 6.500 Personenbahnhöfe, davon gut 200 größere. Diese sollen sukzessive zu modernen Verkehrsstationen mit umfassendem Service ausgebaut und zu urbanen Kommunikationsstätten weiterentwickelt werden. [...] Wir wollen eine Bahnhofskultur wiederherstellen, die auf Reisende und Besucher einladend wirkt. Erinnern Sie sich an die große Blütezeit der Bahnhöfe in der Gründerzeit der Eisenbahnen im vorigen Jahrhundert. [...] Die Reise unserer Kunden beginnt nicht erst im Zug, sondern schon auf dem Weg dorthin. Die schönsten Züge mit dem besten Komfort verlieren an Akzeptanz, wenn der Kunde den Weg zum Bahnsteig nur widerwillig gehen mag.«[293]

3.
Immobilienspekulation und Stuttgart 21

Es war Winfried Hermann, der, einige Zeit bevor er Verkehrsminister in Baden-Württemberg wurde, in überzeugender Form darlegte, dass es bei Stuttgart 21 und bei vergleichbaren Bahnprojekten in erster Linie um Immobiliendeals und um Bodenspekulation geht. Hermann berichtete über die Aussagen, die der erste Chef der Deutschen Bahn AG ihm höchstpersönlich offenbarte. Das las sich auf seiner Website wie folgt:

> »[Heinz] Dürr hat sich Anfang der 90er Jahre [...] seinem neuen Unternehmen [der Bahn; d. Verf.] gewidmet und ist dann durch die Welt gefahren und hat dann festgestellt, dass es in New York zwar eine Eisenbahn gibt, aber man diese nicht sieht. In Tokio gibt es eine Eisenbahn, aber man sieht sie nicht. Dann ist dem Herrn Dürr ein Licht aufgegangen – das hat er mir eines Tages erzählt.

---

293 Heinz Dürr, Vorwort in: Bahnhofsguide Deutschland – Ein abwechslungsreicher Begleiter auf den Strecken der Deutschen Bahn, Konstanz o.J. (wohl 1995), S. 6.

Ja, das hat er mir erzählt: Herr Hermann, da ist mir ein Licht aufgegangen, da sind wir mit dem Hubschrauber über Stuttgart geflogen, über die Gleise. Dann ist mir klar geworden: Das sind ja Filetstücke, mitten in der Stadt! Wenn wir den Bahnhof unterirdisch machen, wie in New York, dann verkaufen wir das Gelände zu den besten Preisen, den Quadratmeter zu 10.000 Mark oder mehr… Das war das Konzept, das Dürr für Stuttgart und viele andere Orte als genial angesehen hat. Und fortan war er der Treiber. Es ist ihm dabei gelungen, fünf weitere schwarze Herren aus dem Großraum Stuttgart einzuspannen.« Im Folgenden nennt Hermann den damaligen Ministerpräsident Erwin Teufel, den damaligen Landesverkehrsminister Schaufler, den damaligen Bundesverkehrsminister Wissmann, den damaligen Direktor des Regionalverbandes Stuttgart Steinacher und den damaligen Oberbürgermeister Manfred Rommel. Weiter Hermann im O-Ton: »Also, sechs schwarze Herren, alle befreundet, […] alle sprechen schwäbisch, aber sitzen an den Schalthebeln der Macht. Die haben gesagt: Stuttgart bauen wir jetzt zum Leuchtturmprojekt.«[294]

Und so war es ja auch – ein Leuchtturmprojekt sollte Stuttgart 21 sein. Und ausgeleuchtet werden sollte mit Stuttgart 21 die ganze Republik – auf der Suche nach frei zu räumendem Gelände. Bahngelände zumal. Nur wenige Wochen nach der Bildung der Deutschen Bahn AG, im April 1994, wurde, wie in Kapitel II ausführlich dargestellt, Stuttgart 21 erstmals vorgestellt. Jetzt bekomme Stuttgart »den Flair der Großstadt«, so las man damals in der *Stuttgarter Zeitung*. Und Bundesverkehrsminister Matthias Wissmann sah »Stuttgart als Modell für Deutschland.«[295] Von Anfang an war klar, dass es um das frei werdende Gelände, um »Entwicklung« und um Spekulation ging. Es war der damalige Bahnchef selbst, der das bereits bei der Präsentation im April 1994 mit den Worten eingestand: »Erst als wir uns sagten,

---

294 Nach: Rede von Winfried Hermann vom 4. 2. 2011 »Stuttgart 21 ist eine Metapher für schlechte Verkehrspolitik«, wiedergegeben auf: www.winnehermann.de; [abgerufen am 7.4.2013]

295 Stuttgarter Zeitung vom 20. April 1994.

wir können das Gelände aufgeben und verkaufen, kam der Quanten-
sprung zustande.«[296]

Und es kam nochmals deutlicher. Als eineinhalb Jahre später,
am 7. November 1995, die gleichen Herren eine zitierte »Rahmenvereinbarung«, die die Finanzierung des Projekts absichern sollte,
unterzeichneten, engagierte sich ein weiterer interessanter Herr: der
Immobilienentwickler Rudi Häussler. Der Geschäftsführer der Häuss-
ler-Gruppe war im Übrigen später zeitweise Rüdiger Grube.[297] Häussler rechnete 1995 vor, die frei werdenden Grundstücke ließen sich
für 2,2 Milliarden Mark verkaufen. Damit könnte der größte Teil der
Kosten für die Tieferlegung des Bahnhofs gedeckt werden.[298]

Dass Stuttgart 21 Modellcharakter haben sollte, wurde bald konkretisiert. Bereits Mitte der 1990er Jahre folgten vergleichbar große
Bahnhofs- und Bahngeländeprojekte für die Großstädte Frankfurt/M.
und München. Auch hier wurde hochtrabend gleich eine Marke geschaffen mit »Frankfurt 21« und »München 21«. Aber auch in kleineren Städten sollten Bahnhöfe verschwinden und das Gelände für
andere Zwecke eingesetzt werden. So verkündeten im April 1997 der
damalige Bahnchef Heinz Dürr und der damalige bayerische Wirt-
schafts- und Verkehrsminister, Otto Wiesheu, in Lindau, dass der
dortige Jugendstil-Bahnhof auf der Insel aufgegeben und ein neuer

---

296 Badische Zeitung vom 9. November 2011; www.badische-zeitung.de/
     suedwest-1/bahnhof-als-politikum-stuttgart-21-die-geschichte-eines-
     streits--51515333.html [abgerufen am 18.2.2017].

297 Rüdiger Grube hatte 1999 seine Daimler-Karriere unterbrochen und
     war zum Baulöwen Häussler gewechselt, um als geschäftsführender Ge-
     sellschafter der damals in der Region führenden Häussler-Gruppe tätig
     zu werden. Grube hatte also damals bereits intime Kenntnisse von dem
     S 21-Grundstücksgeschäft. Zum Kreisverkehr Grube/Daimler – Grube/
     Häussler – Grube/Daimler schrieb Josef-Otto Freudenreich: »Der auto-
     kratische Alte [der Eigner Rudolf Häussler; W.W.] wollte ihn zu seinem
     Nachfolger machen, aber offensichtlich nicht in alle Geschäftsgeheimnis-
     se einweihen.« (Josef-Otto Freudenreich, Der schwarze Filz, in: Wolfgang
     Schorlau (Hg.), Stuttgart 21 – Die Argumente, a. a. O., S. 234).

298 Badische Zeitung vom 9. November 2011; www.badische-zeitung.de/
     suedwest-1/bahnhof-als-politikum-stuttgart-21-die-geschichte-eines-
     streits--51515333.html [abgerufen am 18.2.2017].

Hauptbahnhof auf dem Festland und am Stadtrand, bei Reutin, errichtet werden sollten. Bahnintern gab es 25 »Projekte 21« zur Aufgabe von Bahnhöfen oder für radikale Bahnhofsumbauten.

Die Gleichung »Bahnreform = Grundstücksverwertung« wurde
auch im *Spiegel* vorgetragen: »Es gibt in Deutschland verborgene Re-
serven. So ist die Eisenbahn größter Immobilienbesitzer in Deutschland. Ihr gehören über 150.000 Hektar Liegenschaften, eine Fläche,
die drei Mal so groß ist wie der Bodensee. Die Filetstücke dabei sind
die Bahnhöfe.« In dem Artikel, der ähnlich wie im zitierten *Focus*-
Beitrag, ebenfalls knapp ein Jahr vor der Bahnreform veröffentlicht
wurde, folgte an dieser Stelle eine Beschreibung der ersten Bahnhofsverkäufe, darunter demjenigen in Leipzig, der, wie es damals bereits
im *Spiegel* hieß, »an ECE, einen Ableger des Otto-Versand« verkauft
worden sei. Und dann heißt es dort weiter: »Weitere Bahnhöfe befinden sich im Angebot.«[299]

Der im Oktober 2010 verstorbene Privatisierungsgegner und Trä-
ger des alternativen Nobelpreises, Hermann Scheer, gleichzeitig ein
leidenschaftlicher Gegner von Stuttgart 21, unterstrich wiederholt:
»Privatisierung kommt von privare, was lateinisch berauben heißt.«
Der grundlegende Charakter der Beraubung der Bevölkerung durch
die Bahnprivatisierung im Allgemeinen und den Verkauf von Bahngelände im Besonderen wird dann deutlich, wenn man einen Blick auf
die *Eisenbahngeschichte* wirft. Bau und Betrieb von Eisenbahnen waren
von Anfang an mit Grundstücksspekulation verbunden. Die Eisenbahnen wurden im 19. Jahrhundert überwiegend von privaten Gesellschaften gebaut. Das Land für die Strecken und für die Bahnhöfe
erhielten diese Gesellschaften oft von den Kommunen, Städten und
Ländern geschenkt oder sie konnten es zu extrem niedrigen Preisen
erwerben. Dies wurde der Öffentlichkeit damit erklärt, dass auf diese
Weise eine Region oder Stadt für den Verkehr der Zukunft erschlossen
werde. In vielen Fällen wurde den entsprechenden Bahngesellschaften auch vertraglich die Auflage gemacht, auf dem entsprechenden
Gelände zukünftig Schienenverkehr zu betreiben oder einen Bahnhof

---

299 Der Spiegel, Heft 9/1993.

zu unterhalten. Die meisten dieser privaten Bahnen wurden im letzten Viertel des 19. Jahrhunderts, andere noch später, in öffentliches Eigentum überführt. Oft wurden dabei die privaten Eigentümer der Bahngesellschaften fürstlich entschädigt.

Mit den Bahnprivatisierungen wird die Öffentlichkeit *ein weiteres Mal in großem Umfang zur Kasse gebeten.* Die meist staatlichen Eisenbahnen hatten deutlich mehr als ein Jahrhundert lang Vermögen – vielfach Immobilienvermögen – akkumuliert. Dieses wurde durch die Fahrgäste, durch die Arbeit der Eisenbahnbauarbeiter und die Bahnbeschäftigten und durch Steuermittel für die öffentlichen Bahnen finanziert. Vor allem handelte es sich immer um *zweckgebundenes,* dem spezifischen Zweck von Eisenbahnverkehr und damit öffentlichen Interessen dienendes Gelände.

Diesen historischen Hintergrund der Bahnimmobilien stellte der Notar und frühere Hamburger Bürgermeister Henning Voscherau in einen höchst interessanten juristischen Zusammenhang. Er sah bei vielen Bahnarealen grundsätzlich die Möglichkeit von Restitutionsansprüchen, die die vorausgegangenen, in der Regel kommunalen Eigentümer dann stellen könnten, wenn dort Bahnverkehr nicht mehr stattfindet. Er konkretisierte dies am Beispiel Hamburg. Die Hansestadt musste am Ende des 19. Jahrhunderts Gelände an die damalige Bahn abtreten, die an dieser Stelle den »Hannoverschen Bahnhof« errichtete. Allerdings konnten die »sehr qualifizierten Liegenschaftsbeamten« der Hansestadt eine Rückfallklausel durchsetzen: Danach muss die Bahn das Gelände wieder an die Hansestadt dann rückübertragen, wenn dieses nicht mehr für Eisenbahnverkehr genutzt wird. Tatsächlich findet dort seit langem kein Bahnbetrieb mehr statt. Dennoch konnte die Deutsche Bahn AG das Gelände an die Hansestadt zur Realisierung des Hafen-City-Projekts *verkaufen.* Die Deutsche Bahn AG soll laut Voscherau darauf verwiesen haben, dass mit der Gleichschaltung der Länder im Dritten Reich die Rechtsansprüche erloschen seien. Demgegenüber argumentierte Voscherau, in den Nachwende-Zeiten mit den grundlegenden, hochrichterlichen Entscheidungen zur Restitution – der Rückübertragung von zuvor enteignetem Vermögen – müsse das anders gesehen werden. Im Übrigen wolle er »diese Bundesorgane einmal sehen, die sich öffentlich als Nazi-Gewinner positionieren würden«. Zumal in einem höchst spezifischen Fall: Das Gelände des Hannoverschen Bahnhofs war 1941 Sammelplatz für die Jüdinnen und Juden, die von hier aus nach Riga deportiert wurden.

Warum die Stadt Hamburg am Ende auf einen Rechtsstreit verzichtete und der Bahn für ein Gelände, das sie dieser bereits einmal geschenkt hatte, nochmals bezahlte, ist unklar.[300] Wobei dies im Fall Stuttgart 21 ja nicht anders verlief: Die Stadt Stuttgart zahlte der Deutschen Bahn AG für die 100 Hektar Fläche, die mit Stuttgart 21, wenn das Großprojekt verwirklicht werden sollte, frei werden, 450 Millionen Euro, also fast 5 Millionen Euro je Hektar. Verzinst macht dieser Betrag in den Bilanzen der Deutschen Bahn AG inzwischen rund 750 Millionen Euro aus.

Interessant ist, dass die Erkenntnisse, die im Fall des zitierten Hamburger Beispiels gemacht wurden, eher zufällig zustande kamen; sie waren Resultat einer persönlichen Initiative und Recherche von

---

300   Angaben zu Voscherau nach Frankfurter Allgemeine Zeitung vom 6. Oktober 2006 und Mitteilung von H. Voscherau gegenüber dem Team von Kernfilm, Herdolor Lorenz und Leslie Franke, Hamburg, vom 10. Februar 2007. Voscherau wurde vom genannten Film-Team gebeten, eine vergleichbare Aussage vor der Kamera und dies im Film »Bahn unterm Hammer« zu machen. Er lehnte dies mit Verweis auf seine Verwandtschaft ab. Sein Bruder Eggert war damals Mitglied im BASF-Vorstand. Wie bereits zitiert, setzt sich BASF massiv für den Bau von Stuttgart 21 ein. Der wunderbare Film »Bahn unterm Hammer« war im Übrigen ein ganz ausgezeichnetes Mittel im Rahmen der oben erwähnten Kampagne von Bahn für Alle gegen die Bahnprivatisierung 2005 bis 2008. Er wurde mehr als tausendmal gezeigt und komplett auf Basis des damals noch wenig bekannten crowd funding finanziert. – Im Übrigen findet aktuell ausgerechnet in Hamburg eine neue vergleichbare Spekulation mit Bahngelände statt: In Altona soll der Kopfbahnhof aufgelassen werden. Auch hier verläuft dieser absurde Vorgang nach dem Modell S 21: Die Stadt Hamburg kaufte der DB AG das Gelände, das der Eisenbahn vor 150 Jahren gratis überlassen wurde, für einen überhöhten Betrag ab. Der Bahnhof soll an den Rand, in eine trostlose Gegend beim S-Bahnhof Diebsteich verlagert werden. Altona würde damit ein wichtiges Zentrum verlieren. Zum Widerstand gegen dieses Projekt siehe: http://prellbock-altona.de/bahnhof-altona-am-friedhof.

Henning Voscherau. Man kann davon ausgehen, dass es vergleichbare Rückfallklauseln in vielen anderen Verträgen, mit denen kom-
munales Eigentum den neuen Eisenbahnen übertragen wurde, gab.
Dort, wo es diese nicht gibt, wo aber das Gelände für Bahnstrecken
und Bahnhöfe den Eisenbahnen von den Kommunen geschenkt wurde, gibt es in jedem Fall eine moralische Rechtfertigung dafür, einen
Verkauf solcher Gelände durch die Deutsche Bahn AG abzulehnen, ja
diesen als sittenwidrig zu charakterisieren.[301]

* * *

Ganz offensichtlich ist Stuttgart 21 als Kapitalprojekt kein Solitär, auch
wenn dies – allerdings vor allem mit Blick auf den Widerstand – oftmals
so erscheint. Die Gründe, warum Bahnchef Lutz »finster entschlossen«
ist, das Projekt bis zu seinem bitteren Ende voranzutreiben, sind zu
suchen in den in diesem Kapitel beschriebenen Zusammenhängen
von Kapitalverwertung, Profitklemme, Finanzialisierung, Spekulation
und den »großen unnützen Projekten«, die, massiv mit Staatsgeld gespeist, dem privaten Profit dienen. Wir erleben auch bei Stuttgart 21
eine »unheimliche Allianz zwischen Staatsmacht und Finanzkapital,
die gemeinsam einen rücksichtslosen ›Raubtierkapitalismus‹ schaffen,
der lieber seinen kannibalischen Trieb auslebt, als für eine ausgewoge-
ne globale Entwicklung zu sorgen.« (David Harvey)[302]

---

301 Bereits 1988 berichtete die *Süddeutsche Zeitung* anlässlich der Stilllegung der
     »Weldenbahn« im Landkreis Augsburg, dass die damalige Bundesbahn die
     20 Kilometer lange Strecke zunächst zu einem hohen Preis den betroffenen
     zwei Kommunen verkaufen wollte. Zwei Bürgermeister konnten dann »an-
     hand von Urkunden und Kassenbüchern aus den Jahren 1899 und 1902
     den Nachweis führen, dass die Kommunen seinerzeit die Grundstücke für
     die Bahntrasse zunächst gekauft und dann der Bahn kostenlos überlassen
     hatten.« (Süddeutsche Zeitung vom 4. März 1989)

302 David Harvey, Siebzehn Widersprüche und das Ende des Kapitalismus,
     a.a.O., S. 191.

VII.
22 Jahre Widerstand gegen Stuttgart 21

> Die ganze Republik kennt uns nur noch als Stuttgart 21-Stadt. Die *FAZ* illustrierte gestern ihre Titelseite mit den sieben Schwaben. Spielt Stuttgarts »Schwabenstreich«, fragt das Blatt, auf ihren legendären Kampf gegen ein Monster an, das sich als Hase herausstellt? Oder auf die antimuslimischen Verse des schwäbischen Dichters Ludwig Uhland: »Zur Rechten sah man, wie zur Linken / einen halben Türken heruntersinken«? Anders als frühere Kreuzzüge findet der »Schwabenstreich« heute in der Heimat statt. Ihm sich zu entziehen, wird selbst für die schwierig, die der Bahnhof nicht kümmert, weil sie ihr Glück auf Billigflügen nach Mallorca oder bei Porsche-Touren nach München suchen. Jeder steckt mal im Stau bei Demonstrationen. Viel härter trifft es alle, die im Protest gegen Stuttgart 21 ihre Privatheit verlieren. Selbst bei Liebespaaren stellt sich immer öfters die Gewissensfrage: entweder ICH oder DEIN verdammter Bahnhof.
> *Joe Bauer am 30. August 2010*[303]

> Für mich ist der Widerstand in Stuttgart, als wäre ein Stein herunter geplumpst, der Wellen in die Region, ins Land und sogar über die Landesgrenzen hinaus verbreitet. Die Bedeutung dessen, was hier geschieht, werden wir wohl erst in einiger Zeit ermessen können.
> *Sabine Schmidt 2011; Interview mit Sabine Leidig*[304]

> Jesus, was machen die vielen Militärs im Park? Ist schon wieder Krieg in Deutschland?
> *Ein Musiker aus der Band von Leonard Cohen am 30. September 2010 nach einem versuchten Spaziergang im Stuttgarter Schlossgarten*[305]

Ohne einen Wettbewerb mit vergleichbaren Bewegungen wie diejenige gegen das Atomkraftwerk in Wyhl (1974/75), diejenige gegen

---

303 Kolumne Joe Bauer in der Stadt, in: Stuttgarter Nachrichten, 30.8.2010.

304 In: Wem gehört die Stadt, S. 117 f.

305 Kommentar zum Cohen-Konzert am Tag nach dem schwarzen Donnerstag in Stuttgart; www.schaeferweltweit.de.

die Startbahn West in Frankfurt am Main (1980–1984; teilweise
andauernd) und diejenige gegen die Wiederaufbereitungsanlage in
Wackersdorf (1985–1989) ausrufen zu wollen, ist festzustellen: Die
Bewegung gegen das Großprojekt Stuttgart 21 zählt zu dieser »Top-
Liga« der großen gesellschaftlichen Bewegungen gegen zerstörerische
Großprojekte in der Bundesrepublik Deutschland. Gleichzeitig entwickelte sich diese Bewegung von einer, die das betreffende Großprojekt analysiert, kritisiert und bekämpft, zu einer Bewegung gegen
Stadtzerstörung, Demokratiedefizite, Bahnprivatisierung und gegen
das kapitalistische Prinzip von Profitgier anstelle menschlicher Be-
dürfnisse.

Dabei ist die Bewegung gegen Stuttgart 21 nicht Geschichte, sondern weiterhin Realität. Es sind die bundesweit wichtigen Medien und
konservative politische Kräfte, die die aktuelle Auseinandersetzung
um Stuttgart 21 weitgehend ausblenden und sie damit zu isolieren
versuchen. Diese Isolation aufzubrechen – wie dies auch durch viele
Aktivitäten vor Ort, nicht zuletzt durch Rednerinnen und Redner auf
den Montagsdemonstrationen, erfolgt – ist außerordentlich wichtig.
Zumal es sich bei dieser Bewegung um die erste Massenbewegung
dieser Art nach dem Einschnitt von 1989/90 handelt, mit dem es generell zu einer deutlichen Schwächung der demokratischen und ge-
werkschaftlichen Kräfte kam.[306]

---

306 Die DDR wurde, bei allen Mängeln, von vielen in Ost und West als ein
      Gegenmodell zur BRD wahrgenommen, in dem es wichtige Charakte-
      ristika des Kapitalismus (Krisen, Arbeitslosigkeit, die krasse Reich-Arm-
      Kluft, die Vorherrschaft einer »Ellbogengesellschaft«) nicht gab. Die Im-
      plosion der DDR (und das schnelle Verschwinden einer demokratischen
      Bewegung in den neuen Bundesländern) wurde dann allgemein als ein
      Triumph des Kapitalismus empfunden. Dies war die Basis für ein verstärk-
      tes Eindringen der kapitalistischen Ideologie in die Köpfe der Menschen.
      Gleichzeitig wurde damit der (in Kapitel VI beschriebene) Siegeszug der
      Privatisierungswelle ermöglicht. »Staat« und »Planung« galten als überholt
      und ineffizient; »privat« und »Markt« als modern und effizient. Was sich
      dann – siehe die Bürgerentscheide gegen die Privatisierung von Wasser,
      siehe die Kampagne gegen die Bahnprivatisierung – ab Ende der 1990er
      Jahre allmählich wieder änderte. Die Bewegung gegen Stuttgart 21 begann
      interessanterweise in der zweiten Hälfte der 1990er Jahre, ziemlich genau

Damit ist die Bewegung gegen Stuttgart 21 ein kostbarer Bestand-teil derjenigen gesellschaftlichen Kämpfe, die auch heute die Hoff-nung auf eine solidarische Zukunft am Leben erhalten. Sie kann sich perspektivisch mit anderen und neuen Bewegungen für gesellschaft-liche Emanzipation verbinden, ja auch zum Entstehen solcher neuen Bewegungen beitragen.

Nimmt man eine grobe Unterteilung der gut zwei Jahrzehnte, seit-dem es einen Widerstand gegen Stuttgart 21 gibt, vor, dann lassen sich *drei Phasen* benennen:

Eine *erste*, die die Jahre 1995 bis 2009 umfasst, die hier mit »Boh-ren dicker Bretter« bezeichnet wird und die in den Jahren 2007 bis 2009 bereits in Massenaktivitäten überging.

Die *zweite* Phase, die als die eigentliche – bisherige – Hochphase der Bewegung gegen Stuttgart 21 zu bezeichnen ist. Sie umfasst die beiden Jahre 2010 und 2011. Etwas eigenwillig lässt sie sich auch über-schreiben mit »Stuttgart erstmals seit 100 Jahren präsent in den Top-Medien«. Denn: Zuletzt gab es eine vergleichbare weltweite Medien-präsenz von fortschrittlichen Aktivitäten in Stuttgart im August 1907 mit dem Internationalen Sozialistenkongress, der im Übrigen ein letz-tes, großes internationales Aufbäumen vor der Gefahr eines Großen Kriegs war.[307]

Die *dritte* Phase, die 2012 begann und die noch nicht beendet ist, steht unter der Überschrift »Der lange Atem einer großartigen Be-wegung«.

---

an der Schnittstelle dieser Wendemarke in den nunmehr gesamtdeutschen gesellschaftlichen Auseinandersetzungen. Sie wurde zu einer breiten Be-wegung, als die Strahlkraft des »historischen Siegs« des Kapitalismus von 1990 geschwächt war und mit der tiefen Krise 2008/2009 die inneren Widersprüche der kapitalistischen Gesellschaft wieder deutlicher hervor-traten.

307 Zum Stuttgarter Internationalen Sozialistenkongress 1907 und den mit Blick auf den kommenden Krieg und die politische Kapitulation der SPD prophetischen Debatten dort siehe Klaus Gietinger / Winfried Wolf, Der Seelentröster. Wie Christopher Clark die Deutschen von der Schuld am Ersten Weltkrieg erlöst, Stuttgart 2017, dort S. 165 f.

Phase 1 – 1995 bis 2009: »Bohren dicker Bretter«

Oft wird argumentiert: »Aber warum gab es den Protest gegen Stuttgart 21 so spät? Hätten die Kritiker des Projekts sich gleich bei dessen erster Vorstellung klar geäußert, wer weiß, vielleicht hätte man da noch was ändern und retten können.« Heute (2010, 2013 oder 2017) sei es »zu spät«. Es gebe kein Zurück. Das Totschlagargument in der großen Politik TINA –There is no alternative – wird auf das Niveau von Stuttgart 21 herunter gebrochen.

Das ist eine unlautere Kritik. Der Ablauf der ersten Jahre, in denen Stuttgart 21 in der Öffentlichkeit vorgestellt wurde, wurde hier bereits beschrieben; daher im Stakkato:

Gründung DB AG: Januar 1994. Erste öffentliche Präsentation von S 21 am 18. April 1994. April 1995 Vorstellung der Machbarkeitsstudie. Bereits am 7. November 1995 die Unterzeichnung der »Rahmenvereinbarung zu Stuttgart 21«, in der Bahn, das Land, die Stadt Stuttgart und die Bundesregierung erklärten: Das Projekt sei machbar und »durchfinanziert«, es bringe mehr Züge im Hauptbahnhof und Weltoffenheit für Stuttgart.

Machtvolle Proteste gegen das Projekt waren zu diesem Zeitpunkt unrealistisch. Es stimmt jedoch nicht, dass die Argumente dagegen nicht von Anfang an in aller Deutlichkeit vorgetragen worden wären. Ich verwies bereits auf zwei Publikationen vom September 1994 und Sommer 1995, in denen eine umfassende erste Kritik an Stuttgart 21 ausgebreitet und das Großprojekt bereits in den Zusammenhang von Immobilienspekulation und Bahnprivatisierung gestellt worden war.[308] In der zweiten Auflage der 1995er Publikation fand sich der bereits zitierte ausführliche, exzellente Beitrag von Felix Berschin, in dem die Machbarkeitsstudie mit Sachargumenten auseinandergenommen und insbesondere die Behauptungen über eine größere Kapazität des Tiefbahnhofs widerlegt worden sind. Das Bündnis Umkehr Stuttgart, in dem die Umwelt- und Verkehrsorganisationen BUND,

---

308   Winfried Wolf, Für ein Leben unter anderen Sternen, Köln 1994; Winfried
      Wolf, Stuttgart 21, Hauptbahnhof im Untergrund, Köln 1995.

NABU, Landesnaturschutzverband, VCD, Pro Bahn, Naturfreunde und ADFC zusammengeschlossen waren, veröffentlichte zum selben Zeitpunkt Flugblätter und erste Texte, in denen die Gefahren und erwarteten Nachteile von Stuttgart 21 thematisiert wurden. Vor allem gründete Gangolf Stocker zusammen mit einer kleinen Runde von engagierten Leuten bereits im November 1995 die Gruppe »Leben in Stuttgart – Kein Stuttgart 21«.[309] Diese Initiative bildete von Anfang an und über die gesamte erste Phase hinweg den Kern der sich entwickelnden Bewegung. Sie war auch noch in der zweiten Phase eine wichtige und oft eine treibende Kraft dieser Bewegung.

Berücksichtigt werden muss auch: Jahrelang war Stuttgart 21 ein typisches Schubladenprojekt, das nicht so recht vorankam. Dennoch gab es bereits damals ein Engagement mit Breitenwirkung. 1996 sammelte die Initiative »Leben in Stuttgart – Kein Stuttgart 21« 15.000 Unterschriften unter einen Bürgerantrag, der das Projekt in Frage stellte. Das wurde, so Gangolf Stocker, »dann weitgehend ignoriert. Wir hatten damals immer das Leben einer Initiative, die von der Presse intensiv bekämpft wurde: durch Ignorieren und miese Kommentare.«[310] Dann kam es zu einer Unterbrechung bei dem Projekt; teils, weil sich die Deutsche Bahn AG einige Zeit lang auf die Projekte Frankfurt 21 und München 21 konzentrierte. Und, wie bereits beschrieben, in bei-

---

309 »Frage: Herr Stocker, wenn es jemand weiß, dann Sie: Wie startete die Bewegung gegen Stuttgart 21? Stocker: Es begann im November 1995 nach einem Vortrag von Winfried Wolf in Stuttgart. Er [...] saß für die PDS im Bundestag und war deren verkehrspolitischer Sprecher. Vor einem kleinen linken Publikum berichtete er damals über die ersten Pläne zu Stuttgart 21. Nach dem Vortrag bildete sich eine kleine Gruppe. Wir waren ca. 15 Leute. Uns war klar, dass wir kein mit Linken besetztes Komitee oder etwas Ähnliches gründen wollten, sondern wir suchten von Anfang an den Kontakt zu den bürgerlichen Kreisen in der Stadt. Deshalb sprachen wir auch Leute an, die in der Stuttgarter Höhenlage wohnten und deren Häuser untertunnelt werden sollten.« Interview in: Wolfgang Schorlau (Hg.), Stuttgart 21 – Die Argumente, a.a.O., S. 35. Nach dem Eintrag im 1995er Kalender des Verfassers fand die erwähnte erste S 21-Veranstaltung am 30. November 1995 im »Zentralkultur, Pfarrstr.« statt.

310 Interview mit Gangolf Stocker im Buch Stuttgart 21 – Oder: Wem gehört die Stadt, a.a.O., S. 53.

den Fällen krachend scheiterte. Teils, weil 1998/99 Bahnchef Ludewig die Planungen für S 21 offiziell und mit der Begründung, das Projekt sei »unwirtschaftlich«, einstellen ließ. Es war dann ausgerechnet die neue rot-grüne Bundesregierung unter Gerhard Schröder, die Ludewig vorzeitig ablöste und den Daimler-Mann Hartmut Mehdorn als Bahnchef, als Stuttgart 21-Reaktivierer und als Börsenbahn-Betreiber installierte.[311]

Als das Projekt dann unter Bahnchef Mehdorn – beschleunigt durch den Abschluss eines deutlich zu teuer bezahlten langfristigen Nahverkehrsvertrags des Landes Baden-Württemberg mit der DB Regio und durch den Vorabkauf von Bahngelände im Bereich des Gleisvorfelds im Stuttgarter Hauptbahnhof seitens der Stadt Stuttgart für 459 Millionen Euro – wieder Fahrt aufnahm, wurde die Arbeit gegen S 21 wieder intensiviert. Sie wurde im Kern weiterhin getragen von der Initiative »Leben in Stuttgart – Kein Stuttgart 21«, faktisch in einem Bündnis mit den Grünen und mit Umwelt- und Verkehrsverbänden, die den Grünen nahe standen.

Die Projektbetreiber konnten für Stuttgart 21 auf allen Ebenen der staatlichen Institutionen breite und organisierte Unterstützung finden. Die Landesregierung puschte S 21 fortwährend und trug, wie be-

---

311   Da es bei Stuttgart 21 auch um Bundesgelder ging, die zusammen mit dem Bundeshaushalt beschlossen werden, da sich die DB AG zu 100 Prozent in Bundeseigentum befindet und da schließlich Mehdorn der von dieser Regierung ausgewählte Top-Mann war, ist das neue Hochfahren von Stuttgart 21 in einem erheblichen Maß von Rot-Grün zu verantworten – wobei der Einfluss der SPD-Spitze zweifellos deutlich überwog. In den Aufsichtsrat der Deutschen Bahn AG hatte die rot-grüne Bundesregierung eigene Vertreter entsandt, so mit Ralf Nagel (parteilos), Dr. Manfred Overhaus (SPD) und Dr. Alfred Tacke (SPD) drei Staatssekretäre. Die Grünen waren im DB AG-Aufsichtsrat vertreten mit Albert Schmidt (bis zum 31. Dezember 2002) und ab diesem Datum und bis zum Ende von Rot-Grün mit Margareta Wolf. Nach offizieller Verlautbarung fielen die Beschlüsse im Bahnaufsichtsrat in Sachen Stuttgart 21 einstimmig. Die Protokolle sind allerdings nicht öffentlich. Auf alle Fälle lässt sich festhalten: Es gab zu Stuttgart 21 keine Minderheitspositionen des grünen Aufsichtsratsmitglied Schmidt oder der grünen Aufsichtsrätin Wolf, die öffentlich gemacht und entsprechend kommuniziert worden wären (wie dies z.B., wie zitiert, im Fall des GDL-AR-Mitglieds Mario Reiss erfolgte).

schrieben, erheblich zu dessen Finanzierung bei. Vergleichbares galt
für die Stadt und deren Oberbürgermeister Wolfgang Schuster, CDU,
der in seiner langen, 16-jährigen Amtszeit von Januar 1997 bis Januar 2013 der entscheidende S 21-Lautsprecher in der Landeshauptstadt
war und dafür auch nach seinem Ausscheiden als OB mit lukrativen
Pöstchen (so als Mitglied des Konzernbeirats der Deutschen Bahn) belohnt und dann noch durch Ministerpräsident Winfried Kretschmann
mit einer für die Landesregierung und die Grünen als Partei besonders peinlichen Ehrung bedacht wurde: Schuster ist seit Januar 2013
»Professor«, ernannt durch den nicht nur hier höchst feudal agieren-
den Ministerpräsidenten.[312]

   Die Agitation und Propaganda für Stuttgart 21 war mit einer Des-
informationskampagne verbunden, die im Rückblick nur als unglaublich und unverschämt bezeichnet werden kann. So erklärte Ende 2007
Peter Marquardt, der damalige Chefplaner von Stuttgart 21: »Die
meisten Bürger in Stuttgart werden erstaunt sein, wie gering die Belastung [beim Bau von S 21; W. W.] ist. Es dürfte wohl die erste Groß-
baustelle mitten in einer Großstadt sein, von der die Bürger kaum etwas mitbekommen. Denn gearbeitet wird entweder unterirdisch oder

---

312 Das Recht des Ministerpräsidenten zur Vergabe eines Professoren-ehren-
     halber-Titels fußte bis 2009 auf einem von Adolf Hitler erlassenen Gesetz.
     Als 2009 der damalige MP Oettinger ein »Auszeichnungsgesetz« im Land-
     tag beschließen ließ und damit die Angelegenheit auf eine angeblich »un-
     anfechtbare Grundlage« stellen wollte, argumentierten die Grünen vehe-
     ment gegen dasselbe – u. a. mit Blick auf andere Bundesländer, in denen
     der Professoren-Titel ehrenhalben abgeschafft worden war, vor allem aber
     grundsätzlich. Besonders deutlich wurde dabei Theresia Bauer, die dama-
     lige Wissenschaftsexpertin der von Kretschmann angeführten Grünen-Op-
     position. Der Titel werde in der Forscherszene als »geradezu beleidigend«
     empfunden. Frau Bauer war dann im grün-roten Landeskabinett Ministerin
     für Wissenschaft, Forschung und Kunst. Zur Ehrenprofessor-Verleihung an
     Schuster sei sie, so ihre Auskunft, »nicht gefragt« worden. Bauer ist auch
     im grün-schwarzen Kabinett Wissenschaftsministerin. Kretschmann agier-
     te dann 2015 als Wiederholungstäter und ernannte nun auch den Ex-MP
     Erwin Teufel, den Verkünder des S 21-Projekts vom April 1994, zum Pro-
     fessor ehrenhalber. Siehe: www.stuttgarter-zeitung.de/inhalt.umstrittene-
     auszeichnung-unmut-bei-gruenen-ueber-ehrentitel.a89998b0-e294-4bc7-
     bd51-94840d076f88.html

auf dem Gelände der Bahn. [...] Von den Tunnelbauten werden die
Drüberwohner ebenso wenig etwas merken wie später vom Zugverkehr. Denn erstens funktioniert die dicke Erdschicht darüber wie ein
Schallschutz. Und zweitens lässt ein Masse-Feder-System im Fahrweg
die Züge wie auf Federn fahren. Da hört man nichts [...] Wegen des
Neubaus gibt es keine Verzögerungen oder Zugausfälle, wie sie bei
den alternativen Konzepten zu befürchten wären.«[313]

Dennoch wuchs der Protest. Am 24. September 2007 fand die
erste große Demonstration gegen das Projekt mit 5.000 Teilnehmern
statt. Parallel wurde die Initiative für einen Bürgerentscheid entwickelt – und zu einer stadtweiten Kampagne hochgefahren. Gangolf
Stocker beschreibt das zu Recht mit Stolz, wie folgt: »Was wir damals machten, war [...] höchst professionell. Wir haben innerhalb
von sechs Wochen rund 70.000 Unterschriften gesammelt.[314] Das soll
uns mal jemand vormachen. Ich sagte mal scherzhaft. Da hat die eine
Hälfte der Stadt bei der anderen Hälfte Unterschriften gesammelt. Du
konntest in diesen Wochen nicht durch die Stadt gehen, ohne an jeder
Ecke angesprochen zu werden, ob du nicht eine Unterschrift für das
Bürgerbegehren leisten willst.«[315] Im Dezember 2007 lehnte der Stuttgarter Gemeinderat den Antrag auf Zulassung eines Bürgerentscheids
mit 45 zu 15 Stimmen ab.

Der Widerstand gegen Stuttgart 21 verbreitete sich. Am 13. April
2007 wurde das Aktionsbündnis gegen Stuttgart 21 gegründet. In diesem waren neben »Leben in Stuttgart – Kein Stuttgart 21« vor allem
BUND, VCD, Pro Bahn und Bündnis 90 / Die Grünen zusammengeschlossen. Am 11.Oktober 2008 gab es eine weitere große Demonstration mit rund 8000 Menschen, in deren Verlauf eine Menschenkette
um den Hauptbahnhof gebildet wurde.

Bei den Gemeinderatswahlen im Juni 2009 wurden die Grünen

---

313   Interview mit Peter Marquardt in der Stuttgarter Zeitung vom 22. Dezem-
      ber 2007.

314   Direkt abgegeben wurden 67.000 Unterschriften. Rund 3000 wurden vom
      BUND nachgereicht. Erforderlich waren nur 20.000 Unterschriften.

315   Interview mit Gangolf Stocker, a.a.O., S. 54.

erstmals mit 25 Prozent der abgegebenen Stimmen stärkste Kraft. Die Gruppe SÖS (Stuttgart Ökologisch Sozial), u. a. mit Gangolf Stocker und Hannes Rockenbauch, und DIE LINKE, u. a. mit Tom Adler, kamen zusammen auf 10 Prozent der Stimmen. Am 9. Dezember 2009 beschloss der Bahnaufsichtsrat das Bauvorhaben. Die *Stuttgarter Zeitung* schrieb: »Die Bagger können kommen«.

Phase 2 – 2010/2011: »Stuttgart in den Weltmedien«

In der zweiten Phase erreichte die Bewegung gegen Stuttgart 21 ihre größte Ausdehnung. Es gab einige Dutzend Demonstrationen und Kundgebungen mit vielen zehntausend Menschen. Zwei Mal trugen mehr als 100.000 Menschen ihren Protest auf die Straßen. Damit wurde erstmals eine Größenordnung erreicht, wie es sie zuvor bei den Bewegungen gegen das geplante Atomkraftwerk im badischen Wyhl, gegen die Erweiterung des Frankfurter Flughafens um eine Startbahn West und gegen die atomare Wiederaufbereitungsanlage im bayerischen Wackersdorf gegeben hatte. Stuttgart war zu einem bundesweit relevanten, ja zu einem international wahrgenommenen Thema geworden. Gangolf Stocker: »Da [2010; W. W.] kamen zu uns die *Neue Züricher Zeitung*, der *Züricher Tagesspiegel*, die *New York Times*, *The Economist* – die haben alle hier ihre Interviews gemacht. Aber für unsere [Stuttgarter; W. W.] Zeitungen war das kein Thema. Das war schon frech!«[316]

Es war auch die Phase der krassen Auf- und Ab-Entwicklungen: Mit den enormen Erfolgen der Bewegung auf den Straßen und Plätzen. Mit der von oben orchestrierten Polizeiaggression am »Schwarzen Donnerstag« im Schlossgarten. Mit einer überzeugenden Ausbreitung der Positionen der Bewegung gegen Stuttgart 21 in den Tagen der Schlichtung. Mit dem für die Bewegung verheerenden Schlichter-Spruch und lähmenden Schrecksekunden. Mit dem Wahlerfolg der Grünen bei der Landtagswahl, getragen von den Protesten gegen

---

316   Interview mit Gangolf Stocker, a. a. O., S. 56.

Stuttgart 21. Mit der ersten Ernüchterung angesichts der Politik der Grünen als führender Regierungspartei. Und schließlich mit der Niederlage in der Volksabstimmung.

Das organisatorische Gerüst der Bewegung in dieser Phase war ein Doppeltes. Da war zum einen das bereits erwähnte *Aktionsbündnis gegen Stuttgart 21.* In diesem waren bzw. sind nicht nur Vertreterinnen und Vertreter von Parteien und Verbänden, sondern auch prominente Einzelpersonen wie der inzwischen verstorbene Peter Conradi, Eisenhart von Loeper und Prof. Roland Ostertag präsent. Aus diesem Kreis heraus wurde das erste überzeugende Alternativmodell zu Stuttgart 21 entwickelt: die Optimierung des Kopfbahnhofs mit der Bezeichnung K 21. Die Broschüre, in der K 21 vorgestellt (und zugleich Stuttgart 21 einer umfassenden Kritik unterzogen) wurde, erlebte fünf Auflagen mit zusammen gut 60.000 Exemplaren. Sie entwickelte sich zu einem Klassiker, einem Brevier der Bewegung. Hinzu kamen damals bereits Flyer mit sehr hohen Auflagen. Zwei Mal konnten Hauswurfsendungen an alle rund 250.000 Stuttgarter Haushalte verteilt werden.

Zum anderen gab es die *Parkschützer.* Ende 2009 wurden diese Gruppe ins Leben gerufen; Klaus Gebhard, Fritz Mielert, Matthias von Hermann, Carola Eckstein und rund drei Dutzend andere waren dabei in besonderem Maß aktiv. Zwischen dem Aktionsbündnis und den Parkschützern entwickelte sich ein gewisses Spannungsverhältnis: Im Aktionsbündnis spielten die Grünen eine maßgebliche Rolle; höchst unterschiedliche Verbände und Initiativen mit eigenen Strukturen mussten austariert werden. Die Parkschützer wiederum drängten auf mehr Aktivitäten. Die zeitweilig als konkurrierend empfundene Spannung kann im Rückblick als ergänzend und befruchtend für die gesamte Bewegung charakterisiert werden.[317] Dabei erfassten die

---

317 Zunächst ging es der Parkschützer-Gruppe darum, Menschen dafür zu gewinnen, sich per Eintrag auf der virtuellen Plattform der Website (www.parkschuetzer.de) zu Aktivitäten zum Schutz des Bahnhofs und des Mittleren Schlossgartens bereit zu erklären. 30.000 Leute trugen sich ein – und waren dann später Teil der wichtigen Telefon- und SMS-Ketten. In diesem Zusammenhang bildete sich eine breite Palette von Initiativen, Strukturen des Widerstands und Aktivitäten (wie Aktionstraining zum Einüben von

Parkschützer damals die Dynamik der Bewegung weit besser als das Aktionsbündnis beziehungsweise waren selbst Ausdruck dieser Dynamik. Im Aktionsbündnis wollten z. B. Grüne und BUND im Sommer 2010 durchsetzen, dass die Montagsdemos in der Schulferienzeit pausieren sollten, was sich als ausgesprochen demobilisierend und demotivierend erwiesen hätte.

Im selben Zeitabschnitt – und somit nicht zufällig – kam es zu der Protestform der Montagsdemonstrationen. Die erste Montagsdemo fand am 26. Oktober 2009 statt. Da die Beteiligung aus vier Personen bestand, wäre das nicht erwähnenswert. Doch diese Aktionsform, die es zuerst in der Bürgerbewegung 1989 in der DDR und dann ab 2004 bei den gesamtdeutschen Protesten gegen Sozialabbau gegeben hatte, nahm bald enorm Fahrt auf und entwickelte sich zu dem bis heute die Bewegung verbindenden Element. Anfang 2010 waren es Montag für Montag bereits einige hundert. Im Februar mehr als tausend. Im April und Mai hatte sich die Zahl der Montagsdemo-Teilnehmer bei vier- bis fünftausend eingependelt. Im Sommer 2010, auf dem Höhepunkt, waren es Montag für Montag einige zehntausend.

Parallel kam es zu einer breiten Palette von Widerstandsaktivitäten: zu Sitzblockaden (zum Beispiel am Nordausgang des Bonatzbaus, als der Nordflügel zur Vorbereitung des Abbruchs eingezäunt wurde), zu Schweigemarsch-Demos, zum Aufhängen riesiger Protestbanner, etwa an der neuen Staatsbibliothek. Die Aktiven Parkschützer erkannten ein weiteres Potential der Dynamik und riefen ergänzend zu den Montagsdemos zu Freitagsdemonstrationen auf. Das erwies sich dann als die Geburtsstunde für die späteren Samstagsdemonstrationen des Aktionsbündnisses mit ihrer deutlich größeren, auch regionalen Reichweite, die es bis heute zu besonderen Anlässen gibt.

Formen des zivilen Ungehorsams). Dazu gehörte als erstes eine Gruppe, die als Aktive Parkschützer (APS) bezeichnet wurde und die spezifische Aktivitäten wie Mahnwachen (s. u.), Pressearbeit und die Website Bei-Abriss-Aufstand (s. u.) entwickelte und einen bis heute wichtigen Verein (Umkehrbar e. V.) zur Finanzierung der Aktivitäten aufbaute.

Es gab einen Gründerboom für alternative Projekte und Aktivitäten. Aus der Bewegung heraus entstanden Video- und Live-Dokumentationsteams (*Flügel-TV, cams 21*); alle Montagsdemos und Großdemos wurden in Filmen dokumentiert. Es gab mit *gegenlicht 21* einen Zusammenschluss von Fotografen der Bewegung (und es gibt heute engagierte Fotografen, die die Aktivitäten der Bewegung professionell und präzise dokumentieren). Die Bewegung wurde auf mehreren Websites umfassend abgebildet. Das bis heute vorbildliche Faktencheck-Portal WikiReal.org wurde aufgebaut. Neben der lange Zeit zentralen Website www.parkschuetzer.de und parallel zu www.kopfbahnhof-21.de entwickelte sich die von den Parkschützern initiierte Website www.bei-abbriss-aufstand (BAA). Sie war dann lange Zeit die entscheidende Plattform der Bewegung mit der Dokumentation der unterschiedlichen Aktivitäten gegen Stuttgart 21, der Debatten über das Projekt und der Wiedergabe von Reden, Referaten und Analysen zum Thema.

Der unzureichende und oft beschämend einseitige Berichterstattungsjob der vorherrschenden Print- und elektronischen Medien (siehe Kapitel V) wurde als sportliche Herausforderung angenommen: Die Bewegung gegen Stuttgart 21 verfügte spätestens ab Frühjahr 2010 über eine sehr gute, zeitnah agierende, professionelle eigene Pressearbeit, die maßgeblich von Matthias von Hermann koordiniert wurde.

Gleich zwei neue Zeitungen sind eng mit dem Engagement gegen Stuttgart 21 verbunden: Das monatlich erscheinende Blatt *einund20,* das bis Ende 2012 existierte, und *KONTEXT,* eine im April 2011 von einer Gruppe kritischer Journalistinnen und Journalisten um den ehemaligen Chefreporter der *Stuttgarter Zeitung* Josef-Otto Freudenreich gegründete Zeitung, die bis heute wöchentlich erscheint: Mittwochs als umfangreiche Internet-Zeitung und samstags in konzentrierter Form als Beilage der *Tageszeitung (taz).*

Für den langen Atem der Bewegung, ihre Kompetenz und insbesondere ihre unglaubliche Sachkunde erwies sich die Herausbildung von verschiedenen Fach- und Bereichsgruppen wie Ingenieure 22, Juristen zu S 21, TheologInnen gegen S 21 oder Geologen 21 und Architekten gegen S 21 als besonders wichtig.[318] Einige Gruppen waren bzw. sind bis heute so zusammengesetzt, dass sie auf unterschiedliche Weise in jeweils spezifische gesellschaftliche Bereiche hineinwirken oder eigene Aktionsformen entwickeln. Die Gewerkschafter gegen Stuttgart 21 (die entscheidend dafür waren, dass der S 21-Protest auch in den Gewerkschaften seinen Ausdruck fand[319]), die Landschaftsgärtner gegen S 21 (die erklärten, dass sie nicht bereit seien, im Schlossgarten Bäume zu fällen), die SeniorInnen für K 21 (die auch heute noch Freitags ins Rathaus gehen und dort mit Bannern stehen und Flyer verteilen), die Versorger-Gruppe (die die Protestierenden bei länger andauernden Aktionen mit Essen und Trinken versorgten), das Kopfhoch-Team, bestehend aus Ärzten, Therapeuten und Sozialhelfern (das vor allem bei der Polizeiaggression am 30. September 2010 und

---

318   Stellvertretend für die Ingenieure und Geologen gegen S 21 seien genannt Wolfgang Kuebart, Hans Heydemann und Ralf Laternser; für die Juristen Eisenhart von Loeper, Christoph Strecker und Dieter Reicherter; für die Architekten gegen S 21 Peter Dübbers, Odile Laufner und Peter Conradi und für die SeniorInnen gegen S 21 Ingrid von Staden, Petra Brixel und Werner Ott.

319   Der verdi-Bezirk Stuttgart hatte sich bereits 2010 gegen S 21 ausgesprochen und war ab diesem Zeitpunkt – nicht zuletzt mit dem Engagement des damaligen verdi-Bezirksleiters Bernd Riexinger – Teil der Bewegung gegen Stuttgart 21. Den Gewerkschaftern gegen Stuttgart 21 (GgS 21) gelang es, dass darüber hinaus in allen anderen maßgeblichen Gewerkschaftsgremien S 21-kritische Beschlüsse gefasst wurden, darunter in der GEW, in der NGG und sogar in der Stuttgarter Vertretung der IG Metall (wenn auch im letztgenannten Fall nur mit einer Stimme Mehrheit). Auch der DGB Baden-Württemberg bekannte sich klar gegen Stuttgart 21. Angeregt durch GgS 21 erarbeitete das IG Metall nahe IMU-Institut eine Studie zu den Beschäftigungseffekten von S 21, in der die Behauptung widerlegt wurde, dass S 21 in größerem Umfang Arbeitsplätze schaffen würde. Die gremienpolitischen Erfolge setzten sich jedoch – mit der Ausnahme von ver.di Stuttgart und DGB Nordwürttemberg – nicht in eine erkennbare Unterstützung der Bürgerbewegung um. Maßgeblich waren hierfür die Spitzen der IG Metall, die die eigene Beschlusslage ignorierten. Im Vorfeld der Volksabstimmung solidarisierte sich der Verdi-Vorsitzende Frank Bsirske in einer Montagsdemo per Video-Schaltung mit der Bürgerbewegung gegen S 21. Stellvertretend für die Gewerkschafter gegen S 21 sind zu nennen Werner Sauerborn, Maggie Klingler-Lauer, Walter Kubach, Tom Adler und Gertrud Moll.

in den Monaten danach hilfreich und praktisch nützlich war), Grafiker (die das Layout von großen Bannern, Flyern und Plakaten besorgten).[320]

Die vor Ort verankerte fachliche Kompetenz wurde bereits im frühen Stadium der Anti-S21-Proteste von Profis von außerhalb – wie u.a. Martin Vieregg, Christoph Engelhardt, Prof. Rudolf Hickel oder Prof. Karl-Dieter Bodack – unterstützt.

Bis zum heutigen Tag bei fast allen Aktionen dabei sind die Trommel- und Musikgruppen, die an fast allen Demonstrationen nach den Montags-Kundgebungen im Wortsinn »den Ton angeben« und den »Takt vorgeben«. Es sind dies insbesondere die *Lokomotive Stuttgart*, *Parkblech* und die *Capella Rebella*, die aus der *Compagnia Sackbahnhof* hervorging.

Es ist unmöglich, die verschiedenen, kreativen und informativen Aktivitäten in dieser Zeit auch nur annähernd zu würdigen. Drei Beispiele seien herausgegriffen:

S21-Bahnhof und Barrierefreiheit. Die *Initiative Barrierefrei für alle* präsentierte am 26. März 2011 ein großes Modell des Tiefbahnhofs, das auch auf dem Schlossplatz aufgestellt wurde.[321] Damit wurde demonstriert, wie eng es im S21-Tiefbahnhof für alle Fahrgäste und in besonderem Maß für Menschen mit Kinderwagen oder Rollstühlen auf den S21-Bahngleisen wird – und wie im Wortsinn brandgefährlich es im Fall eines Unfalls sein würde.[322]

---

320 Von Anfang an gab es eine breite Palette an PR-Material der Bewegung, so Flyer, Buttons, grüne K21-Taschen, Küchenbrettchen, Regenschirme usw. Auf diese Weise können bis zum heutigen Tag viele Aktivitäten der Bewegung finanziert werden. Die Auflagen der »Standard-Materialien« (wie Oben-bleiben-Button, Stuttgart-Ortsschild-Anstecker oder Aufkleber) liegen bei vielen hunderttausend Exemplaren.

321 http://barrierefrei.gegen-stuttgart-21.de/projekt-engpasS21-aktion-am-25-26-marz-2011/ [abgerufen am 9.4.2017]

322 Auszug aus der Presseerklärung der Initiative Barriere-Frei vom 21. November 2012: »Schon vor zwei Jahren hat Bahn-Technikvorstand Volker Kefer die technischen Rahmenbedingungen jeglicher Planung klar benannt: Für barrierefreie Fluchtwege ist im Tunnelbahnhof Stuttgart21 kein Platz und

Bauzaun-Kunst. Im Rahmen der Vorbereitungen zum Abriss des Bonatzbau-Nordflügels wurde am 30. Juli 2010 unter Polizeischutz ein massiver *Bauzaun* als Absperrung aufgestellt. Dieser war bereits nach wenigen Tagen mit Plakaten, Collagen, Fotos, Transparenten, Texten und Objekten beklebt und behängt. Die Proteste gegen S 21 fanden auf diese Weise eine neue und vielfach künstlerische Ausdrucksform. Der »Protestbauzaun« erlangte deutschlandweit Bekanntheit. Führungen von Kunsthistorikern und Städtereisen zum Zaun wurden angeboten. Als der Zaun, der inzwischen als Kunstwerk – Kunst am Abriss-Bau – galt, im Rahmen eines Polizeieinsatzes beseitigt und später ein neuer Bauzaun aufgestellt wurde, wurde auch dieser neu beklebt und künstlerisch ausgestaltet. Das Aufsehen und die Berühmtheit, die der erste Bauzaun erreicht hatte, schien es den S 21-Betreibern nicht ratsam sein zu lassen, das Kunstwerk zu vernichten. Stattdessen wurde der komplett abgebaute und archivierte Bauzaun dann im Zeitraum Dezember 2011 bis April 2012 im Haus der Geschichte Baden-Württembergs ausgestellt und dort später archiviert. Die Hoffnung, der S 21-Befürworter, den Protest als musealen entsorgen zu können, konnte bis heute nicht verwirklicht werden.[323]

Protestkultur im Schlossgarten. Der Schlossgarten ist eine 600 Jahre alte Parkanlage. Im Mittleren Schlossgarten, der vom S 21-Projekt direkt betroffen ist, gab es einen Baumbestand mit mehr als zweihundert

---

daran ist auch nichts zu ändern. Die Rettung Behinderter überlässt die Bahn dem Schicksal: ›Wir gehen davon aus, dass Mitreisende sowie Mitarbeiter der DB und ggf. anwesende Sicherheitskräfte die Evakuierung von Menschen mit Gehbehinderungen im Rahmen der Hilfeleistungspflicht schon in der Selbstrettungsphase unterstützen. Entsprechende Aufforderungen zur Unterstützung sind auch Bestandteil der Lautsprecherdurchsagen im Störungsfall‹, so Volker Kefer auf der Internetseite »direkt zu Stuttgart 21«. Dass im Brandfall nur diejenigen überleben, die aus eigener Kraft schnell genug die Treppe hoch kommen, nimmt die Bahn billigend in Kauf.«

323 Das S 21-Protest-Ortsschild von Ulrich Stübler (siehe unten) und die Baukunstzaun bzw. die Gesamte Kampagne gegen Stuttgart 21 wurde vom Art Directors Club 2011 mit dem Designer-Preis »Silberner Nagel« ausgezeichnet.

Bäumen, von denen viele mehr als 100 Jahre alt waren (siehe unten).
Diese Bäume sollten gefällt und damit Platz für die Tiefbahnhofsbau-
grube gemacht werden. Ältere Menschen in Stuttgart weisen darauf
hin, dass es auch in der Nachkriegszeit, als bittere Not herrschte und
im Winter viele nicht über ausreichend Brennholz für eine warme
Wohnung verfügten, die Bäume im Schlossgarten als absolutes Tabu
galten. Das Gefühl der Menschen, dass Stuttgart 21 ein zerstörerisches
Werk sei, war durch die damit verbundene Abholzaktion im Schlossgarten wohl ebenso geweckt worden wie mit der Zerstörung des Bau-
denkmals Bonatzbau. Über den Sommer des Jahres 2010 hinweg entwickelte sich deshalb im Schlossgarten eine vielfältige Protestkultur:
ein bewohntes Protestcamp mit Tipis, ein permanent besetzter, als
»Parkwache« bezeichneter Infostand, durchgehend von Robin-Wood-
Aktiven besetzte Bäume (mit Baumhäusern), Veranstaltungen aller
Art, Konzerte, Theateraufführungen und vieles andere mehr. Da trat
dann am 10. Juli 2010 der Rapper Max Herre vor Tausenden Leuten in
hochsommerlicher Hitze auf (die meisten konnten sich damals noch in
den Schatten der großen Bäume flüchten). Der Jazzer Joo Kraus widmete ein Stück (»Heal the World«) dem Widerstand gegen Stuttgart 21.
Am 12. September 2010 spielten rund 90 Musiker im Schlossgarten
die 9. Sinfonie »Aus der neuen Welt« von Antonín Dvořák vor Tausenden begeisterter Zuhörerinnen und Zuhörern. Andere Musiker, die
sich wiederholt im Protest gegen Stuttgart 21 engagierten, waren Sir
Waldo Weathers und Konstantin Wecker. Gewissermaßen zum festen
Bestand der musikalischen Begleitung der Bürgerbewegung gehören
bis heute Bernd Köhler und die Gruppe ewo^2 aus Mannheim.

   Der stetig wachsende und sich verbreiternde Protest fand grundsätzlich in den gesellschaftlichen Bereichen von Kunst, Kultur und
Kabarett seine breite Resonanz. Der Eisenbahn-Romantik-Filmer
Hagen von Ortloff, der Sterne-Koch Vincent Klink, die Buchautoren
Wolfgang Schorlau, Gunter Haug und Heinrich Steinfest, der Kari-
katurist Kostas Kofougeorgios, die Kabarettisten Matthias Deutsch-
mann, Christine Prayon, Uli Keuler, Georg Schramm, Arnulf Rating,
Urban Priol und Peter Grohmann und natürlich der Schauspieler Walter Sittler – sie alle trugen dazu bei, dem Protest der Bürgerbewegung

das nötige Gewicht zu verleihen. Der Anti-S 21-Protest wurde sogar in die etablierten staatlichen Kulturinstitutionen getragen. So inszenierte der Staatstheater-Regisseur Volker Lösch im Zeitraum 2004 bis 2013 16 Mal am Schauspiel Stuttgart. Seine politischen und inhaltlich stets regional verankerten Arbeiten bezogen zum ersten Mal 2006 mit Goethes Faust II (als »Faust 21« angekündigt) Position gegen das Bahnprojekt. Nach vielen anderen Arbeiten zum Thema und Bürgerchor-Projekten im öffentlichen Raum mit teilweise über einhundert Akteuren wurde 2011 die Inszenierung des Sprechtheaterstücks »Metropolis/Monkey Wrench Gang« nach Lang/Abbey ein Höhepunkt des künstlerischen Protests: ein 20-köpfiger Bürgerchor, zusammengestellt aus Aktivistinnen und Aktivisten des Widerstands, spielte auf der großen Bühne des Staatstheaters gemeinsam mit Schauspiel-Profis die Hauptrolle.

Jede große Bewegung und Revolte entwickelt in spezifischen Slogans, Bildern und Losungen ihre eigene »Erkennungsmelodie« und Signalwirkung.[324] Im Fall der Bewegung gegen Stuttgart 21 wurden gleich drei solcher Identität stiftenden Elemente entwickelt.

Da ist als erstes der das »Grüß Gott« ersetzende Gruß »Oben bleiben!«. Dieser bringt einerseits höchst pragmatisch die Antithese zum als unterirdisch empfundenen, zerstörerischen Tiefbahnhof zum Ausdruck; ein Appell zum Erhalt und zur Optimierung des bestehenden, oberirdischen Kopfbahnhofs. Andererseits steht die Losung in einem philosophischen Kontext mit Ernst Bloch und Rudi Dutschke und de-

---

324 Die Forderung »Proletarier aller Länder – vereinigt euch!« gilt seit mehr als
     einem Jahrhundert als Aufruf zum Sturz des Kapitalismus und Appell für
     die internationale Solidarität. Die Losung »Land – Brot – Frieden« begleite-
     te vor hundert Jahren in Russland den Sturz der zaristischen Macht und das
     Ende des Ersten Weltkriegs in Russland selbst. Die Losung »no pasaran«
     mobilisierte Mitte der 1930er Jahre weltweit Hunderttausende Demokra-
     tinnen und Demokraten für die spanische Republik. Das Peace-Zeichen
     entwickelte sich im Zusammenhang mit dem US-Krieg in Vietnam auf
     Weltebene zum Antikriegsprotest. Der (in mehr als hundert Sprachen ver-
     breitete) Slogan »Atomkraft – nein danke« und das dazu gehörende Logo
     setzten einen weiteren globalen »Goldstandard« für eine emanzipatorische
     Protestbewegung. Das »Ya basta! – Genug jetzt!« des Zapatista-Aufstands
     von 1994 hätte das Zeug für ein Revival.

ren Aufforderung nach dem »aufrechten Gang«: gerichtet gegen jegliches Duckmäusertum; der Appell für einen Widerstand auf Augenhöhe.

Dann gibt es das wunderbar treffsichere Logo des Ortsschildes
für die »Stuttgart 21«-Stadt mit dem roten, diagonal durchgezogenen
Balken: Schwarze Schrift. Gelber Grund. Roter Strich. Ulrich Stübler,
bis zum heutigen Tag engagiert gegen Stuttgart 21 und einer der vier
Teilnehmer an der erwähnten ersten Montagsdemonstration, erfand
das Zeichen »irgendwann 2007«. Es sei plötzlich »einfach da gewesen«
und habe sich dann zu »einem ziemlichen Selbstläufer« entwickelt«.[325]
Das ist ein ausgesprochenes Understatement: Das Logo in abgewan-
delter Form gibt es inzwischen hundertfach, wenn nicht tausendfach,
so gut wie immer werbend für fortschrittliche Ziele. In einer Welt, in
der Konzerne einzelne Worte oder spezifische Schrifttypen oder auch
Gerüche mit einem Copyright versehen lassen können, um danach
Geld damit einzuspielen, ist es erfrischend, wenn es – mit dem Einver-
ständnis des Erfinders – dieses rot durchgekreuzte Stuttgart 21-Orts-
schild ohne jegliches Copyright gibt und wenn Ulrich Stübler erklärt,
es gehe dabei doch schlicht »um Demokratie«.[326]

Und schließlich gibt es den *Schwabenstreich.* S 21-Gegnerinnen und
Gegner machen an einem bestimmten Tag oder gar – in den Hoch-
zeiten – an *jedem* Tag um 19 Uhr für eine Minute Lärm, egal an welchem Ort sie sich befinden, »um den Widerstand gegen Stuttgart 21
für die gesamte Öffentlichkeit hörbar und sichtbar zu machen.« So
formulierten es der Theaterregisseur Volker Lösch und der Schauspieler Walter Sittler – beide von Anfang an aktiv in der Bewegung
gegen Stuttgart 21 –, die die Idee für den »Schwabenstreich« entwickelt hatten. Am 28. Juli 2010 wurde der erste »Schwabenstreich« auf
dem Stuttgarter Marktplatz aufgeführt. Diese Protestform breitete sich
dann im ganzen Stadtgebiet aus. Es wurden Treffpunkte vereinbart,

---

325 Zitiert bei: Josef Kelnberger, Zeichen einer vergangenen Zeit, Süddeutsche
     Zeitung vom 4. Dezember 2014.

326 Ebenda. Allein von dem S 21-Stuttgart-Ortsschild wurden weit mehr als
     eine Million Aufkleber gefertigt.

an denen sich Menschen aus der Nachbarschaft täglich für die kurze
Protestaktion trafen. Auf dem Höhepunkt der Bewegung gab es regelmäßige Schwabenstreiche in Dutzenden Orten in der Stuttgarter Region, in ganz Baden-Württemberg, in anderen deutschen Städten wie
Bremen oder Berlin. »Schwabenstreiche« fanden 2010 und 2011 aber
auch außerhalb Deutschlands statt, z. B. in New York oder in Seoul.
In Berlin findet bis heute jeden Dienstag mit dem Slogan »Wir pfeifen
auf Stuttgart 21« ein Schwabenstreich einer kleinen Protestgemeinde
vor dem Bahn-Tower statt.

Der Schwabenstreich erhielt, ähnlich wie die Losung »Oben bleiben!« und vergleichbar dem »Stuttgart 21-Ortsschild«, zunehmend
einen verallgemeinernden Charakter im Sinne von »Recht auf Stadt«
und »Stadt für die Menschen«. (Siehe Kapitel VIII) Dem entsprach
auch die Stimmung in der Stadt: die Menschen waren elektrisiert,
Zehntausende liefen mit einem der S 21-Protest-Button herum, wild-
fremde Menschen gingen – auf der Straße, in der Tram – aufeinander
zu, fingen Gespräche an; Trupps mit Transparenten, Bannern, Sand-
wiches liefen herum, kaum ein Laternenmast ohne Protest gegen das
Großprojekt.

Das Bohren dicker Bretter in der ersten Phase mit der intensiven
Informationspolitik und die Ausweitung der Proteste 2010/2011 mit
der beschriebenen Vielfalt an Aktivitäten zahlten sich in dieser zweiten Phase der Bewegung von Monat zu Monat mehr aus. Seit 2007
und bis einschließlich Oktober 2010 gab es zum Großprojekt mehr als
ein Dutzend Meinungsumfragen, die alle das gleiche Ergebnis hatten:
eine Mehrheit der Bevölkerung in Stuttgart, in der Region und meist
auch in Baden-Württemberg lehnte das Projekt Stuttgart 21 ab. Die
Rekordwerte bei der Ablehnung wurden in den ersten neun Monaten
des Jahres 2010 erreicht.[327]

Die Verantwortlichen hielten jedoch an ihrem Projekt eisern –
oder im Neusprech des Bahnchefs Lutz: »finster entschlossen« – fest.
Ein erster Markstein war dabei der 2. Februar 2010, als der symboli-

---

327 Eine Auflistung der Umfragen findet sich bei Wikipedia, Stichwort Protest
     gegen Stuttgart 21« [abgerufen am 19.2.2017].

sche Baubeginn gefeiert wurde. Der damalige Bahnchef Grube breitete ein weiteres Mal die Bratislava-Vision aus: »Mit dem Bahnprojekt
Stuttgart – Ulm erhält die ganze Region eine erstklassige Anbindung
an das europäische Schienennetz. Andere Metropolen würden sich
die Finger lecken.« Der Artikel, aus dem hier zitiert wird, geht weiter
wie folgt: »Vor den Türen [der Kleinen Schalterhalle des Stuttgarter
Kopfbahnhofs, wo Grube sprach; W. W.] wurde jedoch nicht geleckt,
sondern ›oben bleiben!‹ skandiert. Dass die Protestierenden Plakate
wie ›Endstation WAHNhof‹ in die Höhe reckten, führte Grube auf
die ›misslungene Außendarstellung‹ zurück. Mit ›Die bisherige Kom-
munikations- und Informationspolitik war verfehlt‹ versprach er den
Dialog. Das Gespräch mit den Gegnern musste jedoch warten. Zusammen mit den anderen Eröffnungsrednern wie Bundesverkehrsminister Peter Ramsauer, Ministerpräsident Oettinger und Stuttgarts
Oberbürgermeister Wolfgang Schuster eilte Grube durch das Pfeif-
konzert zum Bahnsteig, wo Prellbock 049 darauf wartete, aus dem
Weg geräumt zu werden.«[328]

Im März 2010 präsentierte die Deutsche Bahn AG stolz ihre 2009er
Bilanz und mit derselben einen Gewinn in Höhe von 1,2 Milliarden
Euro. Erstmals konnte in den Büchern des Bahnkonzerns der Erlös
aus dem Vorabverkauf von Stuttgart 21-Gelände an die Stadt Stuttgart
verbucht werden. Was, da eine Verzinsung erfolgte, nunmehr die stol-
ze Summe von 650 Millionen Euro ergab.

Die Aktivitäten der S 21-Gegner nahmen nach der Baubeginn-Fei-
er an Fahrt auf. Am 10. Juli demonstrierten auf einem »Protestival
gegen Stuttgart 21« 8.000 Menschen gegen den drohenden Abriss des
Nordflügels des Bonatzbaus. Am 25. August – es war der 70. Jahrestag
des ersten Luftangriffs auf Stuttgart – begannen die Bagger mit dem
Abriss dieses Gebäudeteils. In den darauf folgenden Tagen und Wochen und bis Mitte Oktober gab es rund ein Dutzend große Demonstrationen und andere Protestaktivitäten mit Rekordbeteiligungen.

---

328 Augsburger Allgemeine vom 3. Februar 2010. 2015 berichtete Hubertus
      Volmer für n-tv.de: »Prellbock Nummer 049, der vor fünf Jahren feierlich
      aus dem Gleis gehoben wurde, steht übrigens immer noch im alten Kopf-
      bahnhof von Stuttgart. Er wird noch gebraucht.«

Die Befürworter von S 21 versuchten im Übrigen in der gesamten Zeit der Hochphase der Bewegung durchaus, ihrerseits eine Massenstimmung für ihr Projekt zu entwickeln. Dies gelang ihnen jedoch nicht. Die größte Veranstaltung pro S 21 konnte nur wenige Tausend Menschen auf den Schlossplatz bringen. Versucht wurde auch, eine Art Jogger-Bewegung pro S 21 (»Lauf für Stuttgart«) zustande zu bekommen, was jedoch bald aufgrund geringer Teilnehmerzahlen eingestellt wurde. Fast verzweifelt nahmen die Befürworter, auch als »Proler« bezeichnet, Zuflucht zu sexistischen und peinlichen Werbemaßnahmen.[329] Selbst die Tatsache, dass der Widerstand gegen Stuttgart 21 zeitweilig bei den älteren Menschen in Stuttgart eine höhere Zustimmung fand als bei der jüngeren Generation, wurde in einem perfiden, seniorenfeindlichen Duktus aufgegriffen.[330]

In der Hochphase der Bewegung gegen das Großprojekt kam es zu wichtigen Enthüllungen über S 21. Dies war kein Zufall: Die neue Stärke der Bewegung erhöhte die Chancen für ein »Leaken« und machte Insidern und Kritikern Mut.

Ende Juli 2010 konnten die S 21-Gegnerinnen und Gegner auf der Website www.kopfbahnhof.de ein von der Landesregierung unter

329 Im Herbst 2010 verbreiteten die Proler ein T-Shirt mit der Aufschrift »Tu ihn unten rein – Stuttgart 21«. Im November 2011 produzierte die Junge Union einen Pro-S 21-Flyer mit einer Frau mit nacktem Oberkörper, die, wie eine Anhalterin, eine Papptafel mit der Aufschrift »Oben ohne« ins Bild hält. Siehe: www.stuttgarter-zeitung.de/inhalt.junge-union-nackte-argumente-fuer-stuttgart-21.36b4a677-fb05-4325-a560-fe47727da238.html [Abgerufen am 7.4.2017]

330 »Die ›überhebliche Verhinderungspolitik der Alten gegen Stuttgart 21 widert mich an‹, sagte [der Junge Union Kreisvorsitzende Benjamin] Völkel. Es gebe eine Generation, die ›in den vergangenen 60 Jahren vom Wohlstand unserer Stadt profitiert hat. Heute haben sie ihr Schäfchen im Trockenen, scheuen Veränderungen und verbauen damit meiner Generation die Zukunft‹, so der 22-Jährige, der den JU-Vorsitz seit April 2009 innehat. Völkel sagte, er sei froh, dass am 2. Februar der Startschuss für das Bahnprojekt Stuttgart 21 gegeben werde.« Stuttgarter Nachrichten vom 28. Januar 2010. www.stuttgarter-nachrichten.de/inhalt.verhinderungspolitik-junge-union-rueffelt-aeltere-bahnhofsgegner.01c31646-aa33-41fa-b62a-4a0171ddf054. html [Abgerufen am 7.4.2017]

Verschluss gehaltenes Gutachten veröffentlichen. Die landeseigene Nahverkehrsgesellschaft hatte es bereits 2008 bei dem – damals noch renommierten und noch als unabhängig einzustufenden – Schweizer Büro SMA in Auftrag gegeben. Es sollte die Leistungsfähigkeit des S 21-Tiefbahnhofs untersuchen – und gelangte zu einem für S 21 vernichtenden Ergebnis (siehe Kapitel III).[331]

Im *Stern* erschienen, verfasst von Arno Luik, die bereits zitierten Berichte über bahninterne Papiere zu den Themen Kapazitätsabbau, Anhydrit, Kostenexplosion und über den Gesinnungswandel des Tiefbahnhof-Architekten Frei Otto. Das Umweltbundesamt veröffentlichte ein Gutachten, wonach die S 21-Kosten am Ende bei mehr als 10 Milliarden Euro liegen würden; die Behörde konstatierte, mit Stuttgart 21 entstehe »ein Nadelöhr«. Publik wurden immer neue Verflechtungen und Verfilzungen. So wurde bekannt, dass der damalige und heutige Stuttgarter Erste Bürgermeister, Michael Föll, CDU, kurzzeitig im Beirat des Unternehmens saß, das von ihm selbst mit dem Abbruch des Nordflügels beauftragt worden war.[332] Obgleich die Parteifarbe des OB 2011 von schwarz (Schuster) auf grün (Kuhn) gewechselt hatte, sieht die *Stuttgarter Zeitung* heute in Föll eine Art OB-Flüsterer und Puppenspieler, also denjenigen, der den formellen OB Fritz Kuhn maßgeblich beeinflusst. Kuhn selbst argumentiert, er respektiere Föll eben »als kommunalpolitisches Schwergewicht«.[333] Dabei war Föll bereits in der Mitte der 1990er Jahre von einem hohen

---

331 Damals sahen sich aufgrund dieser Enthüllung an nur einem Tag rund 60.000 Besucher die Website www.kopfbahnhof.de an. Siehe Konstantin Schwarz / Michael Isenberg, Stuttgart 21: Streit um Kosten der ICE-Strecke, 27. Juli 2010, in: www.stuttgarter-nachrichten.de und www.bund-ba-wue.de/index.php?id=4947 [abgerufen jeweils am 7.4.2017]

332 Das Bauunternehmen Woff & Müller erhielt den Zuschlag zum Abriss des Nordflügels im Mai 2010. Ab Mitte Juli war Föll Mitglied im Beirat des Unternehmens. Als S 21-Gegner dies publik machten, gab er diese Position am 11. August 2010 wieder auf.

333 Siehe Thomas Braun, Fritz Kuhns Halbzeitbilanz: Warten auf den großen Wurf, in: Stuttgarter Zeitung vom 25. Dezember 2016. In derselben Zeitung war am 17. Januar 2017 zu lesen: »Bisher ist Kuhn nicht dadurch aufgefallen, dass er den Konflikt mit seinem machtbewussten Stellvertreter sucht.«

Gericht als ein Politiker mit – zurückhaltend formuliert – unzureichen-
den charakterlichen Qualitäten gebrandmarkt worden.[334]

Die vielen neuen Enthüllungen über Stuttgart 21 beflügelten den
Widerstand. Sie trugen mit dazu bei, dass eine immer größere Mehrheit der Bevölkerung das Großprojekt ablehnte. Im August ermittelte
Forsa die mit 67 Prozent bislang höchste Ablehnungsquote des Projekts in der Stuttgarter Bevölkerung.[335]

Der »Schwarze Donnerstag« | Die Antwort ließ nicht auf sich
warten. Am 30. September 2010 kam es zu einer massiven Polizeiprovokation, die sich als »Schwarzer Donnerstag« in das kollektive
Bewusstsein der Bewegung gegen Stuttgart 21 und der gesamten Stadt

---

334   Der Stuttgarter Eiskunstlauftrainer Karel Fajfr war Mitte der 1990er Jahre
u. a. wegen Misshandlung einer Schutzbefohlenen und wegen sexuellen
Missbrauchs einer (anderen) Schutzbefohlenen zu einer Freiheitsstrafe ver-
urteilt worden. Die Vereins- und Verbandsfunktionäre Brigitte Föll und ihr
Sohn Michael Föll, der heutige Erste Bürgermeister der Stadt Stuttgart,
erhielten jeweils wegen Beihilfe zur Misshandlung einer Schutzbefohlenen
Geldstrafen. Gegen dieses Urteil des Stuttgarter Landgerichts hatten Fajfr,
B. Föll und M. Föll beim Bundesgerichtshof Revision eingelegt. Der 1.
Strafsenat des Bundesgerichtshofs verwarf die Revision und veröffentlichte
am 13. September 1996 eine Presseerklärung, in der es u. a. heißt: »Begünstigt wurde das Verhalten des Trainers durch […] die mitangeklagten Eis-
lauffunktionäre [B. und M. Föll; W. W.]. Diese waren gegenüber dem Trainer weisungsbefugt und zum Eingreifen verpflichtet. Dieser Pflicht kamen
sie indes nur nach, wenn die Öffentlichkeit aufmerksam wurde. Zudem
förderten sie die brutale Handlungsweise des Trainers auch aktiv, indem
z. B. Frau Föll den Trainer gegen ein Einschreiten anderer abschirmte, als
das Kind in der Kabine verprügelt wurde, oder Herr Föll auf einer Ab-
teilungssitzung des Eislaufvereins eine Diskussion über das Thema verhin-
derte. Diese Angeklagten waren als Abteilungsleiter und Verantwortliche
für den Eislaufbetrieb durch Übernahme ihrer Ämter als ›Überwachungs-
und Beschützergaranten‹ rechtlich verpflichtet, die Schutzbefohlenen
vor Gefährdungen zu sichern.« Siehe http://archiv.jura.uni-saarland.de/
Entscheidungen/pressem96/BGH/strafrecht/schutz.html [Abgerufen am
7.4.2017].

335   Siehe stern.de, »Baden-Württemberger sind gegen Stuttgart 21« vom 1. September 2010. Die Umfrage nannte 67 Prozent Ablehnung, 30 Prozent Zustimmung und 3 Prozent »keine Meinung«.

einbrannte und die auch bei zufälligen Gästen in der Stadt, so bei
Leonard Cohen und seiner Crew, den Eindruck entstehen ließ, es
herrsche »Krieg in der Stadt« (siehe das Motto am Eingang zu diesem
Kapitel und Kapitel VIII).[336] An diesem Tag sickerte die Information
durch, dass der Schlossgarten geräumt und damit die Aktivitäten zum
Fällen der uralten Bäume beginnen sollten. Über die Telefon- und
Handy-Informationsketten wurde unter mehreren zehntausend Menschen, die sich entsprechend hatten registrieren lassen, der »Park-
schützeralarm« ausgelöst. In kurzer Zeit strömten tausende Menschen
in den Schlossgarten – zur Unterstützung für diejenigen, die dort seit
vielen Wochen kampierten.

An diesem Donnerstag gab es in der Innenstadt anlässlich eines
Schülerstreiks eine Demonstration von einigen tausend Schülerinnen
und Schülern unter maßgeblicher Beteiligung der Waldorf-Schüler-
schaft. Als sich dort die Nachricht verbreitete, dass die Polizei mit
Wasserwerfern auffuhr, um den Park früher als ursprünglich vorgesehen zu räumen, wurde die Demo abgebrochen; die Mehrzahl der
Schüler strömte in den Schlossgarten. Ab 11 Uhr begannen erste Atta-
cken von Polizisten auf Demonstrierende. Ein Großaufgebot von Polizei aus Baden-Württemberg, Rheinland-Pfalz, Bayern, Hessen und
Nordrhein-Westfalen, verstärkt um Einheiten der Bundespolizei, war
am Vortag zusammengezogen worden. Die Polizei ging mit äußerster
Brutalität gegen die Demonstrierenden vor; alle später vorgebrachten
Behauptungen seitens der Landesregierung, es habe Gewalt seitens

---

336 Der damalige Oberbürgermeister Wolfgang Schuster schreibt dazu, zusam-
     men mit Frank Brettschneider: »Am 30. September kam es im Stuttgar-
     ter Schlossgarten zu heftigen Auseinandersetzungen zwischen Polizei und
     Demonstrierenden.« Diese Darstellung ist ausgesprochen zynisch, zumal zu
     dem Zeitpunkt, als das Buch, aus dem hier zitiert wird, erschien, bereits im
     Detail dokumentiert worden war, dass die Polizei eine gezielte Provokation
     gestartet hatte. Der dann folgende Satz im Schuster-Text gibt dann auch
     einen Einblick in den Zusammenhang Polizeiprovokation und Schlichtung:
     »Dieser Höhepunkt der Eskalation war zugleich die Geburtsstunde für die
     ›Schlichtung‹ zu Stuttgart 21.« In: Wolfgang Schuster und Frank Brettschnei-
     der, Stuttgart 21 – ein Großprojekt zwischen Protest und Akzeptanz, Wies-
     baden 2013, S. 10 (hervorgehoben von W. W.).

der Parkbesetzer gegeben, erwiesen sich als unhaltbar. Im Gegenteil: Wie sie es wochenlang verkündet und eingeübt hatten, blieben die Demonstrierenden ruhig; ihr wichtigster Slogan lautete: »Wir sind friedlich – was seid ihr?« Die Polizei hatte von ihrer Führung und diese wiederum von »ganz oben« klare Ansagen erhalten: Sie setzte exzessiv Knüppel, Wasserwerfer und vor allem Pfefferspray, der in großer Menge und aus kurzer Distanz versprüht wurde, ein. Die Demo-Sanitäter der Bürgerbewegung gegen Stuttgart 21 waren unermüdlich im Einsatz. 400 Demonstranten wurden verletzt; rund ein Dutzend schwer. Der 66-jährige Ingenieur Dieter Wagner erblindete fast vollständig; ihm waren die Augen durch den unverantwortlich starken Druck des Wasserwerferstrahls und seines Einsatzes mit geringer Distanz zu den Menschen, auf den der Strahl zielte, förmlich herausgeschossen worden. Das Bild des Schwerverletzten Rentners und S 21-Gegners ging durch die Medien der Welt und wirkte wie ein Protestschrei.

Das Material, das im Rahmen der Aufarbeitung der Ereignisse am »Schwarzen Donnerstag« zusammengetragen wurde, dokumentiert, dass es sich nicht um eine Polizeiaktion gehandelt hatte, die, wie es oft heißt, »aus dem Ruder gelaufen« war.[337] Diese war vielmehr von der Landesregierung, möglicherweise sogar in Zusammenarbeit mit Teilen des Merkelschen Regierungsapparats, *von langer Hand geplant* worden. So kündigte der damalige baden-württembergische Ministerpräsident Stefan Mappus bereits zehn Tage vor dem »Schwarzen Donnerstag« regierungsintern ein »massives Vorgehen gegen die Baumbesetzer« an. Am Abend des »Schwarzen Donnerstags« gab es einen telefonischen Kontakt zwischen der Landesregierung und dem Bundeskanzleramt. Ebenfalls am 20. September, um 16.33 Uhr, mailte die damalige Ministerin für Umwelt, Naturschutz und Verkehr,

---

337 Es muss in den Redaktionsstuben von Stuttgarter Zeitung und Stuttgarter Nachrichten eine Art Satzbaustein geben, der immer dann aufploppt, wenn vom Schwarzen Donnerstag die Rede ist. Siehe die Stuttgarter Zeitung vom 29. März 2017, wo es heißt: »Doch Wasserwerfer sind in Stuttgart mit einem Trauma verbunden. Bei einem außer Kontrolle geratenen Polizeieinsatz gegen Stuttgart-21-Gegner im Schlossgarten...«

Tanja Gönner, an Mappus: »Es wurde gestern vereinbart, dass die Bäume ab dem 1.10. gefällt werden. Ziel ist, dass bis zu deiner Regierungserklärung alles mit den Bäumen erledigt ist.« Mappus antwortete: »Super. Vielen Dank.«[338] Am gleichen Tag besprach sich der baden-württembergische Ministerpräsident mit der Polizei; im Protokoll wurde vermerkt: »MP erwartet offensives Vorgehen gegen Baumbesetzer.«[339] In einer später aufgefundenen E-Mail schrieb Mappus. »Klar ist: der Staat kann sich ein Scheitern der Aktion nicht leisten.«[340] Der damalige baden-württembergische Ministerpräsident betonte noch Anfang 2017, dass er in diesen Tagen immer in enger Zusammenarbeit mit der Kanzlerin agierte. In einem Zeitungsbericht heißt es: »Auf Merkel als Mensch lässt er [Mappus; W.W.] nichts kommen. ›Wie eine Eins‹ sei sie in den Turbulenzen um Stuttgart 21 zu ihm gestanden.‹«[341]

Für die langfristige Planung der Aktion spricht auch ein äußerst brisantes Treffen von Top-S 21-Verantwortlichen, über das die De-

---

338 Bei Wikipedia lautet der Eintrag zum Schlossgarten: »Im Rahmen von Stuttgart 21 sind größere Umgestaltungen [!] durch die Bauarbeiten und den darauf folgenden Zuschlag [!] eines Teils der jetzigen Bahnanlagen geplant« [abgerufen am 29.3.2017].

339 Zitate nach: Der Spiegel 50/2013 und Stuttgarter Zeitung vom 10. Dezember 2013.

340 E-Mail-Texte wiedergegeben in: Andreas Müller, Notiz: Polizeieinsatz durfte nicht scheitern, Stuttgarter Zeitung vom 11. Oktober 2014. Im ersten Untersuchungsausschuss, den der Landtag nach dem Schwarzen Donnerstag eingerichtet hatte, wurden wichtige E-Mail-Texte des damaligen Ministerpräsidenten entschärft wiedergegeben. Mappus hatte z. B. geschrieben: Der Polizeieinsatz könne »nur im äußersten Notfall« abgebrochen werden. Dem ersten Untersuchungsausschuss wurde als Text vorgelegt, der Einsatz könne »nur im Notfall« abgebrochen werden. Der zitierte Artikel dokumentiert diese und andere Verfälschungen. Die meisten Unterlagen dieser Mappus- und Gönner-Korrespondenz im Zusammenhang mit dem Schwarzen Donnerstag wurden im Oktober 2014 vernichtet bzw. gelöscht – auf Anordnung der grün geführten Landesregierung und mit der Begründung, »Datenschutz geht vor Informationsrecht«. Letzteres wird dokumentiert bei: Josef Kelnberger, Das Gespenst vom Schlossgarten, Süddeutsche Zeitung vom 11. Oktober 2014.

341 Süddeutsche Zeitung vom 28. Februar 2017.

tails erst vier Jahre später und dann in der Zeit einer grün dominier-
ten Landesregierung und eines grünen OB publik – und dennoch
von den nun Verantwortlichen in Land und Stadt nicht ernsthaft auf-
geklärt oder gar verfolgt wurden. Im Mai 2014 erschien in der *Stuttgarter Zeitung* ein Bericht, wonach für den Abend des »Schwarzen
Donnerstags«, also im direkten Anschluss an die Polizeiprovokation,
eine »Elefantenrunde« im Staatsministerium geplant und »wohl auch
durchgeführt worden war«. An dem Treffen sollten außer MP Mappus u. a. Bahnchef Grube, OB Schuster, der Erste Stuttgarter Bürgermeister Föll, Technikvorstand Kefer, die Projektsprecher Udo
Andriof und Wolfgang Dietrich und zwei Chefs der Kommunika-
tionsagentur »CNC« und der Werbeagentur »Die Crew« als Teilnehmer aufgelistet gewesen sein. Die *Stuttgarter Zeitung* konnte zu dem
Treffen sogar die exakte Örtlichkeit (»im sogenannten Eckzimmer
des Staatsministeriums«) und die Uhrzeit (»21 Uhr«) berichten. Da
die Zeitung auch darüber berichtete, dass Mappus bei dieser Gelegenheit den OB Schuster »rundgemacht« habe, da dieser in einer
Erklärung gegenüber den Medien sich wegen des Polizeieinsatzes im
Schlossgarten »betroffen« gezeigt hatte, hat das Treffen offensichtlich
auch stattgefunden.

Ein Treffen zu derart später Stunde, mit derart breiter, teilweise
bundesweiter Vertretung der Spitzenleute des Projekts Stuttgart 21
und an einem Tag, an dem ein langfristig geplanter, provokativer Polizeieinsatz stattfand, muss seinerseits selbst als längerfristig vorgeplant
und als im Rahmen einer auch politisch gesteuerten Aktion stehend
interpretiert werden.[342]

Das Vorgehen der Polizei war auch im Detail vorbereitet. Dies wird
deutlich, wenn man den Darlegungen von Dieter Reicherter folgt.
Reicherter war Staatsanwalt und Vorsitzender Richter. In einem Brief
vom Oktober 2010 an den damaligen Innenminister Heribert Rech
betont er, »kein Berufsdemonstrant und kein Chaot« zu sein, sondern
»diesem Staat bis zu meiner Pensionierung vor einem Monat [August

---

342 Andreas Müller, Schwarzer Donnerstag: Eklat bei Gipfeltreffen am Abend,
15. Mai 2014, in: www.stuttgarter-zeitung.de.

2010, W.W.] treu gedient« zu haben.[343] Reicherter entwickelte sich im
Zusammenhang mit dem Schwarzen Donnerstag zu einem Kritiker
des S21-Projekts und insbesondere zu einem Kritiker gesetzeswidriger Polizeigewalt. In einer Rede auf der 288. Montagsdemonstration,
am 14. September 2015, führte er aus: »Ich will euch einen konkreten
Fall erzählen: Der 14-jährige Richard hat am 30.9.2010 an der Schü-
lerdemonstration teilgenommen und war wie viele Schülerinnen und
Schüler danach im Schlossgarten. Dort wurde er an Leib und Seele
verletzt. Die körperlichen Wunden sind verheilt, die seelischen nicht.
Seine Geschichte will er nicht mehr erzählen. Seine Eltern aber haben
mir vor Jahren Richards schriftliche Schilderung mit seinem Einver-
ständnis zur Verfügung gestellt. […] Hier ein wörtlicher Auszug aus
Richards Aussage: ›Ich wurde von einem Polizisten am Kopf gepackt.
Er zog mich an sich heran und rieb mir mit der Hand (trug Handschuhe, die innen mit Metall oder Ähnlichem beschlagen waren!!!)
das Pfefferspray brutal ins Gesicht. […] Ich fürchtete, dass er meine
Nase brechen würde, ist einigen Schülern passiert, schreien konnte
ich nicht, weil mir der Mund zugehalten wurde.‹« Reicherter ging diesem Vorfall weiter nach – und wurde fündig. Weiter der ehemalige
Richter: »Der Zufall kam mir in Gestalt eines Videos zu Hilfe, das seit
nahezu fünf Jahren bei Polizei und Staatsanwaltschaft vorliegt, ohne
für die Übeltäter Konsequenzen zu haben. Gegen unbekannte Polizisten habe ich nun deswegen in der vergangenen Woche Strafanzeige
wegen Verabredung eines Verbrechens erstattet. Denn wie anders soll
man folgenden in der Bild- und Tonaufzeichnung festgehaltenen Dialog werten: 1. Sprecher (im bayrischen Dialekt): ›Könnt ihr mol Pfefferspray in die Handschuhe und ins Gesicht reiben‹. 2. Sprecher: ›Ja.‹«
Die Bilanz von Dieter Reicherter: »War das nicht die Verabredung,
entgegen sämtlicher Dienstvorschriften Pfefferspray nicht durch Ver-

---

343 Aus dem Schreiben von Dieter Reicherter an den Innenminister Recht, da-
     tiert auf den 1. Oktober 2010. Reicherter war eher zufällig im Schlossgarten
     und dort selbst von einem Wasserwerferstrahl getroffen worden. Seine Be-
     schreibung der Verhältnisse dort endeten mit dem Satz: »Gestatten Sie mir
     die Bemerkung, dass ich einen derartigen Polizeieinsatz gegen friedliche Bür-
     ger bislang nur durch Berichte aus China und anderen Diktaturen kannte.«

sprühen mit Sicherheitsabstand einzusetzen, sondern mit dem Hand-
schuh in den Gesichtern friedlicher Demonstranten zu verreiben? In
meiner Strafanzeige habe ich darauf hingewiesen, dass eine derartige
Verwendung von Pfefferspray die Gefahr von Erblindung und bei Al-
lergikern und Asthmakranken sogar des Todes durch Ersticken in sich
trägt. Ganz abgesehen davon, dass der Einsatz von Pfefferspray gegen
Kinder ausnahmslos verboten ist und Verstöße gegen dieses Verbot
schon harte Strafen zur Folge haben müssten.«

Wobei er – in der zitierten Rede – darauf verweist, dass die Polizei
natürlich über sehr gutes Material verfügt, auf Basis dessen Dutzende
vergleichbare Anklagen gegen Polizeibeamte wegen gesetzeswidriger
Gewalt gegen Zivilisten hätten erfolgen müssen und Verurteilungen
fällig gewesen wären. Reicherter: »Hunderte von Stunden Film- und
Fotomaterial der Beweisdokumentationstrupps der Polizei mit Pfeffer-
sprayeinsätzen gegen Kinder und Jugendliche, mit Wasserstößen [aus
den Kanonen der Wasserwerfer; W. W.] in Kopfhöhe und anderen
Grausamkeiten führten nicht zur Ermittlung und Verfolgung der Straf-
täter in Uniform, obwohl beispielsweise der Kriminalbeamte Hirsch-
müller, wie er mir erzählte, eine Aufstellung derartiger Übergriffe für
Oberstaatsanwalt Häußler gefertigt hatte. Offenbar erfolglos.«[344]

Am »Schwarzen Donnerstag« fand eine geplante Aggression statt,
die passende »Bilder« liefern und die Bewegung kriminalisieren sollte. Auch der Grüne Politiker Boris Palmer sah dies damals so: »Wir
wurden Zeuge einer kalkulierten und wohl bedachten Inszenierung
[…] Das signalisierte: Ihr habt uns nichts zu sagen. Ihr könnt den Be-
bauungsplan nicht verzögern, nicht um eine Sekunde. Und wer das
dennoch versucht, der gehört zu den Störern und Chaoten.«[345]

Parallelen zu vorausgegangenen Polizei-Provokationen, gerichtet
gegen eine friedliche Massenbewegung, drängen sich auf: Zur Ermor-
dung des Studenten Benno Ohnesorg am 2. Juni 1967 in Westberlin,
der an einer friedlichen Demonstration gegen den Schah von Persien

---

344 Zitate nach dem gedruckten Manuskript der Rede von Dieter Reicherter.
     Siehe Website www.bei-abriss-aufstand.de.

345 Zitiert nach Frankfurter Rundschau vom 2. Oktober 2010.

teilgenommen hatte. Die *Frankfurter Allgemeine Zeitung* schrieb damals, die »eingesetzte Polizei hat [...] einer Brutalität den Lauf gelassen, wie sie bisher nur aus Zeitungsartikeln über faschistische und halbfaschistische Länder bekannt wurde.«[346] Zu der Polizeiprovokation vom Februar 1975 in Wyhl, als »acht Hundertschaften Polizei mit Wasserwerfern und Hundestaffel brutal gegen 300 friedliche Demonstranten« vorgingen, die den Platz besetzt hielten, auf dem ein Atomkraftwerk gebaut werden sollte.[347] Zu der Tötung des Schlossers Günter Sare am 28. September 1985 in Frankfurt am Main, der bei einer Protestdemo gegen den Flughafenausbau zuerst von einem Wasserwerferstrahl der Polizei zu Boden geworfen und dann von dem Wasserwerfer überrollt wurde. Der Wasserwerfer-Kommandant R. hatte zuvor schon mehrfach mit seinem Wasserwerfer auf Demonstrierende gezielt und auf diese Weise Menschen auch mal »vom Fahrrad heruntergeschossen«.[348]

Bei all diesen Ereignissen und auch beim »Schwarzen Donnerstag« in Stuttgart ging es immer um den gezielten Versuch, eine friedliche Massenbewegung, die den Herrschenden gefährlich zu werden schien, zu provozieren, um diese dann auf Basis der erwarteten Reaktionen kriminalisieren, spalten und diese letztes Endes ausschalten zu können.[349]

---

346   Frankfurter Allgemeine Zeitung vom 12. Juni 1967.

347   Offenburger Tageblatt vom 25. Februar 1975; hier zitiert in: Holger Strohm, Friedlich in die Katastrophe. Eine Dokumentation über Atomkraftwerke, Frankfurt a. M., 1981, S. 868. Es heißt dort, man zitiere aus dem »Offenbacher Tageblatt«. Das wurde wie oben korrigiert.

348   Zitate und Bericht zu den Frankfurter Ereignisse nach: Frankfurter Rundschau vom 18. September 2003 (»FR-Archiv«) und Engelke, Klein, Wilk, Soziale Bewegungen im globalisierten Kapitalismus, Frankfurt am Main 2005, S. 57 ff.

349   In einer Montagsdemonstrations-Rede vom 28. September 2015 hatte ich den Schwarzen Donnerstag im Stuttgarter Schlosspark in diesen größeren Zusammenhang gestellt und dabei zusätzlich den Fall des Studenten Carlo Giuliano erwähnt, der am 22. Juli 2001 in Genua im Rahmen einer Massendemo gegen ein G-8-Treffen von einem italienischen Polizisten erschossen worden war. Siehe Rede bei: www.bei-abriss-aufstand.de bzw. www.youtube.com/watch?v=hE9aLlypOY0.

Ist es weit hergeholt, wenn solche geschichtlichen Vergleiche herangezogen werden, um den Schwarzen Donnerstag ins richtige Licht
zu rücken? Der Sänger und Poet Leonard Cohen jedenfalls stellte die
Stuttgarter Ereignisse an eben diesem Tag in einen nochmals größeren
Zusammenhang. Er gastierte damals in Stuttgart. Er und seine Leute
hatten sich am Tag der Polizeiaggression im Hotel am Schlossgarten
einquartiert. Sie wurden damit direkt Zeuginnen und Zeugen der
Polizeiaggression. Der kanadische Künstler ließ Fotos von der Polizeiaggression und den friedlich Demonstrierenden auf seine Website
stellen und dokumentierte dort seine Solidarität mit den Menschen,
die ihren Park verteidigten, und seinen Protest gegen die Polizeigewalt
und gegen die Zerstörung der Natur, der Bäume. Als er tags darauf
in der Schleyer-Halle ein Konzert vor 7.000 Menschen gab, wurde er
auch bei dieser Gelegenheit erstaunlich deutlich – wie dies auch in der
Stuttgarter Zeitung zu lesen war: »Dieser nur selten explizit politische
Dichter stellt in Stuttgart auch eine Wachheit unter Beweis, die sein
behutsam eingerichtetes Refugium aus wunderschönen Liedern nur
um so kostbarer macht: Es sei ein Privileg, sich zu einem Konzert
versammeln zu können, während Chaos und Dunkelheit die Welt umklammert hielten, sagt Cohen. ›Solidarität mit den Bäumen, die Sie
so geschätzt haben‹, bekundet er dann. Sein Stuttgart 21-Kommentar
leitet zum Jubel des Publikums ›Anthem‹ ein, eine seiner starken, ge-
tragenen Hymnen für das Trotzdem.«[350]

Chaos und Dunkelheit halten die Welt umklammert – welch tref-
fende Beschreibung! Zumal wenn dann, sieben Jahre später, ein neuer
Bahnchef als Herr der Finsternis auftritt – »finster entschlossen«, das
Projekt zu seinem bitteren Ende zu bringen. (Siehe Kapitel VIII)

Die Schlichtung | Nach der Polizeiaggression am Schwarzen Don-
nerstag, die in den bundesweiten Medien zu einem Aufschrei und zu
breiten Debatten über Polizeigewalt führte, lenkte die Landesregierung ein. Teilweise und scheinbar. Sie ergriff das Angebot für eine

---

350 Michael Werner, Geraunte Beschwörungsformeln, in: Stuttgarter Zeitung
vom 2. Oktober 2010.

Schlichtung in der Auseinandersetzung um Stuttgart 21. Der ursprüngliche Vorschlag dafür kam ursprünglich aus den Reihen der FDP. Offiziell sollen es dann die Grünen gewesen sein, die die Person Heiner
Geißler als Moderator ins Spiel brachten. In seiner Rede zum Abschluss der Schlichtung hob Heiner Geißler hervor, dass er von einem
Allparteienbündnis getragen sei:»Am Mittwoch, dem 6. Oktober 2010,
wurde ich im Landtag von Ministerpräsident Mappus als Schlichter
[…] vorgeschlagen […], vom Fraktionsvorsitzenden Kretschmann in
derselben Sitzung bestätigt. […] Dem schlossen sich alle Landtagsfrak-
tionen an. Das Aktionsbündnis gegen Stuttgart 21 stimmte daraufhin
am 12. Oktober meiner Nominierung zu.«[351]

Die Schlichtung zu dem Großprojekt begann am 15. Oktober 2010
und endete am 30. November mit einem Schlichterspruch. Auch im
Vergleich zu deutlich einfacheren Konflikten, die geschlichtet werden, war dies ein außerordentlich kurzer Zeitraum. Und es war vor
allem der damalige Bahnchef Grube, der auf einen kurzen Zeitraum
der Schlichtung drängte. Wie der Herr zu sagen pflegte:»Cash in de
Däsch / is the name of the game« – jeder Tag Bauverzögerung koste die
Bahn viel Geld. Die acht Sitzungstage und die ergänzende Abschlusssitzung wurden über weite Strecken von Phoenix live übertragen.
Andere Sender folgten dem Beispiel. Bis zu 1,2 Millionen Menschen
verfolgten im gesamten Bundesgebiet die Debatten. Viele erhielten
auf diese Weise erstmals Einblick in das S 21-Projekt. Und viele gewannen dabei den Eindruck, dass die Stuttgart 21-Gegner ernsthafte,
überzeugende Argumente gegen das Großprojekt vorzutragen hatten.
Die Aufmerksamkeit, die die Schlichtung auf sich zog, widersprach
scheinbar wissenschaftlich gesicherten Erkenntnissen, wonach die Bürgerinnen und Bürger Sachinformationen nur noch häppchenweise, am
besten in 140-Zeichen-Twitter-Formate gepresst, verdauen könnten.[352]

---

351 Rede Heiner Geißler im Schlichtungsverfahren zu Stuttgart 21 am 30. No-
     vember 2010; stenografisches Protokoll, S. 36.

352 Twitter gab es bei Schlichtungsbeginn gut fünf Jahre; im April 2010 führte
     Twitter eine erste App für Smartphones und Tablets ein. Die Bewegung
     gegen S 21 richtete auch eine erste App ein, um an den Schwabenstreich zu
     erinnern.

Hans-Werner Fittkau, seit 1997 beim TV-Sender Phoenix in führenden Positionen tätig, sagte im Rückblick und vier Jahre später: »Es war ein Experiment und Erlebnis. Wir waren nicht sicher, dass das viele Zuschauer finden würde. Wer hört sich freiwillig acht Stunden so eine Form an [...] Die Schlichtung hat eine Form gefunden, Bahnpolitik transparent zu machen. Das war superinteressant, nicht nur für Spurgrößenexperten. Der Prozess war stilbildend. [...] und im positiven Sinn ein Volkshochschulkurs in Sachen Stuttgart 21 und Bahnentwicklung.«[353]

Liest man heute die Protokolle der Schlichtung mit ihren acht Sitzungstagen, bei denen je Tag ein zentrales Thema des Großprojekts abgehandelt wurde (»Strategische Bedeutung«, »Leistungsfähigkeit von S 21«, »Kopfbahnhof 21«, »Neubaustrecke Wendlingen–Ulm«, »Ökologie«, »Geologie und Sicherheit«, »Kosten« und »offene Fragen«) und von beiden Seiten je sieben Vertreter gleichberechtigt zugelassen waren – ergänzend wurden Experten herangezogen –, dann erscheint die zitierte Einschätzung von Hans-Werner Fittkau als zutreffend: Das war ein Format der Aufklärung. Die Gegnerinnen und Gegner von Stuttgart 21 traten überwiegend überzeugend auf; diejenigen, die das Projekt verteidigten, sahen oft alt aus. Dabei hatten die S 21-Vetreter einen erheblichen materiellen und finanziellen Vorteil; allein dem Bahnvorstand Volker Kefer arbeiteten 17 Assistenten und Berater zu.[354]

Umso erstaunlicher war dann der Verlauf der »Abschlusssitzung« am 30. November 2010. An diesem Tag gab es von beiden Seiten nochmals je sieben Schlussplädoyers. Die unterschiedlichen Auf-

---

353 Presseclub – Bahnreform, Stuttgart 21. Medien und Lobbys, Diskussion auf der Konferenz »20 Jahre Bahnreform – 20 Jahre Stuttgart 21« vom April 2014, wiedergegeben in: Lunapark 21, Extra Heft 08/09, S. 16 und 19.

354 Christoph Engelhardt wies Geißler insgesamt 20 Manipulationen im Verlauf der Schlichtung nach. Er bezeichnet die gesamte Schlichtung als »Desinformation 2.0« und als »Inszenierung von Aufklärung«. Die Dokumentation der Manipulationen überreichte er auch Geißler, der sie nicht kommentierte. Siehe auch: http://wikireal.org/wiki/Stuttgart_21/Schlichtung/Auswertung.

fassungen hatten sich nicht geändert. Die einzige Gemeinsamkeit
bestand darin, dass buchstäblich alle Rednerinnen und Redner sich
bei Heiner Geißler bedankten und diesen mit Verweisen auf seine
Fairness, Geduld und Ausdauer mit Lob überschütteten. Um 12.06
Uhr verkündete Schlichter Geißler eine einstündige Pause. Es wurden
dann fast fünf Stunden. Um 16.49 Uhr gab es die »Wiederaufnahme
der Sitzung«, die Geißler mit dem Satz einleitete: »Ich möchte Ihnen jetzt *mein Votum, das Ergebnis der Schlichtung*, bekannt geben.« Der
»Schlichterspruch« erwies sich dann als ein schlichter Spruch, der lautete: »Dennoch halte ich die Entscheidung, Stuttgart 21 fortzuführen,
für richtig.«[355] Diese zentrale Aussage war zwar verbunden mit allerlei
Lob für alle beteiligten Seiten, mit viel Eigenlob (»Die Schlichtung als
ein neues Projekt unmittelbarer Demokratie mit großer Transparenz«)
und mit einem billigen Blumenstrauß für die Gegenseite, von Geißler wie folgt übereicht: »Die Gegner von Stuttgart 21 haben in den
Schlichtungsgesprächen deutlich machen können, dass es mit dem
[Gegenmodell; W.W.] Kopfbahnhof 21 eine durchaus attraktive Alternative gibt; es gibt jedoch ganz konkrete und wichtige Nachteile.
Der am schwersten wiegende Nachteil liegt darin, dass aus heutiger
Sicht eine Verwirklichung des Kopfbahnhof S 21 nicht als gesichert an-
genommen werden kann, da weder ausreichende Planungen und des-
halb auch keine […] Baugenehmigungen vorliegen.« Daraus schloss
Geißler scheinbar messerscharf: »Für Stuttgart 21 dagegen gibt es eine
Baugenehmigung. […] Die rechtliche Situation erscheint mir eindeutig. Der Bau von Stuttgart 21 käme nur dann nicht, wenn die Deutsche
Bahn AG freiwillig darauf verzichten würde. Dazu ist die Bahn nicht
bereit. Das war zu erwarten. Herr Dr. Kefer hat für den Fall eines
Projektausstiegs in der vorletzten Schlichtungsrunde am letzten Frei-
tag bereits eine umfassende gerichtliche Klage angekündigt.«

Geißlers Ja zum Bau von Stuttgart 21 war verbunden mit »Verbes-
serungsvorschlägen und Änderungen«, wohlgemerkt: jeweils bezogen auf das Projekt Stuttgart 21. Geißler verband dies mit dem Zusatz,
es handle sich um Verbesserungsvorschläge, »die beide Seiten für not-

---

355   Rede Heiner Geißler …, a. a. O., Protokoll S. 40.

wendig halten« würden. Deshalb sprach er ab diesem Zeitpunkt von »Stuttgart 21 plus«. Diese Verbesserungen waren teilweise banal; teilweise gingen sie weit (so im Punkt »Erweiterung des Tiefbahnhofs um ein neuntes und zehntes Gleis«). All diese Verbesserungsvorschläge waren jedoch nicht ausreichend substantiiert, nicht einklagbar und nicht vorab mit den Beteiligten abgesprochen, wie dies ein faires Verhandlungsergebnis vorausgesetzt hätte.

Doch all das »Drumherum« spielte in der Öffentlichkeit keine größere Rolle. Zumal Geißlers Schlichterspruch erklärtermaßen – was auch von diesem selbst ausdrücklich in seiner Schlusserklärung so dargestellt wurde – für keine Seite verbindlich war. Doch er war mit einem enormen politischen Gewicht verbunden und kam einem Mühlstein gleich, der der Bewegung gegen Stuttgart 21 umgehängt wurde. Denn entscheidend war, dass der von allen Seiten hoch gelobte Schlichter gesagt hatte: »Stuttgart 21 fortzuführen ist richtig.« Das Aktionsbündnis gegen Stuttgart 21 veröffentlichte am Tag nach dem Schlichterspruch eine irritierende Erklärung, in der es heißt: »Wir haben es geschafft zu beweisen, dass K 21 [das alternative Modell zur Optimierung des Kopfbahnhofs; W. W.] im ganzen Land als die bessere Alternative erkennbar wurde. Vor diesem Hintergrund betrachten wir *die Ergebnisse der Schlichtung als einen Fortschritt und danken Heiner Geißler für seine intensiven Bemühungen.«*[356] Erst einige Tage später druckte das Blatt *Stadt.Plan,* das die Fraktionsgemeinschaft Stuttgart Ökologisch Sozial (SÖS) und LINKE herausgab, ein Interview mit den beiden SÖS-Gemeinderäten Gangolf Stocker und Hannes Rockenbauch. Der Fragesteller legte dabei den Finger in die neu geschlagenen Wunden. Frage: »Viele denken jetzt, der Streit um S 21 sei vorbei, die Gegner hätten sich mit der Bahn geeinigt. Viele befürchten, dass damit die Luft raus ist und die großen Demonstrationen vorbei sind.« Antwort Rockenbauch: »Das glaube ich nicht. […] Eine neue Etappe hat begonnen: Dieser Geißler-

---

356 Presseerklärung des Aktionsbündnisses gegen Stuttgart 21 vom 30. November 2010; hervorgehoben von W. W. Die Erklärung war allerdings im Gremium nicht abgestimmt.

Entscheid ist ein Anlass zur Empörung, denn er ist eine Mogelpackung, ein Betrug.« Ähnlich Gangolf Stocker: »Niemand hat dem sogenannten Schlichterspruch zugestimmt. Die Medien unterstellen uns diese Zustimmung. Das ist eine bewusste Irreführung. Richtig ist aber auch: Wir hätten unsere Ablehnung viel deutlicher herausstellen müssen.« Rockenbauch: »Wir haben die Rolle der Medien unterschätzt. [...] Am Ende mutierte der Geißler-Entscheid zum verbindlichen Schlichterspruch. [...] Wie wir in mühsamer Kleinarbeit die zentralen Argumente der Bahn pulverisiert haben, blieb der breiten Öffentlichkeit [...] vorenthalten. [...] Wir waren auch am Ende der Verhandlungstage oft zu müde, um uns auch nur untereinander und mit unserer Basis vernünftig auszutauschen. Der Kontakt und die Rückkopplung sind dadurch streckenweise verloren gegangen.« Frage: »Wäre es nicht besser gewesen, aus den Gesprächen auszusteigen? Oder, wie die aktiven Parkschützer, erst gar nicht daran teilzunehmen?« Antwort Stocker: »Jahrelang haben wir gefordert, dass unsere Argumente ernsthaft angehört werden [...] Natürlich waren die Gespräche nicht auf Augenhöhe. Hätten wir sie deshalb nicht wahrnehmen sollen? Wer hätte uns dann noch ernst genommen?« Rockenbauch: »Zu welchem Zeitpunkt hätten wir denn aussteigen sollen? Gerade der letzte Tag war unser bester. Die Bahn musste zugeben, dass ihr Bahnhof die versprochene Leistung nicht bringt. [...] Das Problem war und ist diese Umdeutung zum verbindlichen Schlichterspruch. [...] Wer gab ihm das Mandat dazu? Geißler war als Moderator bestellt, nicht als Entscheider.«[357]

Richtig ist, dass beim Auftakt der Schlichtung nicht – zumindest nicht öffentlich kommuniziert – vereinbart wurde, welches Ziel die Schlichtung anstrebte – außer der Floskel »Alle Fakten auf den Tisch, alle an den Tisch«. Geißler ließ das – offensichtlich bewusst – offen. Dass Geißler jahrzehntelang eine rechte Politik gemacht und dabei oft demagogisch gegen die Linke vorgegangen war, hatte man angesichts der Streicheleinheiten, die er im Vorfeld der Schlichtung

---

357   Hier wiedergegeben nach: Oben bleiben. Die Antwort auf Heiner Geißler,
      a. a. O., S. 92 ff.

an die S 21-Gegner verteilte, verdrängt.[358] Geißler hatte als seinen Stuttgarter Büroleiter während der Zeit der Schlichtung Lothar Frick bestellt. Frick ist engagiertes CDU-Mitglied; er war damals und ist bis heute Leiter der Landeszentrale für politische Bildung in Baden-Württemberg und wurde von Ministerpräsident Mappus für die Zeit der Schlichtung »freigestellt«.[359] Dieses Büro zur Zeit der Geißler-Schlichtung erwies sich als ein ausgesprochen gut geöltes. Das wird bereits deutlich, wenn man sich den Ablauf des letzten Tages vergegenwärtigt. Geißlers scheinbar spontane Schlussrede mit der klaren Zusage, dass Stuttgart 21 weitergebaut werden solle, wurde bereits wenige Minuten nach Beginn der Rede als mehrseitiger Ausdruck an die Journalisten verteilt. Im Rückblick spricht sehr viel dafür, davon auszugehen, dass die Schlichtung eine klug durchdachte, auch von Profis – nicht zuletzt von Psychologen – gesteuerte Inszenierung eines inneren Kerns der Stuttgart 21-Befürworter war. Wobei die konsequenten Stuttgart 21-Gegner nicht die Wahl hatten, die Schlichtung stattfinden oder platzen zu lassen. Diese hätte in jedem Fall und gegebenenfalls nur mit den S 21-Gegnern aus dem Lager der Grünen (BUND, VCD,

358   Geißler äußerte in der Nachrüstungsdebatte 1983: »Der Pazifismus der 30er Jahre, der sich in seiner gesinnungsethischen Begründung nur wenig von dem unterscheidet, was wir in der Begründung des heutigen Pazifismus zur Kenntnis zu nehmen haben, dieser Pazifismus der 30er Jahre hat Auschwitz erst möglich gemacht.« Geißler hält bis heute an dieser Auffassung ausdrücklich fest. Die Demagogie Geißlers hat eine lange Tradition; sie war prägend in der deutschen Geschichte und sie hat ganz offensichtlich auch die S 21-Geschichte geprägt. Als Geißler 1985 die SPD im Zusammenhang mit dem Gedenken an den vierzigsten Jahrestag der Befreiung vom NS-Regime des Antiamerikanismus zieh und äußerte, der damalige US-Präsident Ronald Reagan habe »Charakter gezeigt«, als er sich weigerte, den SPD-Vorsitzenden im Rahmen seines Deutschland-Besuchs zu empfangen, sagte Willy Brandt über Geißler: »Ein Hetzer ist er, seit Goebbels der schlimmste Hetzer in diesem Land.« Nach: Der Spiegel 21/1985, www.spiegel.de/spiegel/print/d-13514192.html [abgerufen am 19.5.2017]

359   Die Ernennung von Frick in der Funktion als Leiter der Landeszentrale ging auf den damaligen äußerst konservativen Ministerpräsidenten Erwin Teufel, einen Urvater von Stuttgart 21, zurück. Frick war 1991 bis 1995 in Bonn Büroleiter von Heiner Geißler in dessen Zeit als stellvertretender Vorsitzender der CDU/CSU-Bundestagsfraktion.

PRO BAHN) stattgefunden.[360] Als problematisch erwies sich jedoch, wie im zitierten Interview angesprochen, die fehlende Rückkopplung mit der Basis und die scheinbare Rückendeckung, die auch die harten S 21-Gegner Geißler bei seinem schlichten Spruch pro S 21 zunächst gewährten. Der Schlichterspruch war im übrigen in seiner Substanz bereits drei Tage zuvor gedruckt nachzulesen gewesen – in der wichtigsten Tageszeitung. Er kam keineswegs völlig überraschend.[361]

Dennoch sollten Gangolf Stocker und Hannes Rockenbauch in einer Hinsicht Recht bekommen: Die Bewegung ging nach der Schlichtung weiter. Wenn auch auf einem niedrigeren Niveau. Es gab nun auch erstmals seit drei Jahren repräsentative Umfragen, in denen die Stuttgart 21-Befürworter wieder in der Mehrheit gesehen wurden.

Die Montagsdemos fanden jedoch weiter statt, mit jeweils mehreren tausend Menschen. Am 11. Dezember 2010 gab es eine neue Großdemonstration gegen das Projekt, an der sich erneut 50.000 Menschen beteiligten. Im ersten Vierteljahr 2011 wurden – neben den Montagsdemonstrationen – gleich drei Großdemos, zu denen jeweils um die 50.000 Menschen kamen, durchgeführt.

---

360 Die Parkschützer – faktisch die Gruppe der sogenannten Aktiven Parkschützer – nahmen nicht an der Schlichtung teil. Fritz Mielert begründete dies u. a. damit, dass »wir als Vorbedingung immer einen Bau-, Vergabe- und Abrissstopp [während der Schlichtung; W. W.] gefordert hatten«, was nicht eingehalten worden sei. Darüber hinaus drohe die Gefahr, »dass die Leute anfangen, Verantwortung wieder abzugeben, weil sie meinen, die Gespräche könnten zu einer Lösung führen«; hier drohe die Gefahr einer »neuen Stellvertreterhaltung«. Ein Indiz dafür sah er in der »sehr kleinen« Demo zum Auftakt der Schlichtung, am 16. Oktober, mit 30.000 Menschen. Allerdings erklärte Mielert auch: »Taktisch ist die Situation gar nicht so schlecht: Die Parkschützer unterliegen als sehr aktive Gruppe [...] nicht der Friedenspflicht, die anderen können aber trotzdem [in der Schlichtung; W. W.] über diese Fakten sprechen.« Interview von Daniel Behruzi mit Fritz Mielert für die junge Welt; hier nach: Wem gehört die Stadt, S. 195 f.

361 Am 26. November 2010 veröffentlichte die Frankfurter Allgemeine Zeitung unter der Überschrift »Geißlers Schlichterspruch gibt Stuttgart 21 eine Chance« über drei Spalten hinweg einen Artikel, in dem der Schlichterspruch, wie ihn Geißler am 30. November verkünden wolle, in seinen wesentlichen Inhalten vorgestellt wurde.

Landtagswahl 2011 | In diesem Zeitraum verband sich das Thema Stuttgart 21 mit den Auseinandersetzungen um die Landtagswahl, die am 27. März 2011 stattfanden. Das nachvollziehbare Ziel aller S 21-Gegner war, bei dieser Wahl die Verantwortlichen für das Projekt und für den Schwarzen Donnertag in die Wüste zu schicken und vor allem den verhassten Ministerpräsident Stefan Mappus loszuwerden. S 21 war in der Region Stuttgart das zentrale und im übrigen Teil des Landes zumindest ein Top-Thema. Gleichzeitig wandelten sich in diesen Wochen die Kundgebungen gegen Stuttgart 21 teilweise zu Plattformen für den Landtagswahlkampf. Winfried Hermann und Winfried Kretschmann waren in den Wochen vor der Landtagswahl Redner auf großen Kundgebungen gegen das Monsterprojekt. Und selbstredend sagten die Grünen-Politiker zu, dass sie nach der Landtagswahl im Parlament alles zu tun würden, um Stuttgart 21 zu Fall zu bringen. Sollten sie Regierungspartei werden, so die Zusage beispielsweise von Winfried Hermann, so würde sich die Grüne Partei offensiv für ein Ende des Projekts einsetzen. Schließlich – so Hermann auf der Montagsdemo am 11. Januar 2011 – sei dieses »Bahnhofsprojekt [das] mit Abstand größte, das teuerste, das riskanteste und das dümmste Projekt in der Geschichte der Eisenbahn.«[362]

Aus der Landtagswahl gingen die Grünen enorm gestärkt hervor – mit einer Verdopplung des Stimmenanteils und einer Steigerung der absoluten Stimmzahl auf fast das Dreifache.[363] Ihre Ablehnung von Stuttgart 21 und das bisherige grüne Engagement in diesem Bereich – so wie dies in der breiteren Öffentlichkeit, nicht zuletzt aufgrund des Auftretens grüner Prominenz in der Schlichtung, wahrgenommen wurde – spielten eine wesentliche Rolle bei diesem Erfolg. Ähnlich stark wie das Thema S 21 dürfte beim Grünen-Wahlerfolg allerdings der Schub gewesen sein, den die Grüne Partei als Resultat der atomaren Katastrophe in Fukushima vom 11. März 2011 erhal-

---

362 Siehe http://youtube.com/watch?v=dnk69C0ZhOg

363 Bei der Landtagswahl 2006 erhielten die Grünen einen Stimmenanteil von 11,7 % bei 463.000 Stimmen absolut. Im März 2011 waren es 24,2 % und 1.206.200 Stimmen.

ten hatte. Besieht man das Wahlergebnis etwas genauer, dann muss man auch feststellen: Landesweit blieb die CDU mit 39 Prozent die mit Abstand stärkste Partei; ihre Verluste von 5,2 Prozentpunkten waren beachtlich, aber nicht desaströs. Das Desaster war der Verlust der MP-Position. Abgewatscht wurde die FDP, deren Stimmenanteil von 10,7 auf 5,3 halbiert wurde (wenngleich sie, anders als in den meisten anderen Bundesländern, nicht aus dem Landesparlament gekippt wurde). Vor allem erstaunt ein Blick auf die absoluten Stimmen. Die CDU hatte 2011 gegenüber der vorausgegangenen Wahl 2006 fast 200.000 Stimmen *hinzugewonnen*. Die Parteien, die S 21 befürworteten, also CDU, SPD und FDP, hatten auch bei dieser Landtagswahl zusammen zwei Drittel der Stimmen erhalten.[364] Ein Erfolg in einem landesweiten Volksentscheid zu Stuttgart 21 musste unter diesen Bedingungen als eine außerordentlich sportliche Zielsetzung gelten.

Stresstest und Volksentscheid zu Stuttgart 21 | In den Monaten nach der Landtagswahl und bis Ende des Jahres 2011 waren die Aktivitäten gegen Stuttgart 21 in starkem Maß von den Blicken der Projekt-Gegner auf die neue Landesregierung und von den zwei Großereignissen Stresstest und Volksabstimmung bestimmt.

In den ersten Monaten nach Bildung der neuen Landesregierung mit Winfried Kretschmann als neuem Ministerpräsidenten überwog bei der großen Mehrheit der Stuttgart 21-Gegner die Erwartung, das Monsterprojekt werde nun ein Begräbnis zweiter Klasse erhalten. Immerhin war es dem grünen Einfluss in der rot-grünen Bundesregierungszeit 1998 bis 2005 mit zu verdanken, dass das Großprojekt einer Magnetschwebebahnverbindung Berlin – Hamburg gekippt worden war, und zwar ziemlich genau in Form eines Begräbnisses zweiter Klasse: durch ein mehrjähriges Siechtum.

---

364 Die CDU hatte 39 %, die SPD 23 % und die FDP 5,3 % erhalten. Addiert erhielten die drei »S 21-Parteien« 2011 3,36 Millionen Stimmen: 2006 waren es 3,17 Millionen (in addierten Prozentanteilen 79,7 %.) gewesen. Die relativ hohe Wahlbeteiligung bei der 2011er Wahl von 66,5 % gegenüber 2006 53,5 % erklärt diese komplexen Veränderungen.

Dass es bei Stuttgart 21 kein sofortiges Aus geben könne, da der Bündnispartner SPD in der neuen Landesregierung nicht völlig brüskiert werden dürfe, das schien aus Sicht vieler nachvollziehbar. Erwartet wurde jedoch, dass die Landesregierung und insbesondere der grüne Verkehrsminister Winfried Hermann alle Mittel nutzen würden, um das Projekt auszubremsen.

Dazu kam es nicht. Die grün-rote Landesregierung entwickelte, wie in Kapitel IV beschrieben, zunehmend eine Politik der unkritischen Begleitung von S 21 und schließlich der Förderung des Großprojekts. Das wurde ansatzweise bereits im Juli 2011 beim sogenannten Stresstest deutlich. Im Schlichterspruch war die Deutsche Bahn verpflichtet worden, mit einem Stresstest »den Nachweis zu führen, dass [im S 21-Tiefbahnhof; W. W.] ein Fahrplan mit 30 Prozent Leistungszuwachs in der Spitzenstunde und bei guter Betriebsqualität möglich« sei. Dieser Stresstest war dann noch mehr als die Schlichtung eine ferngesteuerte Inszenierung So lud der Bahntechnikvorstand Volker Kefer zwei Wochen vor dem eigentlichen Test ausgewählte Journalisten in die Konzernzentrale nach Berlin und präsentierte diesen den Test als bestanden. Das Blatt *Tunnelblick* schrieb dazu: »Am Montag darauf titelten große deutsche Tageszeitungen: ›Stuttgart 21 besteht den Stresstest‹. Ein gelungener PR-Coup und ein Armutszeugnis für die Journalisten.«[365] Wie bereits in Kapitel III beschrieben, gelang dieser Nachweis in der Simulation – jedoch ausschließlich durch Manipulation und durch Unterstellen von nicht akzeptablen Rahmenbedingungen. Als absehbar war, dass die Sachargumente gegen den Stresstest nicht von der Hand zu weisen waren, präsentierte Heiner Geißler zum Abschluss der öffentlichen Vorstellung von dessen Ergebnissen ohne jede Vorankündigung einen neuen »Kompromissvorschlag«, die sogenannte »Kombilösung«: Man möge nun einen verkleinerten Tiefbahnhof bauen, in dem ausschließlich der Fernverkehr stattfinden würde. Der Kopfbahnhof bliebe erhalten, würde jedoch deutlich verkleinert und würde dann primär dem Nah- und Regional-

---

365 Tunnelblick – Neues vom dümmsten Bahnprojekt der Welt, Stuttgart, Ausgabe 41 (2011).

verkehr dienen. Die Argumente, die Geißler in seiner Schlussrede bei
der Schlichtung in demagogischer Weise gegen die Umsetzung des
Modells »Kopfbahnhof 21« vorgebracht hatte, treffen auf eine solche
Kombilösung in vollem Umfang zu. Für diese gibt es keine Planung,
keine kurzfristig erreichbare Planfeststellung usw. Vor allem sind mit
dem Kombi-Modell fast alle negativen Aspekte, die es bei Stuttgart 21
gibt, verbunden: gewaltige Tunnelbauten, auch solche, geführt durch
Anhydrit, nicht absehbare Kosten, unzulässige Gleisneigung, nunmehr kombiniert mit einer Bahnhofskonstruktion mit drei Ebenen
und teilweise längeren Wegen.

Die Landesregierung war beim Stresstest nicht bereit, den banalen
Vergleich optimierter Kopfbahnhof versus Stuttgart 21 ins Zentrum zu
stellen. Selbst wenn es möglich sein sollte, in einem S 21-Tiefbahnhof
in der Rush-Hour die behaupteten zusätzlichen 30 Prozent Leistung
(mit 49 Ankünften) zu erbringen, so läge dies immer noch deutlich
unter der Kapazität, die ein optimierter Kopfbahnhof erbringen könnte und die dieser bereits erbracht hat: ohne riesige Investitionen, ohne
neue Tunnelbauten, ohne Schrägbahnhof, bei ebenerdigen Wegen
und bei einer Ersparnis von 3 oder 5 oder mehr Milliarden Euro.
Es war der langjährige Chef des Stuttgarter Hauptbahnhofs, Egon
Hopfenzitz, der ein Jahr später den inzwischen erfolgten Umbau des
Kopfbahnhofs – bei dem die Gleise zurückgezogen worden waren,
um den Trog für den Tiefbahnhof ausheben zu können – aus einem
spezifischen Grund lobte.[366] Hopfenzitz wies darauf hin, dass auf diese
Weise u. a. mit einer Verlängerung einzelner Bahnsteige demonstriert

---

366 In einem »Bahnhofsguide« heißt es zur Person Egon Hopfenzitz: »Mit der
     Verabschiedung dieses Mannes in den Ruhestand endet eine lupenreine
     Eisenbahnerkarriere eines Eisenbahnersohnes. Sie begann 1929 im Pro-
     vinzbahnhof Schwäbisch Gmünd, wo der Vater als Chefkassierer arbeitete,
     und führte über mehrere Stationen schließlich auf den Posten des Leiters
     des Stuttgarter Hauptbahnhofs, Endstation. Von April 1981 bis Ende 1994
     war Egon Hopfenzitz Chef von rund tausend Eisenbahnern.« Das Interes-
     sante dabei ist: Das Buch wurde von dem damaligen Bahnchef Heinz Dürr
     mit herausgegeben. Bahnhofsguide Deutschland – Ein abwechslungsrei-
     cher Begleiter auf den Strecken der Deutschen Bahn, Konstanz o. J. (wohl
     1995), S. 329.

worden sei, welche Kapazitätsreserven im Stuttgarter Kopfbahnhof steckten. Hopfenzitz in einer Montagsdemo-Rede: »Wir haben also derzeit und auch in Zukunft einen barrierefreien, ebenen und gut funktionierenden Kopfbahnhof. Sein Ende wäre erst mit dem Abbruch des Gleisgebirges ab etwa 2022 besiegelt. Und bis dahin sind meines Erachtens Protest und Demos nicht nur sinnvoll, sondern auch nötig.«[367]

Volksabstimmung zu Stuttgart 21 | Das bis heute – neben dem »Schwarzen Donnertag« – wohl entscheidende Ereignis für die Bewegung gegen Stuttgart 21 war die *Volksabstimmung*, die am 27. November 2011 durchgeführt wurde. Sie endete mit einer deutlichen Niederlage der Bewegung. Die grün-rote Landesregierung setzte mit ihr – in, wie gezeigt wird, verzerrter Form – eine Forderung der Gegnerinnen und Gegner des Projekts um. Und das Ergebnis war ernüchternd: »Baden-Württemberg hat abgestimmt und sich deutlich für den Tiefbahnhof Stuttgart 21 entschieden. [...] Bei der Volksabstimmung am 27. November haben sich 58,9 Prozent der Abstimmenden gegen den Ausstieg des Landes aus der Projektfinanzierung von S 21 ausgesprochen. 41,1 Prozent stimmten für den Ausstieg.« Zitiert wird hier die Darstellung auf der Website der Landeszentrale für politische Bildung, deren Chef besagter Lothar Frick damals war und heute ist. Auf dieser Website wird kaum verhohlen triumphierend hinzugefügt: »Die Projektgegner verfehlten zudem das Quorum von einem Drittel der Stimmberechtigten um eine ganze Million Stimmen.«

Auch in Stuttgart stimmte eine Mehrheit mit Nein (zum Ausstieg aus dem Finanzierungsvertrag) bzw. mit Ja zur Fortsetzung desselben, wobei man hier das Ergebnis bei 52,9 Prozent zu 47,1 Prozent als knapp bezeichnen kann. In Stuttgart gab es im Übrigen die höchste Wahlbeteiligung.

Es gibt gewichtige Einwände gegen die seit diesem Datum vorgetragene Behauptung, mit der Volksabstimmung sei Stuttgart 21 legitimiert worden – und dies gar für alle Zeiten.

---

367 Wiedergegeben in: Tunnelblick 08/2012:

Erstens wurde bei der Volksabstimmung eine verwirrende Fragestellung gewählt. Wer mit »Nein« stimmte, sagte »Ja« zu Stuttgart 21.
Es gab keine direkte Abstimmung über das Projekt. Abgelehnt wurde »nur« ein Ausstieg des Landes aus dem Finanzierungsvertrag.
Eine solche Ablehnung des Ausstiegs aus der S 21-Kofinanzierung
kann nur als eine indirekte Zustimmung zu S 21 gewertet werden.
Vor allem kann dies nicht bedeuten, die Landesregierung müsse damit Stuttgart 21 unterstützen und das »teuerste, das riskanteste und
das dümmste Projekt in der Geschichte der Eisenbahn« – wie dies
zutreffend von Winfried Hermann bezeichnet wurde – vorantreiben.

Zweitens waren die Abstimmungsbedingungen extrem ungleich
und unfair: Hinter den Projektbetreibern standen faktisch die Medien im gesamten Bundesland und die öffentliche Verwaltung. Die
Projektkritiker verfügten vor allem über die guten Argumente und
kaum über materielle Mittel. Gleichzeitig hielt sich der projektkri-
tische Teil der Landesregierung medienöffentlich zurück. Teilweise
gab man sich neutral. Winfried Hermann forderte vor dem Volksentscheid: »Alle [!] Seiten müssen jetzt mobilisieren, dass die Leute zur
Wahl gehen.« Nach dem Sieg der S 21-Betreiber erklärte derselbe,
jetzt müsse das »ein vernünftiges Projekt« werden; es gelte nun »die
Schwächen des Projekts auszubügeln«.[368] Die Grünen als Regierungspartei und als Landesverband unterließen es, in der Kampagne zum
Volksentscheid die Schwächen von Stuttgart 21 offensiv ins Zentrum
zu rücken und für das Gegenmodell eines optimierten Kopfbahnhofs
überzeugend zu werben. Die grün geführte Landesregierung und die
Grünen als führende Regierungspartei hatten die einmalige Chance, in der Informationsbroschüre der Landesregierung, die an alle
Haushalte ging, objektiv zu informieren und Klartext zu reden. Diese
Chance wurde komplett vergeben. So fehlt in der Broschüre die zen-
trale, überzeugende Tatsachenfeststellung zur wesentlich größeren
Kapazität eines optimierten Kopfbahnhofs, verglichen mit dem Tief-

---

368 Erstes Zitat nach Südkurier vom 17. November 2011; das zweite nach Berli-
      ner Zeitung vom 29. November 2011.

bahnhof.[369] Viele entscheidende Argumente gegen Stuttgart 21 und für einen optimierten Kopfbahnhof wurden nicht vorgetragen oder völlig unzureichend angesprochen.[370]

Auf der anderen Seite versandte Stuttgarts Oberbürgermeister Schuster wenige Tage vor der Abstimmung einen persönlich gehaltenen, dreiseitigen Brief an rund 370.000 Wahlberechtigte in Stuttgart, für den allein an Porto 95.000 Euro Steuergelder ausgegeben wurden und in dem er massiv und plump Stimmung für Stuttgart 21 machte.

---

369 In einem Offenen Brief an W. Kretschmann und W. Hermann von Alexander Käck, aktiv bei der Gruppe Ingenieuren 22 und verfasst direkt nach der Volksabstimmung, wird detailliert dokumentiert, wie sich diese Gruppe vor der Volksabstimmung monatelang vergeblich darum bemühte, dass in der Informationsschrift der Landesregierung eine eindeutige, belegte Aussage enthalten sei, wonach der bestehende Kopfbahnhof in optimierter Form »56 Zugankünfte von 7 bis 8 h morgens bewältigen kann« (Zitat aus dem Abschlussbericht Ermittlung der Leistungsfähigkeit des Stuttgarter Hauptbahnhofs in seiner heutigen Gleiskonfiguration, Vieregg-Rössler GmbH vom 27. Oktober 2011). Vorausgegangen war bereits am 23. Juli 2011 ein Offener Brief derselben Gruppe an W. Hermann.

370 Die Landesregierung ließ es zu, dass auf den vier Seiten, die die SPD in dieser Broschüre zu verantworten hatte, objektive Unwahrheiten (wie »S 21 schafft zusätzliche Grünflächen« und »bis heute gibt es keinerlei Beleg dafür, dass der Kostenrahmen für S 21 nicht ausreichend bemessen wäre«) verbreitet wurden. Die vier Seiten, die die Grünen in dieser Informationsschrift autonom gestalten konnten, sind von einer ausgesprochen defensiven Argumentationsweise geprägt. Entscheidende, die konkrete Lebenswelt und die Gefühle der Menschen ansprechende Argumente, die gegen S 21 sprechen, tauchen nicht auf. Das Wort »Denkmalschutz« taucht nirgendwo auf. Nicht verwiesen wird auf die Vorteile von Wegen ohne Treppen oder Rolltreppen, die ein Kopfbahnhof bietet. Mit keinem Wort (!) erwähnt wird die gefährliche Gleisneigung im geplanten Tiefbahnhof. Der Mittlere Schlossgarten, der mit seinen vielen mehr als hundertjährigen Bäumen im Fall des Tiefbahnhofbaus zerstört würde, findet keine Erwähnung. Es ist tragisch, dass eine von den Grünen angeführte Landesregierung nicht ins Zentrum ihrer Argumentation rückte, dass S 21 Grün zerstört, dass damit Stadtqualität und Lebensqualität abgebaut werden, und dass sich im Fall der Umsetzung der Alternative mit einem optimierten Kopfbahnhof eine stärker Grün betonende Perspektive in der Landeshauptstadt eröffnen würde.

Drittens wurde die Wahlbevölkerung hinsichtlich der Geschäftsgrundlage dieser Abstimmung betrogen. Das gilt zunächst natürlich
hinsichtlich der S 21-Kosten: Bei der Volksabstimmung wurde feier-
lich versichert, dass die Kosten des Projekts bei 4,5 Milliarden Euro
gedeckelt seien. Das war damals bereits erkennbar unwahr. Die Grünen hatten es als Regierungspartei in der Hand, die Manipulationen
der Kosten aufzudecken – sie verzichteten darauf, wie Ministerpräsident Kretschmann gegenüber Arno Luik vom *Stern* kaum verhohlen
eingestand.[371] Dass diese Kalkulation nicht zu halten war, gestanden
die Projektbefürworter dann ein Jahr später ein. Womit jedoch auch
eine entscheidende Grundlage für den Volksentscheid entfiel. Die
Geschäftsgrundlage wurde jedoch auch hinsichtlich der Qualität des
Projekts nicht eingehalten. Es gab die falschen Angaben hinsichtlich
der S 21-Kapazität (der Tiefbahnhof hat eine geringere Kapazität
als der bestehende Kopfbahnhof). Darüber hinaus wurde von dem
Geißler-Kompromiss zur Abmilderung der kritischsten Seiten des
Großprojekts so gut wie nichts verwirklicht.

Im Übrigen galt damals und gilt heute, dass eine Niederlage
in der Volksabstimmung nicht heißen konnte, die Sachargumente
gegen das Projekt nicht weiter vorzutragen und nicht fortgesetzt zu
verlangen, dass im Lichte der weiteren Entwicklungen und Kenntnisse das Projekt gestoppt werden müsse. Kein Mensch – bislang
nicht einmal ein Grüner – würde auf die Idee kommen, diejenigen zu kritisieren, die jahrzehntelang hartnäckig gegen die Atomkraft kämpften und eine Revision der Beschlüsse zugunsten der
Atomkraft forderten, obgleich es Mehrheitsentscheidungen (in der
Schweiz sogar solche auf Basis von Volksentscheiden) zugunsten

---

371 Arno Luik sagte in einem Interview zu MP Kretschmann: »Wenn Sie wirk-
     lich gegen Stuttgart 21 wären, würden Sie doch Ihre Juristen ermitteln lassen
     wegen des eventuellen Anfangsverdachts der arglisten Täuschung [gemeint
     waren Unterlagen der Vorgängerregierung, aus denen die Manipulationen
     bei der 21-Kalkulation hervorgingen; W. W.]«. Antwort Kretschmann: »Sie
     müssen sehen […] bei der Kritik an Stuttgart 21 geht es um Alternativen,
     nicht um die Kategorie von Lüge und Wahrheit, Täuschung und Arglist.«
     Stern 3/2011.

der Atomkraft gab. Und es war dann keineswegs primär der »Flexibilität« einer deutschen Kanzlerin, sondern vor allem der Hartnäckigkeit der deutschen Anti-Atom-Bewegung zu verdanken, dass
in Deutschland nach der atomaren Katastrophe von Fukushima ein
relativ weitreichender Ausstieg aus der Atomkraft beschlossen wurde. In Frankreich, wo es nach harten Anti-AKW-Protesten in den
1970er Jahren – bei denen im Übrigen auch ein von der Polizei ge-
töteter Anti-AKW-Kämpfer zu beklagen war[372] – keine Anti-AKW-
Massenbewegung mehr gab und wo die Linke das Thema sträflich
vernachlässigte und auch heute noch vernachlässigt, gab es nach
Fukushima auch keine vergleichbare Wende in der Energiepolitik.
Was ein Plädoyer für den langen Atem der Bewegung gegen Stuttgart 21 ist beziehungsweise womit galant zum folgenden Abschnitt
übergeleitet wird.

---

372 Am 28. Juli 1977 fand in Frankreich in der Nähe des in Bau befindlichen
     Atomkraftwerks vom Typ Schneller Brüter (»Superphenix«) im Ort Creys-
     Malville, Departement Isère, eine Anti-AKW-Demonstration mit mehr als
     50.000 Menschen statt. Die Spezialkräfte der CRS, eine Bürgerkriegspoli-
     zei, griff die Menge »mit Nebel-, Gas- und Offensivgranaten« an, so, »als sei
     man mitten im Krieg. Ein junger Lehrer stirbt, als unmittelbar vor ihm eine
     Granate explodiert. Anderen Menschen werden durch Granaten Körper-
     teile abgerissen.« Es gab hunderte Verletzte, mehr als ein Dutzend Schwer-
     verletzte. Zitat nach: Holger Strohm, Friedlich in die Katastrophe, Frank-
     furt/M. 1981, S. 883. Der französischen Anti-AKW-Bewegung wurde u. a.
     mit dieser Gewaltexplosion das Genick gebrochen. Der Schnelle Brüter
     musste 1996 aus Sicherheitsgründen abgeschaltet werden. Das Atomkraft-
     werk muss inzwischen mit enormen Kosten bis zum Jahr 2027 abgebaut
     werden. Das Schwesterkraftwerk des Superphenix war in Westdeutschland
     der Schnelle Brüter Kalkar. Beide Atomkraftwerke waren auch unterneh-
     mensrechtlich miteinander verbunden. Eine mit Malville vergleichbare
     Massendemo gab es in Kalkar am 24. September 1977, also nur zwei Mo-
     nate nach der Malville-Demo. Auch hier ging die Polizei mit Gewaltex-
     zessen gegen die Demonstrierenden vor. Kalkar wurde trotz anhaltender
     Proteste bis 1985 zu Ende gebaut. Doch dann wurde der deutsche Schnelle
     Brüter nie in Betrieb genommen. Verbaut wurden rund 7 Milliarden DM.
     Malville und Kalkar sind somit hinsichtlich der Protestbewegungen und
     der Polizeiaggression für die Bewegung gegen Stuttgart 21 wichtige Ver-
     gleichsprojekte.

Phase 3 – 2012 bis 2017:
Der lange Atem einer großartigen Bewegung

Im Zeitraum 2012 bis Frühjahr 2017 kam es bei der Bewegung gegen Stuttgart 21 zu einer erheblichen Umgruppierung der Kräfte. Im Kern geht es darum, dass die Grünen in Gänze und die ihnen nahestehenden Verbände weitgehend ihr aktives Engagement einstellten. Vordergründig spielten dabei die Frage der Weiterführung der Montagsdemonstrationen und der Ort, wo diese gegebenenfalls stattfinden sollten, eine Rolle. Doch in Wirklichkeit ging es um die politischen Veränderungen in Baden-Württemberg: Die Grünen sind seit März 2011 Regierungspartei. Sie stellen den Ministerpräsidenten, den Verkehrsminister und – seit Anfang 2012 – auch den Stuttgarter Oberbürgermeister. Das verändert viele Menschen. Damit hängen auch höchst praktische Dinge zusammen: Man kennt sich. Man hilft sich. Und es geht um finanzielle, berufliche und Karriere-Aspekte, vor allem im öffentlichen Dienst, bei der Landesregierung und ihr zugeordneten Institutionen und im kulturellen Bereich.

Es handelte sich dabei um einen Prozess, der nach der Volksabstimmung im November 2011 einsetzte und der im Januar 2014 einen vorläufigen Schlusspunkt fand. Damals traten die Grünen, der BUND, Pro Bahn und der VCD aus dem Aktionsbündnis gegen Stuttgart 21 aus. Dies kam zunächst einer bündnispolitischen Einengung der Bewegung gleich. Dass diese Krise bewältigt, die Verankerung des Protests in der Bevölkerung erhalten und gleichzeitig neue Gruppen und Verbände in das Aktionsbündnis aufgenommen werden konnten, ist dann wiederum ein Zeichen der Stärke der Bewegung.[373] Dies ist

---

373 Neu aufgenommen werden konnten die Bahnexpertengruppe Bürgerbahn statt Börsenbahn (BsB), die (Einwohner-) Netzwerke (vom Bau betroffene Einwohner) und die Koordination Stadtteilgruppen, die TheologInnen gegen S 21 und die Migrantenorganisation DDIF (letztere allerdings nicht aktiv). Das Aktionsbündnis gab sich nach dem Auszug der Grünen und den mit den Grünen und z. T. der SPD verbundenen Verbänden eine neue Plattform, in der alle Punkte, die insbesondere mit den Grünen strittig waren, im Konsens geklärt wurden. Es war und ist immer wieder Werner Sauerborn als Geschäftsführer des Aktionsbündnisses, dem in diesem Zu-

umso höher zu bewerten, wenn bedacht wird, dass das Ausscheiden der Grünen mit Anhang als eine *beabsichtigte* Schwächung der Protest-bewegung organisiert worden war und von maßgeblichen Kreisen, nicht zuletzt den Mainstream-Medien, als Spaltung, wenn nicht als ein Genickbruch für diese Bewegung interpretiert wurde. Dies erwies sich als falsch.

Auch nach 2012 blieb es bei der ungebrochenen Kontinuität der Montagsdemonstrationen. Die Teilnehmerzahl lag in der Regel bei einigen Tausend Menschen im Zeitraum 2012 bis Anfang 2014. Sie liegt inzwischen bei rund tausend Teilnehmenden; ganz wenige Mal und bei schlechtem Wetter waren es auch mal weniger. Für die Or-ganisierung der Montagsdemonstrationen ist ein Demoteam verant-wortlich.[374] Das gelegentlich zu hörende Argument, es handle sich bei diesen wöchentlichen Demonstrationen um ein Ritual, ist einerseits, wenn mit positivem Grundton unterlegt, zutreffend: Diese Demos sind für viele, auch für Leute aus dem Umland, zu einem gesellschaft-lichen Treffpunkt geworden. Wenn damit allerdings gemeint ist, es handle sich um öde, inhaltsleere Kundgebungsrituale mit Latsch-demo im Anschluss, dann ist dem zu widersprechen. Anders als bei vielen linken und vor allem im Unterschied zu den meisten gewerk-schaftlichen Kundgebungen bzw. Demonstrationen, die oft den Cha-rakter von Pflichtübungen haben und bei denen kaum jemand denen zuhört, die am Mikrophon reden, gibt es in Stuttgart auf allen Mon-tagsdemos gut ausgewählte Rednerinnen und Redner und so gut wie immer anspruchsvolle Beiträge (die ihre Redemanuskripte oft vorher abliefern, so dass diese auf den Demos bereits gedruckt ausliegen und

---

sammenhang im Aktionsbündnis die Aufgabe zufiel, den »Laden zusam-menzuhalten« und neue Perspektiven und Ideen zu entwickeln. Es gelang damit auch mit dem neu ausgerichteten Aktionsbündnis eine erstaunliche personelle Kontinuität zu erreichen; so sind seit diesem Zeitpunkt und bis Redaktionsschluss dieser Veröffentlichung Eisenhart von Loeper (von den Juristen) und Norbert Bongartz (für die ArchitektInnen gegen S 21) amtie-rende Sprecher des Aktionsbündnisses.

374   Dieses besteht seit einigen Jahren aus Carola Eckstein, Roswitha Götz, Re-nate Knapper, Christa Schnepf, Tom Adler, Norbert Bongartz, Matthias von Hermann, Andreas Schwab und Thomas Renkenberger.

verteilt werden). Im gleichen Zeitraum gab es in Ergänzung zu den
Montagsdemos größere Demonstrationen an Samstagen, sei es anlässlich der erreichten 150., 200., 250., 300. oder 350. Montagsdemo,
sei es anlässlich des Jahrestages des »Schwarzen Donnerstags« oder
anlässlich größerer Ereignisse wie der Konferenz »20 Jahre Bahnreform – 20 Jahre Stuttgart 21« im April 2014 oder dem Evangelischen
Kirchentag im Juni 2015. An diesen Demonstrationen nahmen in den
letzten Jahren in der Regel zwischen 4.000 und 8.000 Menschen teil.
In Stuttgart entwickelte sich damit eine neue, für unser Land beispiel-
hafte Kundgebungskultur. Die vielen Rednerinnen und Redner auf
den Montagsdemonstrationen und den samstäglichen Großdemos
bilden zunehmend eine Art »argumentatives, rhetorisches und kultu-
relles Rückgrat« der Bewegung. Sie rücken die Themen ins Zentrum
ihrer Beiträge, mit denen das halbgare »Demoblabla«, das viele Aktivitäten der Linken und noch mehr der Gewerkschaften prägt, über-
wunden wird und die fundiert und durchdacht sind und ins große
Politische weisen – Stichwort: »Stuttgart 21 ist überall!«. Wobei auch
längst jede lokale und regionale Beschränktheit gesprengt und Rednerinnen und Redner aus Hamburg, Berlin, Frankfurt/M., München,
Florenz, Val di Susa, Turin oder Venedig (s. u.) auf der Tribüne des
Protestes stehen.[375]

Beim Umgang mit dieser Bewegung wurde immer wieder versucht, das Demonstrationsrecht einzuschränken. So verbot der Stuttgarter Ordnungsbürgermeister Martin Schairer Ende Dezember 2013
die Montagsdemonstrationen direkt vor dem Hauptbahnhof stattfinden zu lassen. Er verwies dabei auf ein Urteil des Verwaltungsge-
richtshofs Baden-Württemberg, in dem ein Schutzgut »Sicherheit und

---

375 Kundgebungsrednerinnen und Redner, die der Bewegung gegen S21 viel-
     fach neue Perspektiven wiesen, waren (wie immer: unter anderen) Tom
     Adler, Joe Bauer, Karl-Dieter Bodack, Peter Conradi, Wolfgang Däubler,
     Hertha Däubler-Gmelin, Wolfgang Hesse, Hans Heydemann, Egon Hop-
     fenzitz, Bernhard Knierim, Sabine Leidig, Volker Lösch, Heiner Monheim,
     Hermann Knoflacher, Christine Prayon, Urban Priol, Eisenhart von Loe-
     per, Arnulf Rating, Hannes Rockenbauch, Dieter Reicherter, Ferdinand
     Rohrhirsch, Werner Rügemer, Georg Schramm, Benedikt Weibel, Winfried
     Wolf.

Leichtigkeit des Straßenverkehrs« kreiert wurde. Dass es ein solches Schutzgut für den fließenden Verkehr geben soll, ist absurd. Zumal es ja das Projekt Stuttgart 21 selbst ist, das tausendfach zu Staus führt. Damit wird dieses behauptete Schutzgut durch eben das Großprojekt, dessen Baustopp die Protestierenden fordern, systematisch ausgehebelt. Faktisch fanden dann immer wieder Demonstrationen gegen Stuttgart 21 statt, mit denen das Recht auf Demonstrationsfreiheit in der Praxis erkämpft wurde.[376] Auch hier trug diese Hartnäckigkeit der Bewegung dazu bei, dass eine Reihe von Vorgaben, die das Ordnungsamt bei passender und unpassender Gelegenheit als »objektiv gesetzt« hervorkramte, in der Demo-Realität plötzlich inexistent sind und auf diesem Gebiet inzwischen Entspannung eingetreten ist.

Eine wichtige Rolle in der politischen Kommunikation und Interpretation des Geschehens um Stuttgart 21 spielen die regelmäßigen, argumentativen und informativen Rundmails von Werner Sauerborn, Geschäftsführer des Aktionsbündnisses, und der ebenfalls ausgesprochen gehaltvolle, oft satirisch untersetzte Bürgerbrief von Peter Grohmann, des geistigen Vaters der Bürgerinitiative *Anstifter*.

Während es, wie erwähnt, bereits 2007 ein Bürgerbegehren zum Thema S 21 gab, kamen seither *weitere drei solche Bürgerbegehren gegen Stuttgart 21* zustande. Eines im Jahr 2011 zum Thema der verfassungswidrigen Mischfinanzierung von S 21 und zwei weitere 2014 und 2015 zu den Themen Sprengung des »Kostendeckels« und zum Leistungsabbau durch den Tiefbahnhof. Die zwei zuletzt genannten wurden ablehnend im Gemeinderat der Stadt Stuttgart, aber noch nicht rechtskräftig entschieden. Über das 2011er Bürgerbegehren wurde durch alle drei Instanzen geklagt; im Juli 2016 urteilte das Bundesverwaltungsgericht abschließend mit einem skandalösen Urteil, in dem die Deutsche Bahn AG diesbezüglich faktisch aus dem Geltungsbereich

---

376 Bei der 350. Montagsdemonstration, die am 12. Dezember 2016 stattfand, genehmigte das Stuttgarter Ordnungsamt beispielsweise nur die beiden direkt parallel zum Bahnhofsgebäude verlaufenden Fahrspuren als Demonstrationsort. Die Menge, die sich dann zusammenfand (6.000 Personen), eroberte sich jedoch auch die Gegenfahrspur.

des Grundgesetzes ausgenommen wird.[377] Für jedes dieser Bürgerbegehren mussten mehr als 20.000 bestätigte Unterschriften gesammelt
werden.

Von Jahr zu Jahr standen unterschiedliche *Themen* im Zentrum der
Bewegung gegen Stuttgart 21. 2012 beispielsweise gab es viele Aktivitäten zur Verteidigung des Mittleren Schlossgartens. Die Deutsche Bahn
ließ dort bereits im Februar dieses Jahres weitere 186 Bäume fällen,
obgleich dies für die anstehenden Baumaßnahmen nicht erforderlich
war. Mit Fotos und einer peniblen Dokumentation auf einer Internet-
Plattform wurde der Frevel festgehalten: »Platane älter als 150 Jahre
… Rosskastanie … älter als 100 Jahre … Blutbuche – älter als 200 Jahre« usw. In diesen Monaten Anfang 2012 stellte sich auch heraus, dass
die im Planfeststellungsbeschluss genehmigten drei Milliarden Liter
Grundwasser, die die Bahn für die spätere Aushebung des Tiefbahn-
hof-Trogs entnehmen wollte, unzureichend sind und wohl bewusst
wesentlich zu niedrig angegeben worden waren. Inzwischen werden
drei Mal mehr, rund elf Milliarden Liter Grundwasser abgepumpt.
Die Gefahr, dass es auf diese Weise zu einer erheblichen Verunrei-
nigung der Mineralwasserquellen kommt, ist groß.[378] Ab Ende 2012

---

377   Artikel 104a Grundgesetz enthält das Verbot der Mischfinanzierung für
       Hoheitsträger (Bund, Land und Kommunen), was bedeutet: Wer eine spe-
       zifische Aufgabe im öffentlichen Interesse zu erfüllen hat, muss dafür auch
       die Ausgaben bestreiten. Das Gegenteil würde heißen, dass Stadt und Land
       beliebig Projekte des Bundes durch Zuschüsse an sich ziehen könnten und
       die Politik damit käuflich würde. Das Bundesverwaltungsgericht hat mit
       seinem Urteil diesen Weg für den Bahnkonzern grundsätzlich freigemacht
       mit dem Argument, das staatseigene Unternehmen sei als Aktiengesell-
       schaft nicht an diese verfassungsrechtliche Vorgabe gebunden. Im Ergebnis
       wird das föderative Strukturprinzip der Bundesrepublik Deutschland mit
       der Zielsetzung gleichwertiger Lebensverhältnisse missachtet. Gegen das
       zitierte Urteil läuft noch eine Verfassungsbeschwerde beim Bundesverfas-
       sungsgericht.

378   »Die Trennschicht zwischen Grund- und Mineralwasser ist doch nicht so
       dicht, wie immer behauptet wird. Das heißt, wenn man oben Grundwasser
       abpumpt, drückt von unten jede Menge Mineralwasser nach. Das Mineral-
       wasser steht unter Druck. Normalerweise steigt es trotz undichter Stellen in
       der Trennschicht nicht auf, weil das Gewicht des Grundwassers von oben
       dagegen drückt. Pumpt man das Grundwasser von oben weg, wird es von

und weitgehend das Jahr 2013 hindurch bestimmte die im Dezember 2012 bekannt gewordene neue, extreme Kostensteigerung des Projekts von 4,5 auf 6,5 Milliarden Euro die Debatten und Aktivitäten. Es gab offene Briefe von prominenten Projektgegnern an Ministerpräsident Winfried Kretschmann, von denen zumindest einer von diesem auch (ausweichend und hinhaltend) beantwortet wurde. Der Austausch der Argumente wurde in einem kleinen Buch dokumentiert.[379] Durch die Öffentlichkeitsarbeit in Stuttgart zu diesem Thema und mit Anschreiben des Aktionsbündnisses gegen Stuttgart 21 an jedes einzelne Mitglied im Aufsichtsrat der Deutschen Bahn AG wurde publik: Ronald Pofalla, damals Kanzleramtschef und enger Mitarbeiter der Kanzlerin, bearbeitete einzelne Aufsichtsräte, um zu erreichen, dass sie auf der entscheidenden Sitzung dieses Gremiums am 5. März 2013 der neuerlichen Kostenerhöhung zustimmten. Dr. Eisenhart von Loeper, Dieter Reicherter und Peter Conradi erstatteten darauf am 25. März 2013 gegen die Bahnvorstände Rüdiger Grube und Volker Kefer und gegen 17 Mitglieder des Aufsichtsrats der Deutschen Bahn AG Strafanzeige »wegen Tatverdacht der gemeinschaftlichen Vergehen der Untreue nach § 266 Strafgesetzbuch und des Betrugs nach § 263 Strafgesetzbuch«.

Trotz umfangreicher Beweisangebote hat die Berliner Staatsanwaltschaft – auch im Beschwerdewege – jegliche Ermittlungen abgelehnt und sich letztlich nur darauf gestützt, man werde den Beschuldigten das vorsätzliche Handeln nicht nachweisen können. Dabei hätte die Strafanzeige der Anzeigeerstatter spätestens zum Erfolg führen müssen, als Eisenhart von Loeper das Bundeskanzleramt auf den Zugang zu noch geschwärzten amtlichen Vermerken verklagte und dessen Eingeständnis erwirkte, der Sachvortrag sei »im wesentlichen zutreffend«. Eingestanden wurde, dass Verant-

---

unten durch Mineralwasser ersetzt. Je mehr man oben abpumpt, desto mehr Wasser kommt von unten nach.« Matthias von Hermann, Rede auf der Montagsdemonstration am 23. Januar 2012.

379 Ch. Engelhardt, E. Hopfenzitz, S. Leidig, V. Lösch, W. Sittler, W. Wolf (Hg.), Empört Euch – weiter! Neue Argumente gegen Stuttgart 21, Köln 2013.

wortliche der Bundesregierung massiv auf den Weiterbau des längst
unwirtschaftlichen Projekts durch Entscheidung des Aufsichtsrats
Einfluss genommen hätten. Die Anzeigeerstatter bekamen so aus
der Machtzentrale der Bundesregierung nicht widerlegbare Fakten
an die Hand.[380]

Im darauf folgenden Jahr 2014 gab es in Stuttgart eine dreitägige
Konferenz mit dem Titel »20 Jahre Bahnreform – 20 Jahre Stuttgart 21«, auch als *KOPFmachen-Konferenz* bezeichnet. Sie wurde von
dem Bündnis Bahn für Alle, von der Fraktionsgemeinschaft SÖS/
Die Linke im Stuttgarter Gemeinderat und dem Aktionsbündnis
gegen Stuttgart 21 getragen (und als eine Art »Ausläufer« der alten
Trägerschaft des S 21-Widerstands in Teilen vom Kreisvorstand der
Grünen in Stuttgart unterstützt). An der Konferenz nahmen 400 Personen teil. Es gab zwei Dutzend Arbeitsgruppen mit ebenso vielen
spannenden Referaten, ein Plenum zur Bahnreform, eines zu Stuttgart 21 und eine S 21-Podiumsdebatte, an der Sabine Leidig für die
LINKE, Matthias Gastel für die Grünen und Dirk Fischer für die
CDU/CSU teilnahmen. Die Konferenz wurde in einer Sonderaus-
gabe der Zeitschrift *Lunapark 21* dokumentiert. Erneut gab es, in die

---

380   Von Loeper und Reicherter haben gleich nach dieser Kenntnis Ende Juni
      2015 eine zweite Strafanzeige erstattet, denn es war ja nun klar, dass die
      im Aufsichtsrat besonders wichtigen drei Staatssekretäre dem gewaltigen
      Druck ihrer Bundesregierung nachgegeben hatten, um durch die Weiter-
      bau-Entscheidung zu S 21 ihre Stellung nicht zu verlieren. Als die Berliner
      Staatsanwaltschaft sich auch dieser Tatsache verschloss, war der nächste
      Schritt der Strafanzeige gegen die namentlich benannten Staatsanwälte
      wegen Vergehens der Strafvereitelung fällig. Das führte zwar zu Ermittlun-
      gen, aber im Januar 2016 nicht zur Anklageerhebung (dokumentiert unter
      www.strafvereitelung.de). Letztlich zeigte sich hier eine Justizbehörde,
      die – damals dem Berliner CDU-Justizsenator Thomas Heilmann unter-
      stellt – politisch willfährig und gleichheitswidrig prominenten Großver-
      dienern jegliche nicht einmal erfragte, sondern wohlwollend unterstellte
      Ausrede zugestand, die sie dem »kleinen Mann« ganz sicher nicht durch-
      gehen lassen würde. Man darf gespannt sein, ob die Bahn-Aufsichtsräte
      und die Berliner Staatsanwaltschaft für die Zukunft (siehe im Anhang in
      der Zusammenfassung die neue Strafanzeige vom 15.02.2017 und Kapitel
      VIII) ihre Lektion aus dem bisherigen unrühmlichen Kapitel der Vorgänge
      verstanden haben.

Konferenz eingebettet, am Samstag, dem 26. April, eine Demonstration, an der 4.000 Menschen teilnahmen.[381]

2015 bildete der Evangelische Kirchentag ein zentrales Ereignis
in der Landeshauptstadt. In der Publikation *Tunnelblick* wurde das
Event in einen Bezug zum Großprojekt S 21 gestellt: »Die Evangelische Landeskirche in Württemberg ist bei Stuttgart 21 nicht neutral.
Wie könnte sie sonst ihre Mitarbeiter verpflichten, bei Tunnel- und
Maschinentaufen mitzuwirken und werbewirksam vor den Bannern
der Baufirmen die Hände zum Segen zu erheben? Gleichzeitig fordert
sie die Feiertagsruhe bei Bauarbeiten nicht ein, übt keine Kritik an
der Zerstörung der Natur und Kultur und zeigt keinerlei Empörung,
wenn Parkgebete der Projektgegner [vom Verfassungsschutz; W. W.]
bespitzelt und überwacht werden. Wer hat die Prügel- und Wasserwer-
fer-Orgie […] am 30.9.2010 totgeschwiegen? Die Kirchen!«[382]

Eine komplette Ausgabe der ausgezeichneten, seit 2012 regelmäßig erscheinenden Zeitschrift *TunnelBlick – Neues vom dümmsten Bahnprojekt der Welt* widmete sich dem Thema Kirchen und Stuttgart 21 bzw.
dem Kirchentag 2015 in Stuttgart. In der Ausgabe kamen ein Dutzend
Pfarrer, Notfallseelsorger, Religionslehrer, Theologen und engagierte
Christinnen und Christen zu Wort. Vorgestellt wurde zur selben Zeit
auch ein Film von Thomas Felder zum Thema Kirche und Monsterprojekt. Der Titel »gotteS 21 segen«.[383] Die Aktivitäten der S 21-Gegner
anlässlich des Großereignisses Kirchentag fanden in den Stuttgarter
und in den übrigen Landesmedien einen gewissen Widerhall.

Die Kirchen, hier vertreten durch die Evangelische Landeskirche
in Württemberg und die Diözese Rottenburg-Stuttgart, benötigten

---

381 Siehe 20 Jahre Bahnreform – 20 Jahre Stuttgart 21, Lunapark 21 Extra
     08/09, Sommer 2014.

382 Tunnelblick, Ausgabe vom 21. Mai 2015; Autorin Dorothee Speck.

383 Siehe https://youtu.be/0EgTy032USY. Da die Stuttgart 21-Gegner nicht
     zum Abhalten eines Forums auf dem Kirchentag zuglassen wurden, veran-
     stalteten das Aktionsbündnis gegen S 21 und die TheologInnen gegen S 21
     eine eigenständige »Ausstellung zum S 21-Widerstand«, die während der
     Zeit des Kirchentags von Kirchentags-Teilnehmerinnen und Teilnehmern
     gut besucht wurde.

im übrigen dann weitere zwei Jahre, um sich im April 2017 mit dem
Bahnkonzern auf eine Regelung hinsichtlich der Arbeiten an Sonn-
und Feiertagen zu einigen. Das Ergebnis war dann jedoch ein solches,
mit dem die Kirchen dem Monsterprojekt ein weiteres Mal ihren
Segen gaben: Nur an »hohen kirchlichen Feiertagen«, vor allem an
Weihnachten und an Ostern, soll es Ruhezeiten bei den Bauarbeiten
geben. Dies wiederum, so fügt die DB Projekt Stuttgart – Ulm hinzu,
sei auch höchst zweckdienlich, da es sich bei den beim Bau von S 21
Beschäftigten »überwiegend [um] ausländische Arbeitskräfte« handle,
»die weite Wege zu ihren Familien« hätten. Die nun abgesegneten
mindestens zwei jährlichen mehrtägigen Pausen bei der Bautätigkeit
würden den damit verbundenen Bedürfnissen gerecht.[384]

Im Jahr 2016 gab es für die Protestbewegung eine dichte Abfol-
ge spannender Themen und gehaltvoller Veranstaltungen. Mit dem
neu entwickelten Konzept Umstieg 21 konnte erstmals im Detail belegt werden, dass auch beim gegebenen Stand der Stuttgart 21-Bau-
arbeiten ein Umstieg machbar ist – und dass damit auch jetzt noch
Milliarden Euro Steuergelder gespart werden können. Das Konzept
wurde auf zwei gut besuchten Veranstaltungen in Stuttgart selbst und
auf mehr als einem Dutzend ergänzenden, dezentralen und regionalen Veranstaltungen vorgestellt. (Siehe Kapitel VIII) Weitgehend zur
gleichen Zeit sickerten die Prüfberichte des Bundesrechnungshofs zu
Stuttgart 21 und das KPMG-Gutachten durch (siehe Kapitel II und
III). Die Brisanz dieser Gutachten schlug sich erstmals seit geraumer
Zeit wieder in einer deutlich umfangreicheren, kritischen Berichterstattung in den beiden Stuttgarter Tageszeitungen und im Südwestrundfunk nieder. Auch über Umstieg 21 wurde etwas ausführlicher als
in früheren Zeiten bei vergleichbaren Anlässen berichtet. Auch konnte man im Verlauf des Jahres 2016 den Eindruck gewinnen, dass die
Bewegung gegen Stuttgart 21 erstmals nach vielen Jahren sich wieder
in einem – wenn auch noch leichten – Aufwind befindet.

In der dritten, bislang letzten Phase der Bewegung gegen Stuttgart 21 gab es eine produktive Vernetzung mit Initiativen an anderen

---

384   Nach: Cannstatter Zeitung vom 8. April, 2017.

Orten und in anderen Ländern, die eine vergleichbare Ausrichtung haben. Als es im Sommer 2013 in Istanbul zu Massenprotesten im Zusammenhang mit der geplanten Zerstörung des Gezi-Parks kam, reiste eine Delegation des Aktionsbündnisses nach Istanbul, um sich mit der dortigen Bewegung zu solidarisieren. Am 15. Juni 2013 gab es auf dem Stuttgarter Schlossplatz eine Samstagsdemo mit 8.000 Teilnehmern, darunter mehrere hundert Türkinnen und Türken und Kurdinnen und Kurden, in deren Zentrum die Gemeinsamkeiten standen, die es zwischen der Bewegung in Istanbul und derjenigen in Stuttgart gab. Es gab Transparente und T-Shirts in deutscher und türkischer Sprache mit Aufschriften bzw. Losungen wie »Wir grüßen die Wächter vom Gezi-Park« und »Stuttgart und Taksim – Hand in Hand«. Der *Spiegel* druckte ein Interview mit einem AKP-Abgeordneten und Erdogan-Freund, der auf seine Art deutlich machte, dass es diesen Zusammenhang durchaus gab. Auf die Frage, ob er die Kritik des Europaparlaments am aggressiven Vorgehen der türkischen Polizei in Istanbul nachvollziehen könne, antwortete dieser: »Ich finde es heuchlerisch, wie hier mit zweierlei Maß gemessen wird. Bundeskanzlerin Merkel hat ja gesagt, sie sei schockiert gewesen über die Bilder aus der Türkei. Aber was ist mit der Polizeigewalt bei euch? Was ist mit Stuttgart 21? Für mich sind die Gezi-Proteste wie die Demonstrationen gegen Stuttgart 21.«[385]

Die deutsch-türkische Solidarität war dabei nur ein Internationale-Solidaritätsbeispiel von mehreren, wenn auch ein hervorgehobenes. So sprachen auf Protestkundgebungen gegen S 21 Vertreterinnen aus dem Val di Susa in Italien ebenso wie – mehrmals – Tiziano Cardosi aus Florenz (wo eine Art Duplikat von S 21 gebaut werden soll). Am 7. Februar 2017 sprach dort Susanna Böhme-Kuby aus Venedig. Sie berichtete über das dortige MOSE-Projekt und über die Gefahren, die der Lagunenstadt damit und von den gigantischen Kreuzfahrtschiffen drohen.

***

---

385 Interview mit dem AKP-Abgeordneten Akif Cagatay Kilic, in: Der Spiegel vom 26. Juni 2013 (26/2013). Zuvor nach: Stuttgarter Zeitung: »Schlossplatz grüßt Taksim« vom 16. Juni 2013.

Blickt man auf die hier beschriebenen drei Phasen des Widerstands zurück, so könnte man schematisch behaupten, dieser habe sich von einem niedrigen Level zu einer Hochphase und dann wieder zurück auf die erstgenannte niedrige Ebene entwickelt. Das charakterisiert jedoch nicht die tatsächliche Entwicklung; die aktuelle, dritte Phase ist nicht gleichzusetzen mit der ersten. Es gab über die gesamte Periode hinweg enorme Bewusstseinsentwicklungen. So war der Widerstand gegen S 21 in der Phase vor 2010 noch strikt auf das Projekt bezogen. Versuche, Stuttgart 21 einzuordnen in das Funktionieren des kapitalistischen Systems, spielten keine größere Rolle. Internationale Verbindungen wie diejenigen zur Bewegung in Turin und im Val di Susa galten lange als problematisch, weil man nicht in eine »Radikalen-Ecke« gestellt werden wollte. Der »Schwarze Donnerstag« belehrte dann viele, dass die S 21-Betreiber und die Herrschenden hier in einem perverseren Sinne »weiter waren«, dass sie eher machtorientiert agierten: Sie sahen in dem Widerstand gegen das Monsterprojekt durchaus einen Angriff auf ihre Profitprivilegien und Machtpositionen im real existierenden Kapitalismus und interpretierten die Bewegung gegen S 21 als eine, die zumindest Teile des Systems in Frage stellt.

Der inszenierte Auszug der Grünen und der mit ihnen verbundenen Gruppen und Verbände aus dem Aktionsbündnis gegen S 21 und damit auch aus der Bewegung gegen das Großprojekt hat zweifelsohne zunächst zu einer – vor allem von den Medien so kommentierten – Schwächung des Protestes geführt. Dem lag jedoch die Entwicklung der Grünen und der sich verändernde Charakter dieser Partei – in Stuttgart, in Baden-Württemberg und bundesweit – zugrunde. Die Grünen agieren zunehmend als neue bürgerliche Mittelstandpartei und geben gleichzeitig ihre ursprünglichen politischen Positionen (in den Bereichen Friedenspolitik, Umwelt und Soziales und Verkehrspolitik) auf. Entsprechend gibt es harsche Differenzen zwischen der Bewegung gegen Stuttgart 21 und den Grünen in der Landesregierung um MP Kretschmann und in der Stadtverwaltung um OB Kuhn.[386] In-

---

386 Auszug aus einem Interview. Frage: »Der Oberbürgermeister [Kuhn; W. W.] ist angetreten mit dem Versprechen, dass ab jetzt der Bürger Ge-

sofern wäre es auch falsch, die Ereignisse 2013/14 als Spaltung der Bewegung zu bezeichnen; die Grünen haben diese Bewegung aufgrund der eigenen Entwicklung schlicht verlassen. Es gibt auch weiterhin eine abgeklärte Kooperation zwischen der Bewegung und einzelnen, auch prominenteren Mitglieder der Partei Bündnis 90 / Die Grünen und der Umweltverbände, die mit den Grünen verbunden sind.

In den wichtigen gesellschaftlichen Bereichen konnte die Breite der Bewegung weitgehend erhalten werden. Ein Beispiel für ihre Ausweitung ist die Gruppe Kaktus innerhalb der Industrie und Handelskammer (IHK). Die IHK hatte sich, wie im Zusammenhang mit dem »Weinberghäusle« berichtet, massiv für das Projekt Stuttgart 21 eingesetzt. Ende 2012 bildete sich als eine Reaktion auf dieses Engagement und initiiert von der Gruppe Unternehmer gegen Stuttgart 21 innerhalb der IHK Region Stuttgart die Gruppe Kaktus. Die Kakteen fordern eine Demokratisierung dieses Interessensverbandes der Selbständigen und Unternehmen. Sie fordern die Aufhebung der Zwangsmitgliedschaft (was sie sicher für viele Selbständige und kleine Unternehmer per se interessant macht). In ihrem »Wahlprogramm« heißt es: »Wir sind in gewissen Maß stolz, dass [bei uns; Kaktus; W. W.] Kinder und Schwiegersöhne ehemaliger Ministerpräsidenten neben überzeugten S 21-Gegnern sitzen können.« In den Stuttgarter Medien wird die Gruppe in erster Linie als Kritiker von Stuttgart 21 wahrgenommen. Die kammerkritischen Kakteen konnten im Juli 2016 bei der Wahl zur IHK-Vollversammlung ihren Stimmenanteil verdoppeln.[387]

---

hör findet?« Antwort Tom Adler, Gemeinderat SÖS/Die Linke plus: »Das Gegenteil ist der Fall. Als die Vertrauensleute der [neuen; W. W.] Bürgerbegehren zu Stuttgart 21 in der Gemeinderatssitzung ihre Anträge begründen wollten, ließ das OB Kuhn nicht zu. In derselben Sitzung wollte Hannes Rockenbauch mit einer Power-Point-Präsentation OB Kuhns abenteuerliche Begründung widerlegen, Stuttgart 21 hätte mehr Kapazitäten als der alte Bahnhof. Ihm wurde schlichtweg der Vortrag untersagt.« In: Stadt.Plan 02+03/2015.

387 Die Bilanz der Gruppe: »Fast ein Drittel aller demokratisch gewählten Mitglieder der Vollversammlung [der IHK Region Stuttgart; W. W.] bekennen sich zu den Zielen der Kaktus-Initiative.« Die IHK benötigte dann drei volle Tage, um sich zu einer Bekanntgabe dieses Ergebnisses durch-

Durchforstet man die schmalen, meist im Wochenrhythmus erscheinenden Handzettel zu den »Stuttgart 21 stoppen!-Aktionswochen« mit den Veranstaltungsangeboten und Aktionsformen, dann wird die auch heute noch bestehende Breite und Buntheit der Bewegung deutlich. Hier eine Zusammenfassung für den Zeitraum ab der 329. Aktionswoche (beginnend am 21. November 2016) bis zur 341. Aktionswoche (endend am 20. Februar 2017).

In diesem Vierteljahreszeitraum gab es 16 Fahrraddemos (die meisten als »MontagsRADdemo vom Feuersee zur Montagsdemo«; drei Rad-Demos als »Critical Mass: Ride Your Bike«; Abfahrt jeweils am Feuerseeplatz)[388]. Es gab fünf Parkgebete (Ort jeweils Mittlerer Schlossgarten, bei der Lusthaus-Ruine) und, am gleichen Ort, einen Weihnachtsgottesdienst. Es wurden 13 »Frühstücke am Bauzaun« veranstaltet. Durchgeführt wurden fünf Veranstaltungen zum Thema »Umstieg 21 – Baustellen umnutzen« (in Backnang, Stuttgart, Reutlingen, Kirchheim / Teck und Untertürkheim). Zwei Protestfahrten nach Berlin zu Aufsichtsratssitzungen der Deutschen Bahn AG konnten organisiert werden – mit entsprechenden Protestaktivitäten vor Ort, u. a. vor dem Bahntower am Potsdamer Platz in Berlin. Zwei Mal gab es »Joe Bauers Flaneursalon«. In diesem Zeitraum wurden neun verkehrspolitische Veranstaltungen durchgeführt zu den Themen »Feinstaub macht krank«, »Flächenbahn statt Tunnelwahn« (in Kernen/ Stetten), »Schadstoffarmes Stuttgart«, »Wie kam die Eisenbahn nach Württemberg«, »Der Klimawandel«, »Was der OB und Stadträte über

---

zuringen. Inzwischen gibt es auch in anderen Regionen IHK-Kritiker, die sich an den Stuttgarter Kakteen orientieren. Und es ist in der IHK Region Stuttgart oft gerade die massive Lobbyarbeit im Unternehmerlager für Stuttgart 21, weswegen Selbständige ihre Kritik an dem Projekt äußern und selbst in der IHK aktiv werden. Zitat nach Presseerklärung der Gruppe und Stuttgarter Zeitung vom 13. Juli 2016.

388   Korrekterweise sei hinzugefügt, dass »Critical Mass: Ride your Bike« zwar deutlich von S 21-mitgetragen wird, sich jedoch nicht als Teil der Bürgerbewegung gegen S 21 versteht. Insgesamt sind die Raddemos, die von der Radgruppe der Naturfreunde und dem Aktivisten gegen S 21, Peter Pipiorke, getragen werden, ein wichtiger Bestandteil für den beschriebenen »langen Atem der Bürgerbewegung« gegen S 21.

S 21 nicht hören wollten«, »Über unnütze Großprojekte – in Florenz und Venedig«, »Wir vergessen nicht: Parkräumung und Widerstand am 14.2.2012 – Fünf Jahre danach«, »Eine Vision für Stuttgart – von der PS-Meile zum lebendigen Kulturviertel«.[389]

Darüber hinaus gab es weitere sieben allgemeinpolitische Veranstaltungen (z. B. zu TISA, AfD, Bezahlbarer Wohnraum, Rüstungsindustrie usw.), die ebenfalls über die erwähnten Flyer beworben wurden und Ausdruck der politischen Bandbreite der Bewegung sind. Elf mal trafen sich die »Seniorinnen und Senioren für K 21«. Es gab eine »Friedensgala« der AnSTIFTER (am 10. Dezember), das »Schmuddelbankett« mit Joe Bauer und den Stuttgarter Philharmonikern (am 4. Dezember) und »Das Wetterleuchten – Grohmanns satirische Bilanz« (am 23. Januar 2017). Erwähnt werden soll noch der »Politische Rosenmontagsaufzug«, auch wenn dieser am 27. Februar 2017 – und damit ein paar Tage jenseits des ausgewählten Berichtszeitraums – lag. Es gibt dieses Event nun bereits das siebte Mal am Karnevals- oder genauer Fasnets-Höhepunkt.

Und, natürlich, gab es Montag für Montag, ohne Weihnachts- oder Silvester-Neujahrsunterbrechung, eine Montagsdemonstration, insgesamt waren es in diesem Zeitraum 14 (in Worten: vierzehn) an der Zahl, immer jeweils mit Teilnehmerzahlen von rund tausend Menschen, darunter am 12. Dezember 2016 die 350. Montagsdemo, die erneut mehr als 5.000 Menschen auf den Arnulf-Klett-Platz direkt vor den Hauptbahnhof brachte.

---

389 Fahrraddemos am 21. und 28. November, am 2., 5, 12. und 19. Dezember 2016; am 2.,6.,9., 16. 23. und 30. Januar und am 3., 6., 13.und 20. Februar 2017. Parkgebete am 24. November, 8. Dezember 2016, 12. und 26. Januar 2017 und am 9. Februar 2017; Weihnachtsgottesdienst am 26. Dezember 2016. Frühstücke am Bauzaun: 22. und 29. November, 6., 13., 20. und 27. Dezember 2016; 24. und 31. Januar und 14. Februar 2017. Veranstaltungen zu Umstieg 21 am 21., 23. und 24. November 2016 und am 24. und 27. Januar 2017. Berlin-Fahrten am 13. Dezember 2016 und am 29. Januar 2017. Jo Bauer Flaneursalon am 11. Dezember 2016 und am 20. Februar 2017. Politische Themen am 21. (= zwei Veranstaltungen), 24. und 25. (=zwei Veranstaltungen) und 28. November, 14. Dezember 2016; am 12. Januar, am 6. und 14. Februar 2017.

Bemerkenswert und an dieser Stelle einzuflechten, ist, dass die gesamte Bürgerbewegung gegen Stuttgart 21 und die Montagsdemonstrationen in völliger finanzieller Unabhängigkeit organisiert und die
damit verbundenen Ausgaben ausschließlich von Spenden aus der
Bevölkerung bzw. von Aktiven getragen werden.[390]

Wie soll man bloß diese Buntheit, diese Vielfalt, diese politische
Kreativität kommentieren? Ganz einfach mit: Hut ab – Chapeau!

Vergleichbar mit den Montagsdemonstrationen hat sich die Mahnwache als entscheidend für den inneren Zusammenhalt und zugleich
als beispielhaft für den solidarischen Charakter der Bürgerbewegung
erwiesen. Im Frühjahr 2017 gibt es seit sechseinhalb Jahren diese einmalige und bewundernswerte Einrichtung: ein Zelt auf 18 Quadratmetern Fläche, direkt gegenüber dem Bonatzbau, 24 Stunden am Tag
besetzt mit zwei oder drei Menschen. Es sind, mit Stand April 2017,
244 Menschen, zwei Drittel von ihnen sind Frauen, die, koordiniert
von einem achtköpfigen »Orga-Team«, den Schichtdienst wahrnehmen. Eine Definition aus dem Mahnwachen-Kreis lautet wie folgt:
»Die Mahnwache – ein Fels in der Brandung: als Mahnung gegen die
enormen steuergeldfinanzierten und unnützen Zerstörungen im Herzen unserer Stadt; als Zeichen für städtebaulich [...] zukunftsfähige
Projektalternativen (z. B. die Modernisierung des bestehenden Kopfbahnhofs); als alternative Informationsquelle gegenüber den S 21-Be-
treibern; als Begegnungsort für Austausch zwischen Befürwortern des
Kopfbahnhofs und seinen Gegnern; als Ort zum Kräfte Sammeln und
zu gegenseitigem Aufbau für viele Menschen, die in dem Projekt S 21
eine Beleidigung für den menschlichen Geist sehen und fassungslos
den unsinnigen Zerstörungen beiwohnen.«[391]

---

390   Als Hausnummer: Auch heute noch erfordert eine Montagsdemonstra-
      tion mehr als 1.500 Euro. In früheren Zeiten waren es deutlich mehr als
      2.000 Euro. Womit allein diese »Kostenposition« bei bislang 370 Montags-
      demonstrationen mehr als eine Dreiviertelmillion Euro ausmacht. Einen
      ebenfalls wesentlichen Kostenfaktor machen immer neue wissenschaftliche
      Gutachten aus, die vom Aktionsbündnis gegen Stuttgart 21 in Auftrag ge-
      geben und die auf die gleiche Art und Weise finanziert werden.
391   Vorwort vom Januar 2014; Manuskript.

Am 17. Juli 2010 richteten Mitglieder der Aktiven Parkschützer am Nordflügel des Stuttgarter Hauptbahnhofs eine damals eher improvisierte Mahnwache ein. Ihnen waren Informationen zugespielt worden, dass der Abriss des Nordflügels unmittelbar bevorstehe. Nach zwei Wochen musste die Mahnwache ein erstes Mal auf einen Standort gegenüber dem Nordausgang umziehen, weil das Gelände mit dem großen Bauzaun abgesperrt wurde (siehe oben). Zwei Jahre später musste auch dieser Standort aufgegeben werden, weil dort das Technikgebäude für das Monsterprojekt entstand. Seit Ostern 2012 hat die Mahnwache den aktuellen Standort – direkt gegenüber dem Haupteingang des Bonatzbau-Bahnhofs. Aus den zunächst geplanten wenigen Tagen oder Wochen einer Mahnwache gegen den Abriss des Nordflügels wurden bis Redaktionsschluss dieses Buchs Anfang April 2017 sechs Jahre und acht Monate.

Das Mahnwachen-Zelt wurde mehrfach optimiert; dennoch kann im Winter die Temperatur in der Nacht auch auf 5 Grad Celsius oder weniger absinken. Das Team arbeitet, wie alle in der Bewegung, komplett ehrenamtlich. Bis April 2017 waren es 829 Personen, die in der Gruppe – zu unterschiedlichen Zeiten – aktiv waren. Und diejenigen, die aus dem Team ausschieden, taten dies in der Regel aus persönlichen oder auch mal aus gesundheitlichen Gründen.

Die Mahnwache gegen Stuttgart 21 ist eine Art fester Bestandteil der Stuttgarter Stadtkultur geworden. Sie findet weit über das eigentliche Thema des Widerstands gegen das Monsterprojekt breite gesellschaftliche Anerkennung – etwa als Werner Schretzmeier vom Theaterhaus Stuttgart alle, die im ehemaligen und aktuellen Mahnwachen-Team aktiv waren, 2015 zu verschiedenen Vorstellungen im Theaterhaus einlud. Alle Versuche und Anträge der S 21-Befürworter im Stuttgarter Gemeinderat, der Mahnwache ihren Standort und Status als »permanente Versammlung« abzusprechen und sie damit zu illegalisieren, sind im Sande verlaufen. Und so wie die Bewegung gegen Stuttgart 21 in Deutschland einmalig ist, hält die Mahnwache längst einen Rekord: Es handelt sich um die 24-Stunden-Mahnwache mit der längsten Präsenz in Deutschland und wohl auch in Europa. Zugleich ist es die einzige

Postadresse in der Landeshauptstadt, die absolut zuverlässig und immer besetzt ist.

Die Post und die Kurierdienste haben das auf dem Schirm. Und sie sind dankbar dafür, dass bei dieser Adresse (»Mahnwache, Stuttgart, Hauptbahnhof«) eine Paketabgabe so gut wie immer ohne zusätzlichen Zeitaufwand klappt (wobei, so eine Parkschützerin, Zusteller oft grinsen müssten – »Was? Eine große Lieferung an ein Zelt?!«).

Die große Politik, um die es bei Stuttgart 21 geht, kann für eine fortschrittliche, humanistisch orientierte Bewegung nur dann Erfolg haben, wenn es »menschelt«, wenn es gelingt, konkret unter Beweis zu stellen, dass das Ziel all dieser unserer Kämpfe das einer menschlichen Gesellschaft ist. Im Mahnwachen-Zelt wird das oft so gelebt. Aus einem Bericht: »Die Unterstützung der Mahnwache durch die Bürgerinnen und Bürger ist nach wie vor ungebrochen. Es sind die kleinen Dinge, die Spaß machen: mitgebrachte Kekse, ein spontanes Ständchen mit der Geige und Gitarre oder Solidaritätsbekundungen und Urlaubskarten per Post.«

Das Wichtigste ist jedoch für die Frauen und Männer, die die Mahnwache »betreiben«, der Austausch mit Besucherinnen und Besuchern *in der Sache* – zum Thema Stuttgart 21 oder zu den jeweils aktuellen, oft katastrophalen Begleitumständen bei diesem Projekt. Auch heute noch kommen Menschen zur Mahnwache, die erklären, dass sie ja »eigentlich für Stuttgart 21« seien, sich aber die Gegenargumente anhören wollten. Und dann kommen da Leute aus der Schweiz oder aus Köln oder einer anderen Region – und natürlich hunderte Menschen aus Stuttgart selbst – und sagen: »Wir haben das mitbekommen, was ihr hier macht – und wollen einfach mal unseren Respekt für diese Leistung zum Ausdruck bringen. Und ›danke‹ sagen. Und zum Ausdruck bringen: ›Bitte haltet durch!‹«

VIII.
Der »Spalt, durch den das Licht fällt«

Ein dreißigjähriger Krieg gegen die Stadt

So much of the world / is plunged in darkness and chaos [...]
Ring the bells (ring the bells) that still can ring
Forget your perfect offering
There is a crack in everything (there is a crack in everything)
That's how the light gets in [...]

So vieles auf der Welt / ist in Finsternis gehüllt und in Chaos geworfen
[...] Läutet alle Glocken, die wir noch zum Klingen bringen
Nehmt Abstand von all den profanen Dingen
Immer gibt es einen Riss – einen Spalt – im Innern
Durch ihn wird ein Lichtstrahl dringen
Leonard Cohen, Anthem[392]

Sabine Leidig (DIE LINKE): Das Schild, das ich jetzt hochhalte, hängt
in Stuttgart inzwischen überall: in den Wohnblocks, in denen die einfachen Leute wohnen, aber auch in der Halbhöhenlage, in der die Architekten, die Künstler, die Lehrerinnen und Lehrer wohnen. Diese Leute
[...] kämpfen für ihre Stadt.
Präsident Dr. Norbert Lammert: Ich schließe die Kolleginnen und Kollegen der Linken, die glauben, den Plenarsaal mit T-Shirts bereichern zu
müssen, vom weiteren Verlauf der Sitzung aus. Sie verlassen jetzt bitte
unverzüglich den Plenarsaal.
Auszug aus der Debatte im Deutschen Bundestag am 17. September 2010

Seit 1991 planen die Verantwortlichen im Bahnkonzern, in der Bundesregierung, in der baden-württembergischen Landesregierung und
in der Landeshauptstadt das Großprojekt Stuttgart 21. Es wird nach

---

392 Leonard Cohen, *Anthem,* beim Konzert in Stuttgart am 1.10.2010 gewidmet
den Bäumen im Schlossgarten; vgl. www.youtube.com. Übersetzung: W. W.

den Angaben der Projektbetreiber Anfang des nächsten Jahrzehnts, nach Einschätzung des Bundesrechnungshofs 2023 fertiggestellt sein. Das sind 30 Jahre Planung und Bau eines monströsen, zerstörerischen Projekts. Das ist *ein dreißigjähriger Krieg* gegen die Vernunft, eine Verhöhnung der Gesetze von Logik und Geologie. Das ist ein dreißigjähriger Krieg gegen die Stadt mit dem Ziel des Abbaus der Bahnhofskapazität und dem Ergebnis einer umfassenden Zerstörung von Urbanität und Lebensqualität. Und das ist *ein dreißigjähriger Krieg gegen alle Zusagen auf einem halben dutzend Klimagipfeln,* deren erster im Juni 1992 in Rio de Janeiro – zehn Monate vor der öffentlichen Vorstellung von Stuttgart 21 – stattfand.[393]

Alle S 21-Betreiber, egal ob mit schwarzem, rotem oder grünem Parteibuch ausgestattet, wissen: Das Monsterprojekt wird scheitern, als Bauruine enden und als offene Wunde in der Stadt schwären. Doch sie handeln alle nach dem Prinzip: Nach uns die Sintflut. Sie setzen darauf, dass die öffentliche Hand immer wieder zu neuen Milliarden-Zuschüssen erpresst werden kann. Dass die zu erwartenden schweren Unfälle im Schrägbahnhof erst verspätet stattfinden. Und dass die Quellungen des Anhydrits erst Jahre nach einer zynischen Inbetriebnahme-Feier des Tiefbahnhofs auftreten.

Stuttgart 21 und Klimapolitik

Die Aushöhlung der Bahn als Alternative zur Straße, der Abbau des Schienenverkehrs und das Projekt Stuttgart 21 müssen in einem *globalen Zusammenhang* gesehen werden. Auf der UN-Klimakonferenz

---

393 Auf der UN-Konferenz über Umwelt und Entwicklung (UNCED = UN Conference on Environment and Development) vom 1992 in Rio de Janeiro wurde bereits eine Rahmenkonvention der Vereinten Nationen über Klimaveränderungen verabschiedet. Sie sah damals vor, dass die Belastung der Atmosphäre mit Treibhausgasen auf einem Niveau stabilisiert wird, welches eine gefährliche Störung des Weltklimas verhindert. Auch zwischen dieser Konferenz und der frühesten denkbaren Fertigstellung von S 21 im Jahr 2022 ergibt sich ein 30-Jahres-Zeitraum.

in Paris Ende 2015 wurde ein weiteres Abkommen beschlossen, das die globale Erwärmung auf deutlich unter zwei Grad Celsius begrenzen soll. Dies erfordert jedoch, wie im Abkommen festgehalten, eine konsequente und sofort begonnene Klimaschutzpolitik, da sich das Zeitfenster, in dem dies noch realisiert werden kann, rasch schließt. Die Europäische Union und die große Mehrheit der nationalen Parlamente der EU-Mitgliedsländer, darunter der Deutsche Bundestag, haben das Abkommen ratifiziert. Dasselbe taten die Parlamente in China, Indien und den Vereinigten Staaten von Amerika. Damit trat das Abkommen im November 2016 in Kraft. Die Einhaltung dieses Abkommens dürfte die *letzte große Chance* sein, auf internationaler Ebene die bedrohliche Erwärmung der Atmosphäre so zu begrenzen, dass extreme Entwicklungen wie die Überflutung großer Landstriche und Länder ausbleiben.

Der Vertrag wird seither jedoch behandelt wie ein Fetzen Papier. Der weltweite Pkw-Dieselskandal bleibt in Europa ohne praktische Konsequenzen; der grüne Ministerpräsident von Baden-Württemberg singt gemeinsam mit der CDU-Kanzlerin das Hohe Lied auf den Dieselmotor. Die Containerschifffahrt und der Luftverkehr werden von den Klimaschutzabkommen erst gar nicht erfasst und in den Debatten über die Erwärmung der Erdatmosphäre kaum erwähnt. Doch gerade sie weisen hohe Wachstumsraten auf, was mit steigenden Treibhausgas-Emissionen verbunden ist. US-Präsident Donald Trump unterzeichnete Ende März 2017 ein Dekret, mit dem zentrale Klimaschutzbestimmungen aufgehoben oder aufgeweicht werden; u. a. soll die Kohleförderung neu gesteigert werden. Am 1. Juni 2017 folgte die Ankündigung, wonach die USA auch formell aus dem Pariser Klimaschutzabkommen aussteigen.

Wendet man sich Deutschland als dem angeblichen Vorreiter in Sachen Klimaschutz zu, dann sieht dessen Bilanz kaum besser aus. Im März 2017 veröffentlichte das Umweltbundesamt (UBA) die ersten Berechnungen zur Entwicklung der Treibhausgase in der Bundesrepublik Deutschland für das vorangegangene Jahr. Das dreifach verheerende Ergebnis lautet: 2016 stiegen *erstens* die Treibhausgas-Emissionen in Deutschland insgesamt an. Sie erhöhten sich *zweitens* deutlich im

Verkehrssektor und hier wiederum ausschließlich im Straßenverkehr.
Schließlich konnte *drittens* die Schiene ihre Verkehrsmarktanteile nicht
erhöhen; der Schienengüterverkehr war sogar absolut rückläufig. Damit, so die UBA-Präsidentin Maria Krautzberger, lägen »die Klima-
gasemissionen des Verkehrs mittlerweile um 2 Millionen Tonnen *über
dem Wert von 1990*. Wenn sich im Verkehrssektor nicht bald etwas bewegt, werden wir unsere Klimaschutzziele verfehlen.«[394] Deutschland
hat sich verpflichtet, bis zum Jahr 2020 eine Reduktion *aller* das Klima
schädigenden Emissionen um 40 Prozent gegenüber dem Stand von
1990 zu erreichen. Aktuell liegt diese Reduktion nur bei 27,6 Prozent. Und diese anscheinend hohe Reduktion der klimaschädigenden
Emissionen ist so gut wie *ausschließlich* darauf zurückzuführen, dass die
DDR 1990 kollabierte und dass es auf dem Gebiet der neuen Bundesländer zu einer umfassenden Deindustrialisierung kam.

Die Präsidentin der Umweltbehörde verwies in diesem Zusammenhang auf die falsche Steuerung in der Verkehrspolitik, mit der
die Straße und der Luftverkehr gefördert würden: »So lange wir den
Verkehrssektor in Deutschland umweltschädlich mit 28,6 Milliarden
Euro pro Jahr subventionieren, wird sich an dieser Entwicklung nichts
ändern.«

Man muss hier konkretisieren: Solange in den Schienenverkehrs-
sektor Dutzende Milliarden Euro umweltschädlich fließen, solange
allein in Stuttgart zehn Milliarden Euro investiert werden, um die Kapazität des Stuttgarter Hauptbahnhofs um ein Drittel zu reduzieren,
solange wird sich an dieser katastrophalen, das Klima weiter schädigenden Entwicklung nichts ändern[395].

Die Hilflosigkeit, ja die Kapitulation der Politik wird auf der konkreten Ebene des Stadtparlamentes der baden-württembergischen

---

394 Pressemitteilung des Umweltbundesamtes Nr. 9/2017 vom 20. März 2017.
     Hervorgehoben von W. W.

395 Wobei der Bau von Stuttgart 21 selbst noch mit massiven negativen Folgen
     für das Klima verbunden ist. Zu den für das Klima belastenden Auswirkun-
     gen durch Bau, Unterhalt und Betrieb von S 21 hat das Aktionsbündnis im
     Frühjahr 2017 ein Gutachten bei dem Verkehrsberater Karlheinz Rößler in
     Auftrag gegeben.

Landeshauptstadt deutlich. In Stuttgart lehnt der Gemeinderat trotz extrem überhöhter Feinstaubbelastung in der City jede effektive Begrenzung des Pkw-Verkehrs an den Tagen mit den Spitzenwerten der Belastung ab. Stattdessen wurde als Maßnahme gegen die Feinstaubbelastung in der City beschlossen, *Mooswände* aufzustellen, was als »vertikale Begrünung« gepriesen wird. Eine Mooswand habe die gleiche positive Wirkung auf das Klima »wie 275 Bäume«. Das wäre ungefähr der Baumbestand, der im Mittleren Schlossgarten für das Projekt S 21 abgeholzt wurde.

In Hannover ist die Stadtverwaltung bereits einen Schritt weiter. Dort läuft ein vergleichbares Projekt unter dem Begriff »City-Tree«: »Große Mooswände in Beton gefasst. Schön grün. Mit integrierter Sitzbank.«[396] Da sollen in Serie diese Betonwände gegossen und als Stadtgrün vermarktet werden. Betonmoos eben.

Zu den Stuttgarter Plänen äußerte Angelika Linckh, eine in der Bürgerbewegung gegen Stuttgart 21 aktive Ärztin: »Die Stadtspitze hat in Sachen Feinstaub [..] eine typisch grüne Idee umgesetzt – eine 500.000-Euro-teure Mooswand. Diese muss bewässert werden. Sie braucht einen Sonnenschutz. Und benötigt also so richtig kontinuierlich unser Geld.«[397] Jürgen Resch von der Deutschen Umwelthilfe bezeichnete die bundesweite Mooswand-Euphorie als »kompletten Blödsinn«. Selbst wenn Mooswand-Investitionen vor Ort zu einer gewissen Reduktion der Belastungen beitrügen, so sei die ökologische *Gesamtbilanz* in jedem Fall negativ.[398]

---

396 Christian Bohnenkamp, Bezirksrat fühlt sich »verarscht«, stimmt aber trotzdem für die umstrittenen City-Trees, in: Neue Presse (Hannover) vom 1. März 2017.

397 Siehe: www.parkschuetzer.de/statements/195710.

398 www.heise.de/autos/artikel/Stuttgart-Mooswand-gegen-Feinstaub-3503779. html Es stellen sich höchst praktische Fragen: Die Mooswand muss, wenn sie Wirksamkeit entfalten soll, immer feucht sein – wie erfolgt dies? Wie geht der Wasserverbrauch in die Öko-Gesamtbilanz ein? Wie soll im Winter, wenn die Luftqualität oft aufgrund der erhöhten Emissionen von Diesel-Pkw besonders miserabel ist, das mit einer Frostschicht oder Schnee belegte Moos dann als Filter wirken? Oder wird die Mooswand etwa beheizt? Wie erfolgt die Befeuchtung bei Minusgraden – durch Wasser mit Frostschutzmittel?

Am 30. März 2017 beteiligten sich auf dem Charlottenplatz im Stuttgarter Zentrum tausend Menschen an einer Demonstration gegen die hilflose Politik der Stadtverwaltung und des grünen Oberbürgermeisters angesichts der Feinstaubbelastung und des immer massiveren und dichteren Autoverkehrs. Plakate trugen Aufschriften wie »Fahrverbote retten Leben« und »Stuttgart erstickt«. Aus einem Bericht der *Südwest Presse*: »Eine Teilnehmerin hatte ihren Rollstuhl am Eingang der Konrad-Adenauer-Straße platziert. Sie sagte: ›Des bissle Mooswand-Aufstellen bringt nichts.‹ Auf ihrem Plakat stand: ›Ich sitze, bis die Luft rein ist.‹«[399] Die Schlussfolgerung in der Publikation *Stadt.Plan*: »In Stuttgart regieren Daimler und Porsche mit Hilfe der Grünen.«[400]

Die Dominanz von Porsche und die Perversion der Autogesellschaft lassen sich noch steigern. Zur selben Zeit, im März 2017, wurde in Miami der *Porsche Design Tower* eröffnet: ein 200 Meter hoher »Wohnturm«, der 132 Wohneinheiten beherbergt. Die kleinste Klause

---

399 Südwest Presse vom 31. März 2017. Auf der Kundgebung sprach der oben bereits zitierte Geschäftsführer der Deutschen Umwelthilfe (DUH), Jürgen Resch. Er verwies auf die extrem hohen Schadstoffemissionen auch neuer Diesel-Fahrzeuge, die formal die Norm Euro 6 erfüllen, in Wirklichkeit aber ein Vielfaches des Erlaubten an Stickoxiden emittieren. Im Fall des Modells Mercedes B 180 d lag der gemessene Wert bei 1.039 Milligramm Stickoxide, was eine Grenzwertüberschreitung auf das 13-fache darstellt. Der Grund für die extremen Überschreitungen der Grenzwerte: »Die Abgasreinigung der Autos schalte bei winterlichen Temperaturen automatisch ab. So würde bei Kälte die Innenstadt von Schadstoffen geradezu geflutet.« (Südwest Presse, 31.3.2017). Resch war auch Redner auf der Montagsdemonstration gegen S 21 am 2. Mai 2016. In einem Interview antwortete er auf die Frage »Angenommen, Sie hätten das Sagen in Stuttgart: Welche Maßnahmen würden Sie umsetzen, um die Luftqualität in der Landeshauptstadt zu verbessern?«: »Baustopp Stuttgart 21, Verbesserung des ÖPNV, Umstellung der Taxiflotte bis 2018 auf 100 % Umwelttaxis (Erdgas-, Elektro- oder Benzin-Hybrid) und Nachrüstung aller Busse mit SCR-Katalysatoren. Schließlich die Einführung einer City-Maut mit symbolisch niedrigen Beträgen für saubere Antriebe und hohe Maut-Gebühren für Diesel-Fahrzeuge.« Interview mit Jürgen Resch, Geschäftsführer der Deutschen Umwelthilfe, in: Stadt.Plan 02/2016. S. 11.

400 In: Stadt.Plan.extra, a. a. O.; Artikel von Gangolf Stocker.

hat lediglich 400 Quadratmeter Wohnfläche, die »größeren Wohnungen« sind dann etwas großzügiger und mit 1600 Quadratmetern
bemessen. Das Projekt wurde in der *Süddeutschen Zeitung* wie folgt be-
jubelt: »Der absolute Clou [...] aber sind die drei gläsernen Automo-
bil-Aufzüge, mit deren Hilfe die Bewohner ihre Autos in ihr Apart-
ment mitnehmen können, egal, auf welchem Stock sie wohnen. Platz
für die Autos gleich neben dem Wohn- oder Schlafzimmer ist genug.
Stellplätze für bis zu vier Autos bieten die kleineren Wohnungen.«
Zitiert wird Jan Becker, der Chef von Porsche Design: »Der Tower
verkörpert ganz einfach die DNA unserer Marke.« Was der Porsche-
Mann verschweigt, ist, dass diese Wohnungen in der Regel leer stehen; es sind Spekulationsobjekte. Wobei Vergleichbares auch für die
Reichen in Deutschland geschaffen wird, Becker sagt, man wolle da
»weitermachen als Lizenzgeber für Wohntürme für Superreiche. In
Frankfurt [am Main; W. W.] ist bereits der nächste Tower projektiert.«
Auch in Stuttgart wurde der Bau eines solchen Wohnturms mit Auf-
zug für Pkw, hier als »Autohotel« und »Carloft« bezeichnet, längere
Zeit verfolgt. Das Projekt musste am Ende aus finanziellen Gründen
aufgegeben werden.[401]

Porsche stellt teure Pkw her, die für ihren besonders hohen
Schadstoffausstoß berüchtigt sind. In Porsche-Pkw – so im Modell
Macan – war auch eine der berüchtigten verbotenen Abschaltvor-
richtungen eingebaut, mit der die realen Abgasemissionen verschleiert werden. Porsche stellt Autos her, deren Motoren gezielt
so eingestellt sind, dass hohe Lärmwerte erreicht werden. Diese
Porsche-DNA ist dem Unternehmen so viel wert, dass es den Text
für eine Beschlussvorlage der EU-Kommission in Brüssel lieferte,

---

401   Stefan Ullmann, Parken in den Wolken, in: Süddeutsche Zeitung vom 31. März
       2017. Zum Stuttgarter Projekt siehe Josef Schunder, Projekt Autohotel steht
       vor dem Aus, Stuttgarter Nachrichten vom 14. Oktober 2014. Der Architekt
       Steven Holl kritisiert, dass diese Gebäude »der Öffentlichkeit den Zutritt zu
       den oberen Etagen verwehren«, dass sie »lange Schatten auf die Straße wer-
       fen und zudem noch die meiste Zeit leer stehen. Denn diese Appartements
       sind Finanzinstrumente, keine Wohnungen für den Alltag.« In: Handelsblatt
       vom 19. Mai 2017.

mit der besonders hohe Lärmgrenzwerte der EU ermöglicht werden sollten.[402]

Und, nicht zu vergessen: Porsche gehört zu den engagierten Befürwortern von Stuttgart 21. Das Unternehmen hat sich vor allem in der Amtszeit des Porsche-Chefs Wendelin Wiedeking (1993–2009) stark für das Monsterprojekt engagiert.

I can't run no more / With that lawless crowd
While the killers in high places / Say their prayers out loud
But they've summoned, they've summoned up
A thundercloud
And they're going to hear from me
Ring the bells (ring the bells) that still can ring [...]

Mit diesen haltlosen Leuten / Will ich mich nicht länger abgeben
Während die Mörder da oben / Vollmundig beten.
Doch sie haben etwas heraufbeschworen, ja, heraufbeschworen:
Heftige Gewitterböen
Und sie werden von mir hören
Läutet alle Glocken, die wir noch zum Klingen bringen ...

---

402 2012 deckte die Deutsche Umwelthilfe auf: »Die Bundesregierung kämpft in Brüssel für Porsche und eine Anhebung der Lärmgrenzwerte [...] Ein so genannter Kompromissvorschlag zur geplanten Verkehrslärmordnung der EU-Kommission wurde offenbar in der Akustikabteilung des Sportwagenbauers Porsche verfasst [...] Das aus dem Hause Porsche stammende Parlamentsdokument sieht einen um 3 Dezibel (dB) höheren Wert für hoch motorisierte Fahrzeuge vor – begünstigt wird hiervon beispielsweise der Porsche 911 und Boxster S [...] Dr. Hans-Martin Gebhard, Leiter der Sound Design Abteilung bei Porsche, machte die Absicht des Sportwagenherstellers 2003 in einem Gespräch mit der Los Angeles Times unmissverständlich deutlich. Das Format eines Autos offenbare sich im Geräusch des Auspuffs und der Explosion des Geräusches der Maschine während der Beschleunigung. [...] Verkehrslärm zählt zu den größten Umwelt- und Gesundheitsbelastungen in Europa [...] Jährlich sind knapp 50.000 Todesfälle als direkte Folge von Verkehrslärm zu beklagen. Weitere 200.000 Menschen sind von Herzerkrankungen betroffen.« Presseerklärung Deutsche Umwelthilfe (DUH) vom 12. September 2012.

Stuttgart 21 und der Krieg gegen Vernunft und Logik

Dass es sich bei Stuttgart 21 trotz vieler Parallelen, die dieses Vorhaben mit *le grandi opere inutili*, mit den anderen »großen unnützen Großprojekten«, hat, um eine *Einmaligkeit* handelt, wurde bereits in Kapitel I beim Vergleich mit dem Berliner Flughafen und der Elbphilharmonie dargelegt und in Kapitel III auf einer eher theoretischen Ebene begründet. Weil Stuttgart 21 in diesem Sinn ein *Solitär des Destruktiven* ist und weil die damit verbundene Beleidigung des gesunden Menschenverstandes danach schreit, dies immer wieder in aller Deutlichkeit darzulegen, wird dies im Folgenden nochmals mit einfachen Vergleichen dokumentiert – dabei befolgend, was Bertolt Brecht zur Verteidigung der Vernunft wider ihre Feinde vortrug: »Und doch wird mich nichts davon überzeugen, dass es aussichtslos ist, der Vernunft gegen ihre Feinde beizustehen. Lasst uns das tausendmal Gesagte immer wieder sagen, damit es nicht einmal zu wenig gesagt wurde. Lasst uns die Warnungen erneuern, und wenn sie schon wie Asche in unserem Mund sind!«[403]

Vergleichen wir die zwei benachbarten Länder Deutschland und die Schweiz und die zwei Städte Stuttgart und Zürich, zwischen denen nur drei Zugstunden Entfernung liegen.

Die Unterscheide sind beeindruckend. In der Schweiz fährt jeder Bürger bzw. jede Bürgerin pro Jahr doppelt so viele Kilometer (im eigenen Land) mit der Bahn wie ein Mensch im deutschen Schienennetz. Dabei ist die Schweiz nur rund ein Zehntel so groß wie Deutschland. Das Schweizer Schienennetz ist zwar deutlich dichter als das deutsche; doch auch wenn dies berücksichtigt wird, entspricht es nur einem Sechstel des deutschen.[404]

---

403 Bertolt Brecht, Zum Völkerkongress für den Frieden, in: Bertolt Brecht, Gesammelte Werke Band 20, Schriften zu Politik und Gesellschaft, Frankfurt/M. 1967, S. 323. Es geht in dem Zitat um die Bedrohung durch Kriege.

404 In der Schweiz muss zum SBB-Schienennetz (mit rund 3.000 km Länge) noch dasjenige der (fast komplett in öffentlichem Eigentum befindlichen) »Privatbahnen« (mit 2.250 km Länge) hinzugerechnet werden, sodass die Gesamtlänge bei rund 5.320 km liegt (hier noch ohne die durchaus

Tab. 2: Vergleich Deutschland und Schweiz bzw. Stuttgart und Zürich[405]

	Deutschland (D)	Schweiz (CH)	CH/D in %
Gefahrene Bahn-km je Einwohner und Jahr	852	1.672	196
	Stuttgart	*Zürich*	*Zürich/Stg. in %*
Einwohnerzahl	605.000	395.000	65
Reisende im Hauptbahnhof pro Tag	240.000	400.000	167
Bahnsteiggleise heute (Kopfgleise + Durchfahrgleise)*	$16+2=18$	$22+4=26$	144
Bahnsteiggleise geplant / in Bau (Kopfgleise + Durchfahrgleise)*	$0+10=10$	$18+8=26$	260

* *Jeweils einschließlich S-Bahn*

Nun argumentiert die deutsche Bundesregierung seit mehreren Jahren, dass der Schienenpersonenverkehr (und auch der Schienengüterverkehr) massiv gesteigert werden würde – unter anderem, um die vereinbarten Klimaziele zu erreichen. Diese Steigerung sollte dann ja wohl zumindest so groß sein, dass damit das Schweizer Niveau erreicht wird.

Vergleicht man nun im zweiten Teil der Tabelle die Städte Stuttgart und Zürich, so haben wir zunächst dasselbe Phänomen: In der

---

auch wichtigen »Spezialbahnen« wie Zahnradbahnen usw., die nochmals 1.120 km Länge haben). Das deutsche Schienennetz hat 33.380 km Betriebslänge (Stand 2016).

405 Angaben nach UIC (Union Internationale des Chemins de fer – Internationaler Eisenbahnverband), Angaben für 2016; Berechnungen von Karl-Dieter Bodack, Stuttgart 21: Warum der Kopfbahnhof erhalten bleibt!, Manuskript vom 12. Juni 2016. Zum Thema geringere Kapazität Kopfgleis im Vergleich Durchfahrgleis siehe unten.

deutlich größeren baden-württembergischen Landeshauptstadt gibt es im Hauptbahnhof wesentlich weniger Fahrgäste als im Züricher Hauptbahnhof. In Zürich sind es 67 Prozent mehr. Auch hier sollte sinnvollerweise die Bundesregierung beim Wort genommen und unterstellt werden, dass es in Stuttgart in den nächsten fünf bis zehn Jahren zumindest eine vergleichbar große Zahl von Schienenverkehrsfahrgästen wie in Zürich geben wird. Aktuell wird dieses Fahrgastaufkommen in Stuttgart auf der Basis von 16 Kopfbahngleisen im klassischen Schienennah- und Fernverkehr und mit den zwei Durchgangsbahngleisen bei der S-Bahn bewältigt. In Zürich ist die vorgehaltene Bahngleis-Kapazität mit 22 Kopfgleisen und vier (unterirdischen) Durchgangsgleisen wesentlich größer. Selbst wenn man eine geringere Leistung von 30 Prozent bei einem Kopfbahngleis im Vergleich zu einem Durchfahrgleis unterstellt, dann lautet das Verhältnis Zürich gegenüber Stuttgart wie 19 zu 13. Oder: Zürich bietet 46 Prozent mehr Gleiskapazität.[406]

Doch jetzt kommt das Unglaubliche. In Stuttgart soll die Kapazität der Bahngleise auf zehn reduziert werden. In Zürich, wo es ebenfalls zu einer Neustrukturierung der Schieneninfrastruktur kommt, bleibt es bei 26 Bahngleisen, wobei sich das Verhältnis zwischen Durchfahrgleisen zu Kopfgleisen zugunsten der (leistungsfähigeren) unterirdischen Durchfahrgleise verändern wird.

---

406 Rechnung wie folgt; aktueller Zustand – vorletzte Zeile in Tabelle 3: Bei den 16 Kopfbahngleisen in Stuttgart wurden 30 % = 4,8 – also aufgerundet 5 Gleise – abgezogen, sodass 11 »Normgleise« verbleiben. Plus die 2 S-Bahn-Durchfahrgleise macht 13 »Normgleise«. Bei Zürich wurden von den 22 Kopfbahngleisen 30 % = 6,6, aufgerundet 7, abgezogen; verbleiben 15 »Normgleise« plus 4 Durchfahrgleise = 19 »Normgleise«. Rechnung für den zukünftigen Zustand (letzte Zeile in der Tabelle): Stuttgart/S21 = 10 Durchfahrgleise. Bei Zürich wurden von den dann 18 Kopfbahngleisen 30 % = 5,4, abgerundet 5, abgezogen, macht 13 »Normgleise« plus 8 Durchfahrgleise = 21 »Normgleise« gesamt. Im Übrigen geht Vieregg-Rössler nur von einer 10-prozentigen Leistungsminderung eines Kopfgleises im Vergleich zu einem Durchfahrgleis aus. Siehe Kapitel III. Andere Quellen nennen 30 Prozent. Wir wählten eine ausgesprochen konservative Rechnung und damit den Höchstabschlagswert von 30 Prozent.

Während also bisher der Züricher Hauptbahnhof bereits heute eine Schienenkapazität vorhält, die deutlich größer ist als diejenige im Stuttgarter Kopfbahnhof (einschließlich der zwei unterirdischen S-Bahnen), soll es in Zukunft im Stuttgarter Tiefbahnhof deutlich weniger Bahnsteig-Kapazität geben, während in Zürich die Leistungsfähigkeit der Schieneninfrastruktur erheblich ausgebaut wird. Die Bahnsteigkapazität in Zürich wird dann nominell um 160 Prozent größer sein bzw. 2,6 mal so groß wie der S21-Bahnhof. Berücksichtigt man den 30-Prozent-Abschlagsfaktor für die Züricher Kopfbahngleise, ist der zukünftige Züricher Hauptbahnhof immer noch um 110 Prozent oder um das 2,1fache leistungsfähiger als der geplante S21-Tiefbahnhof (einschließlich der S-Bahn).

Nun dürften die hiesigen Bahn-Oberen und die in Deutschland führenden Politiker der Auffassung sein, der Schweizer sei gewissermaßen genetisch bedingt bahn-affin und die Schweiz generell nicht mit Deutschland vergleichbar. Ex-Bahnchef Mehdorn hatte jeden Vergleich zwischen Deutschland und der Schweiz stets mit der Behauptung abgetan: »Das Schweizer Schienensystem ist doch eine einzige S-Bahn!«.[407]

Bleiben wir also im Land, ernähren wir uns redlich und vergleichen in erster Linie deutsche Hauptbahnhöfe, insbesondere aus dem süddeutschen Raum, mit dem jetzigen in Stuttgart und mit S21.

In allen Städten, die hier mit Stuttgart verglichen werden, wird im jeweiligen Hauptbahnhof deutlich mehr Schieneninfrastruktur und damit Kapazität bereit gehalten als im geplanten Stuttgarter Tiefbahnhof. In der im Vergleich zu Stuttgart nur gut halb so großen Stadt Augsburg gibt es neun Durchfahrgleise (bei S21 sind es zehn) und

---

407 Die Schweiz entspricht hinsichtlich Fläche und Bevölkerungszahl ungefähr den Bundesländern Niedersachsen oder Hessen (sie liegt zwischen diesen beiden Vergleichsregionen). In Niedersachsen und Hessen gibt es natürlich Fernbahnstrecken, regionale Schienenverbindungen und S-Bahnen. Und auf allen Ebenen des Schienenverkehrs weisen Hessen und Niedersachsen um 30 bis 50 Prozent schlechtere Werte auf: ein weniger dichtes Netz, nochmals weniger Verbindungen auf dem kleineren Netz und eine im Vergleich zur Schweiz miserable Vertaktung dieser Schienenverkehre.

Tab. 3: Sieben Städte und acht Hauptbahnhöfe im Vergleich[408]

Hauptbahnhof	Einwohner je Stadt	Durchfahr-Gleise*	Kopfgleise*	Gesamt
Stuttgart 2017	605.000	2	16	18
Stuttgart 21 Plan	605.000	10	0	10
Zürich	395.000	8	18	26
Nürnberg	499.000	21	0	21
Karlsruhe	300.000	14	2	16
Augsburg	277.000	9	9	18
Freiburg/Brsg.	230.000	10**	–	10
Bietigheim-Bissingen	42.800	8		8

* *Jeweils einschließlich S-Bahn-Gleise*
** *Freiburg-Hbf = 8 Bahn- und 2 Stadtbahngleise*

zusätzliche neun Kopfgleise. Bei Berücksichtigung eines 30-Prozent-Abschlags bei den Kopfgleisen sind dies 15 »Normgleise« oder 50 Prozent mehr Kapazität. Stuttgart mit seinem S21-Tiefbahnhof liegt dann auf dem Niveau des Hauptbahnhofs in Freiburg – trotz drei Mal größerer Bevölkerung. Und nahe dem Niveau des Bahnhofs in Bietigheim-Bissingen, einem Städtchen, dessen Bevölkerungszahl ein Vierzehntel derjenigen der Landeshauptstadt ausmacht.

Vergleicht man Nürnberg mit Stuttgart und hier mit S21, dann ergibt dies das folgende Bild: In der fränkischen Metropole, die nur rund 80 Prozent der aktuellen Einwohnerzahl von Stuttgart hat, werden 21 Durchfahrgleise bereit gehalten – *mehr als doppelt so viel wie im Stuttgarter S21-Tiefbahnhof geplant sind.* Warum? Können die Verantwortlichen in Nürnberg nicht rechnen? Müsste bei denen mal ein Kefer, Leger oder Lutz vorbeischauen und ihnen nahe bringen, die Hälfte der Gleise stillzulegen? Oder ist es so, wie der Konzernbevollmächtigte Eckart Fricke am 26. Juni 2012 gegenüber einem S21-Kritiker – in einem Filder-Dialog-Gespräch – sagte: »Es war beim Stress-

---

408 Angaben nach: Karl-Dieter Bodack, Manuskript vom Juni 2016; Deutsche Bahn AG, DB Netz (Stand 2016).

test doch nie Aufgabe, einen Fahrplan zu erstellen, der auch gefahren werden kann. Wir wollen unseren Körper ja auch nicht unter Stress setzen.« Im Übrigen habe »das Land später gar nicht das Geld, so viele Züge zu finanzieren.«[409]

Ähnlich argumentierte übrigens der damalige Bahnchef Mehdorn, als er das Glasdach über dem neuen Berliner Hauptbahnhof willkürlich massiv kürzen ließ, gegenüber seinen Kritikern. Er behauptete, so lange ICE-Züge, wie es sie damals gab, würde es in Zukunft gar nicht mehr geben. Dazu kam es dann zwar (noch) nicht. Seither stehen viele Fahrgäste im Berliner Hauptbahnhof buchstäblich im Regen, wenn sie dort ankommen und aussteigen oder einsteigen wollen. Mehdorn ging es um die Demonstration der Machbarkeit im kleineren Maßstab – das Bahnhofshallendach kappen und den Termin der Inbetriebnahme des Hauptbahnhofs einhalten. In Stuttgart geht es um die Demonstration eines weit größeren Machbarkeitswahns (siehe unten).

Die Bahn-Oberen, die Verantwortlichen in der baden-württembergischen Landesregierung und in der Bundesregierung kennen die Vergleiche des S 21-Tiefbahnhofs mit anderen Bahnhöfen. Sie wissen durchaus, was sie tun. Deshalb werden sie aktiv, die Wahrheit zu verstecken. Der aktuelle Bundesverkehrsminister Alexander Dobrindt wurde vor zwei Jahren dabei ertappt, wie er versuchte, heimlich ein Gesetz so zu verändern, dass der Betrug, der mit Stuttgart 21 verbunden ist, möglichst lange nicht ans Tageslicht kommt. Paragraph 11 des Allgemeinen Eisenbahn-Gesetzes (AEG) schreibt, wie bereits ausgeführt, unzweideutig vor, dass es im Fall einer »deutlichen Verringerung der Kapazität einer Strecke« einen entsprechenden Antrag bei »der Aufsichtsbehörde«, dem Eisenbahn-Bundesamt, geben und von dort für den Fall dieser Veränderung eine Genehmigung erteilt werden muss. Für S 21 wurde bislang ein solcher Antrag nicht gestellt. Dobrindt ließ im Oktober 2014 in seinem Ministerium eine

---

409   Inzwischen hat das baden-württembergische Verkehrsministerium eine Studie in Auftrag gegeben, wie sich die allzu dichte Zugfolge auf den Fahrplan und die damit verbundene Anschlusssicherheit auswirkt. Damit steht jetzt bereits fest, dass der S 21-Stresstest-Fahrplan und die dort unterstellten Fahrtzeiten nicht realisierbar sind.

Gesetzesnovelle ausarbeiten, die diese Vorschrift klammheimlich aushebeln sollte. Es gelang, dieses Projekt rechtzeitig an die Öffentlichkeit zu bringen. Nach heftigen Protesten musste Dobrindt das Vorhaben aufgeben.[410] Die Bundesregierung zeigte im Übrigen, dass sie sich der Problematik sehr wohl bewusst ist. Auf eine entsprechende Nachfrage seitens der Bundestagsabgeordneten Sabine Leidig und der Fraktion DIE LINKE, inwieweit S 21 nicht nach § 11 AEG genehmigt werden müsse, antwortete sie wie folgt: »Soweit sich bei der Verlegung des Stuttgarter Hauptbahnhofs […] Genehmigungstatbestände gemäß § 11 AEG erweisen sollten, wäre es ausreichend, die Verfahren zeitnah zur Veränderung der Betriebsführung zu führen.«[411]

Im Klartext: Die »Veränderung der Betriebsführung« erfolgt erst nach Inbetriebnahme von S 21, also 2021 oder auch 2023. Dann erst soll gegebenenfalls ein entsprechender Antrag gestellt und eine Genehmigung angefordert werden. Wobei natürlich dann, wenn einmal zehn und mehr Milliarden Euro verbaut sind, es ein gewissermaßen betonschweres »Argument« dafür gibt, die entsprechende Genehmigung zu erteilen.

Aktuell gibt es in diesem Zusammenhang eine spannende juristische Auseinandersetzung. Die Stuttgarter Netz AG (SN AG), ein Zusammenschluss von 15 kleineren Privatbahnen und Einzelpersonen, reichte gegen die Bundesrepublik (vertreten durch das Eisenbahn-Bundesamt) Klage ein mit dem Ziel, die Anordnung eines Stilllegungsverfahrens (ebenfalls gemäß AEG) für den Stuttgarter Kopfbahnhof

---

410   Die geplante Änderung von § 11 AEG besagte, dass im Fall der beabsichtigten Verringerung der Kapazität einer Strecke ein entsprechender Antrag bei der Aufsichtsbehörde dann nicht mehr gestellt werden müsste, wenn diese Verringerung an anderer Stelle »kompensiert« würde. Ausdrücklich wurde in der Begründung für die vorgesehene AEG-Änderung auf den Fall einer Umwandlung eines Kopfbahnhofs in einen Durchgangsbahnhof verwiesen. Da es aktuell im deutschen Schienennetz nur in Stuttgart ein solches Vorhaben gibt, lag es nahe, von einer »lex S 21« zu sprechen. Den Vorgang öffentlich gemacht haben Thomas Wüpper (Stuttgarter Zeitung vom 8. Oktober 2014) und Karl-Dieter Bodack (in: Eisenbahn-Kurier, Heft 12, 2014).

411   Deutscher Bundestag, DS 17/3333.

zu erreichen. Damit würde allen Bahnunternehmen ermöglicht, sich
für die Übernahme der bestehenden Kopfbahnhofsgleise zum Zwecke
weiteren Bahnbetriebs zu bewerben. Die SN AG als Klägerin selbst
erklärt, acht der 16 Bahnsteiggleise mit den Zufahrten sowie Gleise
für die Abstellung von Zügen zu übernehmen und zu betreiben. Ein
Urteil des Bundesverwaltungsgerichts in Leipzig wird für 2018 erwartet.

Erneut einer der vielen Risse im Gesamtprojekt, die zu dem Spalt
werden können, *durch den ein Lichtstrahl dringt.*[412]

Anhydrit, »Nach uns die Sintflut« bzw. »Wir sind dann mal weg«

Und so verlegen sich die Verantwortlichen auf die Strategie: Erstens
Fakten schaffen. Zweitens Tunnel vorantreiben. Drittens die Optionen
Ruhestand oder vorzeitiger Abgang wählen.

Fakten werden geschaffen, indem im Zeitraum Oktober 2016 bis
April 2017[413] der Aufsichtsrat der Deutschen Bahn AG nicht oder nicht
in angemessener Weise über das KPMG-Gutachten und die Widersprüche zu den 2016er Prüfberichten des Bundesrechnungshofs be-
raten hat. In der gleichen Zeit wird der Bau neuer Tunnel vorangetrieben. Ende März 2017 feierte die DB den »zweiten Tunneldurchschlag
bei S 21«: »Am Dienstagnachmittag entfernte die Tunnelpatin Beate
Dietrich mit einem Bagger die letzte Steinbarriere zwischen den Tun-
nelteilstücken, die von Wangen und von der Innenstadt aufeinander
zugearbeitet worden waren.« In dem Bericht der *Stuttgarter Zeitung*
wird der bereits vorgestellte Martin Wittke als Geschäftsführender
Gesellschafter der Bahn-Beratungsfirma WBI zitiert, wonach die Röhre im »als anspruchsvoll geltenden Anhydrit« verlaufe.[414]

---

412 Siehe ausführlich bei Karl-Dieter Bodack, Streit um den Kopfbahnhof
     Stuttgart, in: Eisenbahn-Revue International 4/2017.
413 Bis zum redaktionellen Abschluss dieses Buchs.
414 Stuttgarter Zeitung vom 30. März 2017.

Da stellt sich die Frage, wie es aussieht, wenn dieser anspruchsvolle Untergrund tatsächlich seine Ansprüche stellt? »Risse, überall, hinter aufgehängten Backformen und Bildern an den Wänden, versteckt hinterm Sofa, zugefugt mit Silikon an den Türschwellen. Selbst die Bodenplatte ist halbiert, das Haus zerrissen in zwei Hälften, die sich weiter verschieben.« So ein Bericht der *Stuttgarter Zeitung* über die Wirkungen von quellendem Anhydrit in der Stadt Staufen im Breisgau.[415] Es handelt sich bei dem Zitierten nur um den Bericht über ein *einzelnes* Haus. Betroffen sind in dem Städtchen inzwischen – nach einem im September 2017 exakt zehnjährigen Prozess des Quellens – rund 300 Häuser, 127 so schwer, dass sie regelmäßig wegen Einsturzgefahren überwacht werden müssen. Einzelne Häuser mussten abgerissen werden. Das Stadtbauamt wurde wegen Einsturzgefahr geräumt. Eine Kirche ist bedroht. Die Schäden bei den im Untergrund verlaufenden Gasleitungen erwiesen sich als so groß, dass die Stadt im Januar 2015 das Gasnetz übernehmen und 8,75 Millionen Euro an den bisherigen Versorger zahlen musste. Der Stadtkern hat sich um bis zu 60 Zentimeter angehoben und wurde um 40 Zentimeter nordwärts verschoben. Trotz eines deutlichen Rückgangs der Quellvorgänge hebt sich der Boden auch im Frühjahr 2017 weiterhin in jedem Monat um drei Millimeter. Damit wird er in fünf Jahren um weitere 10 Zentimeter angehoben.

Das ist just der Wert, der im 2016er KPMG-Gutachten zu Stuttgart 21 als worst case, als für einen im Tunnel verlaufenden Schienenstrang nicht mehr beherrschbar beschrieben wird. Liest man dort die Feststellungen auf Seite 49, dann versteht man, weswegen auf dem Deckblatt des Gutachtens »streng vertraulich« steht. Wir zitieren: »Hebungen von mehr als 10 cm [...] Risiko 3A: Während Rohbau, Bahntechnik oder IBN-Phase [Inbetriebnahme-Phase; W. W.] zeigen die geodätischen Kontrollmessungen in lokal begrenzten Abschnitten Sohlanhebungen an, die längerfristig den Bereich von 10 cm übertreffen werden. Der Bahnbetrieb ist somit nicht mehr gewährleistet. [...] In der Folge kann [...] ein Neubau des Tunnels erforderlich werden.

---

415   Stuttgarter Zeitung vom 25. April 2017.

[...] Wir gehen von Mehrkosten für ein Einzelereignis von ca. 195 Millionen Euro aus.«[416]

Zurück nach Staufen im Breisgau. Wie waren die gewaltigen Schäden entstanden? Hatte die Deutsche Bahn ein Staufen 21, ein Tiefbahnhöfle, gebaut? War Herr Herrenknecht zu Werke gegangen und hatte einen Straßentunnel bohren lassen? Ging es um mächtige Tunnelprofile mit bis zu 8 Metern Durchmesser, wie sie bei S 21 üblich sind? Die drei Fragen müssen alle verneint werden. Die beschriebenen Schäden in Staufen entstanden durch relativ harmlose Erdwärme-Sondierungsbohrungen. Der Durchmesser der Bohrungen betrug 161 Millimeter auf den ersten 14 Metern, im späteren Verlauf sogar nur noch 135 Millimeter. Doch diese oberarmdicken Bohrungen reichten aus, um eine Verbindung zwischen einer Schicht mit unter hohem Druck stehendem Grundwasser und einer darüber liegenden mächtigen Gipskeuperschicht zu schaffen und auf diese Weise die beschriebenen Quellungen auszulösen. Denn ab der Herstellung der beschriebenen Verbindung von Wasser und Gipskeuper gelten die Gesetzmäßigkeiten der Chemie und Geologie: $Ca[SO_4]$ (= Calciumsulfat bzw. Anhydrit) $+H_2O$ (= Wasser) = $Ca[SO_4] \cdot 2H_2O$ (= Gips). Der Wasserzutritt verwandelt Anhydrit in Gips, wobei sich bei dieser Umwandlung das Volumen um mehr als 50 Prozent erhöhen kann.

Dass das Beispiel Staufen, nur 151 Kilometer Luftlinie oder 212 Kilometer auf der Straße oder 2 Stunden und 31 Minuten per Bahn von

---

416 KPMG-Gutachten, a. a. O., S. 49. Weiter heißt es dort: »Dieses Ereignis kann vom Zeitpunkt des Ausbruchs [erste Tunnelbohrung; W. W.] bis hin zur kommerziellen Inbetriebnahme eintreten. Spätere Zeitpunkte werden hier nicht betrachtet.« Das heißt, die Gutachter untersuchten erst gar nicht den Fall von Sohlanhebungen durch Anhydrit-Quellung, die nach der Inbetriebnahme stattfinden. Die Kosten von knapp 200 Millionen Euro »je Einzelereignis« beziehen sich ausschließlich auf Fälle, in denen während der Bauzeit und vor der Inbetriebnahme eine solche Quellung auftritt, entdeckt und durch einen Tunnelneubau behoben wird. Schadenereignisse nach Inbetriebnahme werden offensichtlich deshalb nicht »betrachtet«, weil dann die Kosten nochmals wesentlich höher liegen und der verkehrliche Schaden kaum zu bewerten ist. Es käme dann während der Zeit zum Neubau des Tunnelabschnitts zur Einrichtung eines Notfahrplans; viele Züge könnten den Stuttgarter Hauptbahnhof nicht mehr anfahren.

Stuttgart entfernt, eine gewaltige Bedeutung für das Projekt Stuttgart 21 hat, liegt auf der Hand. Vorbeugend tönte Martin Herrenknecht im November 2014, es handle sich in Staufen um das »Werk von Nichtkönnern.«[417] Tatsächlich jedoch wurden in Staufen die Arbeiten von einer erfahrenen Fachfirma ausgeführt. Ein Gutachten der Materialprüfungsanstalt der Universität Stuttgart kam zu dem Ergebnis, dass die Bohrungen »nach dem Stand der Technik« niedergebracht wurden. Und zeugt es von einem »Werk von Könnern«, wenn in Stuttgart beim S 21-Tunnelbau durch Anhydrit während des eigentlichen Baus die Bautechnik grundlegend geändert wird, wie die die Bahn beratende Firma WBI das dort entschied und wie dies in Kapitel III berichtet wurde?

Es bleibt eben das Problem, dass auch »nach Stand der Technik« Tunnelbau im Anhydrit nicht beherrschbar ist; O-Ton KPMG-Gutachten: Es besteht »bei *jedem* Tunnel im Anhydrit inhärent ein im Ingenieursbau unüblich hohes Risiko für die Betriebstauglichkeit.«[418]

Und wie stellt die *Stuttgarter Zeitung*, die den zitierten Bericht zu Staufen veröffentlichte, diese Zusammenhänge dar? Werner Sauerborn schrieb dazu in seiner immer höchst informativen Rundmail an die Gemeinde der Bürgerbewegten: »Das muss man erst mal bringen: Eine ganze, schön geschriebene Seite berichtet die *Stuttgarter Zeitung* heute über die verheerenden Wirkungen quellenden Anhydrits – in Staufen! Ohne auch nur ein Wort zu verlieren, dass in Stuttgart nicht etwa eine kleine Geothermik-Bohrung zu jahrelangen Schäden führen könnte, sondern die halbe Stadt mit S 21-Tunneln unterzogen wird, von denen 20 Kilometer durch eben dieses riskante Gestein verlaufen.«[419]

Nichts sehen, nichts hören – und rechtzeitig den Abgang suchen. Die Tür »Exit« haben, wie teilweise bereits berichtet, beim Stuttgart 21-Projekt bereits viele Verantwortliche gewählt, so die Vorgänger von Manfred Leger, Hany Azer und Stefan Penn, der Infrastruktur-

417   Badische Zeitung vom 18. November 2014.
418   KPMG-Gutachten, a. a. O., S. 52.
419   Infobrief Werner Sauerborn vom 25. April 2017.

vorstand Volker Kefer, der Kefer-Vorgänger Stefan Garber und nicht
zuletzt die Ex-Bahnchefs Hartmut Mehdorn und Rüdiger Grube.[420]
In die politische Wüste geschickt wurden die S 21-Verantwortlichen
aus dem ehemaligen CDU-Regierungsteam mit den professionellen
Provokateuren Stephan Mappus, Ex-Ministerpräsident, Tanja Gön-
ner, ehemalige Umweltministerin, und Heribert Rech, ehemaliger
Innenminister. Abgetreten sind aus dem SPD-Lager u. a. die S 21-Ver-
antwortlichen Nils Schmid, der ehemalige Wirtschaftsminister, Claus
Schmiedel, der ehemalige SPD-Fraktionsvorsitzende, und Wolfgang
Drexler, der S 21-Projektsprecher.

Manfred Leger und Georg Brunnhuber werden in zwei oder drei
Jahren in den Ruhestand gehen und die Inbetriebnahme von Stuttgart 21 höchstens als Zaun- oder Ehrengäste miterleben. Auch Winfried Kretschmann wird zum Zeitpunkt der bislang angedachten Inbetriebnahme von Stuttgart 21 längst Ruheständler sein.

Kurzum: Sollte es im Zusammenhang mit dem absehbaren Scheitern des Gesamtprojektes zu Strafanzeigen kommen, dann dürften
viele Verantwortliche schwer greifbar sein. Insbesondere würden sich
die entsprechenden juristischen Auseinandersetzungen endlos in die
Länge ziehen. Darauf spekulieren die für S 21-Verantwortlichen in
ihrer zynischen, grenzenlosen Verantwortungslosigkeit.

Tunnelmania und Männlichkeitswahn

Beim Großprojekt Stuttgart 21 spielen irrationale Aspekte, die einiges
mit Psychologie – mit Machbarkeitswahn und männlichen Macht-
phantasien – zu tun haben, eine nicht unwichtige Rolle. In dem bereits weiter oben zitierten Artikel zum »Zweiten Tunneldurchschlag«
bei Stuttgart 21 wird auch berichtet: »Sein [Martin Wittkes; W. W.] Vater, Walter Wittke, war ebenfalls beim Durchstich dabei – und konnte

---

420   Andere prominente Abgänge beim S 21-Projekt waren die Projektsprecher
      Wolfgang Drexler und Wolfgang Dietrich und die Konzernbevollmächtig-
      ten für Baden-Württemberg Werner Klingberg und Eckart Fricke.

nebenbei seinen 83. Geburtstag auf der Baustelle feiern.« Über denselben Firmen-Senior heißt es an anderer Stelle: »Er [Walter Wittke;
W. W.] wandert zwar leidenschaftlich gerne, lieber als oben auf dem
Gipfel ist er aber unten im Berg.«[421] Die »Tunnelmania«, die hier aufscheint, sollte gründlich, auch psychoanalytisch, unter die Lupe genommen werden.

Die Tunnelpatronin, die Heilige Barbara, ist offenkundig weib-
lichen Geschlechts. Das Bohren im Berg war Jahrhunderte lang in
Deutschland und ist auch heute noch in vielen Ländern der Welt ausschließlich Männersache. Frauen im Tunnel während der Arbeit der
Mineure sind in der Regel unerwünscht; ihre Anwesenheit könnte Unglück bringen. Noch 1994 berichtete das *Deutsche Forschungs-Magazin*:
»Geologie-Studentinnen durften bei einer Bergwerksbesichtigung nur
in den Lehrstollen und nicht in den Hauptstollen, da ›das Einfahren
von Frauen in eine Zeche Unglück brächte‹, wie der zuständige Gru-
benleiter glaubte.«[422]

Die Erde wird als weiblich imaginiert; Männer müssen allein im
Stollen oder Tunnel arbeiten. Zumal mit dem gigantischen Bohrkopf
ein »Erektor« zum Einsatz kommt, der »die Ausbruchslaibung aus-
kleidet und abdichtet.«[423] Kommen Frauen hinzu, so grollt die Erde
bzw. die Berggöttin wird eifersüchtig; es droht ein Unglück. In Artikel 2 der Vereinbarung der Internationalen Arbeitsorganisation
(IAO) von 1935 wurde festgelegt: »No female, whatever her age,
shall be employed on underground work in any mine«. (»Keine Frau,
welchen Alters auch immer, soll unter Tage in einem Bergwerk arbeiten«). Die Bundesrepublik Deutschland hat dieses Abkommen erst
2008 gekündigt. Lord Randolph, der Vater von Winston Churchill,
verfasste 1899 eine Stellungnahme gegen den Bau einer Tunnelver-
bindung zwischen Frankreich und England, in der der unterstellte
weibliche Charakter des Untergrundes nochmals skurriler und wie
folgt thematisiert wurde: »Das Ansehen Englands beruht bis auf den

---

421 Bezug. Das Projektmagazin, März 2017, S. 9.

422 Deutsches Forschungs-Magazin Nr. 12, S. 5.

423 https://de.wikipedia.org/wiki/Tunnelbohrmaschine.

heutigen Tag auf seiner Existenz als intakter Jungfrau (virgo intacta).«[424]

In Japan gab es bis Ende der 1980er Jahre ein Verbot weiblicher Präsenz in Tunneln während deren Bau und bei Einweihungen von Tunnelbauten. Die Eröffnungsfeier des damals längsten Tunnels der Welt, des 53,9 Kilometer langen Seikan-Unterwasser-Tunnels zwischen den Inseln Honshu und Hokkaido, fand im Jahr 1985 zunächst, und damit traditionell, ohne Frauen statt. Als es wegen dieser geschlechtsspezifischen Einschränkung zu heftigen Protesten kam, wurde die Feier sechs Monate später wiederholt; nun durften Journalistinnen teilnehmen. Dabei wurde strikt darauf geachtet, dass keine Bauarbeiter sich gleichzeitig im Tunnel befanden und dass für die Feier kein Werktag, also kein potentieller Arbeitstag – an dem die Berggöttin besonders wachsam gewesen wäre – gewählt wurde. Die Frauen erhielten darüber hinaus die Auflage, »nicht in Röcken zu erscheinen.« Es kam zu keinem Unglück; der Tokioter Korrespondent der Deutschen Presse-Agentur (dpa) schrieb damals: »Offensichtlich hatte auch die eifersüchtige Berggöttin ein freies Wochenende genommen.«[425]

Verwirrend? Verstörend? Ja, ganz offensichtlich![426] *Verwirrend und verstörend* wirkt die Tatsache, dass die Tunnelbauwut beim Großpro-

---

424   Peter Haining, Eurotunnel. An Illustrated History oft he Channel Tunnel Scheme, Folkestone 1989, S. 13. Das damals von der ÖBB herausgegebene Magazin Eurocity titelte anlässlich der Eröffnung des Eurotunnels: »Wie ein Inselvolk endlich seine Jungfräulichkeit verliert.« Eurocity, Zeitschrift der Österreichischen Bundesbahnen ÖBB, 1/1991.

425   Frankfurter Rundschau vom 22. Februar 1988; Der Spiegel 39/1994.

426   Der Autor erlebte als MdB bei einem Besuch einer Bundestagsdelegation in der Tschechischen Republik im Jahr 1999, wie Mineure fluchtartig einen in Bau befindlichen Straßentunnel verließen, als die deutsche Delegation dort – im Tunnel selbst – auftrat. Der Grund: Es gab zwei weibliche Bundestagsabgeordnete in der Delegation. Die ersten Erfahrungen mit dem Tunnelbauwahn bei Stuttgart 21 veranlassten mich, 1996 ein kleines Buch mit dem Titel »Tunnelmania – Licht und Schatten im Untergrund« herauszubringen (Köln 1996). Die Autoren waren Jan Gympel, Ivo Köhler, Konrad Koschinski, Bernhard Strowitzki und Winfried Wolf. Dort kam auch Sigmund Freud zu Wort.

jekt Stuttgart 21 und bei vielen vergleichbaren unterirdischen Projekten *objektiv irrational* ist. Diese hat auch etwas zu tun mit einem Machbarkeitswahn und mit einem zwanghaften Umgang mit der Natur, der ein männlich und machistisch geprägter Wille – »dem Ingeniör ist nichts zu schwör« – aufgezwungen werden soll. Da wird begradigt, eingeebnet, planiert, untertunnelt, durchbohrt und auf diese Weise das höchst problematische Bibel-Wort »Macht Euch die Erde untertan« umgesetzt. Eine nachhaltige, Ressourcen, Umwelt und das Klima schonende Umgangsweise mit der Natur muss von einem grundsätzlich anderen Grundverständnis ausgehen. Es war interessanterweise Friedrich Engels, der dies wie folgt auf den Punkt brachte: »So werden wir bei jedem Schritt daran erinnert, dass wir keineswegs die Natur beherrschen, wie ein Eroberer ein fremdes Volk beherrscht, wie jemand, der außer der Natur steht – sondern, dass wir mit Fleisch und Blut und Hirn ihr angehören und mitten in ihr stehen, und dass unsere ganze Herrschaft über sie darin besteht, im Vorzug zu allen anderen Geschöpfen ihre Gesetze erkennen und richtig anwenden zu können.«[427]

Der in unserer Gesellschaft im Allgemeinen und bei Stuttgart 21 im Besonderen vorherrschende Machbarkeitswahn kann darin enden, dass ein Großprojekt sich auch höchst konkret am Ende der Bauzeit als ein »unnützes« herausstellt. Der bereits angeführte gigantische Seikan-Tunnel, der bis zu 100 Meter unter dem Meeresboden verläuft und dessen Bau den Tod von 34 Mineuren gefordert hatte, erwies sich nach seiner Fertigstellung für die ursprüngliche Funktion einer Hochgeschwindigkeitsverbindung zwischen Tokio und Sapporo als nicht mehr sinnvoll. Das Verkehrsaufkommen wird inzwischen zu 95 Prozent im Luftverkehr abgewickelt. In den drei Jahrzehnten 1985

---

427 Friedrich Engels, Dialektik der Natur, Marx-Engels-Werke (MEW) Band 20, S. 453. Ich schreibe, das Engels-Zitat sei »interessant«, weil dem Marxismus in der vorherrschenden Wahrnehmung eine Technikgläubigkeit und auch ein Fetischismus hinsichtlich des »technologischen Fortschritts« zugesprochen wird. Dies trifft zweifellos auf die (mehrheitliche) deutsche Sozialdemokratie seit Ende des 19. Jahrhunderts und in fürchterlichem Maß auf den Stalinismus, also auf die Sowjetunion ab den 1930er Jahren, zu. Auf Marx und Engels trifft dies nicht zu (schon gar nicht auf den »frühen Marx« (siehe die »Pariser Manuskripte) und auf den »späten Engels« (siehe das Zitat oben).

bis 2016 wurde das Bauwerk kaum genutzt (es gab Planungen, es als
riesigen Schutzkeller für den Fall eines atomaren Kriegs einzuplanen).
Die Unterhaltskosten für dieses *grande opera inutile* überstiegen allein
in diesem Zeitraum die Baukosten deutlich. Seit dem 26. März 2016
verkehrt nun doch ein Hochgeschwindigkeitszug, der Hokkaidō-
Shinkansen, durch den Tunnel; allerdings nur auf einem Teilabschnitt.
Eine Auslastung, die die Baukosten und den Aufwand auch nur annähernd rechtfertigen würden, wird wohl nie erreicht werden.[428]

   Der Männlichkeits- und Machbarkeitswahn, der gerade auch beim
S 21-Großprojekt mit Behauptungen, man habe den »anspruchsvollen« Anhydrit »im Griff«, aufscheint, verbindet sich mit den in Kapitel VI aufgezeigten Lobbyaspekten und den Finanzinteressen. Und
vor allem kommt inzwischen ein weiterer fataler und völlig irrationa-
ler Aspekt hinzu: *die Staatsräson.*

Eine Staatsräson, die
»finster entschlossen« durchzusetzen ist

Verwirrend und verstörend ist, dass inzwischen an Stuttgart 21 in erster
Linie deshalb festgehalten wird, weil dieses Großprojekt zu einem *Poli-
tikum* geworden ist. Das war bereits auf dem Höhepunkt der Auseinandersetzung der Fall, als die deutsche Kanzlerin im Deutschen Bundestag ausführte, Stuttgart 21 sei »der Maßstab für die *Zukunftsfähigkeit
Deutschlands«;* Stuttgart 21 müsse kommen, sonst sei *»Deutschland unre-
gierbar«; »Europa sei in Gefahr«,* wenn dieses Großprojekt nicht komme,
dann könne man überhaupt kein Großprojekt mehr bauen.[429]

---

428   Zunächst ist nur der Abschnitt zwischen Shin-Aomori und Shin-Hakodate-
      Hokuto in Betrieb, später soll die Shinkansen-Strecke bis Sapporo verlän-
      gert werden.

429   Erstes Zitat aus der Rede der deutschen Kanzlerin am 15. September 2010
      im Rahmen der Haushaltsdebatte; darauffolgend Rede von A. Merkel am
      18. Oktober 2010; www.spiegel.de/spiegel/print/d-74549707.html. In der
      Debatte um den Druck, den Ronald Pofalla und CDU-Größen im Auftrag
      der Kanzlerin auf die Aufsichtsräte Anfang 2013 ausübten, um die neuen

In Kapitel I wurde in diesem Sinn der damalige Bahnchef Rüdiger Grube zitiert, wonach »das Ding jetzt durchgezogen« werden müsse, weil ansonsten »uns alle Infrastrukturprojekte um die Ohren« fliegen würden. Der BASF-Konzernchef Jürgen Hambrecht äußerte Ende 2010: »Was mich umtreibt ist – jenseits der Argumente für oder wider Stuttgart 21 – die Frage: Sind wir in Deutschland überhaupt noch handlungsfähig. [...] Mit Verlaub: Wenn diese Entscheidung [zum Bau von Stuttgart 21; W.W.] ausgehebelt werden sollte, stehen in diesem Staat Rechtssicherheit und die Verlässlichkeit auf dem Spiel. Und das wäre eine große Gefahr.«[430] Als Mitte 2016 erste Informationen über die neue Kostenexplosion, wie sie in den Bundesrechnungshof-Prüfberichten dokumentiert wird, durchsickerten, erschien in der *Frankfurter Allgemeinen Sonntagszeitung* ein Artikel von Dyrk Scherff mit der Überschrift »Milliardenloch Stuttgart 21«, in dem es heißt: »Die Bahn würde das Projekt heute wohl nicht mehr bauen wollen. [...] Aber aufgeben wird sie es jetzt nicht mehr, zu groß wäre der Gesichtsverlust.«[431]

In allen drei Zitaten kommt zum Ausdruck: Sachargumente zählen nicht mehr. Es geht um Prinzipien wie »etwas Durchziehen«, damit man Herr im Haus bleibt, um das Demonstrieren von »Verlässlichkeit« und um das Vermeiden eines »Gesichtsverlustes«.

Als Richard Lutz auf der Bilanzpressekonferenz der Deutschen Bahn AG, am 23. März 2017, zugleich sein erster Arbeitstag als neuer offizieller Bahnchef, durch eine Frage des Journalisten Henning Zierock veranlasst wurde, sich doch zu Stuttgart 21 zu äußern, da fügte sich seine Antwort exakt in diese gehirnlose Vorstellung von der notwendigen Durchsetzung einer »Staatsräson«. Während ein neuer Bahnchef eigentlich alles daran setzen müsste, alle großen Bahnprojekte nach Sinnhaftigkeit, Logik und Kosten neu zu bewerten, antwortete Lutz, er sei »finster entschlossen« Stuttgart 21 zu Ende zu bauen.

Kostensteigerungen abgesegnet zu bekommen, spielte diese Einschätzung der Kanzlerin laut amtlichen Vermerken des Bundeskanzleramtes eine entscheidende Rolle.

430 Gemeinsames Interview mit Dieter Zetsche und Jürgen Hambrecht, in: Stuttgarter Zeitung vom 28. November 2010.

431 Frankfurter Allgemeine Sonntagszeitung vom 5. Juni 2016.

In dieser perversen Logik war es dann auch konsequent, dass im Dezember 2016 die Deutsche Bahn AG das Land Baden-Württemberg und die Stadt Stuttgart in eine Schicksalsgemeinschaft mit dem Bahnkonzern selbst hineinzuzwängen versuchte. Die Deutsche Bahn AG lässt nun die Beteiligung »der Partner des Gemeinschaftsprojekts Stuttgart 21« an den Mehrkosten gerichtlich klären.[432] Sie bezieht sich dabei auf die sogenannte Sprechklausel im »Memorandum of Understanding« zu Stuttgart 21 vom 19. Juli 2007, in der es heißt: »Bei darüber hinausgehenden Kostensteigerungen werden DB AG und Land Gespräche aufnehmen.«[433]

Die Klage der Deutschen Bahn auf Übernahme der S 21-Mehrkosten durch das Land Baden-Württemberg und die Stadt Stuttgart war gleichzeitig das vergiftete Abschiedsgeschenk, das Rüdiger Grube vier Wochen vor seinem Abgang als Bahnchef der Bevölkerung in Baden-Württemberg hinterließ. In der 200-seitigen Klageschrift, verfasst von der international tätigen Kanzlei Wilmer Hale, wird gefordert, dass Land, Stadt und die Stuttgart-Flughafen-Gesellschaft zusammen 65 Prozent der Mehrkosten schultern. Beim aktuellen Stand – realistisch unterstellt, die Prüfberichte des Bundesrechnungshofs treffen zu – heißt das, dass zusätzliche 3,6 Milliarden Euro Mehrkosten auf diese drei »Partner« zukommen.[434]

---

432 Presseerklärung der Deutschen Bahn AG vom 23. Dezember 2016.

433 Grüne und SPD argumentieren bislang immer, das Aufnehmen von Gesprächen bedeute keine Übernahme von Zahlungsverpflichtungen. Anders als im zitierten Memorandum heißt es allerdings im S 21-Finanzierungsvertrag vom 2. April 2009 etwas präziser: »Werden [...] Kostensteigerungen [...] nicht durch Einsparungen oder Chancen ausgeglichen, so bedarf es [...] einer Entscheidung des Lenkungskreises.« Hier geht es bereits um Entscheidungen und nicht allein um die Aufnahme von Gesprächen. Letzten Endes wird das Thema jedoch politisch entschieden – wobei Politik auch in erheblichem Maß vor Gericht eine Rolle spielen wird.

434 Der »Kostendeckel« lag bei 4,5 Milliarden Euro. Die Schätzungen des Bundesrechnungshofs und von Vieregg-Rössler liegen bei mehr als 10 Milliarden Euro. 65 % der Differenz von 5,5 Milliarden Euro entsprechen 3,575 Milliarden Euro.

So unterschiedlich die Einschätzungen hinsichtlich der Erfolgsmöglichkeiten einer solchen Klage sind, fatal sind in diesem Zusammenhang drei Dinge: Erstens, dass sich dann, wenn tatsächlich eine endgültige Antwort vor den Gerichten erreicht werden soll, die nunmehr eingeleiteten juristischen Auseinandersetzungen solange erstrecken werden, dass zum Zeitpunkt der letztinstanzlichen Entscheidung sich keiner der aktuell Verantwortlichen noch in Amt und Würden befindet. Dazu schrieb die *Frankfurter Allgemeine Zeitung*: »Der Rechtsstreit [...] dürfte sich über mindestens fünf Jahre erstrecken. Die nächsten Landtagswahlen sind 2021. Das Gerichtsurteil müssen wahrscheinlich erst Kretschmanns und Reinharts Nachfolger zur Kenntnis nehmen.«[435] Auch hier erleben wir das Prinzip, die wichtigen S 21-Themen so lange hinauszuschieben, bis Fakten geschaffen und ehemalige Verantwortliche nicht mehr greifbar sind.

Zweitens heißt es in der Presseerklärung der Deutschen Bahn AG anlässlich der Einreichung der Klage, die »Tür für eine außergerichtliche Einigung zur Verteilung der Mehrkosten« stehe »offen«. Es spricht einiges dafür, dass in dem langen Zeitraum, um den es hier geht, versucht werden wird, eine solche »außergerichtliche Einigung« zu erreichen und dass dann doch ein größerer Teil der S 21-Mehrkosten auf die Bevölkerung in Baden-Württemberg abgewälzt werden wird.

Drittens erklärten alle beim S 21-Großprojekt Beteiligten, »dass das Anrufen des Gerichtes *keinen Einfluss auf die gute Zusammenarbeit unter allen Partnern bei der Realisierung des Projektes Stuttgart 21* haben wird«.[436]

---

435 Frankfurter Allgemeine Zeitung vom 26. November 2016. Wolfgang Reinhart ist der CDU-Fraktionsvorsitzende.

436 Presseerklärung Deutsche Bahn AG vom 23. Dezember 2016; hervorgehoben von W. W. Bei einem ersten Treffen des Lenkungskreises Stuttgart 21 am 28. April 2017, an dem der neue Infrastrukturvorstand und Kefer-Nachfolger Ronald Pofalla teilnahm, demonstrierten OB Kuhn, Verkehrsminister Hermann und Pofalla Harmonie. Pofalla betonte, man wolle seitens der DB alles tun, eine gerichtliche Auseinandersetzung zu vermeiden, und strebe eine außergerichtliche Einigung an. Kohn und Hermann schienen dem nicht abgeneigt. Bericht in: swr-aktuell vom 28. April 2017.

Das Letztere ist absurd, verantwortungslos und zynisch. Die Deutsche Bahn AG und die Bundesregierung drohen damit, dass die Bevölkerung in Baden-Württemberg zusätzliche 3,6 Milliarden Euro dafür zahlen soll, dass in Stuttgart die Kapazität des Hauptbahnhofs um mehr als 30 Prozent gekappt wird. Doch die Vertreter der derart Bedrohten erklären, das sei Nebensache. Man werde weiter vertrauensvoll zusammenarbeiten ... bei eben diesem Kapazitätsabbau des Hauptbahnhofs und der Zerstörung eines Kulturdenkmals. Wobei klar ist, je mehr weitergebaut wird, desto größer wird das Erpressungspotential der DB AG und des Bundes, um eine Übernahme eines großen Teils der Mehrkosten durch das Land Baden-Württemberg und die Landeshauptstadt zu erreichen. Abgrundtief + bodenlos.

Ring the bells (ring the bells) that still can ring
Forget your perfect offering
There is a crack in everything (there is a crack in everything)
That's how the light gets in [...]

Bürgerbewegung mit langem Atem: Umstieg 21

Kommt außerhalb von Stuttgart und außerhalb der Stuttgarter Region die Sprache auf Stuttgart 21, so herrscht meist Unwissenheit gepaart mit Fragen wie: Was, die sind da unten wirklich noch aktiv? Aber ist der Bau nicht weit fortgeschritten? Da das Projekt keine Schlagzeilen mehr macht und die Bürgerbewegung gegen Stuttgart 21 keine mehr ist, die nach zehntausenden Menschen zählt, ist das Thema auch weitgehend aus den Debatten der Linken außerhalb der Stuttgarter Region verschwunden.

Dabei wäre es blanker Voluntarismus gewesen zu glauben, eine solche Bewegung könnte über all die Jahre hinweg und angesichts dieser gewaltigen Front an S 21-Betreibern in Politik und Wirtschaft permanent als massenhafte aufrechterhalten werden. Dass es jedoch gelang, die Bewegung am Leben zu erhalten, ist bewundernswert.

Dass diese dabei nicht zum Ritual erstarrte, sondern immer neue Anläufe nimmt und produktive Initiativen entwickelt, das ist das Außergewöhnliche, im vorangehenden Kapitel ausführlich Beschriebene.

Einen solchen neuen Anlauf stellte das im Sommer 2016 erstmals vorgestellte Projekt *Umstieg 21* dar. Die Initiatoren wählten dabei bewusst einen positiven Ansatzpunkt, den sie wie folgt zusammenfassten: »Vor mehr als einem Jahr [damit Mitte 2015; W.W.] hat sich im Aktionsbündnis gegen S 21 und für Kopfbahnhof 21 eine neue Perspektive ergeben: Lasst uns der bisherigen […] Fundamental-Kritik unseres Widerstands gegen S 21 konstruktive Anregungen zu einem Kurswechsel an die Seite stellen! Wir fragten uns: Welche Möglichkeiten bieten sich an, das drohende Desaster des angeblich bestgeplanten Großprojekts in ein vernünftiges Umbau-Projekt zu verwandeln, mit dem die Probleme von S 21 vermieden werden könnten und sich sogar Vorteile gewinnen ließen? […] Einen dieser Vorteile sehen wir darin, dass wenigstens ein Teil der für S 21 ausgeführten Arbeiten für das neue Konzept weiter verwendbar wären. Wohlweislich haben wir unserem Konzept den Titel *Umstieg 21* gegeben, um klar zu machen, dass die bisherigen Bauarbeiten in Teilen fortgeführt werden könnten, jedoch mit einer anderen Zielsetzung, einer Zielsetzung, mit der sich viele Milliarden einsparen und zugleich Vorteile für fast alle Projektpartner erreichen ließen.«

Unter Verweis auf die neu sich abzeichnende S 21-Kostenexplosion und die Probleme beim Tunnelbau im Anhydrit heißt es weiter: »Die Bahn, ihre Aufsichtsräte und alle Projektpartner im Ländle täten also gut daran, die selbst auferlegten Denkverbote (oder Scheuklappen) abzulegen und einen Plan B zu S 21 zu entwickeln. *Umstieg 21* liefert ihnen allen ein Konzept mit guten Argumenten, wie sie unter Wahrung ihres Gesichts aus der Malaise herausfinden und aus der Not eine Tugend machen könnten.« Im Folgenden wird dann die Konzeption eines Umstiegs, bestehend aus verschiedenen Modulen, darunter der Wiederherstellung und Optimierung des Kopfbahnhofs und die Einrichtung eines Zentralen Omnibusbahnhofs (ZOB) in der ausgehobenen tiefen Grube unter den wieder bis zum

Quergebäude durchgezogenen Bahngleisen entwickelt.[437] Das Fazit
der gesamten Umstiegskonzeption, die in einer professionell aufge-
machten Broschüre und einer ausgezeichnet aufgebauten Website
vorgestellt wird, lautet: »Ein radikaler Kurswechsel von S 21 auf Umstieg 21 hätte weit mehr Vorteile für die Projektpartner als Nachteile.
Sie sollten nicht warten, bis die DB die ihr zugesagten 4,5 Milliarden
Euro verbaut und damit ihr Erpressungs-Potential weiter erhöht hat,
zum Nachteil einer vernünftigen Stadtentwicklungs- und Verkehrs-
planung.«

Die Umstiegskonzeption wurde auf zwei zentralen Veranstaltungen in Stuttgart – einer ersten am 15. Juli 2016 im neu eröffneten Ge-
werkschaftshaus mit 700 Teilnehmern und einer zweiten am 23. November 2016 im Stuttgarter Theaterhaus mit 500 Teilnehmern – und
auf mehr als einem Dutzend ergänzenden Veranstaltungen in der
Landeshauptstadt und in der Region vorgestellt. Schließlich war Umstieg 21 natürlich auch vielfach Thema auf den Montagsdemonstrationen. Es gibt auch regelmäßige alternative Baustellen-Führungen.
An einer von ihnen in jüngerer Zeit, durchgeführt am 5. April, beteiligten sich fünfzig Leute aus der Bürgerbewegung. Auf diese Weise
werden die S 21-Baufortschritte beobachtet, neue absurde Aspekte
im Gesamtprojekt aufgedeckt; das Konzept Umstieg 21 kann jeweils
mit dem Stand der S 21-Bauarbeiten abgeglichen werden.[438]

Ein gutes halbes Jahr nach der ersten Vorstellung von Umstieg 21
– im Zeitraum 23. bis 26. Januar 2017 – führte Infratest Dimap eine
repräsentative Umfrage zu Stuttgart 21 in Baden-Württemberg und –
teilweise getrennt ausgewiesen – im »Großraum Stuttgart« – durch.

---

437 Norbert Bongartz, Was kommt nach S 21? Umstieg 21!! Oder: Ignorieren
     geht nicht mehr, in: stadt.plan.extra 2016 Umstieg 21.

438 Auf der Montagsdemo vom 10. April 2017 berichtete als Kundgebungsred-
     ner der Dipl. Phys. Wolfgang Kuebart von den Ingenieuren 22 ausführlich
     über diese vorangegangene alternative Baustellen-Begehung. Er zollte da-
     bei den Ingenieursleistungen, die im Rahmen des S 21-Projekts vollbracht
     werden, als auf hohem Niveau stehend, Anerkennung zu. Er unterstrich
     zugleich in überzeugender Weise, dass diese Leistungen eben im Rahmen
     eines falschen und zerstörerischen Projekts stattfinden. Seine Rede ist u. a.
     wiedergegeben bei www.ingenieure22.de/

Die Ergebnisse sind teilweise ernüchternd, hinsichtlich der Umstiegskonzeption jedoch ausgesprochen erfreulich.[439] Danach hielten zu diesem Zeitpunkt 49 Prozent der Befragten das Projekt Stuttgart 21 für
»richtig« und 41 Prozent für »falsch«. Dazu kann man sagen: Es gibt
erstmals wieder keine absolute Mehrheit für S 21, wie dies nach der
Schlichtung 2010, bei der Volksabstimmung 2011 und in den Monaten nach der Volksabstimmung der Fall war. Auch nahm der Anteil
derjenigen, die das Projekt »falsch« finden, zwischen 2011 und Januar
2017 von 35 Prozent auf 41 Prozent zu. Kritisch zu bewerten ist, dass
es eben mehr sind, die S 21 »richtig« finden, als diejenigen, die das
Projekt grundsätzlich für »falsch« erachten.

Wird der Kreis der Befragten auf den »Großraum Stuttgart« reduziert, so ist das Ergebnis deutlich zugespitzter: 49 Prozent sagen
»richtig« und 46 Prozent »falsch«. Erhebliche Unterschiede ergeben
sich bei einer Unterscheidung nach dem Geschlecht: 54 Prozent der
Männer finden S 21 »richtig« und nur 39 Prozent »falsch«. Dagegen liegen bei den Frauen die Anteile gleich – 43 Prozent sagen, S 21 sei ein
»richtiges«, und 43 Prozent bezeichnen es als ein »falsches« Projekt.
Hier ist der Anteil der Unschlüssigen mehr als doppelt so groß wie bei
den Männern. Oben wurde bereits auf den stark männlich geprägten
Machbarkeitswahn verwiesen, der hier zweifellos eine Rolle spielt.[440]
Den entscheidenden Pluspunkt kann die Bewegung gegen Stuttgart 21
bei der Frage verbuchen, ob das »Umstiegskonzept ernsthaft geprüft
werden« solle. Danach antworteten 63 Prozent der Befragten, eine

---

439   Umfrage in Baden-Württemberg zu Stuttgart 21 – Januar 2017. Eine bevöl-
      kerungsrepräsentative Studie im Auftrag von Prof. Peter Grottian, infratest
      dimap, Januar 2017. Befragt wurden 1.000 Personen (in Form von Telefon-
      interviews).

440   Generell handelt es sich bei den Differenzen zu 100 % um diejenigen, die
      antworteten »kann ich nicht beurteilen / weiß ich nicht«. Bei den Frauen lag
      dieser Anteil demnach bei 14 Prozent, bei den Männern bei 6 Prozent. Auf
      die Frage, ob die Volksabstimmung im Jahr 2011 weiterhin »verbindlich«
      sei, antworteten 54 Prozent mit »Ja« und 37 Prozent antworten mit »Nein«.
      In die Fragestellung war bereits ausdrücklich eingeflossen, dass sich die
      Kosten für S 21 von den 4,5 Milliarden Euro, die 2011 als »Kostendeckel«
      genannt wurden, auf bis zu zehn Milliarden Euro erhöhen könnten.

solche »ernsthafte Prüfung« müsse stattfinden, nur 31 Prozent sagen
hierzu »Nein«. Selbst 49 Prozent der S 21-Befürworter forderten eine
ernsthafte Prüfung der Umstiegskonzeption.

In einer Presseerklärung der Fraktionsgemeinschaft SÖS LINKE
Plus hieß es: »Trotz der Baufortschritte kann das Projekt Stuttgart 21
bei der Bevölkerung keinen Zugewinn an Akzeptanz verzeichnen.
›Wir sehen, dass mittlerweile 41 Prozent der Baden-Württemberger_in-
nen Stuttgart 21 ablehnend gegenüberstehen‹, kommentiert Hannes
Rockenbauch, Fraktionsvorsitzender von SÖS LINKE plus.« Dieses
Verhältnis und die Tatsache, dass die Zahl der S 21-Gegner erneut ge-
wachsen sei, spiegle sich »in den politischen Mehrheiten im Rathaus
in keiner Weise wider. Dort ist die Fraktionsgemeinschaft SÖS LINKE
plus nach wie vor die einzige Kraft, die sich gegen das unsinnige Großprojekt wendet.«[441]

Die Landesregierung und der Gemeinderat der Stadt Stuttgart
lehnten alle Vorschläge ab, die Konzeption Umstieg 21 ernsthaft zu
prüfen. Ähnlich abweisend reagierte die Deutsche Bahn AG. Der
Ende März 2017 neu installierte Bahnchef Lutz erwähnte am 23. März
2017 auf der Bilanzpressekonferenz des Bahnkonzerns in seiner lan-

---

441   Pressemitteilung Fraktionsgemeinschaft SÖS LINKE plus vom 14. Febru-
      ar 2017. In der Pressemitteilung des Aktionsbündnisses gegen Stuttgart 21,
      ebenfalls datiert auf den 14. Februar 2017, heißt es: »Möglicherweise hat ein
      Teil der Antwortenden nur bestätigen wollen, dass sie die Politik so, nämlich
      als an die Volksabstimmung gebunden, wahrnehme. Plausibler jedoch sei,
      ›dass sich hier eine grundsätzlich positive Sicht auf das Prinzip einer offenen
      und breit angelegten Debatte (Schlichtung, Stresstest, Phoenix Dauerüber-
      tragung etc.) ausdrücke, wie es die Volksabstimmung 2011 symbolisiert hat‹,
      so Bongartz. Die Zustimmungsrate kurz nach der Volksabstimmung dürfte
      noch bei 90 % gelegen haben.« Bereits bei Wahlen, die ja deutlich repräsen-
      sentativer als Umfragen sind, haben wir das Resultat, dass eine Mehrheit
      der Abstimmenden Parteien wählt, die eine Politik gegen eben diese Be-
      völkerungsmehrheit machen. In jedem Fall kommt bei Meinungsumfragen
      zu Stuttgart 21 auch zum Ausdruck, dass 90 Prozent der meinungsbildenden
      Medien und 90 Prozent der Abgeordneten im baden-württembergischen
      Landtag drei Dinge seit fünf Jahren eisern vertreten: Erstens, dass S 21 »un-
      umkehrbar« sei. Zweitens, dass »eine klare Mehrheit« der Bevölkerung in
      der Volksabstimmung sich für S 21 entschieden habe. Drittens, dass jeder
      gute Demokrat und jede gute Demokratin sich daran halten müsse.

gen Präsentation des Jahresabschlusses 2016 das größte Bahnprojekt aller Zeiten, Stuttgart 21, mit keinem Wort. Seine erst auf die Journalisten-Frage gegebene, bereits zitierte Aussage, wonach er »finster entschlossen« sei, das Projekt »zu Ende zu führen«, muss als formidable Freudsche Fehlleistung gewertet werden.

Als wäre das nicht bereits genug an Demokratie-Verneinung und Missachtung von Sachargumenten, meldeten die Medien Ende März 2017: »Wasserwerfer kehren nach Stuttgart zurück«. Dabei wurde in allen Berichten der Zusammenhang zwischen diesem Einsatzmittel der Polizei und der Polizeiaggression im Schlossgarten am 30. September 2010 erwähnt. Der Stuttgarter Polizeisprecher Stefan Keilbach betonte jedoch: »Die Situation von damals und heute ist nicht mehr vergleichbar«. Schließlich gebe es »neue Besatzungsmitglieder« und es seien »neue Wasserwerfer«, die sich »bereits einige Male bewähren« hätten können.[442]

You can add up the parts / You won't have the sum
You can strike up the march / There is no drum
Every heart, every heart to love will come
But like a refugee
Ring the bells that still can ring / Forget your perfect offering
There is a crack, a crack in everything (there is a crack in everything)
That's how the light gets in [...]

Du kannst Einzelteile zusammenfügen
Doch du wirst nicht das Ganze bekommen
Du kannst zu einem Marsch aufrufen / Ohne zu trommeln
Jedes Herz, jedes liebende Herz wird kommen
Wie ein Flüchtling.
Läutet alle Glocken, die wir noch zum Klingen bringen
Nehmt Abstand von all den profanen Dingen
Immer gibt es einen Riss – einen Spalt – im Innern
Durch ihn wird ein Lichtstrahl dringen

---

442 Stuttgarter Zeitung vom 29. März 2017.

Um was es geht: Recht auf Stadt

Um was geht es bei der Bewegung gegen Stuttgart 21? Geht es um einen Bahnhof? Um ein die Stadt prägendes Bauwerk? Ohne Zweifel spielt das eine große Rolle. Die Mobilisierungen erhielten Massencharakter, als sich die Baggerzähne erstmals in den Nordflügel des Bonatzbaus eingruben.[443] Geht es um den Schlossgarten? Um die Verteidigung der Bäume, der Grünanlagen, des Parks? Auch dies spielt eine erhebliche Rolle. Als Leonard Cohen in dem Stuttgarter Konzert als Einführung zu dem Lied »Anthem« seine Solidarität ausdrückte und dabei ausdrücklich die »Bäume« im Schlossgarten erwähnte, da brandete in der Schleyer-Halle ein langer Beifall auf. Die Brutalität, mit der die bis zu 200 Jahre alten Bäume für ein zerstörerisches Bauprojekt geopfert wurden, – und der brutale Polizeieinsatz gegen friedlich Demonstrierende – brachten mehrmals mehr als Hunderttausend Menschen auf die Straße. Jahr für Jahr wird in Veranstaltungen und Demonstrationen an diesen Frevel erinnert.

Geht es um einen optimalen Bahnverkehr und um die Realisierung des Integralen Taktfahrplans? Natürlich auch. Ohne Zweifel wuchs in der Bewegung gegen Stuttgart 21 das Verständnis für die Bedeutung der Verkehrspolitik im Allgemeinen in dem Maß, wie das Thema der Klimaerwärmung von Klimakonferenz zu Klimakonferenz brennender und dann noch in jüngerer Zeit mit dem Diesel-Pkw-Skandal und der Ausrufung von Stuttgart als Feinstaub-Hauptstadt akzentuiert wurde.

Geht es um die große Politik? Um die Kritik am »Lügenpack« der Macher dort oben? Auf jeden Fall! Im Widerstand gegen Stuttgart 21 kommen viele Dinge zur Sprache, die die Menschen auf dem Herzen haben, wozu ihnen der Protest gegen das zerstörerische Projekt die Augen, die Ohren, den Verstand und die Sinne öffnet – Stuttgart 21 ist eine Projektionsfläche höchst unterschiedlicher Proteste.

---

443 »Das wurde als Tabubruch empfunden. Da kommen die mit so einem Tyrannus-Saurus-Rex-Bagger und lassen den in den Nordflügel reinbeißen. Das brachte die Massen.« Gespräch mit Gangolf Stocker in: Wem gehört die Stadt, S. 57.

Letzten Endes geht es um das Recht auf Stadt, geht es um die Selbstbestimmung der Menschen über sich, über ihre Umgebung; um Stadtkultur. Es geht um Visionen von einem freundschaftlichen und Freude spendenden Zusammenleben, um die Schaffung einer zukunftsfähigen Welt.

In diesem Rahmen erhalten der Schlossgarten, die Verkehrspolitik, der Bonatzbau und die Bäume ihre neue Bedeutung.

Die Konzeption Umstieg 21 hat diesen Dreiklang in idealer Weise umgesetzt. Dabei wurden auch Gedanken wieder aufgegriffen, die die Architekten des Bonatzbaus einst selbst als zentral angesehen hatten und die in den 1950er und 1960er Jahre bereits mit der Umgestaltung von Stuttgart in eine autogerechte Stadt – und damit mit der Teilverwirklichung dessen, was die faschistischen Machthaber für die deutschen Städte vorsahen – massiv beschädigt wurden.[444]

Die Bürgerbewegung in Stuttgart richtet sich gegen die Herrschaft der Profitmaximierung und die damit verbundenen zerstörerischen Wirkungen auf die Stadt und das Zusammenleben in der Stadt. David Harvey beschrieb dies für New York wie folgt: »Wir beobachten vermehrt, wie das Recht auf Stadt in die Hände von privaten oder quasiprivaten Interessen fällt. In New York bekleidet zum Beispiel der Milliardär Michael Bloomberg das Amt des Bürgermeisters. Er gestaltet die Stadt im Sinne der Bauunternehmer, der Wall Street sowie der transnationalen kapitalistischen Klassenelemente um und vermarktet sie zugleich weiterhin als optimalen Standort für erfolgreiche Unter-

---

444 Welchen Wert der Stuttgarter Haupt- und Kopfbahnhof hatte und haben könnte, konnte man ausgerechnet in dem bereits zitierten »Bahnhofsguide«, bei dem der erste DB AG-Bahnchef Heinz Dürr als Mitherausgeber wirkte, nachlesen. In ihm wird festgehalten, dass der Stuttgarter Hauptbahnhof »wegen seiner Architektur zu den bemerkenswerten Bahnhöfen in Deutschland« zählt. Laut Verfasser dieses Textes, »besticht die klare, von den funktionalen Notwendigkeiten eines Bahnhofs bestimmte Gesamtanlage«. Kritisiert wird hier bereits, dass »die in den 1970er Jahren abgeschlossene, möglichst autogerechte Neuordnung des Straßenverkehrs vor dem Hauptbahnhof« den Bonatzbau »isoliert« habe. »Der ehemals ebenerdige Haupteingang ist zu einem sinnlosen Loch degradiert worden.« Bahnhofsguide Deutschland ... a.a.O., S. 331.

nehmen und hervorragendes Reiseziel für Touristen. Faktisch verwandelt er Manhattan damit in eine riesige geschlossene Wohnanlage für die Reichen.«[445]

Vergleichbares findet in Stuttgart statt. Dort wandten sich, koordiniert von Prof. Roland Ostertag, der 1993 bis 1996 Präsident der Bundesarchitektenkammer war und dem im übrigen in dieser Funktion 1999 bis 2004 der Stuttgart 21-Gegner Peter Conradi folgte, im Juli 2016 rund 150 Menschen mit einem Appell »für unsere schöne Stadt Stuttgart – Protest gegen die Zerstörung der Stadt« an die Öffentlichkeit. Beklagt werden in dem Appell die »verheerenden Folgen« von Stuttgart 21 und der großen Kaufhäuser. Danach würde »unsere Stadt einen ebensolchen radikalen Eingriff in ihre Grundstruktur, in das Grundgesetz der Stadt, erfahren wie vor Jahrzehnten durch die stadtzerstörenden Stadtautobahnen.« Mit Stuttgart 21 würden »die großzügigen königlichen Parkanlagen, die vom Zentrum der Stadt bis zum Neckar reichen, im oberen und mittleren Schlossgarten zerstört, an ihrer empfindlichsten Stelle quer zum Tal aufgeschlitzt« und »durch einen mehrere Meter hohen Damm unterbrochen.« Abgrundtief + bodenlos.

Kritisiert wird das »Entstehen einer Parallelcity, das sogenannte Europaviertel jenseits des Bahnhofs«, womit »das Leben in der Innenstadt infrage« gestellt werde. Die Verfasserinnen und Verfasser fragen: »Ist uns bewusst und gleichgültig, dass wir unseren Kindern und Enkeln außer einer jahrzehntelangen Baustelle dieses Zeugnis einer technokratischen, stadtfeindlichen Gedanken- und Rücksichtslosigkeit gegenüber der Stadt- und Baukultur hinterlassen? Ist uns bewusst und gleichgültig, dass wir einen solchen gigantischen Schwabenstreich [...], der frühestens 2030 fertig wird, auch noch mit weit mehr als zehn Milliarden Euro finanzieren?« Schließlich werden »Stadt, Land, Region, Bund und Bahn« zum Umdenken aufgefordert, »ihre Verantwortung endlich wahr zu nehmen, zum Aus- und Umstieg aus dem desaströsen Stuttgart 21, zum Schutz und Wohle unserer Stadt und ihrer Bürgerinnen und Bürger.«[446]

---

445 David Harvey, Rebellische Städte, Berlin 2016, S. 60 (Erstausgabe 2012).
446 Abgedruckt in: Stuttgarter Zeitung vom 23. Juli 2016.

Auf mehr als 370 Montagsdemonstrationen und im Rahmen von hunderten Aktivitäten und Veranstaltungen waren diese Positionen des Rechts auf Stadt und des Eintretens für Zukunft auf die Losungen gebracht worden:

Wessen Bahnhof? Unser Bahnhof!
Wessen Straßen? Unsere Straßen!
Wessen Stadt? Unsere Stadt!
Oben bleiben!

ANHANG

Eisenhart von Loeper

Zur Strafanzeige wegen Untreue
durch Weiterbau von S 21

Mitte Februar 2017 erstatteten Dieter Reicherter und der Verfasser Strafanzeige gegen die ehemaligen Bahnvorstände Grube und Kefer sowie gegen Felcht als Vorsitzenden des Aufsichtsrats der Deutschen Bahn AG, weil sie durch den Weiterbau von S 21 ihre Pflicht zur Vermögensbetreuung des Bahnkonzerns verletzen und dessen Schädigung wissentlich in Kauf nehmen. Lassen sich die Staatsanwaltschaft Berlin und das zuständige Gericht davon überzeugen, sind die Tatverdächtigen wegen Untreue zu bestrafen. Der durch die Fortführung des Projekts angerichtete Vermögensschaden liegt nach dem Verkehrsgutachter Vieregg-Rössler bei über sechs Milliarden Euro, mindestens aber bei 4,5 bis 5 Milliarden Euro, folgt man überwiegend dem Bundesrechnungshof als oberster staatlicher Kontrollinstanz. Wegen der Schwere des Falles durch den Vermögensverlust großen Ausmaßes können die Tatverdächtigen sogar einen Strafrahmen von bis zu 10 Jahren Freiheitsstrafe auf sich ziehen (§ 266 II in Verbindung mit § 263 III Ziffer 2 StGB).

Erschwerend kommt seit Ende März 2017 hinzu, dass eine neu vorgetragene Faktenlage zu Vorermittlungen der Staatsanwaltschaft führte (242 Js 258/17) und zur Aufforderung an die Beschuldigten, sich zur Strafanzeige bis Ende Juni 2017 zu erklären. Denn der Vorwurf der Untreue ist vierfach verschärft: außer der Verschleuderung etlicher Milliarden Euro, die sich durch den Umstieg aus S 21 einsparen ließen, gibt es drei zentrale Funktionsmängel des Bahnprojekts, die nachweislich enorm schädigend wirken, die den Bahnvorständen und Aufsichtsräten untermauert und in diesem Buch beschrieben sind. So nennt das Auftragsgutachten des Aufsichtsrats wegen des quellfähigen Anhydrits auf 20 km Tunnelstrecke die »unüblich hohen Risiken für die Betriebstauglichkeit« als nicht beherrschbar. Für den Neubau eines Bahnknotens müssen sich damit zu erwartende wiederkehrende Streckenstilllegungen so katastrophal auswirken, dass dies den Weiterbau ausschließen muss. Klar ist auch längst, dass die unterirdische Halbierung der Gleise auf nur acht Gleise statt zugesicherter Verbesserung des Verkehrs einen Leistungsabbau um 30% bringen und die Bahn dauerhaft schädigen wird. Schließlich wird der sechsfach regelwidrige Tief-Schiefbahnhof mit 15 Promille der Gleise und Bahnsteige die Reisenden besonders beim Fahrgastwechsel gefährden und schädigen, wie die Bundesregierung selbst mit Wegrollvorgängen bei weit geringerem Gefälle im Kölner Hauptbahnhof auflistet. Der Staat erzeugt somit durch die Inbetriebnahme von S 21 für dessen gesamte Nutzungsdauer fahrlässige Verkehrsgefährdungen für Leib und Leben der Menschen, die er strafrechtlich gerade verbietet. Auch dies muss den Weiterbau von S 21 als unzulässig schädigend ausschließen.

Kann es demgegenüber eine tragfähige Entlastung für die Tatverdächtigen geben? Sicher ist: Der politische Einwand, der sich auf die Volksabstimmung und die S 21-Verträge stützt, kann aus Rechtsgründen kein Tabu des »unumkehrbar Entschiedenen« zulassen. Im Gegenteil wäre es unglaublich skandalös, damit die strafrechtlichen Schranken der Wirtschaftskriminalität aushebeln zu wollen. Zumal seit 2013 selbst die Deutsche Bahn AG, die Staatsanwaltschaft Berlin und das Bundeskanzleramt anerkannt haben, dass Kostensteigerungen jenseits der Wirtschaftlichkeit des Bahnprojekts den Ausstieg begründen würden. Genau genommen lassen sich damit die S 21-Befürworter und die beteiligten Amtsträger durch ihr unbedingtes Festhalten an S 21 zu einer Kriegserklärung gegen einen Grundkonsens der rechtsstaatlich geprägten Gesellschaft verleiten: Sie missachten wegen S 21 systematisch die Schranken des Strafrechts und begehen oder fördern pflichtwidrig jahrelang fortgesetzte Straftaten der Untreue. Dies ist auf allen Ebenen – auch seitens der Staatsanwaltschaft Berlin – nicht hinnehmbar.

Einen Schleichweg, sich der Strafverfolgung zu entziehen, hat die
Staatsanwaltschaft Berlin – früher noch unter der obersten Rechtsaufsicht des Justizsenators und S 21-Befürworters Thomas Heilmann
(CDU) – eingeschlagen. Sie gestand den prominenten Tatverdächtigen – ohne sie zu befragen – zu, ihnen sei nicht nachzuweisen, sie
hätten die schädigende Wirkung ihrer S 21-Weiterbau- Entscheidung
zu Lasten der Bahn in Kauf genommen. Dieser fürsorgliche Einwand
war schon damals lebensfremd. Die Sorgfaltspflichten des Aktien-
rechts und eine gesetzestreue Rechtsaufsicht können bei vierfach ein-
schlägigen Vorwürfen der Untreue nicht die Masche zulassen, sich in
jeder Hinsicht dumm zu stellen. Es kann schwerlich überzeugen, man
habe die Inkaufnahme der pflichtwidrigen Schädigung der Deutschen
Bahn AG durch den Weiterbau von S 21 nicht gekannt. Denn sich
vorbei zu mogeln an Kostenermittlungen des Bundesrechnungshofs,
an Anhydrit-Gefährdungen laut eigenem Auftragsgutachten, an Bahn-
Geständnissen und vom Bundesverkehrsministerium anerkannten
Gefährdungen – dies alles zwar zu wissen, aber doch ignorieren zu
dürfen, ist schlechthin unglaubwürdig.

Allerdings sind die Interna der Erörterungen und Abstimmungen
zumindest in den Sitzungen des Bahn-Aufsichtsrats wegen aktienrecht-
licher Geheimhaltung bisher unbekannt. Das kann und darf die Staatsanwaltschaft aber nicht daran hindern, den Tatverdacht der Untreue
in dieser Richtung durch geeignete strafprozessuale Schritte zu unter-
mauern. Das Weiterbauen von S 21 mit nachhaltigem Schweigen des
Aufsichtsrats entlastet diesen nicht.

Auch zu erwartende Contra-Argumente der Tatverdächtigen lassen sich – wie diesseits vorgetragen – nachhaltig entkräften, so dass
förmliche Ermittlungen der Staatsanwälte nun im überragenden
rechtsstaatlichen Interesse zwingend geboten erscheinen. Seitens der
Staatsanwaltschaft ist aufzuklären, wer für die nicht entschuldbare Ver-
mögensverschleuderung verantwortlich ist und was weitere interne
Bahn-Dokumente zu einzelnen Untreue-Vorwürfen ergeben. Die Jus-
tiz brächte sich selbst in Gefahr, wenn sie die überfällige Aufklärung
unterlassen würde.

Chronik zu Stuttgart 21 bis Frühsommer 2017

1938: In NS-Zeit erste Pläne zur Verlegung des Hauptbahnhofs vom gegenwärtigen Ort in den Rosensteinpark (Durchgangsbahnhof anstelle eines Kopfbahnhofs).

Januar 1991: Heinz Dürr (u. a. Ex-Daimler-Vorstand und Eigentümer Dürr AG) wird Vorstandsvorsitzender der Deutschen Bundesbahn. Ab 1994 dann Vorstandsvorsitzender Deutsche Bahn AG.

Dezember 1993 / Januar 1994: Bahnreform-Beschlüsse (u. a. mit Grundgesetzänderungen). Gründung Deutsche Bahn AG.

1993 – 1996: Das Eisenbahn-Neuordnungsgesetz (ENeuOG) sieht vor, dass alle nichtbahnnotwendigen Bahngrundstücke Bundeseigentum bleiben. Das Gegenteil findet statt: Fast alles Bahngelände, auch das nichtbahnnotwendige, bleibt Eigentum der DB AG.

18. April 1994: Das Projekt Stuttgart 21 (S 21) wird erstmals öffentlich vorgestellt.

Januar 1995: Präsentation der S 21-Machbarkeitsstudie der Bahn.
Mai 1995: S 21 wird auf der Immobilienmesse MIPIM in Cannes als Immobilienprojekt vorgestellt.
7. November 1995: Bund, Land, Stadt und DB unterzeichnen S21-Rahmenvereinbarung.
30. November 1995: Gründung der Initiative Leben in Stuttgart – Kein Stuttgart 21.

Juni 1996: Präsentation mehrerer »21er Projekte«, so Frankfurt 21 und München 21.
Sommer/Herbst 1996: 15.000 Unterschriften für einen Bürgerantrag für einen Bürgerentscheid zu S 21 werden überreicht.

26. Februar 1997: Johannes Ludewig wird Bahnchef.
April 1997: Die DB verkündet die Schließung des Kopfbahnhofs auf der Insel Lindau. Es entwickelt sich dagegen ein am Ende erfolgreicher Widerstand.
November 1997: Die Architekten Christoph Ingenhoven und Frei Otto gewinnen Wettbewerb für den S 21- Bahnhof.

Juli 1999: Bahnchef Johannes Ludewig verhängt S 21-Planungsstopp.
Mitte 1999: Der Daimler-Top-Manager Rüdiger Grube wechselt kurzzeitig zum Stuttgarter Baulöwen Rudi Häussler und wird dort geschäftsführender Gesellschafter. Häussler ist an den Finanzierungsplanungen für S 21 beteiligt. Grube kehrt bald darauf zu Daimler zurück.

Dezember 1999: Hartmut Mehdorn (Ex-Daimler-Dasa- Airbus-Manager) wird von Rot-Grün als Bahnchef eingesetzt. Er aktiviert die S21-Pläne Schritt für Schritt.

24. Juli 2001: Realisierungsvereinbarung von Land, Stadt Stuttgart und Verband Region Stuttgart mit der DB AG zur Umsetzung von S21 und NBS. U.a. schließt das Land Baden-Württemberg mit DB Regio für 10 Jahre einen langfristigen Nahverkehrsvertrag, der eine heimliche Kofinanzierung von S21 darstellt.
Dezember 2001: Die Stadt Stuttgart kauft der Bahn für 459 Mio. Euro Grundstücke am Stuttgarter Hauptbahnhof ab.

Februar 2005: Planfeststellungsbeschluss (Baugenehmigung) für Teilabschnitte von S21.

April 2006: Das oberste Verwaltungsgericht Baden-Württembergs weist drei Klagen gegen S21 ab.

13. April 2007: Gründung des Aktionsbündnisses gegen Stuttgart21 u.a. mit Leben in Stuttgart – kein Stuttgart21, BUND, VCD, PRO BAHN, Die Grünen.
Juli 2007: »Memorandum of Understanding«: Das Land übernimmt zwei Milliarden Euro Kostenrisiken für Stuttgart21 und bezahlt 950 Millionen Euro an die DB, um die Neubaustrecke Wendlingen–Ulm zu ermöglichen. (Weitere Anschubfinanzierung für S21 und für Neubaustrecke).
September 2007: Erste Großdemo gegen Stuttgart21 auf dem Stuttgarter Marktplatz mit 5.000 Teilnehmern.
September 2007: In Staufen im Breisgau beginnt nach Erdwärme-Sondierungsbohrungen der Boden zu quellen. Bis 2017 hat sich der Boden im Zentrumsbereich um knapp 60 Zentimeter angehoben. Der angebohrte Anhydrit-Untergrund hat sich mit Wasser vermischt.
Oktober 2007: Land, Stadt und Region unterzeichnen Ergänzungsvereinbarung zu S21. Sie werden Mitglied im »Lenkungskreis S21«.
Oktober – Dezember 2007: »Leben in Stuttgart – kein Stuttgart21« und ein breites Bündnis sammeln 67.000 Unterschriften für einen S21-Bürgerentscheid. // Der Stuttgarter Gemeinderat lehnt mit 45 zu 15 Stimmen den Antrag auf Zulassung eines S21-Bürgerentscheids ab.
Dezember 2007: Die Südwestdeutsche Medien Holding (SWMH) erwirbt die Mehrheit am Süddeutschen Verlag. Teil des SWMH-Medien-Imperiums u.a.: *Süddeutsche Zeitung* (SZ), *Stuttgarter Zeitung, Stuttgarter Nachrichten* und *Schwarzwälder Bote*. Alle SWMH-Medien ergreifen in der Grundtendenz Partei für Stuttgart21.

Juli / August 2008: Ein Gutachten der Vieregg-Rössler GmbH (München) kommt zu dem Ergebnis: S21 kostet 6,9 bis 8,7 Mrd. Euro.
Oktober 2008: Bundesrechnungshof (BRH) ermittelt Mehrkosten für S21 u. NBS von 2,4 Mrd. Euro und erklärt, S21 sei Bundesprojekt. Bund ignoriert BRH-Position.

März/April 2009: Bahnchef Mehdorn muss wegen Bespitzelung der Bahnbeschäftigten zurücktreten. Sein Nachfolger Rüdiger Grube war 1990–92 Büroleiter von Mehdorn bei Airbus, dann Daimler-Vorstand.

Juli 2009: Martin Herrenknecht, Eigentümer des weltgrößten Tunnelbauers und Profiteur von S21 und NBS, spendet 70.000 Euro an Landes-CDU.

26. Oktober 2009 Erste Montagsdemo gegen S21 am Stuttgarter Hauptbahnhof mit vier Teilnehmern.

November 2009: Interne Berechnungen der DB ergeben S21-Baukosten in Höhe von 4,9 Mrd. Euro. Grube lässt so lange intern rechnen und illusionäre Einsparungen ermitteln, bis der vertragliche »Kostendeckel« eingehalten werden kann – auf dem Papier.

9. und 10. Dezember 2009: Bahnaufsichtsrat (9.12.) und S21-Lenkungskreis (10.12.) beschließen Bauvorhaben S21.

Ende 2009: Gründung der Gruppe Parkschützer.

2010

2. Februar 2010: Offizieller Baubeginn von S21.

März 2010: Projektleiter Hany Azer legt bahnintern das Papier »121 Risiken« (bei S21) vor. Grube und Kefer ignorieren die Dokumentation.

April/Mai 2010: Montagsdemos pendeln sich bei 4.000–5.000 Teilnehmern ein.

20. Mai 2010: Landgericht Stuttgart lehnt Urheberrechtsklage des Bonatz-Enkels Peter Dübbers gegen Teilabriss des Hauptbahnhofs ab. Im Oktober scheitert auch die eingelegte Berufung beim Oberlandesgericht.

10. Juli 2010: Landesweite Großdemo gegen S21 im Schlossgarten mit 20.000 Menschen.

17. Juli 2010: Erste improvisierte S21-Mahnwache.

26. Juli 2010: Während der Montagsdemo besetzen S21-Gegner den Nordflügel; die Polizei räumt.

28. Juli 2010: Uraufführung des »Schwabenstreichs« auf dem Stuttgarter Marktplatz – eine Minute lang Lärm als Protest gegen S21.

30. Juli 2010: Der Zugang zum Nordflügel des Hauptbahnhofs wird mit einem massiven Bauzaun abgeriegelt. Bauzaun wird zur bundesweit bekannten Präsentationsfläche kreativer Protest-Kultur.

Juli bis September 2010: Im *Stern* erscheint ein halbes Dutzend Artikel von Arno Luik mit Enthüllungen zu S21.

13. August 2010: Bagger beginnen mit dem Abriss des Hauptbahnhof-Nordflügels.

7. August 2010: Zehntausende bilden Menschenkette um den Bahnhof.

15. September 2010: Kanzlerin Angela Merkel erklärt die Landtagswahl in Baden-Württemberg zum Plebiszit über S21.

30. September 2010: Schwarzer Donnerstag: Polizeiaggression im Schlossgarten. Am Abend tagt eine geheime »Elefantenrunde« im Stuttgarter Staatsministerium.

1. Oktober 2010: Kurz nach Mitternacht werden die ersten Bäume gefällt. Rund 100.000 Menschen protestieren am Abend gegen das Bahnprojekt. Cohen-Konzert in der Schleyer-Halle.

15.-30. November 2010: Schlichtung zu Stuttgart 21. Breite Medienresonanz (Phoenix, SRW u. fluegel-tv übertragen live). Inhaltlich können die S 21-Gegner punkten.

26. Oktober 2010: Sonderzug aus Stuttgart mit 650 S 21-Gegnern erreicht Berlin.

30. November 2010: Heiner Geißler verkündet als Schlichterspruch, dass Stuttgart 21 fortzuführen sei.

2011

21. März 2011: Zweites Bürgerbegehren zu S 21. OB Schuster werden 35.000 Unterschriften übergeben. Gefordert wird der Ausstieg der Stadt Stuttgart aus dem Projekt aufgrund der verfassungswidrigen »Mischfinanzierung«. Gemeinderat lehnt das Bürgerbegehren ab.

27. März 2011: In der Landtagswahl werden die Grünen, getragen vom Anti-S 21-Protest, stärkste Partei. Grün-rote Koalition mit Winfried Kretschmann als Ministerpräsident.

29. Juli 2011: Manipulativer »Stresstest« bestätigt formell S 21-Fahrplan. Heiner Geißler legt als »Kompromißvorschlag« Projekt Kombibahnhof vor.

November 2011: Bahnchef Grube: »Sollbruchstelle bei S 21 ist erreicht, wenn die Kosten 4,526 Milliarden Euro übersteigen.«

27. November 2011: In der Volksabstimmung zu S 21 stimmen landesweit 58,9 % gegen den Ausstieg des Landes aus der S 21-Finanzierung, 41,1 % Stimmen dafür. In Stuttgart liegt das Verhältnis bei 52,9 % zu 47,1 %.

2012

15. Februar 2012: Räumung des Stuttgarter Schlossgartens durch Polizei.

Sommer 2012: »Filder-Dialog«. Am 6. Juli lehnt eine Mehrheit der am »Dialog« Beteiligten das Konzept der DB AG ab. DB AG ignoriert den Mehrheitsentscheid.

Oktober 2012: Fritz Kuhn (Grüne) zum neuen Stuttgarter OB gewählt.

12. Dezember 2012: S 21-»Kostendeckel« von 4,5 Mrd. Euro wird gesprengt. S 21-Kosten nun DB AG-offiziell 6,526 Mrd. Euro.

2013

Anfang Februar 2013: Ein Dossier aus dem Bundesverkehrsministerium wird bekannt, in dem ein Weiterbau von S 21 angesichts der Kostenexplosion als kritisch gesehen wird. Es kommt zu einer massiven Einflussnahme der Bundesregierung auf einzelne DB AG-Aufsichtsräte, S 21 trotz erkannter Unwirtschaftlichkeit unbedingt weiterzubauen.

5. März 2013: Auf der Aufsichtsratssitzung der DB AG gibt es die mehrheitliche Zustimmung zur S 21-Kostensteigerung auf 6,526 Mrd. Euro. Mario Reiß, Aufsichtsrat der GDL, stimmt dagegen.

25. März 2013: Eisenhart von Loeper, Dieter Reicherter und Peter Conradi erstatten gegen Grube, Kefer und 17 Aufsichtsräte der DB AG Strafanzeige »Wegen Tatverdacht der gemeinschaftlichen Vergehen der Untreue«.

Mai 2013: Bundesverkehrsminister Peter Ramsauer ruft als Reaktion auf die
S21-Proteste die »Reformkommission Bau von Großprojekten« ins Leben. Von
den 36 Mitgliedern sind allein sieben direkte Profiteure beim S21-Projekt.
15. Juni 2013: Samstagsdemo der Bewegung gegen S21 in Solidarität mit den
Menschen, die in Istanbul gegen die Zerstörung des Gezi-Parks protestieren.
1. September 2013: Die Bahnprojekte S21 und Neubaustrecke Wendlingen–
Ulm werden in eine gemeinsame Projektgesellschaft mit der Bezeichnung DB
Projekt Stuttgart–Ulm zusammengeführt.

2014

Januar 2014: Die Grünen, der BUND, Pro Bahn und der VCD treten aus dem
Aktionsbündnis gegen S21 aus. Das Aktionsbündnis kann sich dennoch stabili-
sieren.
25.-27. April 2014: Konferenz »20 Jahre Bahnreform – 20 Jahre Stuttgart 21« in
Stuttgart mit 400 Teilnehmenden. An Demo am 26. April nehmen 4.000 Men-
schen teil.
Juli 2014: Eröffnung des Einkaufszentrums Milaneo auf dem Gelände des ehemaligen Güterbahnhofs. Maßgeblicher Betreiber ist der Immobilienriese ECE,
Tochter des Otto-Konzerns.
22. September bis 7. Oktober 2014: Auf der Fildern findet die Erörterung des
Planfeststellungsabschnitts 1.3 statt. Die Erörterung wird am 7.10. von den DB-
Vertretern vorzeitig abgebrochen.
Dezember 2014: Die Bewegung gegen S21 startet zwei weitere Bürgerbegehren (»Storno 21« wegen der anhaltenden Kostenlüge und »Leistungsabbau S21«
wegen inzwischen beweisbarem Kapazitätsabbau durch S21). Es gelingt ein weiteres Mal, insgesamt 40.000 gültige Unterschriften zu sammeln. Die Bürgerbegehren stoßen im Gemeinderat erneut auf Ablehnung.

2015

März 2015: Tod des Architekten Frei Otto. In fast allen Nachrufen wird verschwiegen, dass der Star-Architekt sich 2011 zum S21-Gegner wandelte.
Juni 2015: Von Loeper und Reicherter erstatten eine Zweite Strafanzeige gegen
Verantwortliche im Bahnkonzern und, als die Staatsanwaltschaft nicht aktiv wird,
eine Strafanzeige gegen namentlich benannte Staatsanwälte wegen des Verge-
hens der Strafvereitelung.
Dezember 2015: Die Verkehrsberatungsgesellschaft Vieregg-Rössler legt aktua-
lisierte Studie zu den S21-Kosten vor und kommt dabei auf 9,8 Mrd. Euro.

2016

15. März 2016: Der Bahn-Aufsichtsrat gibt externes Gutachten zu den Kosten
und den Projektrisiken von S21 in Auftrag.
16. März 2016: Anhörung zu S21 im Verkehrsausschuss des Bundestags. Gerald
Hörster, Präsident des Eisenbahn-Bundesamtes erklärt, es gebe keine endgültige
Genehmigung für S21 wegen der Gleisneigung.

Mai 2016: Im Koalitionsvertrag der neuen grün-schwarzen Landesregierung wird festgehalten:»Stuttgart 21 wird planmäßig und zügig« umgesetzt.
Anfang Juni 2016: Bahn-Infrastrukturvorstand Volker Kefer gesteht neue S 21-Kostensteigerungen und eine Verzögerung der Bauarbeiten um zwei Jahre ein. Er kündigt sein Ausscheiden aus dem Vorstand zum Jahresende an.
Juli 2016: Aktionsbündnis gegen S 21 präsentiert Studie »Umstieg 21 – Stuttgart 21 umnutzen«.
14. Juni 2016: Das Bundesverwaltungsgericht lässt das zweite Bürgerbegehren für den Ausstieg aus S 21 nicht zu. Begründung: Der staatseigene Bahnkonzern sei als Aktiengesellschaft nicht an das Grundgesetz (Verbot der »Mischfinanzierung«) gebunden.
23. Juli 2016: In der *Stuttgarter Zeitung* erscheint der Appell »Für unsere schöne Stadt Stuttgart – Protest gegen die Zerstörung der Stadt«. Koordination: Prof. Roland Ostertag.
September 2016: Bundesrechnungshof übermittelt zwei Prüfberichte zu S 21. Danach kann S 21 frühestens 2023 den Betrieb aufnehmen; als Gesamtkosten des S 21-Projekts lassen sich rund 10 Mrd. Euro errechnen.
November 2016: Das vom DB-AG-Aufsichtsrat im März 2016 in Auftrag gegebene (bahninterne) Gutachten von KPMG und Ernst Basler + Partner AG wird öffentlich. Die Gutachter stellen fest: »Tunnelbau ohne Wasser« ist »nicht möglich«. Und: »Bei jedem Tunnel im Anhydrit [besteht] ein im Ingenieurbau unüblich großes Risiko für die Bautauglichkeit.«
16. November 2016: Gerichtlich zugelassene Revision der Stuttgarter Netz AG gegen die Bundesrepublik Deutschland beim Bundesverwaltungsgericht Leipzig mit der Forderung kein Rückbau der Bahnsteiganlagen des oberirdischen Kopfbahnhofs Stuttgart. Die Klägerin bekundet ihr Interesse, die oberirischen Bahnanlagen nach Fertigstellung von S 21 weiter zu betreiben.
12. Dezember 2016: 350. Montagsdemo; 6.000 Menschen nehmen teil.
Mitte Oktober 2016 / Ende Januar 2017: Es kommt zu drei Aufsichtsratssitzungen der DB AG, auf denen das KPMG-Gutachten trotz der gegebenen Brisanz entweder kurzfristig von der Tagesordnung abgesetzt oder erst gar nicht auf die TO gesetzt wird.

2017
1. Januar 2017: Neuer Verantwortlicher im Bahnvorstand für S 21 ist Ronald Pofalla.
30. Januar: Rücktritt von Bahnchef Rüdiger Grube.
7. Februar 2017: Auf der Montagsdemo sprechen Tiziano Cardosi und Susanna Kuby; sie berichten über zerstörerische Großprojekte in Florenz und Venedig.
14. Februar 2017: Das Aktionsbündnis gegen Stuttgart 21 präsentiert eine aktuelle repräsentative Umfrage zu S 21. 63 % der Befragten fordern eine ernsthafte Prüfung des »Umstiegskonzepts«.
Mitte Februar/ Ende März 2017: Eisenhart von Loeper und Dieter Reicherter erstatten gegen die ehemaligen Bahn-Vorstände Grube und Kefer sowie gegen

den Aufsichtsratsvorsitzenden Felcht wegen Untreue erneute Strafanzeige (siehe Zusammenfassung im Anhang).

22. März 2017: Richard Lutz wird neuer Bahnchef und bleibt Finanzvorstand.

29. März 2017: Es wird bekannt, dass Dr. Steinborn, zuvor tätig an der TU Dresden, zur DB Netz AG wechselte. Er hatte die DB im Rahmen des Filder-Dialogs kompetent kritisiert. (siehe S. 96 f. und allgemein zur »Drehtür-Politik« der DB AG S. 146 f.).

30. März 2017: Demonstration auf dem Stuttgarter Charlottenplatz gegen die enorme Feinstaubbelastung und den wachsenden Autoverkehr in der Stadt.

28. April 2017: Nach Tagung des S 21-Lenkungskreises erklärt Pofalla, man strebe hinsichtlich der Mehrkosten von S 21 »eine außergerichtliche Einigung« an. Kein Widerspruch von OB Kuhn und Verkehrsminister Hermann.

15. Mai 2017: Offener Brief des Aktionsbündnissprechers Eisenhart von Loeper an Bundeskanzlerin Angela Merkel: »Setzen Sie ein Signal für den Umstieg, um weiteren Schaden abzuwenden!«

31. Mai 2017: Josef-Otto Freudenreich berichtet im Blatt *KONTEXT*, dass der BUND, der das Spendenkonto des Aktionsbündnisses gegen S 21 verwaltete, seit 2014 »Personalkosten [des BUND] in Teilen über das Bündniskonto abrechnete«. Gelder in Höhe von rund 30.000 Euro, die für den Kampf gegen S 21 gespendet wurden, seien »aufgebraucht«. Der Sprecher des Aktionsbündnisses von Loeper sieht darin laut *KONTEXT* »einen schweren Gesetzesverstoß, der den Stuttgarter Regionalverband des BUND trifft, der aber möglichst außergerichtlich bereinigt werden soll«.

6. Juni 2017: Der Enkel des Bahnhoferbauers Peter Dübbers kritisiert die Stadt Stuttgart für Bauplanungen eines Vier-Sterne-Hotels in der jetzigen Bahnhofshalle. Der bereits stark beeinträchtigte Denkmalcharakter des Hauptbahnhofs werde weiter beschädigt.

12. Juni 2017: OB Kuhn (Grüne) verweigert der Fraktionsgemeinschaft SÖS-LINKE-PluS die Überlassung der Klageschrift der Bahn gegen die Stadt Stuttgart als Projektpartner in Sachen Projekt-Finanzierung (siehe Kap. VIII). Begründung: Eine Einsichtnahme berge »die Gefahr, dass Strategie und Prozessführung durch die Stadt durch eine öffentliche Debatte unterlaufen oder deutlich erschwert werden.«

17. Juli 2017: Sieben Jahre Mahnwache im Protest gegen das Projekt Stuttgart 21.

Verwendete Dokumente und Literatur[447]

Dokumente

Antwort der Bundesregierung auf die Kleine Anfrage der Abgeordneten Sabine Leidig, Caren Lay, Herbert Behrens und [...] der Fraktion DIE LINKE betr. »Aufklärung von Wegrollvorgängen bei der Bahn aufgrund der Gleisneigung in Bahnhöfen, Drucksache 18/5366 vom 14. Juli 2015

Antwort der Bundesregierung auf die Kleine Anfrage der Abgeordneten Sabine Leidig, Karin Binder, Dr. Dietmar Bartsch [...] und der Fraktion DIE LINKE betr. »Verringerung der Kapazität durch Stuttgart 21«, Drucksache 17/3333 vom 19. Oktober 2010

Antwort der Bundesregierung auf die Kleine Anfrage der Abgeordneten Sabine Leidig, Herbert Behrens, Karin Binder und [...] der Fraktion DIE LINKE betr. »Leistungsfähigkeit von Stuttgart 21«, Drucksache 18/1138 vom 24. April 2014

Deutsche Bundesregierung, Bundesministerium für Verkehr ..., Endbericht Reformkommission Großprojekte... 2015

Deutsche Bundesbahn, Geschäftsbericht 1991

Deutsche Bahn AG, Geschäftsberichte (mehrere Ausgaben)

Deutsche Bahn AG / Station & Service, Bahnhöfe in Baden-Württemberg 2015

Deutsche Bahn AG, Projekt Stuttgart 21 – Die Machbarkeitsstudie, Stuttgart, Januar 1995

Deutsche Bahn AG, Daten und Fakten (mehrere Ausgaben)

EU-Kommission, Aus- und Neubaustrecke Stuttgart-Wendlingen einschl. Stuttgart 21, vom 12. Dezember 2008, DE-17200-P – TEN-V

EU Energy and Transport in Figures, statistical pocketbook, mehrere Ausgaben

Koalitionsvertrag von Grünen und CDU vom Mai 2016

Entwurf eines Gesetzes betreffend den Umbau des Hauptbahnhofs Stuttgart und weitere Eisenbahn-Neu- und Erweiterungsbauten zwischen Ludwigsburg und Plochingen, Württembergische Zweite Kammer, Beilage 29, ausgegeben den 21. Februar 1907; Staatsarchiv Stuttgart

Gesetzentwurf zur Kündigung der Finanzierungsverträge zum Bahnprojekt Stuttgart 21 vom 7. Juli 2011, Drucksache Landtag Baden-Württemberg DS 15/528

Schlichtung zu Stuttgart 21, Protokolle; www.schlichtung-S21.de

Jahresausgaben der Publikation *Tunnelblick*, www.tunnelblick.es/press/category/sammelbaende

Verwendete Literatur

Tom Adler, Mehr Malls, weniger Leben, in: *Stadt.Plan* 1/2014, herausgegeben von der Fraktionsgemeinschaft SÖS Linke Plus im Gemeinderat der Stadt Stuttgart

---

447 Bei »Literatur« sind die zitierten und verwendeten Bücher und einzelne Artikel aufgeführt. Zeitungsartikel sind in diesem Verzeichnis nicht enthalten.

Dipl-Ing. Sven Andersen, Gutachten über die Beurteilung der überhöhten Gleis-neigung beim Bahnhofsprojekt Stuttgart 21 unter Berücksichtigung der An-forderungen aus der EBO und dem bisherigen Verfahrensablauf, im Auftrag von BUND Baden-Württemberg und VDC Baden-Württemberg, Düsseldorf, Oktober 2014

Umstieg 21 – Stuttgart 21 umnutzen: Auswege aus der Sackgasse, Herausgeber Arbeitsgruppe Umstieg 21 des Aktionsbündnisses gegen Stuttgart 21, Redak-tion Norbert Bongartz (Architekturhistoriker), Peter Dübbers (Dipl. Ing. und Freier Architekt), Klaus Gebhard (Dipl. Ing.) und Dr. Werner Sauerborn (Ge-schäftsführer Aktionsbündnis), Stuttgart Juni 2016

Felix Berschin, Optimierter Kopfbahnhof mit integriertem Taktverkehr, in: Win-fried Wolf, Stuttgart 21 – Hauptbahnhof im Untergrund?, Köln 1996 (2. Auf-lage) [in der Folge zitiert als: Hauptbahnhof im Untergrund]

Dieter Bodack, Streit um den Kopfbahnhof Stuttgart, in: Eisenbahn-Revue Inter-national 4/2017

Norbert Bongartz, Was kommt nach S 21? Umstieg 21!! Oder: Ignorieren geht nicht mehr, in: Stadt.Plan.Extra 2016 Umstieg 21

Bertolt Brecht, Zum Völkerkongress für den Frieden, in: Bertolt Brecht, Gesam-melte Werke Band 20, Schriften zu Politik und Gesellschaft, Frankfurt/M. 1967

Frank Brettschneider und Wolfgang Schuster (Hrsg.), Stuttgart 21. Ein Großpro-jekt zwischen Protest und Akzeptanz, Wiesbaden 2013

Bundesrechnungshof, Bericht nach § 88 Absatz 2 BHO an den Haushaltsaus-schuss des Deutschen Bundestags zu Stuttgart 21 vom 30. Oktober 2008

Bundesrechnungshof, Bericht nach § 88 Absatz 2 BHO an das Bundesfinanzie-rungsgremium zum Projekt Stuttgart 21 der Deutschen Bahn AG vom 8. Sep-tember 2016

Bundesrechnungshof, Bericht nach § 88 Absatz 2 BHO an den Haushaltsausschuss des Deutschen Bundestags »Realisierung des Großprojektes Stuttgart 21« vom 8. September 2016

Christoph Engelhardt, Egon Hopfenzitz, Sabine Leidig, Volker Lösch, Walter Sitt-ler und Winfried Wolf (Hg.), Empört Euch – weiter! Neue Argumente gegen Stuttgart 21, Köln 2013

Engelke, Klein, Wilk, Soziale Bewegungen im globalisierten Kapitalismus, Frank-furt am Main 2005

Friedrich Engels, Zur Wohnungsfrage, Marx-Engels-Werke (MEW) Band 18

Friedrich Engels, Dialektik der Natur, Marx-Engels-Werke (MEW) Band 20

Robert Fitch, The Love Machine – Sex and Scandal in the Penn Central, Ram-parts, Berkley, März 1972

Helmut Frei, Bahnhofsguide Deutschland – Ein abwechslungsreicher Begleiter auf den Strecken der Deutschen Bahn, Konstanz o. J. (1995)

Josef-Otto Freudenreich (Hg.), »Wir können alles«, Filz, Korruption & Kumpanei im Musterländle, Tübingen 2008

Josef-Otto Freudenreich (Hg.), Die Taschenspieler. Verraten und verkauft in Deutschland, Tübingen 2010

Josef-Otto Freudenreich in: Wolfgang Schorlau, Stuttgart 21 – Die Argumente, Köln 2010

Klaus Gietinger, Unter die Erde kommen wir noch früh genug, in: Volker Lösch, Gangolf Stocker, Sabine Leidig und Winfried Wolg (Hg.), Stuttgart 21 – Oder: Wem gehört die Stadt, Köln 2011 [in der Folge zitiert als »Wem gehört die Stadt«]

Klaus Gietinger, Wolfgang Hesse, Karl Schweizer und Winfried Wolf, Bahnhofskrimi Insel Lindau, Berlin 2004

Klaus Gietinger und Winfried Wolf, Der Seelentröster. Wie Christopher Clark die Deutschen von der Schuld am Ersten Weltkrieg erlöst, Stuttgart 2017

Peter Grohmann, Peter Grohmanns gesammelte »Bürgerbriefe 75 bis 150 – Montagsmarkt der Möglichkeiten«, Stuttgart 2013

Eberhard Happe, Schrägbahnhof mit 1,5 Prozent Gefälle, in: Volker Lösch, Gangolf Stocker, Sabine Leidig und Winfried Wolf (Hrg.), Oben bleiben! Die Antwort auf Heiner Geißler, Köln 2011 [in der Folge zitiert mit »Oben bleiben!«]

Peter Haining, Eurotunnel. An Illustrated History of the Channel Tunnel Scheme, Folkestone 1989

David Harvey, Siebzehn Widersprüche und das Ende des Kapitalismus, Berlin 2015

David Harvey, Rebellische Städte, Berlin 2016

Egon Hopfenzitz, Ein leistungsfähiger Bahnhof – Argumente für den Bonatzbau, in: Wem gehört die Stadt

Winfried Hermann und Gisela Splett, Für Menschen, Mobilität und Lebensqualität – Zwischenbilanz 2015 und Perspektiven, herausgegeben vom Ministerium für Verkehr und Infrastruktur, Stuttgart 2015

Volker Kefer, Erfolgsfaktoren für große Infrastrukturprojekte – Erfahrungen der Deutschen Bahn aus dem Projekt Stuttgart–Ulm, Tagungsband STUVA-Tagung 2013 in Stuttgart, herausgegeben von der STUVA e.V. 2014

Andreas Kleber, 1961 war das Jahr mit der höchsten Zugbelegungsquote im Stuttgarter Hauptbahnhof, in: Hauptbahnhof im Untergrund

Bernhard Knierim und Winfried Wolf, Bitte umsteigen! 20 Jahre Bahnreform, Stuttgart 2014

KPMG Wirtschaftsprüfungsgesellschaft (und) Ernst Basler + Partner AG, Überprüfung des Berichtes zur aktuellen Termin- und Kostensituation – Projekt Stuttgart 21, Aufsichtsrat Deutsche Bahn AG, ohne Ort, Oktober 2016

Ralf Laternser, Stellungnahme zum Gutachten von KPMG und Ernst Basler + Partner zum Sachverhalt Anhydrit, Waiblingen, 30. November 2016 (Manuskript)

Volker Lösch, Gangolf Stocker, Sabine Leidig und Winfried Wolf (Herausgeber), Oben bleiben! Die Antwort auf Heiner Geißler, Köln 2011

Herdolor Lorenz und Leslie Franke, Hamburg, Bahn unterm Hammer, 2007 (Film)

The International Bank for Reconstruction and Delevopment – The World Bank, Railway Reform: Toolkit for Improving Rail Sector Performance, 2011

Arno Luik, ... in die Grube, in: Wem gehört die Stadt

Arno Luik, Angst vor der Grube, in: Wem gehört die Stadt

Fritz Mielert (interviewt von Daniel Behruzi), in: Wem gehört die Stadt

Julian Mischi und Valérie Solano, Freie Bahn. Bei der Privatisierung des Schienenverkehrs in Europa gibt es fast nur Verlierer, in: Le Monde diplomatique, Juni 2016

Gerhard Pfeifer, Bessere Ökobilanz bei Kopfbahnhof 21, in: Kopfbahnhof 21 – die Alternative zu Stuttgart 21, herausgegeben vom BUND und VCD, März 2006

Utz Rockenbauch, 1995: Die Besteller wollten es so, in: Hauptbahnhof im Untergrund

Matthias Roser, Der Stuttgarter Hauptbahnhof. Vom Denkmal zum Mahnmal, Stuttgart 2010

Martin Schäfer, STUVA e.V., Tunnelbau in Deutschland: Statistik 2015/2016, in: Tunnel 8/2016

Wolfgang Schivelbusch, Geschichte der Eisenbahnreise. Zur Industrialisierung von Raum und Zeit im 19. Jahrhundert, München und Wien 1977

Wolfgang Christian Schneider, Hitlers wunderschöne Hauptstadt des Schwabenlandes. Nationalsozialistische Stadtplanung, Bauten und Bauvorhaben in Stuttgart, in: Demokratie und Arbeitergeschichte, Jahrbuch 2, herausgegeben von der Franz Mehring Gesellschaft Stuttgart, Stuttgart 1982

Wolfgang Schorlau (Hg), Stuttgart 21 – Die Argumente, Köln 2010

Wolfgang Schorlau, Die letzte Flucht. Denglers sechster Fall, Köln 2011

Wulf Schwanhäuser, Stuttgart 21 – Ergänzende betriebliche Untersuchungen, Teil 3, Leistungsverhalten und Bemessung des geplanten Stuttgarter Hauptbahnhofs und seiner Zulaufstrecken, Verkehrswissenschaftliches Institut der RWTH Aachen, 20. Juli 1997

Bradford C. Snell, The American Ground Transport. A Proposal for Restructuring the Automobile, Truck, Bus and Rail Industries, vorgelegt dem Subcommittee on Antitrust and Monopoly of the Committee on the Judiciary United States Senate, 26th February 1974

Heinrich Steinfest, Wo die Löwen weinen. Kriminalroman, Stuttgart 2011

Interview mit Gangolf Stocker, So lassen wir uns von denen nicht mehr behandeln, in: ... mehr behandeln, in: Wem gehört die Stadt

Holger Strohm, Friedlich in die Katastrophe. Eine Dokumentation über Atomkraftwerke, Frankfurt a.M., 1981

UN Economic and Social Commission for Asia and the Pacific, The Restructuring of Railways, New York 2003

Vieregg-Rössler, Analyse der Gesamtwirtschaftlichen Bewertung des Projektes Semmering-Basistunnel neu und Erstellung einer neuen Kosten-Nutzen-Bewertung in Anlehnung an das Verfahren für den deutschen Bundesverkehrswegeplan, München 2014

Vieregg-Rössler, Ermittlung der Ausstiegskosten für das Projekt Stuttgart 21 zum Stand Ende Januar 2016, München, 10. Februar 2016

Vieregg-Rössler, Baukosten von Stuttgart 21 unter Berücksichtigung der Erkenntnisse der Vieregg-Rössler GmbH, des Bundesrechnungshofes, der DB AG und KPMG, eingeladen durch: Fraktionsgemeinschaft SÖS-LINKE-Plus im Gemeinderat der Stadt Stuttgart, München, 28. November 2016

Felix Wiegand, David Harveys urbane Politische Ökonomie. Ausgrabungen der Zukunft marxistischer Stadtforschung, Münster 2013

Winfried Wolf, Eisenbahn und Autowahn. Der Personen- und Güterverkehr auf Schiene und Straße. Geschichte, Bilanz, Perspektiven, Hamburg 1987 und 1992

Winfried Wolf, Für ein Leben unter anderen Sternen, Köln 1994

Winfried Wolf, Stuttgart 21, Hauptbahnhof im Untergrund, 1995; 2. erweiterte Auflage 1996

Winfried Wolf, Tunnelmania – Licht und Schatten im Untergrund, Köln 1996

Winfried Wolf, Die Sieben Todsünden des Herrn M. – Eine Bilanz der Verkehrs- und Bahnpolitik mit sieben Hinweisen darauf, weshalb diese in eine Sackgasse mündet, Berlin 2002

Winfried Wolf, Verkehr. Umwelt. Klima – Die Globalisierung des Tempowahns, Wien 2009

Winfried Wolf, Ein Projekt und sieben Lügen, in: Wem gehört die Stadt

Winfried Wolf, Sieben Krisen ein Crash, Wien 2009

Winfried Wolf, Der schlichte Spruch des Heiner H., in: Oben bleiben!

Winfried Wolf, Das Auftragsgutachten, in: Lunapark 21, Winter 2016/17

Manfred Zach, Monrepos. Oder: Die Kälte der Macht, Tübingen 1996

Adressen

Es gibt mit Stand Frühjahr 2017 insgesamt 174 Websites der Bürgerbewegung
gegen Stuttgart 21. Eine Auswahl:

http://www.alle-gegen-s21.de
http://www.kopfbahnhof-21.de
http://www.bei-abriss-aufstand.de
http://www.parkschuetzer.de
http://parkschuetzer.org/presse
http://www.umstieg-21.de
http://www.hauptbahnhof-stuttgart.eu
http://stuttgart21.strafvereitelung.de
http://unsere-stadtbahn.de
http://s-bahn-chaos.de
http://www.fluegel.tv
http://www.schaeferweltweit.de/blogarchiv/demoreden-archiv
http://cams21.de
http://cams21.de/stuttgart-21-die-chronologie-der-pannen
http://waltersteiger.de/anagramm.htm
http://netzwerke-21.de
http://www.tunnelblick.es/press
http://www.wikireal.org/wiki/Hauptseite
http://www.ingenieure22.de
http://www.geologie21.de
https://s21-christen-sagen-nein.org
http://s21irrtum.blogspot.de
http://stuttgarter-schlossgarten.de
http://www.siegfried-busch.de
http://www.juristen-zu-stuttgart21.de/Home/Home.html
http://www.unternehmer-gegen-s21.de
http://www.architektinnen-fuer-k21.de
http://barrierefrei.gegen-stuttgart-21.de
http://www.engpass21.de
http://gewerkschaftergegens21.de
http://spd-mitglieder-gegen-s21.de

Biografie des Autors – Genesis des Buches

Foto: privat

Winfried Wolf, Diplompolitologe und Dr. phil., wuchs in Ravensburg auf und lebt heute bei Berlin. Er war von 1994 bis 2002 PDS-Bundestagsabgeordneter, gewählt in Baden-Württemberg. Wolf ist Verfasser von Büchern u. a. zu den Themen Weltwirtschaft und Verkehr. Er veröffentlichte das erste Buch überhaupt zu Stuttgart 21 (»Hauptbahnhof im Untergrund?«, 1. Aufl. Köln 1995, 2. erw. Aufl. Köln 1996). Er war 2011–2013 Mitherausgeber von drei Büchern zu S 21 (alle PapyRossa). Darüber hinaus veröffentlichte er u. a. »Verkehr. Umwelt. Klima – Die Globalisierung des Tempowahns« (Wien 2007 und 2009) und – zusammen mit B. Knierim – »Bitte umsteigen! 20 Jahre Bahnreform« (Stuttgart 2014). Wolf ist Chefredakteur der Zeitschrift Lunapark 21, die 2014 das LP 21-Extraheft »20 Jahre Bahnreform – 20 Jahre Stuttgart 21« publizierte.

abgrundtief + bodenlos ist die erste Veröffentlichung, die in umfassender Weise das Großprojekt seit den ersten (geheimen) S 21-Vorarbeiten im Jahr 1991 darstellt und dessen zentrale Schwächen auf Basis der 2016 bekannt gewordenen Gutachten analysiert. Es handelt sich auch um die erste Veröffentlichung, die die Bürgerbewegung gegen Stuttgart 21 seit ihrem Gründungstag am 30. November 1995 vorstellt und deren Entwicklung bis zum Frühsommer 2017 porträtiert.

Dieses Buch wäre nicht möglich gewesen ohne diese außerordentliche Bürgerbewegung, in der der Verfasser seit 1995 selbst aktiv ist. Das Buch entstand in Zusammenarbeit mit vielen Menschen aus der Bürgerbewegung – zu nennen sind insbesondere Tom Adler, Norbert Bongartz, Christoph Engelhardt, Andreas Kegreiß, Volker Lösch, Eisenhart von Loeper, Sabine Schmidt, Christa Schnepf, Hannes Rockenbauch und Werner Sauerborn. All diesen Genannten – und vielen hier im Nachwort Ungenannten, aber meist im Buch Erwähnten – gilt der Dank des Verfassers. Er gilt auch dem PapyRossa-Team mit Tammo Wetzel und Glenn Jäger und dabei insbesondere Jürgen Harrer, der das Manuskript lektorierte und die Tatsache, dass sich der Buchumfang im Vergleich zur Verlagsankündigung gut verdoppelte, mit Fassung zur Kenntnis nahm.

Die größte Anerkennung, die der Autor sich wünscht, ist, dass die Bürgerbewegung gegen S 21 dieses Buch als Geschichtsschreibung in eigener Sache entdeckt und ihre Geschichte so fortschreibt, dass der Kampf gegen S 21 und für das »Recht auf Stadt« ausstrahlt, erfolgreich ist und wir gemeinsam oben bleiben.